フロムと神秘主義

清眞人

Erich Fromm and Mysticism
Mahito Kiyoshi

藤原書店

フロムと神秘主義　目次

はじめに　11
二つの救済欲求・思想とその架橋　11
『禅と精神分析』、フロムと大拙　19
補注
補注＊1　『リグ・ヴェーダ』に見られる創造主的人格神と汎神論的非人格的宇宙神の混淆性　15
補注＊2　高橋和巳『邪宗門』の問題的意義　16

第I部　神秘主義的ヒューマニズムと精神分析　27

第一章　「人生の意味」への欲求と「宗教性」——フロムの精神分析的宗教論　29
「方向づけと献身の枠組み」と「実存的二分性」　30
「退行」か「弁証法的前進」か　39
バッハオーフェンからのインパクト　46
マルクスにおける「宗教性」とフロム——生命実現の自己目的性　51
補注
補注＊3　『人間における自由』からの継続性　37
補注＊4　フロムのなかのフォイエルバッハ的契機　61

第二章　マルクスの『経済学・哲学手稿』とフロム　63
『経済学・哲学手稿』・第三手稿「私的所有と共産主義」　64
応答関係能力への問いかけ　73

現代資本主義における労働疎外の新局面と応答関係能力のいやます衰弱 83
仏教の「空」思想からのインスピレーション 95

補注

補注＊5 マルクーゼの提起する「リビドー的・エロス的合理性」とフロム 79
補注＊6 マルクーゼ「マックス・ヴェーバーにおける産業化と資本主義」について 91
補注＊7 「空」概念の形成とその内容規定について 102

第三章 フロムと神秘主義――「カタルシス的救済」、ヴェーバー、大拙 107

ヴェーバーの宗教社会学の根幹的視点――フロムにかかわらせて 108
フロムの「空的行為」概念の曖昧性 117
「空」の「善悪の彼岸」性＝脱・道徳性 122
《宗教の固有の契機としての神秘主義体験》をめぐるフロムの議論 125
「全宇宙との一体化」体験に対するフロムの「生産的」解釈志向――マルクスとの架橋を目指す 132
神秘主義体験のカタルシス作用――ジェイムズ・大拙・西田幾多郎 139
大拙の「妙好人」論 144
最古文献『スッタニパータ』を介してフロムを振り返る 149

補注

補注＊8 「人間主義思想」の基礎をなす普遍主義的自己理解 138
補注＊9 大拙における煩悶 146
補注＊10 『スッタニパータ』と「空」概念 159

第四章　フロムとユダヤ教
――「人間主義的な宗教と倫理」の視点からの「脱構築」的解釈――　161
フロムのユダヤ教解釈の「脱構築」的性格――「メシアの時」解釈に寄せて　162
水平的か垂直的か――メシア主義のユダヤ教的形態とキリスト教的形態　167
私の自己批判、ならびにフロムへの批判的疑義　170
ユダヤ教の父権的性格への初期フロムによる批判　175
『イザヤ書』の解釈をめぐって　177
「権威主義的宗教と倫理」VS「人間主義的宗教と倫理」　188
「権威主義的宗教と倫理」にとっての性欲　194
フロムの精神分析学における性欲と愛の相互関係　199
補注
補注＊11　フロムの注目するユダヤ教のなかの神秘主義的＝人間主義的思索の水脈　174
補注＊12　ドストエフスキーの性欲観に寄せて　204
第五章　フロムとキリスト教　207
はじめに――私の観点　208
「罪」と「救済」をめぐって――イエス評価の問題にかかわっても　213
『マタイ福音書』の視点――「罪人」を「魂の病人」とし、イエスを「医者」とする　216
フロムによる『マタイ福音書』のエックハルト的解釈への批判　225
《マニ教主義的善悪二元論批判》という問題　229

補注

補注＊13　「人間の根源的な弱さ」への視点にかかわって　211
補注＊14　「マニ教主義的善悪二元論」という用語の使用について　237
補注＊15　出発点としての第一次世界大戦経験　238

第六章　フロムの精神分析的アクチュアリティ
――「市場的構え」・「サド・マゾヒズム的性格」・「ネクロフィリア（死への愛）」――　241

フロムの根幹の思想を逆照射するもの　242
「性格」論のアウトライン――『人間における自由』から『正気の社会』へ　244
『正気の社会』における現代資本主義論としての「市場的構え」論　248
生産的性格　251
サド＝マゾヒズム論　252
「ネクロフィリア」論の二つの局面　258
第一局面――ヒトラーの精神分析像　262
第二局面――「市場的構え」との融合形態　267
サイバネティックス（人工頭脳）型人間の生きるネクロフィリア　270

補注

補注＊16　ニーチェのネクロフィリア的側面について　260
補注＊17　フロイトによる「幼児期の意義の発見」へのフロムの評価　266
補注＊18　「リア充」／「非リア」二分法・「幸福」可視化競争・「グループ同調志向」に貫かれたSNSコミュニケーション・集団ダンスのロボット美志向――二十一世紀日本における青少年の受難とフロムの「サイバネティックス型人間・ロボット化された人間」論　273

第II部　フロムを包む対論的磁場　279

第一章　サルトルの実存的精神分析学に対するフロムの批判をめぐって　281
フロムのサルトル批判の文言　282
サルトルの実存的精神分析学を支える根幹的テーマと視点　283
『存在と無』第四部をはたしてフロムは読んだのか？　286
《想像的人間》の実存的精神分析という課題、そして暴力批判　288

第二章　ニーチェとフロム――生の自己目的価値性をめぐって　293
ニーチェの抱える「二律背反」に対するフロムの視点　294
ニーチェに絡みつく「二律背反」の他方――唯我主義的サディスト　298
ニーチェにおける「母子愛」経験の欠落とネクロフィリア　301

第三章　フロムの《マルクス主義》批判　305
《ポスト・スターリン主義》のマルクス論ならびに社会主義論　306
マルクスの孕む「中央主権主義」に対するフロムの批判
――レーニンならびにスターリン主義の問題性にかかわって――　309
マルクスにおける心理学的洞察の欠如――とりわけ非合理的破壊的情熱に関する認識不足　312
フロムの提示する「共同的社会主義」のヴィジョン　314

第四章　ブーバーとフロム——ハシディズム解釈をめぐって　319

フロムとブーバー　320
ブーバーのハシディズム論——カバラ主義とのアンビヴァレントな関係　324
「グノーシス主義」問題　330
サッバタイ・フランク主義における「善悪の彼岸」としての「メシアの時（完成の時）」　339
禅仏教とハシディズム——その類縁性と根本的相違性　341
至上神は汎神論的宇宙神か、創造主的人格神か
——ブーバーによるエックハルトならびにスピノザへの批判——　347

補注

補注＊1　「偽メシア事件」とサッバタイ・フランク主義　324
補注＊2　プロティノスの新プラトン主義的「流出論」　329
補注＊3　カバラ主義とグノーシス主義との関係性についてのショーレムの認識　332
補注＊4　グノーシス主義の宇宙観の大略　333
補注＊5　田辺元の「絶対媒介的自己否定」の思想とハシディズムとの期せずしての一致点　345
補注＊6　ヤハウェ神の非呼称性・呼称不可性について　352

第五章　初期フロムのキリスト教論——「キリスト論教義の変遷」　355

メシア主義的革命運動としての原始キリスト教　357
信仰観念への精神分析的アプローチが掲げる問い　359
「人神論＝養子論」か「神人論＝神の子先行論」か　367
フロムの「グノーシス派キリスト教」解釈　372

フロムのカルヴィニズム論――ヴェーバーにかかわらせて　376
ヴェーバーとフロムとの重合と離反　380

補注
補注＊7　フロムの問題解読論理に対する私の批判的コメント　364
補注＊8　ヴェーバーのキリスト教論の二層性について　384

第六章　マルクーゼとフロム――「弁証法的前進」か「退行」の自覚的批判的保持か？――　389

はじめに　390
「ニルヴァーナ的幸福原則」――『エロス的文明』におけるフロム批判の根底　392
「ニルヴァーナ的幸福原則」と「空」的法悦性との関連　408
マルクーゼの問題設定――「リビドー的現実原則の歴史的可能性」　410
労働疎外論は無効化したのか？　413
宗教と倫理――ユートピアと社会改良　422

補注
補注＊9　プラトン『饗宴』に示されるエロス（愛求）の関係性　405
補注＊10　フロイトの「死の本能」概念に対するエーリッヒ・ノイマンによる批判　406
補注＊11　遊戯について　420

注　428
あとがき　452

フロムと神秘主義

凡例

一　構成は、章（第一章〜終章）と各節を基軸とし、議論の進行に沿って補注を適宜置く。

二　補注は、本文での議論の展開にあわせて、それをいわば脇から補完し、その議論が担う問題の奥行きを並行的に表示するいわばコラム的な機能を負うものである。（目次では当該の章に登場する補注をその章のタイトルの後に一括して表示した。）

三　補注のタイトルおよび本文は、活字のポイントを各節のタイトルおよび本文より一ポイント下げてある。

四　各節ないし補注の表示は、第〇章・「◎◎◎」節、第〇章・「◎◎◎」節・補注「　」とする。

五　本文中で参照すべき章・節・補注をそのタイトルを添えて指示する場合、そのタイトルが長い場合は、その全部を表記せず、「〇〇〇……」というようにその前半のみを表記する。例：補注『リグ・ヴェーダ』に見られる創造主的人格神と汎神論的非人格的宇宙神の混淆性」⇒補注『リグ・ヴェーダ』に見られる……」

六　本文の末尾に（　）を添えて追記をおこなう場合、活字を一ポイント下げてある。

はじめに

私には以前から次のような問題意識と抱負というものがあった。

一言でいうなら、そもそも人間には、その存在の本質的特性に由来して古来二つの救済欲求とそれが生む思想が宿っており、そうであるがゆえに、同時にその二者を架橋し統合しようとする第三の道を探る思索の試みもまた生じ、結局いわばこの三者の様々なる確執が今に至る人類の宗教文化史を彩ってきたと言い得るのではないか？　そうであるならば、たとえ拙い結果しか残せなかったとしても、その総合的様相とそれが孕む問題の一端でも私なりに論じ書き残したいものだ、との。

では、その二つの救済欲求・思想とは何を指すのか？

二つの救済欲求・思想とその架橋

かのマックス・ヴェーバーは、当該の集団なり個人が如何なる状態への到達をもって自分たちが究極的に救済されたとみなすか、それを問う概念として「宗教的救済財 religiöse Heilsgüter」という概念を設定し、人類の宗教文化史のなかにまったく相異なる二つの「宗教的救済財」のパターンを見いだし、それぞれの傑出した代表者について大著を著した。

その一方の雄は古代ユダヤ教であった。彼はまさに著書『古代ユダヤ教』において、古代ユダヤ教の掲げる「宗教的救済財」の特質を次のように規定した。すなわち、エジプト王国なりバビロニア王国によって「賤民《パーリア》民族」に貶められたユダヤ民族の苦境を打破し民族解放を勝ち取ること、また富裕階級の私利私欲を糾弾しその専横を排し、ユダヤ社会をあくまでも真に同胞的な相互扶助共同体として維持すべく闘い、昔日のダビデ王国の栄光に範をとる（『イザヤ書（第二）』[1]）、詳細に明文化された強力な律法精神と「兄弟愛」の絆が隅々にまでゆきわたる絶対正義が貫かれる完璧な道徳国家＝「義人の王国」の建設、これであった。そして神ヤハウェはまさにこの「政治的および社会的革命」を導く「軍神」にほかならなかったのであり、この点で彼らが掲げた救済ヴィジョンは徹底的に「現世内的」であった、と。[2] またヴェーバーは、近代西欧社会においてキリスト教のプロテスタント教団が「合理的現世内倫理」を社会的に形成するにあたって発揮したその巨大な宗教的エネルギーのそもそもの思想的淵源を、この古代ユダヤ教の掲げた現世内的な宗教的救済財のうちに見た。[3]

他方の雄は古代インドのヒンドゥー教と仏教であった。彼は著書『ヒンドゥー教と仏教』のなかでアジア全域の宗教文化において「その源泉が究極においてインドに求められないものはほとんどない」と指摘しつつ、[4] それらの掲げる「宗教的救済財」の最も知的に洗練された形態（聖職者階層が担う）の特質を「神人合一の無感動的エクスタシス」と形容してみせた。[5] そしてかく形容する場合の「神」とは汎神論的な非人格的な無限なる宇宙の有機的全体性そのもの（関係性それ自体）たる内在的な「絶対者」にほかならないことを強調し、ユダヤ＝キリスト教の掲げる神が――その宗教的救済財の特質と不可分な関係において――宇宙を無から己の意図（目的と摂理）をもって創造する超越的な「創造主的人格神」として表象される事情と対比したのである。

端的にいうならば、私の言う「二つの救済欲求・思想」とはヴェーバーが析出した右の二つの「宗教的救済財」タイプのそれぞれを指す。

そして年来私はこう考えてきたのだ。

――人間は、己を根源的自然から離陸させることで「強度の自己意識を備えた文化的＝歴史的＝社会的存在」へと形成するがゆえに、つまり固有の意味で人間的存在となるがゆえに、必然的に二つの救済欲求ないし形而上学的欲求をもたざるを得ない。

一つは、こうした「文化的＝歴史的＝社会的存在」となるという人間的運命が必然的に人間に課すことになる受苦からの救済を、この運命そのものの再否定によって実現しようとする救済欲求である。つまり、人間は脱・文化的＝社会的＝歴史的次元において再度「脱・自己意識的存在」となることによって根源的な宇宙融合へと帰還し、そうすることで魂のカタルシス的救済を得ようとする。

もう一つは、救済をこの運命の最終的な終末論的先端において期待しようとするそれである。つまり、正義、平和、平等な幸福が完璧に実現された「神の国」の到来への政治的希求である。そしてこの希求の強度は、自分たちの社会が内に孕む《悪》の激化によっていまや破滅しつつあるとの危機意識の強度と相関する。世界の終末《カタストローフ》の到来はまさに「救世」へと転回＝革命されねばならない。この本質的に革命的性格を帯びる救済欲求は、同時にあらゆる政治的な情熱のいわば神話的＝精神的な薪《たきぎ》ともいうべき社会的ユートピア（千年王国）の湧出の宗教的母胎でもある。いうまでもなく、後者の典型は何よりも前述の古代ユダヤ教の「純粋ヤハウェ主義」（ヴェーバー）であり、またその直系の継承者として登場するパウロを創始者とする「正統キリスト教」である。（もっとも後者には、「天の王国」表象の帯びる彼岸主義や「脱・世界連関的《アコスミッシェ》愛」（ヴェーバー）の神秘主義が混淆することになるとはいえ）。そして、この宗教的伝統に訴えることをとおして、近代になるや、西洋文化はその直系の政治・社会思想として広義の多様な社会主義思想（マルクスおよびマルクス主義の共産主義も含め）を生みだしてきた。

他方、この宗教的伝統の前者の代表者は、これまたヴェーバーがそう見たとおりヒンドゥー教であり仏教であり、つけくわえれば中国の道教であろう。

かくて後者はその救済的情熱においてくりかえし社会と歴史という地平へと送り返され、そこで終末論的先端を見つめようとする。他方、前者の情熱は直接に自我と宇宙との、あるいは自我と根源的自然との「今とここ」での融合（永遠の今）へと向かい、社会と歴史という人間の文化の地平それ自体を超越しようとする。（あらかじめ付言するなら、マルクーゼは傾向的にフランクフルト学派内の前者を代表し、フロムは両者の弁証法的統合の一つの試みを代表すると言い得る。そのようにして、かかる両極性が構成する磁場はその都度の思想の試みにおいてくりかえし変奏されると言い得る。参照、第Ⅱ部第六章「マルクーゼとフロム」）。

しかし、これら二つの宗教的救済財は、そもそも人間存在を他の諸存在から区別する本質的な特質（実存的本質規定）に根差す両極性であるがゆえに、一方はなるほど他方に対して傾向的に一方の極を代表するが、しかし他方の契機をまったく欠如するというわけでは実はない。いずれも実際は自己固有の〈他者〉（＝他方の極）との対決をとおして己自身のなかの〈他者〉に触れるのだ。たとえば、仏教の大乗仏教的形態やそれのいっそう民衆化された形態において重要な意義を獲得する「菩薩」ならびに「極楽・浄土」の表象には、くだんのユダヤ＝キリスト教的な「神の国」と「救世主《メシア》」の諸要素と共通あるいは類似した諸要素が見いだされるだろう。逆に後者の思潮のなかにも前者の本来の救済ヴィジョン（宇宙融合への帰還）と共通・類似した傾向がその内部の「神秘主義」的思潮としてはっきりと登場するであろう。＊1

こうした事情が、対決が必然的に対話となり、対話はつねに自己批判の試みになり、そうすることで対話こそが普遍的＝総合的なものへと至る唯一の道となるということの根拠である。つまり、自己批判の契機があるからこそ対話は真剣なものとなり、そうしてまた対話が真剣なものであればあるほど、そこには自己批判の相互性が活き活きと活動し始める。そして、この自己批判の相互性があるからこそ、対話は対話する双方が独力ではなかなか打ち破り難い己自身の存在に貼りついた自己の限界を、まさに対話の力を借りることで、より普遍的＝総合的な地平へと突破しようとする試みとなるのだ。（もっともかかる事情が、相手にいわば自分の弱み・矛盾を突かれたがゆえの激しい逆襲となって展開し、双方を激しい批判の応酬へと導くという場合もあろう。例えば、フロムとマルクーゼとの場合のように。参照、第Ⅱ部第六章）。＊2

補注＊1　『リグ・ヴェーダ』に見られる創造主的人格神と汎神論的非人格的宇宙神の混淆性

「ヴェーダの極致」という意味をもつ『ヴェーダーンタ』、言い換えれば『ウパニシャッド』はヒンドゥー教の根本聖典であり、またかかるものとして後にまずヒンドゥー教の異端として登場する仏教やジャイナ教にとってもその思索の土台となったものである。それはインド最古文献である『リグ・ヴェーダ』から発する古代インドの多種多様な宗教的諸観念を一個の体系的な理論、すなわち「哲学」へと抽象化し、そこに汎神論的宇宙観に基づく「梵我一如」を核心の観念とする「解脱」思想を構築することで、古代インドの宗教的思索の発展過程に画期的な質的大転換を生みだしたものとして有名である。とはいえ、その起源にある『リグ・ヴェーダ』にまで改めて遡るならば、そもそも『リグ・ヴェーダ』においては創造主的人格神の観念と非人格的な汎神論的宇宙神の観念とが混淆しており、両者のあいだに興味深い折衷や相互転化が見られることがあらためてわれわれの注意を引く。たとえば中村元が序文を書いている「講座　東洋思想」の第一巻『インド思想1』（東京大学出版会、一九六九年）の第一章「ヴェーダの賛歌」（田中於莵彌）においてその事情は実に鮮やかである。

補注＊2　高橋和巳『邪宗門』の問題的意義

こうした問題意識に立つ私にとっては、高橋和巳が自ら「従来蓄積してきたもののほとんどすべてを投入した作品」と呼ぶ『邪宗門』[6]は、期せずしてほとんど私と同一のテーマをきわめて自覚的に文学として追求した稀有な作品として映る。高橋は、その「あとがき」のなかで「ここに描かれた教団の教義・戒律・組織・運動のあり方はもちろん、登場人物とその運命のすべては、長年温めて育て、架空なるゆえに自己自身とは切り離しえぬものとして思い描いた、我が〈邪宗〉のすがたであって、現存のいかなる教義・教団とも無縁であることを、ある自負をもって断っておきたい」（傍点、清）と述べ、「邪宗」という視点設定に関しては、「もともと世人から邪宗と目される限りにおいて、宗教は熾烈にしてかつ本質的な問いかけの迫力を持ち、かつ人間の精神にとって宗教はいかなる位置をしめ、いかなる意味をもつかの問題性をも豊富にはらむと常々考えていた」と、その意図するところを打ち明けている。[7]

そしてこの小説の「発想の発端」については、「日本の現代精神史を踏まえつつ、すべての宗教がその登場のはじめには色濃く持っている〈世なおし〉の思想を…（略）…極限化すればどうなるかを、思考実験してみたいということにあった」（傍点、清）と記す。[8]

この「〈世なおし〉の思想」という問題の環は、私の言い方をもってすれば、まさに「二つの救済思想」の一方たるそれ、すなわち救済を「人間的運命…（略）…の最終的な終末論的尖端において期待しようとするそれ」である。同小説においては、この問題の環が「極限化」されてゆくさいの最初の姿は、同小説における「邪宗」の本隊として登場する「ひのもと救霊会」（開祖行徳まさと教主行徳仁二郎のコンビによって創設された）から分かれでて、己を新たに「皇国救世軍」として形成するに至る小窪徳忠の動きのなかに映しだされる。その小窪は教主仁二郎との公開討論のなかで次のような発言をとおして己の立場を規定する人物として高橋によって描かれる。いわく、「救霊会の思想は、開祖まさが女性であったというだけでなく、本質的に女性の思想の特質を濃厚にもっており、現在、私ども皇国の民に課せられております任務を遂行する上に不都合のことが多い[9]」、「女性的な厭戦の思想から平和をとなえ、強者に慈悲のおこぼれを乞う」のではなく、「男性的な闘争によって…〔略〕…アジア全域から思い上がった悪人どもを駆逐すること」（傍点、清）が肝要であり、現在ナチスが「ドイツの国民精神に活をいれるべく、従来の女性的教養としてのキリスト教を補う、第五福音書をみずから創造しつけくわえようとしている」ことに範をとって、自分たちも救霊会思想にいわば「第五福音書」として「皇国救世軍」思想をつけ加えるのだ[10]、と。

そして、この「世なおし思想」の男性主義的過激化は、反対極に次の安達景暉の「観相宗」分派を生みだすとされる。高橋はこの安達を次のように描く。「彼は、開祖の教えの中の世直しの部分を剥離し、家族や隣人が感謝しあって和合する日常性の中に、そしてまた、そこから一足飛びに、祈りによって宇宙の精霊と合体する教義へと後退した。社会も国家もむりやりにその視野から排除したのだ」と[11]。

この点で、実は私は先の高橋の一節、すなわち「すべての宗教がその登場のはじめには色濃く持っている〈世なおし〉の思想を…〔略〕…思考実験してみたい」云々の一節は次のように訂正されるべきではないか、その方がはるかに高橋自身の思考実験の核心を正確に定義することになるのではないか、と思う。すなわち、宗教一般が「その登場のはじめには色濃く持っている」ところの内部葛藤、つまり一方における「〈世なおし〉の思想」と、他方における、〈世なおし〉の欲求に向かうどころか、人間の実存的本質性である自己意識性そのものを超出し、本源たる宇宙と自己との融合的同一性に帰還しようとする欲求との確執の分析、これこそが『邪宗門』の担う思考実験の核心的テーマである、と。（ちなみにいえば、高橋が描きだす開祖まさの思想は、「自らに生命を与え、外気に触れながらもただ泣きわめくことしか知らぬ自分を育ててくれた者への感謝」つまり母的神に対する感謝[12]、またそれに重ね合わされた「自然崇拝」と「祖霊信仰」[13]、この二つが生む「宗教的感情の基礎」に根ざす巫女的宗教であり、かつそこに、高橋自身の実存的苦悶が投影されたジャイナ教的・小乗仏教的な「救済とは何ぞや　死なり、死とは何ぞや　安楽なり」の救済観が混淆し[14]、また、かかる救済地点にまでいわば窮迫せしめられた者に対する母性愛に範をとる共苦が強く請われることにおいてイエス思想に通じる側面をもつ、いわば複合的な女性的宗教なのである）。

なおここで一点付言するなら、高橋の全創作の「源」たる意義をもつ彼の処女作『捨子物語』の主人公である国雄（高橋和巳自身の背負う実存的苦悩を体現し、『邪宗門』の主人公千葉潔のいわば前身である）は[15]、この小説において、他者と自己とのあいだに生命力漲る《愛し‐愛される相互性》という「真の関係」（ここで敢えてフロムの概念を援用するなら「生産的愛」の「応答関係性」）を生みだすことを切望しながらも、「捨子」という彼の生誕に刻み込まれた「運命」によって「みずからをしか愛し得ぬ」というナルシシズムを己の実存様態にするほかなかった人間として登場する。彼にとって自己意識はこの欠損性・不能性に己を絶えまなく送り返すものでしかなく、それゆえ彼にとってはまさに右の応答関係の意義を強調するイエスの愛の思想は愛における己の無能性を糾弾する教えとしてしかはたらかない。かくて、彼は自己意識の消滅こそを己の救済とみなす人間として登場することになる。すなわち、人間はみな「余剰の意識あるゆえに余剰の者たるにすぎぬこと」、言い換えれば、「苦しめる物質」であり、だから意識を消滅させて「苦しめる物質」を「意識なきものの毅然たる威厳」に輝く純化せる「物質」へと帰還せしめることで「魂の安静」を実現する「死」の救済力、それを称える「東洋の厭世の教理」（おそらく、高橋が高校時代に痛く惹きつけられたといわれるジャイナ教をモデルとし、この要素は前述のように開祖まさの救済観にも取り込まれるのだが）に帰依せんとする人物として登場するのである。[16] そして、死のもたらす救済しか自分には信じられぬとするこの救済観はそのまま「ひのもと救霊会」の新教祖となる千葉潔の人物像に色濃く引き継がれ、くだんの「世直し宗教」の革命主義的な契機と奇妙な自己矛盾的混淆を形づくり、潔のなかに、目的と手段の関係性を逆転せしめ、過激な革命的決起を己の自死の手段に使う独特なるテロリスト的心性を生みだすのである。（あたかも三島由紀夫がそうしたように）。

以上紹介した問題は、小説としての『邪宗門』が孕む実に興味深い諸問題のあくまで一端をなすものである。『邪宗門』を本格的に評論しようとするなら、さらにたくさんのことが議論のなかに引きだされねばならない。とはいえ、右の問題は諸側面の一つではあるが、本質的なそれである。そして読者には、右の紹介だけでも、この補注の冒頭で述べたような印象を私が『邪宗門』に対して抱いたことには道理がある、と思っていただけるはずである。

『禅と精神分析』、フロムと大拙

ここで、本書のテーマとなるエーリッヒ・フロムに話を移そう。

実に彼は、右に縷々述べてきた私の問題意識と抱負の真正面に立つのである。彼の精神分析的宗教論は私には格別な意義をもつ。というのも、彼の思索の営為は私の抱負のいわば直接の先行者、二十世紀後半に為されたほとんど同一の主題に挑む、しかもおそらくその規模とテーマ追究の一貫性において最大の試みとして浮かび上がってくるからだ。

たとえば著作『禅と精神分析』（一九六〇年）は、一九五八年に鈴木大拙を招聘し、フロムが主宰してメキシコで一週間にわたっておこなった「禅仏教と精神分析学のワークショップ」の成果を基に、そこでなされた両者の報告にそれぞれが加筆改稿を施し出版されたものであり、大拙の禅思想・大乗仏教論とフロムの依って立つ「人間主義《ヒューマニズム》的精神分析」との対話と対決の書であった。

ところで同書でのフロムの試みは、実はそれに一〇年先立つ『精神分析と宗教』（一九五〇年）のなかで描きだされた彼の観点、宗教にアプローチするさいの彼の「人間主義的精神分析」の根幹的観点を前提にするものであった。またそもそもこの『精神分析と宗教』が立脚点に据える彼の「人間主義」の内容そのものは——その「宗教」観も含めて——その三年前に出版された彼の人間学の基礎をなす『人間における自由』（一九四七年）でまず縦横に展開されたものであった。また彼の世界的ベストセラーになった『愛するということ』（一九五六年）は『禅と精神分析』において展開された「愛」をめぐる思索の、その土台をなすものであった。

ところで、フロムは『禅と精神分析』の五年前に『正気の社会』（一九五五年）を出版する。同書は、『人間における自由』でいったんの確立を得る「人間主義《ヒューマニズム》的精神分析」をさらに体系的に発展させることで、同理論をアメリカ資本主義が先陣を切る現代資本主義において人間が抱え込むことになる問題の解明（「市場的構え」性格や「サイバネティックス型人間」等の問題に凝結する）に即応させようとする試みであり、またこのテーマ意識からスターリン主義という破産的帰結（フロムにとってはナチス的全体主義のおぞましさに匹敵する）に陥ったマルクス主義の問題性をマルクスにまで遡って総括する書でもあった。また、その作業は十九世紀以来の西欧の様々なる社会主義思想の試みの真髄を「現代のもっとも重要な理想主義的道徳運動の一つ」として総括したうえで、この思想伝統の真の継承であり賦活として「共同主義的社会主義」の新展望をフロム自身の思想軸として押しだそうとする試みでもあった。[17] そのあとフロムは一九六一年に『マルクスの人間観』を出版するが、同書はコンパクトながらもマルクスについての彼の認識と評価――それを裏付ける的確かつ丁寧なマルクスからの数多くの引用を添えて――を包括的に示す書であった。[18] また彼は一九六四年に『悪について』(原題『人間の心――善と悪に向かうその素質』)を出版し、そこで人間のなかに潜む破壊衝動の最悪の形態に「ネクロフィリア」(死への愛)という新概念を与えることで、[19]『自由からの逃走』(一九四一年)において展開したヒトラー論を画期的新水準に押し上げるとともに、その約一〇年後に登場する大著『破壊』(一九七三年)における人間の破壊的欲動についての精神分析的考察の哲学的・倫理学的基礎を確立するに至る。また一九六六年には、くだんの『禅と精神分析』の成果を踏まえ彼が幼少期以来長年にわたって親しんできた旧約聖書・タルムードならびにカバラ主義やハシディズムのユダヤ教神秘主義の伝統に対する彼の読解の仕方を論ずる『ユダヤ教の人間観――旧約聖書を読む』(一九六六年、原題『なんじ神の如くあれ』、最初の邦訳では『人間主義の再発見』の書名を与えられた)を出版する。そして『禅と精神分析』で披瀝された「個人的成長の中心問題」をなす「良き健康なる在り方 well-being」[20] をめぐる思想は、それと不可分に結びつく彼の「宗教」論と一体となって、まさに『悪について』から『破壊』へと至る人間の病める破壊的な在り方についての考察とのあいだで両極性を構成し、その後の『希望の革命』(一九六八年)や彼の哲学的遺書とも呼ぶべき『生きるということ』(一九七六年)においても、また『反抗と自由』(一九八一年)や『人生と愛』(一九八三年)等のエッセイ集においても、くりかえし彼のヒューマニズム思想の核心をなすものとして表明されることになるのだ。

つまり『禅と精神分析』での同名のフロムの論考によって展開された主張は文字通り彼の思想の核心そのも

のなのである。注目すべきは、そうした内容をもつ論考の末尾において、フロムが大拙を「東洋の思想を西洋の思想に翻訳する試みにおいて、その本質を少しも失うことなく表現することに成功した人」と絶賛しつつ[21]、「確実に言い得ること」として、「禅の知識や禅への関心は精神分析の理論や技術の上に最も豊かな解明に役立つ影響をあたえる」と指摘し、自分の考える「人間主義的な教え」と禅の教えとは「本質的に同じものである」と言い切っていることである。それほどに禅と精神分析との関係や如何にという問いはフロムにとって決定的な主題なのだ。なおまた、彼が没する一年前に書いた『フロイトを超えて』（一九七九年）——彼の人間主義《ヒューマニズム》的精神分析学とフロイトとの関係性をあらためて総括する書ともいうべき——の「はしがき」には次の指摘がある。（それは後に何度も触れるように、彼の根幹的な視点をあらわす）。

　すなわち彼によれば、「真理の認識」は、幻想に陥るがゆえに「貪欲 greed」に捕縛されること（逆もまた真なり）をつねとする人間にとって、己をこの捕縛から解放し自由にする働きをもつ。現代の精神分析が担うのはまさにこの解放の働きであり、創始者たるフロイトの「最も偉大な業績」こそ右の観点から従来の心理学を再構築した点にあるのだが、宗教文化史的にはこの問題の関連を「最もラディカルにかつ明確に表明したのはおそらく仏陀であり」、またこの点で「スピノザの教えは多くの点で仏陀の教えと似ている」が、他方、ユダヤ＝キリスト教の伝統は——この観点を共有する側面をもつとはいえ——「偶像的な神の観念に毒されているので、仏教の場合ほど中心的でもラディカルでもない」と[22]。

　つまり、フロムにとっては精神分析学の最も優れた思想的先達は仏教なのだ。彼は、晩年のエッセイ集『人生と愛』のなかで、自分の思想形成に決定的な影響を与えた思想として、まず彼が幼少より親しんだ——多くの場合ハシディズム的潤色を帯びた——古代ユダヤ教の預言者たちの思想をあげ、次に一九二〇年代に彼が発見する『母権論』を中核とするバッハオーフェンの思索をあげ、ついで仏教の名をあげ、実にこう振り返る。

「それからきわめて影響の多かったのは、仏教です。仏教が私に示してくれたことは、神を持たなくても成立する、宗教的姿勢（eine religiöse Haltung）があるということでした。仏教を知ったことは――それは一九二六年頃のことでしたが――私にとって最大の経験でした」（傍点、清）。「仏教に対する関心は今日まで続いています。のちに禅を学んだことで、仏教への関心はいっそう強まりました。禅はとくに鈴木大拙博士を通じて学びましたが、また多くの書物からも学びました」[23]。

また、『希望の革命』にはこうある。――「禅は私の知る限り最も高度に精錬された、反イデオロギー的、理性的、心理・精神的体系であり、かつまた、あらゆる形態の〈非宗教的〉宗教を発展せしめている」と。そしてフロムは意味深長にも、かかる意義を担う禅が「西洋において宗教に相当するものとなるために」には「新しい、予測できない種類の変形を経験しなければならないだろう」とつけくわえるのだが[24]、おそらく彼はここにいう「変形」の一つに彼自身の人間主義的精神分析を数え入れているにちがいないのだ。

そして、くだんの『人生と愛』のなかではこう書く。

「〈宗教的〉と言っても、神を信じるという意味に理解すべきものではありません。この意味では仏教も宗教的ではありません。仏教に神はいないからです。そうではなくて姿勢という意味で宗教的（religiös im Sinn einer Haltung）なのです。人間が自分のナルシシズムやエゴイズムや内的孤立を超越して心を開くこと、そして――マイスター・エックハルトならそう言うでしょうが――自分が満たされるために、十全な受容が可能であるために、十全な存在となるために、自分をまったく空にすること（sich ganz leer macht, um ganz voll zu werden, um ganz aufnehmen zu können, um ganz zu sein)、それがすべての問題であるような姿勢なのです。そのことが、表現こそ違いますが、マルクスにおける決定的根底です（Das ist bei Marx, in anderen Worten, die entsheidende Grundlage)」。（傍点、清。なおここでいう「神」とは「創造主的人格神」として表象されるところの「神」である）[25]。

また『マルクスの人間観』には、「マルクスの無神論は…〔略〕…エックハルトや禅宗にはるかに近い、もっとも進歩した形態の合理的神秘論なのである」と記される[26]。

かくてフロムにおいては、彼がキリスト教における「ドイツの神秘主義の最大の代表者であり、最も深遠で最もラディカルな思想家」と称賛するエックハルトと仏教が本質的には同一の思想を語る者とみなされるだけでなく[27]（なお大拙も、エックハルトと禅を本質的に同一の思想を語る者とみなしている）[28]、なんと仏教は「マルクスにおける決定的根底」と同一の思想を語る「宗教ならざる宗教」としても把握される。私の視点からいえば、あのマルクス、その救済的情熱においてくりかえし社会と歴史という地平へと送り返され、そこで終末論的先端（苦悩に満ちた人類の前史を終わらす最終革命としての共産主義革命）を見つめようとする『古代ユダヤ教』の直系ともいうべき、彼が。

実にこのような視点・問題設定は、思想家としてのフロムの全生涯を貫くそれであり、彼の人間学的思索の本質的構成契機の一つなのだ。仏教はそれほどに彼の思想に食い込んだ、その内在的な本質的契機なのである。

読者は本書を通じてすぐさま理解されるにちがいない。

すなわち、私が先の「二つの救済欲求とその架橋」節で述べた問題がそのままフロムにあっては次のようにテーマ化されるということを。——人間は己の存在そのものに内在する「実存的二分性 existential dichotomy」が自らに負わせる受苦（「孤独 aloneness」）を何とか克服しようと、その「退行 withdrawal」的な解決へ走るか、「弁証法的前進「dialectic progressive」的なそれを粘り強く追求するか、どちらを採るか、この選択という問題に絶えず直面することになるのだ、と。

かかるフロムを、どうして避けて通れようか！

第Ⅰ部　神秘主義的ヒューマニズムと精神分析

第一章　「人生の意味」への欲求と「宗教性」——フロムの精神分析的宗教論

では、「はじめに」の最後に紹介したフロムの視点、それはそもそも彼の人間学的思索の如何なる構造から必然的に導きだされるものなのであろうか？

私はその点を探ることで、まず彼の人間学的思索と精神分析的宗教論との繋がりを浮かび上がらせてみたい。以下、先に挙げた彼の諸著作の様々な記述を組み合わせて彼の思索の道筋を辿ることにする。

「方向づけと献身の枠組み」と「実存的二分性」

まず取り上げねばならないのは彼のそもそもの宗教観である。

彼はマルクスの思想を自分の人間主義《ヒューマニズム》的ヴィジョンの直接の先行者としてきわめて高く評価するが、一般には唯物論者として当然無神論者であるとみなされているマルクスの思想のなかにすら宗教の次元、すなわち「宗教性 religiosity」が、しかも積極的肯定的な意味で存在すると考える。（と同時に、マルクス自身はそのことを自覚していないとも、彼を批判する）。[1] 詳しくは第二章で取り上げるが、フロムは『経済学・哲学手稿』のなかに書きしるされた青年期のマルクスのヴィジョン、すなわち、「私的所有」欲の「貪欲 greed」化によって引き起こされる疎外から社会の共産主義的変革によって解放され、真に人間主義的な・宇宙との生命感あふれる豊穣なる応答性を生きる・「自己確証・自己実現・自己発現」の追求をなし得るようになった人間についてのヴィジョンに関して、「ほとんどのマルクス専門家」は、それが「根本的に宗教的思考であることを見逃している」と指摘し、それを「新しい〈人間〉の必要に即応した新しい宗教性」と呼ぶのだ。[2]

では、唯物論者マルクスにすら存在するこの「宗教性」という問題次元を、フロムはそもそも彼の人間学的・実存論的考察からどのように導きだしてくるのか？

彼によれば、「宗教的要求」とはそもそも「人類という種の存在の基礎的な条件」に根差しているのであり[3]、その基礎的条件とは次の人間の特質にほかならない。

すなわち、人間は一方では「本能の命令によって行動する能力を欠く」と同時に、他方では「用具を扱う思考能力」をもっている最高度に発達した類人猿さえ比較にならない程の「自意識、理性、想像力」の保持者である。つまり人間は、かかる生物学的特質のゆえに、生存するために必要な行動を決定するにあたって「本能」に頼ることはできず、まさにその「自意識、理性、想像力」を駆使して行動方針を自ら案出し選択し決定しなければならない。そして、この自己決定をやり続けるためには、何らかの「方向づけと献身の枠組み frames of orientation and devotion」を必要とする、そうフロムは指摘する[4]。

「宗教性」をめぐる彼の議論はこの指摘をもって始まるといってよい。

「方向づけの枠組み」とは、人間諸個人が世界のなかで目的意識的な首尾一貫性をもって行動し得るために自分に与えるいわば《意味の地図》の役割を果たす、彼らの依拠する「首尾一貫した世界像」のことであり[5]、「献身の枠組み」とは、そもそもこの「方向づけの枠組み」の根底にあって、彼らの「エネルギーを一つの方向に向けて統合する」・「すべての努力の焦点」・彼らを実際に駆動させる「すべての価値の基礎」、つまり「人生に対して意味を求める私たちの要求に答える」ところの究極の「人生の目的・意味」を形づくる或る観念体系にほかならない[6]。

フロムは、人間が生死の危機に極まる困難や迷いを押しのけて行動し抜くためには如何に「情熱・激情(violence)・渇望」という感情エネルギーを必須とするかという事情に注目し、その個人なり集団が己に如何なる「献身の枠組み」を与えるかという問題においてこそ、その個人なり集団が抱える精神分析的問題が露呈すると見る。たとえば『人間における自由』にこうある。「人間の行動の中でもっとも目立っているのは、極度にはげしい熱情と渇望とは人間だけに見られるものだということである」と。そしてフロムは、「フロイトは誰よりもこの事実を認識した」と指摘したうえで、フロイトはそれを「当時の機械論的自然主義的思惟」によって説明しようとしたが、むしろこの人間的事実は、人間が「本質的に宗教的な要求をもつ存在」であることを示す事実として受けとられるべきだ、と注記するのだ[7]。つまりこの問題こそが彼にとって精神分析学と宗教学とが、そして実存論的人間学が合流する問題の環なのだ。『破壊』のなかの次の一節はこの「情熱・渇望・激情」の問題をめぐる根幹的視点の所在を示してきわめて印象的である。いわく、

「真実を言えば、すべての人間の情熱は、〈良き〉ものも〈悪しき〉ものもともに、ある人間が彼の人生の意味を悟り、平凡なただ生命を維持するだけの生活を超越しようとする試みとしてのみ理解しうるのである。彼が生命を増進する情熱を動員して、今までよりもすぐれた活力と統合の感覚を体験することによって、人生の意味を知る新しい方向に〈改宗する〉ことができる場合にのみ、変化が可能である。この変化が起こらなければ、彼を飼い馴らすことはできても、彼をいやすことはできない。しかし生命を増進する情熱は、破壊性や残酷性より大きな力、喜び、統合、活力の感覚へ導くものではあるが、後者もまた前者と同様に人間存在の問題に対する解答である。最もサディスティックで破壊的な者でさえ人間である。聖者と同じように人間である。彼は人間として生まれたことの挑戦に対するよりよい解答を達成しえなかったところの、ひずんだ病める人間と呼ぶことができるが、同時にまた、救済をもとめてまちがった道を採った人間と呼びうる、ということも真実なのである[8]」。

（傍点、清）

では、右にいう「人間として生まれたことの挑戦」、言い換えれば、人間は誕生すると同時に「人生の意味」

を如何にまた何に発見するのかという問いの「挑戦」を受けて立たねばならないという認識、それはそもそもフロムの人間学ではどのように導きだされたものであったのか？

『人間における自由』にこうある。すなわち、前述の「人類という種の存在の基礎的な条件」が一方の契機となって、人間は「自然の中にありながら、同時に…〔略〕…自然を超えている」という「実存的二分性 existential dichotomy」を負わされた存在である、と。(9)

この「実存的二分性」という概念は、同書を引き継ぐ『正気の社会』（一九五八年）では「人間の実存における諸矛盾」という概念となって登場する。（彼の死後出版されたエッセイ集『反抗と自由』（一九八一年）では「本質的矛盾 essential contradiction」）。『正気の社会』にこうある。

「人間は、この世界になんの知識も同意も意志もなしに投げ出されるとともに、同意も意志もなしにまた世界からとりのぞかれる。…〔略〕…だが人間は理性と想像力を与えられているので、被創造物としての受け身の役割、すなわち、運命の杯から投げ出されたさいころの役割に満足できない。人間はみずから『創造者』となって、被創造物の役割つまり彼の生存の偶然性と受動性をのりこえようとする衝動に駆られる」。(10)

（傍点、清）

そして、およそこうした意味づけの試みとは、それを心理学的に考察すれば、右の「本質的矛盾」を解決する「新しいかたちの統一」を《自然内在的存在》たる自分と《自然超越的存在》たる自分とのあいだに生みだそうとする試み、創造の試みとして展開されるというのだ。ここでは『反抗と自由』から引用しよう。

「〈造化の戯れ〉としての人間は、新しいかたちの統一を見いだすことによって矛盾を解決することができなければ孤独感（aloneness）に耐えられないだろう。人間存在の本質的矛盾のために人間は余儀なくこの矛盾の解決を求め、生まれた瞬間から人生が投げかける問い（つまり、《人生の意味》とは何かの――清）に対する答えを見いだそうとする」[11]。（傍点、清）

先にいわれた「創造」とはこの「新しいかたちの統一」の創造にほかならない。後にわれわれはくりかえし見ることになるが、フロムは人間がこの「創造」にいそしむ在り方・態度・かかわり方をとっている場合を「生産的」と名づける。『正気の社会』の指摘を借りれば、行為の場面で生産的であることの「原型」は「芸術」と「すぐれた技芸」である。感情の場面で人が生産的であるのは「生産的愛」においてである。知性の場面では、ドイツ語的にいえば人がたんなる「悟性 Verstand」を超えて弁証法的洞察力・透視力をもつ「理性 Vernunft」へと高まることで現実を真にあるがままに把握することができた場合である[12]。

ところで『希望の革命』では、右の一節のなかにある「孤独感」の克服という問題は「狂気 insanity」の問題と結びつけられている。

まずこうある。人間が己に生存を可能にすべく「自意識、理性、想像力」に依拠して有効に行動しなければならないという問題は、同時に「もう一つの人間独特な危険、すなわち狂気の危険」（傍点、清）に陥らず行動できるかという問題に――まさに精神分析学が主題にする――結びついている[13]。言い換えれば、「本能」に依拠して行動をおこなう動物は「狂気の危険」という問題を抱えずに済む。というのも「本能」は動物を自然的宇宙との「統一性」の内部にまさに《自然内在的存在》として繋留するからである。他方、くだんの「自意識、理性、想像力」は、一方では人間に「本能」の代わりをなすまさに創造的な行動能力を与える源泉であると同時に、人間だけを《自然超越的存在》としてつねに他人と自然的宇宙の双方に対して「隔離・疎外されている」という位置へと、その極まりとしての「孤独」へと押しやる危険の源泉でもある。

実は、右の観点はフロムの人間主義的精神分析学に当初から備わったものであるが、『正気の社会』にはこうある。自己意識の所有者として人間は、つねに「己の無力さと存在の限界」・「己の終局、死」を「ありありと心にえがく」のであり、「生と死という両存在から解放されるときがない」のであり、「どんなに望んでも、意識から逃れられないし、また生きている限りその身体からのがれることもできない」。そして、身体は彼に「生きたいと望ませる」[14]。つまり生の欲動と絶えまない自己の限界と死の意識との衝突の狭間、この「実存的二分性」・「実存的矛盾」は絶えまなく人間を「孤独」の意識へと投げ返す。フロムによれば、人間の生が抱える恒常的危険・存在条件としての「孤独」こそは「狂気の危険」の源泉なのである。またそれは「サディズムと破壊性への渇望」（前出）の源泉なのである。

フロムによれば人間の「創造」活動への衝動はくだんの「実存的二分性」が生みだすものであったが、この点で、「創造」の欲動はつねに「破壊」の欲動と表裏一体の関係――創造できないなら《破壊》という代わりの創造を生みだそうとする――を取り結んでいることが理解されねばならない。実にこの事情こそが、「破壊性は、人間の生存そのものに根ざしている二次的な潜勢力（創造を一次とすれば――清）であり、あらゆる情熱がもっている程度の強さと力をもっている」ことの根拠だからである。[15] 彼はこの事情の洞察こそ、自分の議論の「本質的な点」だと注意を喚起している。[16]（この観点とフロイトの「死の本能」概念との関係については、参照、本書第Ⅰ部第六章・『ネクロフィリア』論の二つの局面」節。なお「最もサディスティックで破壊的な者でさえ……」云々の一節に孕まれる問題は、たとえば『破壊』第六章におけるヒトラーに対する彼の精神分析を導く根幹的視点である。参照、本書第Ⅰ部第六章「フロムの精神分析的アクチュアリティ」）。＊3

だから、この問題の角度からいえば、くだんの《「献身の枠組み」としての「宗教」》という問題は、このいわば実存的＝存在論的な次元に位置する《「孤独」＝「狂気」》の危険性を人間は如何なる仕方でのりこえ得るかという問題となる。『正気の社会』にいわく、「原始的宗教だろうと、有神論的宗教あるいは無神論的宗教だろうと、どれも、人間の実存の問題にたいして解答を与えようとしている点に変わりはない。もっとも野蛮な文化も最高の文化と同じ機能をもっている。…〔略〕…この意味で、もし宗教とは人間存在の問題に解答を与えようとするものであるだとしたら、あらゆる文化は宗教的であり、あらゆる神経症は私的な形の宗教である」(17)。「サディズムは…〔略〕…精神的不具者の宗教である」(18)。

ところでもう一点、後の考察のためにもここで強調しておきたいのは、前述の創造されるべき「新しいかたちの統一」が帯びる「情緒」的性格をフロムがつねに強調しているという点である。またかかる視点は、人間を何よりもまず「身体‐精神的全体性 physic-spiritual totality」としてつねに総合的に把握し問題にしようとする彼の根幹的な実存的視点に支えられているという事情である(19)。われわれはこれからも本書でたびたびこの総合的視点の重要性を確認することになろう。（何よりもフロイトに対する彼の批判を支える視点として、また「愛」なり「理解」なりをつねに他者に対する主体のこうした「身体‐精神的」な総体的な――「唯知的」でもなく「唯情的」でもない――関与能力として問題にする彼の視点として）。

まさに『希望の革命』は右の「統一性」獲得の問題を、他人と自然的宇宙との双方に対して諸個人が「情緒的に」再結合することによって「孤独の危険」をのりこえようとする熾烈な欲求を抱くという問題として提示している。この「情緒的な再結合」という課題は実にくだんの「実存的二分性」・「本質的矛盾」そのものから誕生する課題である。人間は「自意識、理性、想像力」の担い手であると同時に、《自然内在的存在》としてまさに「心情と肉体」の持ち主でもあるからこそ、他人と自然的宇宙との双方に対して「心情と肉体」の地平、つまり「情緒」の地平で再結合しなければならない。諸個人は、この「情緒的絆を見いだせなかったら、風に吹かれる哀れな一片の塵となろう」、「こういう絆を持たない人は狂気と定義されるのであって、仲間の人間とのいかなる情緒的なつながりも持つことが出来ないのである」[20]。（なお、われわれはこの問題のきわめて先鋭な表現をドストエフスキーの『白痴』における「イッポリートの朗読」に見いだす。参照、拙著『ドストエフスキーとキリスト教』・補論Ⅰ「『白痴』における『不死』問題の位相」）。

つまり、一言でいうなら、フロムの言うたんに有神論のみならず無神論においても共有される「宗教性」とは、人間においては生の情熱は生の《意味》実感と一つのものであるがゆえに、生の実践において絶えまなく人間は己の生の意味をめぐる問いに送り返されざるを得ず、かつこの《意味》への問いは必ず人間を己の《実存的二分性の再統一・情緒的再結合》という課題へと導かざるを得ず、またこの再統一という課題は《宇宙的全体性と自我との再統一》といういわば形而上学的次元――これまでの人類の文化史においては「神秘主義」的宗教がつねに問題にしてきたところの――を必ず孕むという人間学的事実、これを指すということである。

補注＊3　『人間における自由』からの継続性

既に指摘したように『人間における自由』は、この「実存的二分性」と「歴史的二分性」との明確なる区別を自覚する必要を主張していたが、そのことと関連して、「神経症」（くだんの「狂気の危険」）と「宗教」との関係を次のように捉えるべきことを問題提起してもいた。まず彼はこう述べる。

「フロイトは宗教と神経症との関連性を認め、宗教を神経症の一形態であると説明したが、逆に我々は、神経症こそ宗教の一つの特殊な形態として説明され、宗教と異なるのはそれが主として個人的なものであり、型によって決定された特性ではないからなのだという結論に到達する」[21]。

右の一節にいう「宗教」とはもちろんくだんの「人生の意味を問う」ところの「方向づけと献身の枠組み」のことを指す。そしてフロムはこう主張する。問題とは、この「方向づけと献身の枠組み」の「内容」である、と。そして彼は次の二分法を導入する。「成熟した、生産的で合理的な人は、自己が成熟し、生産的かつ合理的であり続けることが許されるような枠組みを選ぶ。自己の発展が妨げられた人は、原始的かつ非合理的な枠組みに立ち帰らざるを得ず、それによって依存性と非合理性とを持続するのである」[22]。前述の『希望の革命』における議論が右の観点の延長線上にあることはいうまでもない。

なお、ここで『悪について』の議論に一言しておけば、フロムは人間の「本質」をそもそも善と捉えるか悪と捉えるかのくだんの性善説と性悪説の対立――「反・原罪主義」か「原罪主義」かの対立とも言い直し得る――に触れながら、「人間の本質とか本性とかは善とか悪のように特定の《実体 substance》ではなくて、人間存在の条件そのものに根差す《矛盾 contradiction》である」と述べ[23]、人間の「本質」概念はまさにくだんの「実存的二分性」・「人間に内在する矛盾」を指す概念として使用されるべきだとする。彼によれば、この「二分性・矛盾」の解決を「退行的形態」において図ろうとする人間は、サド＝マゾヒズムとネクロフィリアのなかに身を投げることによって自ら「性悪説」を実証することになるであろうし、反対に「弁証法的前進的解決形態」を志向する人間はその解決努力の姿そのものによって「性善説」を実証することとなるのだ。そして、どちらの解決形態を志向するかは、その都度、当該の人間がどれほどの学習・認識・反省等に基づく自覚的意識——無意識的動因に関する絶えざる覚醒の努力を当然含む——をこの解決形態の選択に関して発揮し得るのかに掛かっており、そこには選択の自由と責任が生じていると説く。いわく、「二人（マルクスとフロイト）とも人間は因果律により決定づけられるが、覚醒と、正しい行為によって自由の領域を創造し拡大しうるという意見を提出した。自由の最適条件を獲得し、必然の鉄鎖から脱出しうるのは、その人自身の責任である」[24]。なお一言つけくわえれば、マルクスは後年になるほど右の観点を希薄化させ経済的決定論へと傾斜した、とフロムは批判している（参照、第Ⅱ部第三章「フロムの《マルクス主義批判》」）。

「退行」か「弁証法的前進」か

さて、まさに右の問題をめぐって、フロムの「精神分析的宗教論」の第二の特徴——これまで述べてきた《「方向づけと献身の枠組み」＝「宗教性」》論を第一とするなら——が浮かび上がる。すなわちそれは、この再結合・「新しいかたちの統一」の在り方・形態を問題にするにあたって、既に先の補注3で示唆したように、彼が「退行」的と「弁証法的前進」的との二分法を視点として導入するという点である。（なおこの観点は補注3にあるとおり既に『悪について』でも決定的な観点として押しだされている。そこでは「ネクロフィリアと近親相姦的共棲とナルシシズム」

の結合が「衰退の症候群」を構成するとされ、「生命愛と独立心ならびにナルシシズムの克服」によって支えられる「成長の症候群」と対置されている[25]。

しかも、この視点は二つの次元ないし問題場面、すなわち人類の宗教文化史という歴史的問題場面と諸個人の精神分析的「性格」論の問題場面――「生産的性格」と「非生産的性格」ないしは「破壊的性格」との対立性に視点を据えた――との二つの次元でそれぞれの特殊な展開を示す。

ここではまずこの視点が宗教文化史を考察するうえで如何なる遠近法《パースペクティヴ》を提供するものとなるか、それを考察するところから始めよう。『希望の革命』はこの問題をたいへんわかりやすく次のように提示している。

――人間の絆のうちまず「最も容易で最も頻繁な形」(「一次的絆 primary bond」)として見いだされるのは、「母親に対する幼児の関係において見いだされる」ところの「まだ成長していない人間の持つ自分自身になりたいという憧れや、耐えがたい隔離感・孤独を克服したいという憧れをかなえてくれる」情緒的絆であり、かつそれと同質の絆を母のみならず、「自分が生まれて来たその源――血統、大地、氏族」や「また複雑な社会では民族、宗教、階級など」にまで対象を拡大して追い求めようとする人間の欲求である。この型の欲求は、「大地、湖、山」を崇拝したり、「トーテム動物と自分との象徴的同一化」を求める「原始的な信仰」に典型化されるものであり、人類史の母権制期に主軸となる大地母神信仰がその代表となる。

とはいえここでもう一度指摘しておくならば、フロムの前述の二分法にあっては、この宗教文化史にかかわる歴史的遠近法が同時に個人の精神分析的「性格」論的遠近法と本質的な相互移行的関係性をもち、次の如き問題を照らしだすこととなる。すなわち人間はそうした「原始的な信仰」を、社会としてはもはや到底古代社会とはいえないそれ以降の時代、たとえばそれこそ二十一世紀の現代においても、個人の実存的な問題場面では、くだんの実存的「孤独」の危機に接して当該個人の採用する不毛なる「退行」的な似非解決形態としてくりかえし復活させることになるという問題を。たとえば、彼の晩年の大著『破壊』に――『悪について』を踏襲し――こうある（詳しくは、第Ⅰ部第六章「フロムの精神分析的アクチュアリティ」）。

「ヒトラーの母親への固着は、あたたかく愛情のこもったものではなかった…〔略〕…彼女が彼に対して演じた役割は、現実の人間のそれではなく、大地、血、宿命――そして死――という非人間的な力の象徴のそれであった…〔略〕…最も重要なのは、のちのヒトラーの顕在的なネクロフィリアの発達の萌芽を、彼の初期の母親との関係の特徴である悪性の近親相姦愛のなかに見いだすことができる、ということである(26)」。

ここで私は次のことをあらかじめ強調しておきたい。右に指摘した古代ならぬ現代におけるくだんの「退行」現象こそが、実はおそらくフロムの「退行」か「弁証法的前進」かの問題提起の最奥のモチベーションを決定した彼の同時代体験であったという問題を。（この「退行」を彼は「近親相姦的固着 incestuous fixation」あるいは「共棲的融合 symbiotic fusion」と概念化する(27)）。

後でも幾度か取り上げるように、フロムはフロイトについて次のように指摘した。すなわち、フロイトがくだんの「死の本能」概念を打ちだして「人間の本性」のなかには生（エロス）の本能とならんで破壊の本能が存在するという二元論的発想を採るに至った最大の切っ掛けは、第一次大戦が大衆の熱狂的な「聖戦」意識の高揚をもって始まり、その後の惨憺たる死と破壊の結末に至る次第を経験することによってだった、と（参照、

第Ⅰ部第六章）。

しかし、それはフロイトのみならず一九〇〇年生まれのフロムの少年期経験でもあった。さらにまたまさに青年・壮年期にフロムは二つの経験を重ねる。一つは、イタリアのファシズムとドイツのナチズムの勝利と破滅の経緯であり、もう一つは人類に希望をもたらすはずのマルクス主義の革命運動がくだんのスターリン主義――前二者に優るとも劣らない全体主義を実現し、凶暴なテロル（大粛清と農業集団化）による国内支配を遂行した――のうちに自己破滅を迎える経緯であった。この三つの大破局に対するフロムの人間主義的精神分析はくだんの「退行」か「弁証法的前進」かの問いを、彼の必死の問い、彼の根幹的思索課題の位置に据えたのである（参照、第Ⅱ部第三章「フロムの《マルクス主義》批判」）。

また次の二点もつけくわえておかねばなるまい。第一に、右の二十世紀の大問題はおそらく個々の精神病患者を扱うフロムの臨床研究においても、かかる「退行」的症例への注視をいっそう強めることになったにちがいないことを。また第二に、この問題こそかつてフランクフルト学派において盟友の絆を結んでいたフロムとマルクーゼとが後期になってフロイト継承問題をめぐって激しい論争関係にはいるさいの核心問題となったことを（参照、第Ⅱ部第六章「マルクーゼとフロム」）。

さて議論を戻すならば、母権制の時代の後に「父神、男神、王、族長、法、国家」などが崇拝対象となる父権制の時代が来る。これらの父権的宗教には、フロムによれば、母子関係の「一次的絆」の在り方を克服し、個人の独立と自律ならびに合理的思考の契機を打ち立てようとする要素が含まれる。とはいえ、この時期の母権的宗教と父権的宗教には形こそちがうが「共通要素」がある。それは、いずれにおいても「人間は自分が盲目的に従っている優越した権威との情緒的な絆を見いだす」という点である。[28] 前者においては、母的な存在との「共棲的融合」という絆が、また後者にあっては父的な権威との服従的な自己同一化という絆が。とはいえフロムの観点からすれば、母権的宗教にせよ父権的宗教にせよ、そこで信徒が得る心理的安住感は「理性と愛する能力」という二つの能力（いずれも個人の確固たる精神的自立を必須の条件とする）の「十分な発達の阻害」という「代償」を払ってしか得れないのだ。

かくて、人類の文化史を振り返りかつ展望する新たなる遠近法《パースペクティヴ》として、フロムは、人類が「理性と愛する能力」という二つの能力を十分に発達させることによって「より高度の形の安住感」・より高度の情緒的結合をもって人間が世界と自分とを関係づける段階《ステージ》へと進むという目標、「新しい洞察《ヴィジョン》」を掲げる。いわく、「知性が発達するだけでなく、服従することなしに連帯感を持つ能力が、囚われることなく安住する能力が、窒息することなく親密になる能力が、発達しなければならない」と。彼はまたこういう言い方もする。

「この新しい絆」は「父親や母親への服従の紐帯とは、本質的に違っている。それは調和的な友愛の紐帯であって、そのなかでは連帯や人間的な絆が、情緒的、知的な自由の制限によってそこなわれることはない。…〔略〕…それは人間の二つの欲求、すなわち密接な結びつきを持つと同時に自由でありたい、全体の一部でありながら独立を保ちたいという欲求を満足させる唯一の解決なのだ[29]」。

なお急いでここで注記するならば、次節で示すように、かかる人類の文化の発展史的ヴィジョンはフロムによって次のようにも捉え返される。すなわち、《母権制文化と父権制文化との対立の弁証法的止揚としての、現在の偏父権制文化からの母権制への弁証法的前進＝回帰》というヴィジョンとして。かつそれは、人類の宗教文化史を「権威主義的宗教と倫理」と「人間主義的宗教と倫理」との確執の展開史として捉え返すフロムの精神分析的観点と一つになる。

さて、次のことは明らかであろう。右の「新しい洞察《ヴィジョン》」はこれまでのフロムの議論の文脈でいえば、同時にフロム自身の抱く《新しい「方向づけと献身の枠組み」》であり、つまりは新しい「宗教性」であることは。だから、『生きるということ』がこれまで縷々述べてきた「方向づけと献身の枠組み」を指して、その「いかなるもの」も「宗教」とみなすとし、「この広い意味においては、過去あるいは現在のいかなる文化も、またおそらくは未来のいかなる文化も、宗教を持たないとみなすことはできない」と述べるとき(30)、そこには当然このフロム自身のそれが含意されているのだ。

しかも、この「新しい洞察」がもたらす遠近法《パースペクティヴ》にかかわって実に興味深いことは次の点である。すなわちフロムは、この観点からあらためて人類の宗教史を振り返り、この「新しい洞察」（＝「新しい宗教性」）の先駆け的な「宣言者」として「仏教、ユダヤ教、そしてキリスト教」を挙げるのである。つまり、この「新しい洞察」とくだんの母権制的宗教なり父権制的宗教なりの権威主義的性格との相克は、既に「人間の歴史における最も目覚ましい時期の一つ」たる「紀元前第二・千年期の半ばから第一・千年期の半ばにかけての時期」、すなわち右の三宗教が誕生した時期からのものだとするのだ。つまり、実は右の三宗教それ自体がくだんの相克を内部に孕み、その相克こそが各宗教のその後の展開の内的な動力学となった、と問題を捉えるべきなのである。かかる視点こそが、これら三宗教に対するフロムの精神分析的な解読視点なのである(31)。

なお、この「退行」か「弁証法的前進」かというフロムの視点にかかわって、私は次の問題が私と彼とのあいだには持ち上がるであろうということについて一言しておかねばならない。それは、私の問題意識の根底にあるくだんの「二つの救済欲求と思想」との確執という視点と右の彼の視点とは、それではどんな関係を結ぶことになるのか、という問題にほかならない。

いましがた見た「新しい洞察」に関するフロムの議論からいって、彼が自分の視点を私のいう「二つの救済欲求と思想」の区別とは異なる、両者にまたがって、それぞれにあって等しく問われるべき問題として提起していることは明白ではある。例えば、まさにナチズムは、自分たちの掲げる「民族社会主義 National Sozialismus」こそが真の社会主義であると主張したのであるが、先に見た通りフロムの観点からすれば、それは社会主義的欲求の極端な「退行」形態という問題性を示す。また第二章や第三章で見るように、「神秘主義」も彼にあっては「合理的性格」を帯びたそれと、原始的呪術的な非合理的性格を本質的性格とするそれとは明確に区別されるべきなのである。また、第Ⅱ部第六章「マルクーゼとフロム」で取り上げるように、おそらくフロムにとってマルクーゼの掲げる「ニルヴァーナ的幸福原則」は小乗仏教の「涅槃」思想のもつ「退行」的な要素がもともとマルクーゼのなかにある退行志向と接続し、いわば前景化したものということになろう。他方フロムにとって鈴木大拙の大乗仏教的「涅槃」概念は、初期マルクスの解放思想、宇宙的応答関係性に溢れた諸個人の真の生命的な輝きに溢れた自己発現ヴィジョンにきわめて適合的な、その真髄を解明する梃にすらなる意義を孕んだそれなのである。

ところで「弁証法的前進」の概念には、「退行」的契機をひたすら否定するわけではなく、保存しつつ新たなる統合のなかへと止揚する（逆にいえば止揚しつつ保存する）という意味が込められているわけだが、本書において後にたびたび議論となるように、フロムが仏教的救済観念の核心に据えられた「空」的な瞑想的法悦のカタルシス的契機をどれぐらい彼の議論の展開のなかで掬い取れているか、この問題は実のところそう簡単に決着する問題ではない。あらかじめ、ここで一言しておきたい（参照、第Ⅰ部第三章）。

要するに、実は私はこう考えているのだ。私の言う《二つの救済思想のあいだの対話と対決》という「弁証」関係が生きるまさにその弁証法は、フロムの言う「退行」を排して「弁証法的前進」的に新しい救済の展望を求めようとする精神的営為とそのまま重なることとなろう、と。挙げて問題は、己に対立する《他者》的契機を、しかし、己のこれまでの構造的な或る欠如性を明るみにだすものとして捉え直し、それに媒介されてこそ、真の全体性に向かう己の発展があり得るのだと自覚することにあるのだ。如何にその《他者》を己へと掬い取ることができるか、という問題に。言うまでもなく、これは生きた過程である。つまり現在進行形の。未だ十全なる総合が達成されていないことへの不満が出て当然の（読者には、かかる観点から第Ｉ部・補注６「大拙における煩悶」、第Ⅱ部・補注８「ヴェーバーのキリスト教論の二層性について」も参照していただきたい）。

バッハオーフェンからのインパクト

ここで、フロムが右の歴史的遠近法を採るに至るうえで如何にバッハオーフェンの『母権論』から大きな影響を受けたかという問題について触れておきたい。この点はフロムの思想形成史をめぐる中心的問題の一つである。

マルクス主義の歴史のなかでは、エンゲルスのかの『国家、私有財産、家族の起源』が右の著作から強いインパクトを受けて書かれたものであることはつとに有名である。フロムは自分の思索にとっても一九二〇年代の若き日における「バッハオーフェンの発見」は――たんに母権制社会から父権制社会への転換という歴史の展開を理解するためにだけではなく、くだんの「個人的成長の中心問題」の心理学的核心を見抜くうえで――「二つの鍵」となったと述懐している。[32] つまり、前述の「退行」か「弁証法的前進」か、そのいずれであるかという問題の環を自覚するうえで決定的な影響を受けた、と。

フロムはまずこう問題を提起する。右の問題の自覚は、男女の区別を超えて人間一般に取り憑いて離れぬ「母親への憧れ・思慕」というものが一体何を意味しているのか、それを深く摑むことをとおしてこそ得られるの

である、と。『人生と愛』にいわく、

――それはフロイトが問題にした「エディプス・コンプレックス」の「本質」とは何かという問いに重なるが、しかし、その本質はフロイトの主張するように「性欲・リビドー」にあるのではない。それは、「人間のための責任を引き受け、人生の危険、そして死の恐れまでも引き受け、人間を一種の楽園に保護する」役割を果たす「女神」の象徴を母に見て、母を思慕するという実存的欲求にある。

(この観点は中期の代表作『正気の社会』と最晩年の著作『フロイトを超えて』においても、「エディプス・コンプレックス」問題の発見は「無意識」問題の発見と肩を並べるフロイトの「偉大な発見の一つ」であるとしたうえで、この評価を補完するフロイト批判の中心論点の一つとしてくりかえされる)[33]。

ところでフロムによれば、フロイトの性欲《リビドー》中心主義をのりこえたかかる心理学的＝実存論的洞察、それを彼に最初に与えてくれた思想家こそがバッハオーフェンであった[34]。もう少し言葉を補っていえば、彼はそうした人間の実存の深部に宿る母権制的な母性愛思慕の深さと同時に、それが孕む「退行性」を問題化するうえでもフロムに示唆を与えてくれた人物であった。(フロムによれば、彼は母権論者であると同時に熱烈なプロテスタントでもあり、かつまたそこに孕まれる矛盾性なり複層性を胡麻化さなかった人物であったがゆえに、いっそう有意義な人物であった)[35]。既に一九三四年の論考「母権理論の社会心理学的意義」のなかでフロムはこう述べている。

「母親や自然、大地への受動的な埋没、それらの果たす中心的な役割に対応するのが、母権的文化の価値体系である。自然的なもの、生物的なものだけに価値があり、これに対して精神的なもの、文化的なもの、合理的なものは無価値とされる。バッハオーフェンはこうした思考を、法観念に関してきわめて詳細かつ明敏に説明した[36]」。

しかしまたフロムにとって、バッハオーフェンは政治的には保守主義者でありながら、将来人間主義《ヒューマニズム》的な社会主義社会がまさに「母権制社会」の「弁証法的前進」的な復権として誕生すべきことを実質的に示唆した人間でもあった。先の論考にこうある。――「母権制社会」は「バッハオーフェンの叙述においては、社会主義の理想と密接なる親近性をもつ特徴を含むのであり、…〔略〕…母権的社会は、性欲がキリスト教的価値否定から自由に解放された社会として、母性愛と憐憫の情が社会を維持する道徳的原理となっており、同胞の人間を侵害することが最も重い罪とされるような原初的民主主義の社会として、そして私有財産がいまなお存在しない社会として、描かれる[37]」(傍点、清)。

かくて、フロムにとって「バッハオーフェンの意義」は「母性愛と父性的愛の本質を研究することにより、心理学の中心問題、個人心理と社会心理の発達という中心的問題に向かう道を開拓した点」(傍点、清)にあり、「彼の功績」は、「歴史における進歩を父権的原理への発達に即して示し、両原理の肯定的な面および否定的な面を識別したということにある。彼は、たとえ父権制を進化の高次段階とみなしていたとしても、だからといって母権制的構造のもつ卓越した特長を無視したり、父権制の否定的側面をみすごしたりすることはけっしてしなかった」点にあるとされる[38]。(なおこの観点は『愛するということ』では、「真に成熟した愛」は母性愛と父性愛の真の弁証法的総合であるとの見地となって展開される[39])。

『ユダヤ教の人間観』のなかの次の言葉などはこの観点の端的な表明である。(ついでにいえば、この観点は既に彼の思想家としてのデビュー作『自由からの逃走』の根幹に据えられていた)。

「アダムの『堕罪』とともに人間の歴史は始まった。個性化以前段階における人間と自然、男と女の間の根源的な調和は、対立や抗争にとって代わられた。人間はこうした一体性の喪失に悩む。人間は孤独となり、他の人間から隔てられ、また自然からも疎外される。人間のもっとも熱情的なのぞみは、人間が『反抗する』以前の自己のふる里であった一致の世界に帰ることである。人間は、理性、自意識、選択、責任を捨て去り、胎内、母なる大地、良心や知恵の光の届かない暗黒へ戻りたいと切望する。人間は新しく得られた自由から逃走し、人間をして人間たらしめる自意識をなくしてしまいたいと望む」[40]。（傍点、清）

だが、だからこそフロムによれば、そうした「退行」的方向への「逃走」を拒否し、逆に「理性、自意識、選択、責任」を媒介にし、これらの諸要素と一つになった新たなる調和と一体性の獲得がこれからの人間の真正の課題だとする未来志向の立場、これが確立されねばならないのだ。

フロムは、かかる歴史的遠近法の典型的な哲学的表明としてかのヘーゲルの《即自‐対自‐即自かつ対自》の歴史弁証法を評価し、この問題の展望こそはそもそも旧約聖書の特に後期に顕著となる「メシア主義」にその祖型を見いだすものでもあり[41]、マルクスの革命哲学もこの「メシア主義」の伝統を引き継ぐものだとする[42]。『マルクスの人間観』によれば、「マルクスの社会主義観」はかかるメシア主義の伝統の「最後の、そしてもっとも完全な表現」たる意義を有するものなのである[43]。（参照、第Ⅰ部第四章。付言すれば、かかるフロムの評価においては、私の言う「二つの救済欲求・思想」をまさに弁証法的に統合する最初の試みの一つとしてユダヤ教神秘主義から誕生した「メシア主義」が問題となる）。かつまたこの遠近法はフロイトを超える精神分析学の中心課題ともなったとする[44]。たとえば『禅と精神分析』はこう指摘する。

「問い は常に同じである。しかし答えはいくつかある。或いは、根本的にはただ二つの答えがあるだけである。一つは自覚が始まる前に、すなわち人間が生まれる前に存在していた統一への退行によって、分離性を克服し、統一を見いだすことである。他の答えは、十分に生まれることであり、自分の自覚、自分の理性、自分の愛する能力を自分自身の自己中心的な関与を超えて新しい調和、世界とのあたらしい合一に到達する点にまで発展させることである」[45]。（傍点、フロム）

それほどに、この視点はフロムにとって根幹的なものなのである。

なお、私は後の第I部第四章「フロムとユダヤ教」において、次の彼のユダヤ教解釈の方法論的特質について論じる。すなわち彼は、右の視点から旧約聖書世界を彼が「人間主義的宗教と倫理」ないし「人間主義的宗教性」と呼ぶ思想水脈を基軸に展開してきたものとして解釈し、そのことをユダヤ教を終始一貫して貫く根幹的文脈（＝本質・真髄）として前景に押しだし浮かび上がらせ、それに対立する「権威主義的宗教と倫理」の諸側面をこの根幹的文脈を覆い隠す非本質的な側面として逆に後景に退かせ、これまで流布してきたものとは別の物語・コンテクストを立ち上げるという、デリダ風にいえば「脱構築」的方法に立つのである。その結果、彼の提出するユダヤ教像はヴェーバーの『古代ユダヤ教』が提出するそれとはなはだ異なったものとなるのだ。（逆にいえばフロムからするなら、ヴェーバーの『古代ユダヤ教』の最大の欠陥は、後代のユダヤ教神秘主義の問題性をあらかじめ取り込んだいわば複眼的視座に立つものではない点にあるということになろう）。

マルクスにおける「宗教性」とフロム――生命実現の自己目的性

さて右の問題との関連で、既に幾分かは言及してきたが、フロムがマルクスを問題にする仕方の特質についてここでいささか論じておきたい。

彼は最晩年のエッセイ集『人生と愛』のなかでこう自分を振り返っている。すなわち、自分が自身の「宗教性」を形成するうえで決定的な影響を受けたのはまず第一に古代ユダヤ教の「預言者」たちが語る「メシア思想」であったが、「第二の大きな影響」は「後年になってから」にせよマルクスからであり、それも初期マルクスの『経済学・哲学手稿』がその最も見事な表現であるところの「何よりも彼の哲学と、彼の社会主義のヴィジョン」であった、と。そして、『生きるということ』や前述の『反抗と自由』の主張に関連づけながら、こう続けている。いわく、「それは世俗的な形で、人間の自己実現（self-realization）の思想を表現しています。人間が完全に人間的になる思想、持つこと、死んでいるもの、蓄積されたものでなく、生きた自己発現（vital self-expression)を目標とするあの人間の思想です」(傍点、清。なおこの初期マルクスとの思想的出会いを橋渡ししたのはマルクーゼであったと思われる。参照、第Ⅱ部第六章）[46]と。

またそのなかで、既に紹介したように、彼は右の『経済学・哲学手稿』に示される「マルクスの思考」について、「ほとんどのマルクス専門家」は、それが「根本的に宗教的思考であることを見逃している」と指摘し、この点で「マルクスの思想をほんとうに理解している人の数はごくわずか」であり、またそのことが災いして二十世紀においては如何なる意味でも真のマルクスの思想を体現した社会主義というものは生まれなかったと断定する。すなわちフロムによれば、「西洋の社会民主主義者と、彼らにきびしく対立するソ連内外の共産主義者とは、社会主義を、最大限の消費と最大限の機械の使用を目的とする、純粋に経済的な概念に変貌させた」のであり、二十世紀のマルクス主義運動、言い換えれば、共産主義運動が実現した社会主義体制というものは（ロシア・東欧・アジア・キューバ、どの地域のそれも）本質的に「官僚制的、物質中心的、消費志向的社会体制」である点で、およそマルクスの『経済学・哲学手稿』に示される「所有」主義的人間観から完全に解放された「人間の自己成長・生きた自己発現」こそを目的とする真の友愛社会・共同主義社会のヴィジョンを根底から裏切るものでしかなく、[47]「自らが取って代ろうとした資本主義の精神に屈服したもの」以外の何物でもない、と。[48]一言でいうなら、同書に言う、それ自体がまだ「私的所有によってとらわれており、感染されており」、それを裏返した「嫉妬と水平化欲」の地平に留まっているところの「粗野な共産主義」の域を一歩も出ないものなのである。[49]なお付言すれば、この点で、フロムはマルクスの思想の真髄を受け継ぐべき社会主義ヴィジョンを示す言葉として『正気の社会』では「共同主義的社会主義」を掲げることとなる（参照、次章ならびに第Ⅱ部第三章「フロムの《マルクス主義》批判」）。

「はじめに」の終わりで取り上げたフロムの観点、人間の真の自己実現の在り方をめぐるマルクス・エックハルト・仏教の三者の考えは「表現こそちがう」にせよ本質的に同一だとする解釈、この解釈がマルクスの思想を「根本的に宗教的思考である」とみなす右の視点から出てくることはいうまでもない。そして決定的に重要なことは、フロムが彼自身の「方向づけと献身の枠組み」つまり「宗教性」を引きだすのはマルクスの『経済学・哲学手稿』の独自な解釈作業をとおしてだという点なのだ。

この点で私はこう考える。彼は、人生の究極的意味を宇宙との豊饒なる応答性に基づく《生命実現の自己目的価値性》の思想をもって基礎づける観点、それをまずスピノザの汎神論から摂取し、その線上においてマルクスの《私的所有の引き起こす疎外から解放された真に生命的な輝きを発揮する個人の自己実現・自己発現》

の思想を発見し（第Ⅰ部第二章）、マルクスによってスピノザをいっそう豊富化し現代化することによって自分自身の根本思想としたのだ、と。

フロムの精神分析的でかつ実存論的でもある人間学の最初の体系的礎石と呼ぶべき『人間における自由』に大略こうある。

——権威主義的倫理学に対立する「人間主義的倫理学《ヒューマニズム》」はアリストテレス、スピノザ、デューイらによって提示され発展させられてきた思想伝統であるが、たとえばスピノザはこう主張した。「人間が真に自己自身となるためには何をなすべきかを、理性は人に教えるが、徳は人が自己の力を活動的に用いることによって成就される。このようにして能力（potency）は徳にひとしく、無能力（impotence）は悪徳と同じことになる」と。このスピノザの思想の基礎には、人間に限らず、「自然におけるあらゆる事物」はそれぞれ己の存在を維持し実現する「能力」、言い換えれば「可能性」をもち、この力＝可能性こそがその事物の「本質」にほかならないという汎神論的宇宙観が据えられているが、この観点からは、人間にとって己の自己実現こそが最高の徳であり、存在目的であり自己目的であるという思想が生まれる。フロムいわく、「スピノザは権威主義的倫理と鋭く対立する。彼にとっては、人間とは自己目的存在であって、人間を超えた権威のための道具ではない[50]」。（傍点、清）

（なお、『悪について』ではスピノザへのフロムの敬愛が殊のほか鮮やかであり、彼はマルクスとフロイトとスピノザの三者を「無意識的動因」の覚醒によるそこからの解放＝自由の獲得という視点に立つ思想家として称賛している[51]。ついでに付言すれば、この人間を「自己目的存在」として把握する観点は実はニーチェ思想に関するフロムの理解とも大いにかかわっている。参照、第Ⅱ部第二章「ニーチェとフロム」。なおAmazon Kindle電子書籍セルフ出版にて刊行する私の個人叢書「架橋的思索　二つの救済思想のあいだ」第Ⅳ巻『ニーチェにおけるキリスト教否定と仏教肯定』も参照されたし）。

また右の観点を引き継いで、フロムは『生きるということ』のなかでアルバート・シュヴァイツァーに言及し、シュヴァイツァーは「形而上学的には懐疑論者であった」と述べ、彼の次の言葉を引いている。すなわち、「もし世界をあるがままに受け入れるなら、そこに〈人間〉および人類の目標や目的が意味をなすような全体的な意味があるとは、とても考えられない」（傍点、清）と。[52]

ここでわれわれは次のことを想起する必要があろう。ユダヤ＝キリスト教の如き――フロム的言い方をすれば――「有神論的宗教」にあっては、右にいう「全体的意味」は、世界が全知全能の創造主神によって創造されたものである以上、神が定めたものとして当然存在すると確信された。だがそうであるがゆえに、これら「有神論的宗教」の神学にあっては、人間の視界から見てその叡智的「全体的意味」との関係でいかにも説明しがたい不条理と見える事態――たとえば、悪人が栄え、かえって義人こそが苦難するのは何故か（『ヨブ記』）、あるいは何故に無慈悲な大地震で何十万もの無辜の人間が死なねばならなかったのか（リスボン大地震に際会してのボルテールの懐疑）――の生起をめぐって、如何にそれを意味づけるべきかという「弁神論」（神義論）が神学の中枢に踊りださないわけにはいかなかったという事情を。また、人生の意味は神が人間に授与するものであって、けっして人間の生の自己目的的価値性から生まれるものとはみなされなかったことを。

この点では、シュヴァイツアーの形而上学的懐疑主義は、人生の意味に関するかかる「弁神論」（神義論）的問いかけの姿勢それ自体を無用にし、フロムにとっては、人間にとっての《生命実現の自己目的性》の思想をもって――つまり、何らかの形而上学的＝超越的な全体統括的な《意味》から演繹される必要のない――「生きる意味」を根拠づける立場を提起するものと受け取られたのである。[53]

『生きるということ』第八章・「新しい人間」節は、フロム自身の掲げる「新しい無神論的な宗教性」の諸契機を記述した節であるが、そこでは彼が『経済学・哲学手稿』から引きだした人間の生命主義的な自己実現のヴィジョンが「自分が今ある所に十全に存在すること」と形容され、まさにこの目標が「人生の意味」として掲げられる。そしてこの意味設定は、一方では「人間存在に内在する悲劇的限界を容認する」という態度を不可欠に孕むと同時に、他方では次の人間の実際の心理的感情的経験に経験的足場をもつものとして語られる。すなわち、「できるかぎり十全に生きる」という「常に成長する生の過程」は、もうそれだけで、人間を「自分が何を達成するかあるいはしないか、という懸念」から解放し、「どこまで到達できるかは運命にゆだねて」、この過程そのものが生む満足感・幸福感だけで自分は人生の意味への欲求を十分満たし得たとする自足感に人間を導く力をもつのだ、と。(54)

われわれはこの問題の角度からあらためてフロムを振り返るならば、かかる《生命実現の自己目的性・自足性》の思想は、前述のように既に一九四七年の『人間における自由』において、またたとえば一九五六年の『愛するということ』においても、次の言い方で表明されていたことに気づく。

同書においてまず彼は、およそ神秘主義思想にあっては宇宙の無限なる全体性そのものが「神」と名指されるとともに、かかる「神」はただ「否定神学」的な「逆説論理 paradoxical logic」をもってしか言表し得ないとされることを念頭にして、「一神教思想の論理的帰結は、すべての『神-学』、あらゆる『神についての知識』の否定である」とする。(55) つまりこの彼の議論のなかでは、宇宙の無限なる全体性そのものを「神」とする神秘主義の立場こそが「一神教思想」の徹底化であり、その「論理的帰結」と捉え返されているのだが、周知のとおり、神秘主義思想は洋の東西を越えて（ヒンドゥー教、仏教、エックハルト、クザーヌス等々）次の観点、すなわち、神について概念知をもって「……である」と肯定的に語ること・定義することはすべからく無限なる絶対者たる神を有限化することであり、真の神的本質を取り落とすことであるから、神はただ「……でないもの」という否定命題をとおして間接的に指示するほかないという「逆説論理学」の立場に立った。[56]（たとえば仏教ならば、「空即是色」つまり「空即全」、各個物の「空」性こそが同時に、裏表の関係で、宇宙の「万物によって編み上げられる全一性」の映し鏡である、というであろう）。フロムはこの事情を指して右のようにいったのである。

そして、この「一神教思想」の徹底化としての「神秘主義」を、宇宙の外に宇宙を超越した人格的な創造主神を想定するという「有神論」的誤解を一切惹き起こさないところにまでにさらに徹底化して「無神論的体系」にまで行きつくならば、次の観点が誕生すると彼はみなした。いわく、＊4

「真に宗教的な人は、もしも一神教思想の本質に従うならば…〔略〕…自分の限界を知るだけの謙虚さを身につけており、自分が神について何一つ知らないということを承知している。そのような人にとって、神は、進化のもっと前の段階で、人間が自分たちの熱望するものすべて、すなわち精神世界、愛、真実、正義といったものを表現している象徴となる。…〔略〕…彼はこう考える——人生は、自分の人間としての能力をより大きく開花できるような機会を与えてくれるという意味においてのみ価値があり、能力の開花こそが真に重要な唯一の現実であり、『究極的関心』の唯一の対象なのだ、と[57]」。（傍点、清）

なお既にフロムは彼の中期の代表作『正気の社会』で、右の見地を「人生の目的は、人生を熱心に生きること、完全に生き抜くこと、完全に目覚めていることである」と定義したうえで、この最後の覚醒の契機にかかわって、「誰もが宇宙における重要な存在であると同時に、一匹の蠅や一本の草ほどの重要さかもしれないという逆説が受け入れられることである。人生を愛し、しかも死を恐怖なしに受け入れられること、人生がわれわれに直面させるもっとも重要な疑問の不確実さにたえ、しかもわれわれの思考や感情が本当に自分のものである限りそれらを信ずることなのだ」といううきわめて重要な一節をつけ加えている。(58) 私見によれば、ここに示された問題の契機こそ宇宙の全体性と自我との融合感情が与えるカタルシス的救済（ヴェーバーが「神人合一の無感動的エクスタシス」・「法悦」と呼び、ヒンドゥー教や仏教を特徴づける「宗教的救済財」とみなした）の契機であるが、フロムもこの契機がくだんの「宗教性」の必須契機である事情をこういう形で認めているのだ。ただ惜しむらくは、私からすればこの問題契機について彼はその重要性に見合うほどには厚みをもって議論を展開していない。神秘主義の宗教文化的意義を、またそれにかかわって仏教をあれほど讃えながら、この肝心な問題契機における思想的相剋――私流にいえば、くだんの「二つの救済思想のあいだ」に生じる――を究明するうえでまだ不十分ではないかと思える。私は、この問題について第三章（第Ⅰ部）において詳しく論じるであろう。

さて、次の第二章において私はこうしたフロムの思索の過程、すなわち彼がマルクスの『経済学・哲学手稿』から如何なる仕方で自分自身の「宗教性」となる生のヴィジョンを引きだしたかを同書に即して詳しく検証する。

この章を終えるにあたって、一点、私の批評的感慨をつけくわえておきたい。

まさにフロムは『経済学・哲学手稿』から、マルクス自身が自覚しなかった「宗教性」の契機・側面を引きだしたのだ、と私はつくづく思う。フロムは、二十世紀のマルクス主義運動＝共産主義運動が生みだした社会主義国家はマルクスの「宗教性」をなす《「所有」主義的人間観から完全に解放された、宇宙との生きた応答感情に溢れた諸個人の自己発現」》のヴィジョンを裏切ったと論告した。

だが皮肉なことに、マルクスの史的唯物論と『資本論』が提示した資本主義分析の手並みが決定的な刺激となって生みだされた二十世紀の社会科学的な視点から冷徹に見れば、二十世紀マルクス主義運動のかかる裏切り性＝自己破産は不可避的であったとしか言いようのないものではなかったか？　当時の、また今に続く状況のなかで、マルクス主義運動が国家権力の掌握と維持を欲するなら「自らが取って代ろうとした資本主義の精神への屈服」は不可避であったし、「資本主義の精神」だけでなく、それ以前の様々なる前近代的な権威主義的心性と欲望への屈伏も含めたところの、闘うべき相手への屈伏は不可避ではなかったのか？

その理由は、実はごく単純である。歴史の諸事情の奇しき重なりがマルクス主義党組織にいわばクー・デタ的に国家権力を奪取し掌握することを可能にさせたにせよ、その奪取した権力を維持するためのより大なる支持の結集を図ろうとすれば、また新体制が確立期を終え、その権威主義的性格を打ち固めて安定期に向かえば向かうほど、初期マルクスが問題にした貪欲化した「私的所有」欲望によって疎外された「労働」観ならびに「自己実現」観に蝕まれた意識の持ち主の支持こそを集めなければならないからである。すなわち、「労働」をひたすらに貨幣・資本の私的所有の増大を図るための手段としてしか発想せず、「労働」を自分の真の「自己実現」をもたらすべき生命活動（自然宇宙ならびに万人との豊饒なる応答性の自己享受）に変換すべきだなどとはついぞ思わず、かつまた「自己実現」の度合いをひたすら己の財産と他者に対する支配力の増大によってのみ測る人間、こうした人間たちのあいだから調達するほかないからである。まさに、そうした疎外された「生」意識の変革とそれに基づく新しい社会＝経済システムの建設、両者の生きた相乗作用の発動こそが革命の課題だが、それはまさにこれからのことであり、まだ全然そうした変革は起きていないのだ。だが、それでも権力を維持しようと望むならば、その最も強力な支持者を、つまり社会主義国家体制の支配の網の目となる人材をむしろそうした疎外された「生」意識の歪みが生む強力な攻撃的エネルギー（まさにかかる疎外された意識の持ち主だからこそ自分に蓄積する怨恨のエネルギー）の持ち主のなかからこそ、そのエネルギーの矛先を与えることとあわせて、調達すべきだということになろう。あるいはまた、権力を握った共産主義者は、しかしながら、たちまち権力というものそれ自体が呼吸するこの《疎外》に感染し、大部分の者はその走狗に堕すであろう。喩えていえば、スターリン体制は数知れぬミニ・スターリンによって織り上げられた支持‐恩賞のネットワークとしてのみ可能となるのではないか？

実はこの問題こそが二十世紀マルクス主義の固有の悲劇性ではなかったのか？

マルクーゼの次の指摘はこの点では核心を突いていると思われる。いわく、

「社会的な労働は、階層化されたシステムにまで発達すると、支配を合理化するばかりか、支配にたいする反逆をもそのうちに『ふくんで』しまう。…〔略〕…古代社会の奴隷の反抗から社会主義革命まで、被圧迫者の闘争は、つねに、支配の新しい、『よりよい』システムを確立することに終わった…〔略〕…そのダイナミックスのなかには、力の未熟や不足などの理由が妥当であるかどうかとは無関係に、自己敗北というひとつの要素がふくまれているようである。この意味で、すべての革命は、同時に、裏切られた革命であった[59]」。（傍点、マルクーゼ）

私が思うに、フロムもまたこの悲劇性に焦点を合わせて、その克服を主題化するためにこそ、あらためて初期マルクスにおける社会主義ヴィジョンのユートピア性の再確認を必要としたのである。

右の悲劇性はまさにマルクス的ヴィジョンのもつ「宗教性」をあぶりだすものにほかならない。つまり、そのヴィジョンは他の宗教的ユートピアと同様、まさに一個のユートピアの提示なのであり、思うに、そこには次の二つの意味が同時に孕まれている。

第一に、その全面的な実現を人間の現実の歴史に期待することは不可能であるということ、いまや二十一世

紀の人間解放を志向する思索努力は、残念ながらその確認を己の起点とすべきであるということ。
だがしかし、第二に、だからといってその精神的意義——まさに「方向づけと献身の枠組み」としての、だからまた人間に絶えまない自己批判を可能させる規準点の提示としての——をまったく失うものではないこと。だからこそ、それは一個の「宗教性」——人生の「歩き方・歩行姿勢」を規定するものとしての——の提示にほかならないのだ（なお、この点では第Ⅰ部第六章「フロムの精神分析的アクチュアリティ」の書き出しの節「フロムの根幹の思想を逆照射するもの」で取り上げたフロム自身が立つ「信念・信仰」の立場も参照してほしい）。
かくて私はこう思う。フロムのいう「宗教性」とは次の人間の実存的必然性を指す概念にほかならない。すなわち、人間はその「実存的二分性」に由来する苦悩を真に自覚的に、つまり真に道徳的・倫理的に生きようとするならば、必ずやユートピアの次元をおのが精神の必須の構成契機として打ち立てざるを得ない、そういう精神的存在なのである。われわれは既にフロムが「あらゆる文化は宗教的であり、あらゆる神経症は私的な形での宗教だといえる」と述べていたことを見た。続けて『正気の社会』は「宗教」を「理想主義」と置き換え、こう述べる。「理想主義」とは「生体の生理的欲求を超えようとする欲求満足の追求」だとしたら、「すべての人間は理想主義者であり、また理想主義者たらざるを得ない」と。そして、そこに掲げられる理想は「適切な解決策」を示す場合もあるが、「破壊的な解決策」の場合もある、と。[60] いうまでもなく、フロムにとって後者の場合が「サディズムは…（略）…精神的不具者の宗教である」との定義が告げるところの問題である。[61]
そして、いずれこの点はもう少し論ずる機会があろうかと思うが、「革命」ヴィジョンのユートピア性・宗教性の再確認は、逆説的ながら、「革命」ではなく、現体制との妥協多き「社会改良」施策の具体的な提案と積み上げにいっそうの真剣なエネルギーを注ぐべきことの意義を照らしだすことでもあるのだ。というのも、そのユートピア性の再確認は、「革命」幻想からの解放＝自覚的「改良主義」の確立を意味するからである。「革命」はユートピアのなかにしかない。つまり不可能なのだ。しかし、この自覚は、われわれの「社会改良」の歩調を正す役割を同時に果たすのではないか？　順応と非服従との危ういバランスの「社会改良主義」の途を踏み外すことなく、どこまで行けるか？　この展望しか、もはやわれわれには残されていないのだ。私はそう思う。

補注＊4　フロムのなかのフォイエルバッハ的契機

先に引用した一節、神秘主義を「無神論的体系」にまで徹底したら《人間にとっての生命的自己発現の自己目的価値》の自覚にまで到達するという主張は、明らかに、フォイエルバッハがかの『キリスト教の本質』をとおして示した人間学的唯物論の観点を念頭にしていると思われる。すなわち、想像された存在たる「神」の本質とされるものは、実は人間の最高の本質的能力——理性・愛・創造力、等々——を人間がその想像存在へといわば自己疎外的に投射したものであり、本来は人間自身の抱く可能性としてあらためて自覚化されねばならないものであり、人間は神の似姿どころか、神こそが人間の似姿なのだ、とする観点を。そして周知のようにマルクスはフォイエルバッハをとおして唯物論者となった。フロムは「無神論的体系」の概念で、おそらくスピノザ‐フォイエルバッハ‐マルクスの精神史的関連を指示しようとしているのである。

『精神分析と宗教』にこうある。「神秘主義的体験の根底」は「神は人間を制圧する力の象徴ではなく、人間自身の力の象徴であり」、「人間主義的宗教においては、神は人間のより高い自己の像であり、人間の可能な姿の、またなるべき姿の象徴であり」、この関係性が「権威主義的宗教 authoritarian religion」の下にあってはまさにフォイエルバッハの言う——フロムは彼の名を挙げてはいないが——「疎外」という倒錯した形で現出する。いわく、「人間は自己のもっている最善のものを神に向かって投射し、かくして自分自身を貧困にする」[62]（傍点、フロム）。したがってフロムからすれば、「権威主義的宗教と倫理」の下では諸個人の「人生の意味」は神によって初めて授与されるものとみなされるが、無神論的な「人間主義的宗教と倫理」の下では、人間は己の「人生の意味」を己の生命発現の「本性」——宇宙と他の人間との豊饒なる応答性によってこそ可能となる——に基づいて自己授与する力をもつとみなされるのだ。

第二章　マルクスの『経済学・哲学手稿』とフロム

『経済学・哲学手稿』・第三手稿「私的所有と共産主義」

フロムの『マルクスの人間観』、『生きるということ』ならびに『希望の革命』を読むと、彼にとりわけ『経済学・哲学手稿』・第三手稿「私的所有と共産主義」のなかの次のくだりが決定的なインスピレーションを与えたことがよくわかる。そのくだりは、「個人の生きた自己発現」が真に可能になるためには、「私的所有」欲の「貪欲」化が生む「生」感覚の疎外から如何に人間が解放されねばならないかを説く箇所なのである。端的にいってその箇所は、フロムの哲学的遺書とも呼び得る『生きるということ』がおこなう問題提起、現代人は己の生を「在る様式 being mode」において生きるべきか、それとも「持つ様式 having mode」において生きるべきか、どちらが真に「良き健康なる在り方 well-being」（『禅と精神分析』）を実現する道かという問題提起の源泉なのだ。

たとえば『生きるということ』で、まずフロムが取り上げるのは次の一節である。フロムのおこなう引用には省略した箇所があるが、マルクスの原文そのままの形で示そう（国民文庫版『経済学・哲学手稿』の藤野渉訳を使う）。

「私的所有は我々を非常に愚かで一面的なものにしてしまったので、ある対象が我々の対象であるのは、我々がそれを持つときにはじめてそうなのである、つまりそれが資本として我々にとって存在しているか、それとも我々によって直接に占有され、食われ、飲まれ、我々の身に着けられ、我々によって住まわれ等々、要するに使用されるときはじめてそうなのである。もっとも、私的所有は、占有のこれらすべての直接的実現そのものを、再びただ生活手段とのみ解するのであり、それらが手段として奉仕する生活とは、私的所有の生活すなわち労働と資本化なのである。

かくしてすべての肉体的および精神的な感覚（Sinn）のかわりに、これらすべての感覚の純然たる疎外（Entfremdung）である、持つ感覚が現れた。人間は彼のすべての内的な富を己の外へ生みだし得るためには、この絶対的な貧困へ還元されねばならなかった」[1]。（傍点、マルクス）

『希望の革命』に取り上げられたもう一節とは次の一節である。

「私的所有とは、人間が自分にとって対象的となりそして同時にむしろ自分にとって一つの疎遠な非人間的な対象となるということの感性的表現にすぎず、人間の生活表明《オイセルンク》（Äußerung）が彼の生活外化《エントオイセルンク》（Entäußerung）であり、人間の実現が彼の現実性剥奪、疎遠な現実性であるということの感性的表現にすぎないように、同様に私的所有の積極的止揚は、すなわち、人間的な本質と生活、対象的人間、人間的制作物を人間にとってかつ人間によって感性的に我がものとする獲得（Aneignung）は、たんに直接的、一面的な享楽の意味、たんに占有の意味、持つという意味においてのみ解されてはならない。人間は彼の全体的《トータル》な本質を、ある全体的な仕方で、つまりある全体的な人間として、我がものとする。世界に対する彼の人間的な諸関係の各々、すなわち、見る、聞く、嗅ぐ、味わう、触感する、思考する、直観する、感覚する、意欲する、活動する、愛すること、要するに彼の個性のすべての器官は、直接にその形態において共同的器官として存在する器官と同様に、それの対象的ふるまいにおいて、すなわち対象にたいするふるまいにおいて、対象を我がものとする獲得である。人間的現実を我がものとする獲得、対象にたいするそれらの器官のふるまいは、人間的現実性の実を示すこと（Bestätigung）であり、（したがってそれは、人間的な本質諸規定と諸活動とが多種多様であるのと同じく多種多様である）人間的活動（Wirksamkeit）と人間的受動（Leiden）である。というのは、受動は人間的に解するなら、人間の自己享受（Selbstgenießen）であるからだ」。[2]（傍点、マルクス）

フロムは『希望の革命』の第四章「人間的であるとは何を意味するか」において「生存と超生存の欲求」という節を設け、人間の抱く欲求を、生存するうえでの不可欠の必要を直接満たそうとする欲求とそうした範囲を超えた次元で成り立つ「超生存の欲求」とに二分し、「超生存のレベルでの能動性は遊戯と呼ばれているものであり、あるいは信仰、儀式、芸術などに関連したすべての活動である」とする。[3]また別な箇所では「超生存生活の主なあらわれは、儀式、シンボル、絵画、詩、劇、音楽などである」と記している。[4]（この視点は、おそらくマルクスの『資本論』第三巻の結びにくる主張、人間の完璧な創造的自由が開花し自己享受される「自由の王国」は、生存のための必要を是が非でも満たさねばならぬために為される生産活動が遂行される「必然の王国」の土台の上に、それを超える領域として開花するであろうという主張に対応し、マルクーゼの論点とも深く関係するが、その問題については後述。参照、第Ⅱ部第六章「マルクーゼとフロム」）。

この彼の指摘をもって先のマルクスの二つの節の言葉を振り返るならば、またそこへ幾多のフロムの洞察や問題提起・キーワードを織り込むならば、それはこう書き換えることができよう。

――世界の諸対象と人間とが、あるいは諸創作物と人間とが、たとえば芸術的審美的関係を結んだ場合は、人間はその対象の美的価値から痛いほど強く刺激され感動しそそられて（「受動」）、己のうちなる美的能力（スピノザ的potency）を発揮し、その感動から何らかの芸術作品を、そこまで行かずとも何らかの芸術的リアクション（拍手喝采はもとより）を創造するであろう。否、感動すること（受動）そのものが既に創造への昂揚・衝迫であり、己の美的・芸術的能力の「自己享受」＝自己発揮なわけだが、そのようにして始まる一連の創造行為それ自体がその対象を「我がものとする獲得（Aneignung）」にほかならない。つまり、そうした創造行為によって己の内的な美的能力を「発現＝実現＝自己確証」することは、一方では己の内なる潜在的美的能力を現実に「我がものとする獲得」であると同時に、他方ではその対象の美しさを「我がものとする獲得」でもあり、両者は相互媒介的・相乗的関係にある。つまりそれは、その対象と自分とのあいだに生じた創造的な性格の生命的な応答関係性それ自体の最高レベルでの「自己享受」なのだ。そして、この活動がもつ創造性の自由度は「遊戯」のもつ自由度と自己享受度のそれであるともいえる。

ついでにいえば、いま「我がものとする獲得」と言ったが、そこではいわゆる「占有」・「私的所有」・「持つ」ということが生じているわけではない。またそれが目的とされているわけでもない。われわれはその対象を「資本・財産・手段」等々として「占有」せず「私的所有」せず「持つ」ことなく、しかしその対象が、その対象と私の内的能力との感動的な応答関係の生起とその自己享受によって、私の潜在能力の豊饒化が起きるという内面的な意味でも、またそこに私の活動・行為の新たなる豊饒化が生じるという外面的な意味でも、私のかけがえのない愛すべき美しき対象として、言い換えれば私の存在の内実それ自体の豊饒化をもたらすものとして、「我がものとなる」のだ。くだんのフロムの「在る様式」という用語を使えば、私はまさに「在る様式」において私の存在の豊饒化をさらに進めるのである（参照、本章最終節「仏教の『空』思想からのインスピレーション」での松尾芭蕉の俳句に関する大拙の指摘）。

対象はそのようにわれわれと深きかけがえのない応答関係を結んでいることによって、たんなる対象ではなく、われわれにとって「応答すべき」という意味を帯電している特別に意義深い「人間的現実」（私の現実）となっているのであり、対象とのそうした応答関係をそれに相応しい感応性・感動性をもって生き、それを「享受」するということが、それすなわち、われわれが自分の生命を十全に生き、自分の生命たることを実証し確証し表現してみせることなのである。つまりわれわれ自身の「人間的現実性の実を示すこと」なのである。そのように対象とわれわれとは互いに「人間的現実」として向き合い応答しあっているのだ。

では今度は、この例を視点に現在の世界とそこでのわれわれのふるまい方を見渡し、対象を「占有」せず「私的所有」せず、しかし「我がものとする」というこの関係性（＝フロムのいう「在る様式」としてのwell-being）がいったいどれぐらい実際に生まれており享受されているか、それを考えてみようではないか？　またそうした関係性と、他方のひたすら「占有」し「私的所有」し「持つ」ことだけが欲求の焦点に座る関係性（「持つ様式」における生）とを比較し、どちらの関係性の方がわれわれの生命感を高め、生きることに意味をもたらすうえで貢献するか、それをとくと考えてみようではないか？

なかんずく、人間が生存するために絶対に取り組まねばならない生産活動、すなわち労働をもこの問いの下に考察してみようではないか？　すると、労働にもいわば様々な層位があり、芸術的創造活動や遊戯に限りなく近づくもの、言い換えれば「超生存の欲求」に応える側面をふんだんに孕む層から、むしろ主に「生存の欲求」に規定されて苦痛であっても否応なく為さねばならぬ作業（たとえば機械的単純肉体労働作業）に類する層まであることが改めて浮かび上がり、次の問いが生まれよう。

――他の諸活動（芸術、遊戯、祭儀、教育学習、等々）への参加も含め、労働を軸とする総体としての人間の諸活動が、万人それぞれにおいて右に述べた生きた自己発現の享受を中心軸に据えた諸活動として取り組まれるようになるための社会的条件とは何か？　たんにこの享受獲得をめぐる階級的制約が撤廃されるだけでなく、この享受が貪欲化した「私的所有」欲望の充足にすり替えられてしまう「生」感覚の疎外から万人が解放されるための社会条件とは何か？

この点で、フロムは『マルクスの人間観』においてマルクスの思想を理解するうえで決定的に重要な点として次の二点を指摘する。

第一に、「人間の自己実現に関するマルクスの全見解は彼の労働観と結びつけてのみ充分に理解することができる」のであり、彼の労働観とは、労働をまずもって「人間の自己創造の行為」として捉えるヘーゲルの見地を踏襲するものであること。[5] そして、この観点を彼は次のように定義し直している。「労働は人間の自己発現であり、人間の個人的な物理的ならびに精神的な力の発現である。こういう真の活動の過程において人間は自己自身を発展させ、自己自身となる。労働は…（略）…手段（生産物を得るための——清）であるばかりではなく、それ自身目的であり、人間のエネルギーの意味深い発現・表現である。それであるから、労働は楽しむことができるのである」（傍点、清）と。[6]

第二に、かかるマルクスの見地は、「人間が一つの職種に生涯を通じて専念するのを完全に破棄するという彼の構想に簡潔に表されている」のであり、「人間の発展の目標は全体的普遍的な人間の発展であるから、人間は専門化という不具にさせる影響から解放されねばならない」（傍点、清）という見地と一つになっている、と。[7]

かくて前述した労働の層位という問題は、右にいう労働の《自己実現・自己発現・自己表現》の度合いの問題として展開され、また同時にそれは、諸労働間ならびに労働と他の諸活動（芸術、遊戯、祭儀、教育学習、等々）間の相互に支えあい補完しあう有機的関係性を、個人としての労働者が如何に個性的に自由に移動することができ、それを通じて己の全体的＝総合的発展を如何に実現享受できるのかという問題となるのだ。

そしてかく問うとき、われわれは次の問題にも気づく。すなわち、先の問いを対象（自然事象や創作物）とわれわれとの関係のみならず、他人とわれわれとの人間関係にまで押し広げ、同様に問う必要があることに。つまり物的対象ならぬ他の人間と自分とのあいだに真に深い意味で応答関係が生まれ、その生命的な躍動的交感が、互いに相手を「占有」せず「私的所有」せず「持つ」ことなく、しかし「我がものとする獲得」という関係性（彼・彼女の自己実現がわれわれという共同関係のもてる力の素晴らしき発現そのものであると相互に承認し讃えあうといった）を生む、そうした場合がいったいどのくらい自分たちの世界にあるのか？　という問題に。するとわれわれは次のことにも気づく。そうした人間相互の応答関係への問いを、前述の物的対象とわれわれとの関係性の在り方をめぐる問いそれ自体がつねに同時に映現し放ってもいることに。〈対象-自己の関係性〉が同時に〈他人-自己の関係性〉に担われて遂行されるという二重性に浸されていることに。フロムの用語を使えば〈対象-自己〉の「同化 assimilation の過程」と〈他人-自己〉の「社会化 socialization の過程」との《二重性》という問題である。（本書一〇一頁。いうまでもなく、生産者・創作者・鑑賞者・享受者・消費者等々を抜きにしては芸術であれ産業であれ一切の創作生産活動は成り立たない）。

ところでいましがた述べた《二重性》の問題にかかわって、実はここで私はフロムの問題記述に関して一つ不満を述べておきたい。すなわち、この〈他人-自己の関係性〉・「社会化の過程」という問題側面に関して『経済学・哲学手稿』がどんな主張をおこなっているかを適切な引用と然るべき強調をもって前面に押しだすという点で、先述の二つの著作でのフロムの記述には不足があるのだ。

しかし、もとよりこの《二重性》の問題は『経済学・哲学手稿』の思想を理解するうえでは不可欠のものであり、くだんの第三手稿からフロムが引用し紹介した当の議論の文脈に切り離しがたく結びつき絡み合っているのである。（なお、フロムに関していえば、彼はこの後者の問題側面を取り落としているわけではなく、本書第Ⅱ部第三章「フロムの《マルクス主義》批判」が示すように、彼は『正気の社会』ではそれを「共同主義的社会主義」の核心的問題として押しだしている。ただし、そこでは逆に自然宇宙との応答性に充溢した創造的性格に富む労働――マルクーゼなら「エロス的労働」と呼ぶであろう――の可能性というテーマは後景に退いている印象が強い。参照されたし)。

そこで私はフロムの議論を補完するために、彼が引用しなかった右の問題側面に関わる二つのマルクスの言葉をまず引用しよう。その二つは先の引用の前後に出て来る。いわく、

「個人は社会的存在なのである。したがって、彼の生活表明《オイセルンク》は――たとえそれが一つの共同的な、他の人々といっしょに成就された生活表明という、直接的なかたちでは現れないとしても――社会的生活の表明であり確証である。……〔略〕……したがって人間は、どれほど彼が特殊な個人であろうと、――そしてまさに彼の特殊性が彼を個人たらしめ、現実の個人的な共同存在者《ゲマインヴェーゼン》たらしめるのであるが――同様に彼は全体、思い浮かべられた全体であり、思考され感じられた社会のそれ自身にとっての主体的現存である。ちょうど、現実においてもまた人間は、社会的現存在の観想および現実的享受としても、人間的生活表明の一全体としても存在しているのと同様である」(8)。　(傍点、マルクス)

「人間が彼の対象のうちに自己を失わないのはただ、この対象が彼にとって人間的な対象あるいは対象的な人間となるときだけなのである。そしてこのことが可能であるのはただ、対象が人間にとって社会的な対象となり、彼自身が自分にとって社会的な対象となり、彼自身が自分にとって社会的存在となり、同様に社会がこの対象において彼にとっての存在となるばあいだけである」(9)。　(傍点、マルクス)

さて、右の引用のなかの「社会的」および「人間的」という形容句はマルクスにおいて「共同的」と同義で

あり、いわんとするところはこうである。すなわち、

――人間は本質的に互いの存在をその労働活動を中軸にしながら他の様々な文化活動においても支えあい補完しあい、人間として生きるための必要事を、また生きる喜びを共同の絆によって満たしあっている「共同的存在」なのである。だが、この根源的で本質的な共同性が実際の生活のなかで、諸個人によってそれぞれの活動に即してありありと実感され、意識化され（＝「対象」化され）、そうすることによって互いの活動の生きた規制・指導原理としてはたらくかどうか、「享受」されるかどうか、実はそれが問題である。諸個人と自然的宇宙との生きた生命感に満ち満ちた応答関係性が実際にその労働や他の諸活動のなかで実感され享受され、またそれが規制・指導原理となって労働や他の諸活動が真に諸個人の「自己発現」となるべきであるのと同様に、諸個人のあいだで自分たちの本質的な共同の絆が生きた喜びに満ちた応答関係として実際に発現し享受されなければならない。つまり、労働や他の諸活動に即して発現しなければならない。

一言でいうなら、人間社会は「私的所有」を原理とする社会から「共同性」を原理にする「共産主義社会（共同主義社会）」に変革されねばならない。またそうでなければ、先の宇宙的自然や創作物との関係で問われた「生命感に溢れた自己発現」が諸個人にとって可能となる社会的条件は満たされない。と同時に、労働や他の諸活動を私的所有が強いる疎外から解放し、真の生命的な自己発現に変えようとする前者の熱望こそが、たんに富の不平等への階級的怒りだけでなく、後者の社会変革を推進する精神的エネルギーの源泉ともなろう。またそうなるべきである。そのようにして実にくだんの二つの変革は相乗関係にある。

――

要するに、これが『経済学・哲学手稿』の思想の全体なのである。

応答関係能力への問いかけ

ところで、ここで私はフロムのマルクス解釈を貫くだけでなく、彼の人間主義《ヒューマニズム》の全体を一貫して貫く視点、何よりも「愛」という関係性をめぐる彼の思索の中核に据えられている「応答関係能力」という視点の担う意義についていささか論じておきたい。まさにフロムは、「疎外の克服」とは「人間自身を充分に人間や自然に関係させる人間の能力の回復」という課題を中核に孕むと指摘している[10]。

実に彼は、応答関係の在り方の如何を人間にとって最重要の問題の一つとみなす観点に立つ。その彼にとってこの応答関係を十全に実現し得るか否かの問題、言い換えれば「応答責任の倫理」はいわばおよそあらゆる倫理の土台をなす《原倫理》とも呼ぶべき位置に据えられる。

まず『愛するということ』の次の一節を紹介しよう。いわく、

「今日では責任というと、たいていは義務、つまり外側からおしつけられるものとみなされている。しかし、本当の意味での責任は、完全に自発的な行為である。責任とは、他の人間が表に出すにせよ出さないにせよ何かを求めてきたときの、私の対応である。『責任がある』ということは、他人の要求に応じられる、応じる用意がある、という意味である」[11]。

（『人間における自由』では「責任（responsibility）と対応とは、respondere〈応答する〉という同じ語源から出た言葉である」

との指摘が為されている。[12] つまり、responseとabilityとの合成が短縮化されたのがresponsibilityである)。

また彼は『人間における自由』では、「母の愛」は「生産的愛ということの例としてもっともしばしば用いられる」が、それはこの愛が子供に対するまさに最高度の「応答責任」として母によって生きられる事情を念頭にしているからだと指摘する。「人を生産的に愛するということは、その人の生に対する責任を感ずるということである。……〔略〕……愛する人の成長に対する、労働と注意と責任とを意味する」[13]。

また「関心」という概念について或る論文に次の指摘がある。――「この言葉はそのもともとの意味、つまり、そのもとになったラテン語がもっていた意味をかなりの程度失ってしまった。もとのラテン語、つまり、**inter-esse**《間に存在する》という意味――清)が意味したのは、自分自身の自我を超越することができるということである。財産、知識、家族、自分の女(あるいは男)、等々に対するあらゆる自尊心や誇りがまといついた自分のエゴの狭い限界をのりこえることができるということである。《関心》が意味するのは、そうした一切のものを忘れて、手を、私に向き合っている、ないしは私の目の前のものへと、それが、一人の子供であれ、一輪の花であれ、一冊の本、一つの理念、あるいは一人の人間であれ、まっすぐに差し伸べるということである」[14]。

またフロムはこう指摘する。すなわち、「関心」とは相手を相手に即して深く知ろうとする能動的な精神的エネルギーであるから、「尊敬」という言葉の語源にそのまま直結する概念でもある、と。『人間における自由』にこうある。――「注意と責任とは愛の構成要素であるが、愛する人に対する尊敬と、愛する人についての知識とがなかったならば、愛は支配と所有へ転落する。尊敬はおびえやおそれと同じではない。それは語源が示すように(respierre＝注視する)、人をあるがままに見、人の個性と独自性とを知る能力である。人を尊敬することはその人を知らなければできない。注意と責任とは、もし人の個性についての知識にリードされないとしたら盲目であろう[15]」。

さらにまた彼は、この問題の文脈で「主体はその対象に非常な関心を持ち、この関係が密接であればあるほど、その人の思想は実り豊かになる」と指摘しつつ、「仏陀の『四重の真理』の発見」の物語に言及し、こう述べる。――「青年仏陀は死人や病人を見た。…〔略〕…このような観察の反応によって思考を刺激された結果として、人生の矛盾や人間の救済の方法についての彼の理論が生まれることになった[16]」。

最後にもう一つ、精神分析的治療と「愛する能力」とのかかわりについてのフロムの観点も紹介しておこう。まず彼は「愛と、その種々の歪みとの現象が、精神分析の面接におけるほどに細かく、正確に研究されうる場面は他にはほとんどない」と指摘したうえで、そこで問題とされる「愛」とは、「他の人たちへの関心、責任、尊敬および理解などを経験的にもちうる能力、ならびに他の人の成長を願う強い気持ちという意味のものである」と断ったうえで、最後にこう述べている。「分析的治療とは、本質的には患者をして愛する能力を得させ、あるいは回復させることである」（傍点、フロム）と[17]。

なおここで私は次のことを、いわば私からのフロムへの問題提起として指摘しておきたい。詳しくは本書第I部第五章・『『マタイ福音書』の視点」節で述べることになるが、私の理解によれば『マタイ福音書』が実に印象的な形で描きだすイエス思想の真髄とはイエスの「共苦 Mitleiden, compassion」の精神にあると思われる。また、かかる理解はドストエフスキーのイエス理解の核心でもあった、と思う。

ところでこの点で、私はフロムの観点、すなわち「愛」の能力の核心を愛する他者に対する真に深い「応答責任」感情・関心に見いだす観点に寄せてこう言いたい。まさにその「応答責任」感情の中核をなすのは共苦の能力である、と。「魂の病人」としての患者が抱え込んだ「苦悶・苦痛」に対する比類なき誠実な関心力こそが「魂の医者」たる精神分析医の最大の資質であるとするなら、この関係性こそは、そっくりそのまま「罪人」に対してイエスが採る関係性の如何を推し量る比喩となろう。言い換えれば、「愛」という関係性の核心を推し量る比喩に。フロムの先の引用のなかでフロムが「他の人間が表に出すにせよ出さないにせよ何かを求めてきたとき」という場合、何よりも応答能力の度合いが試されるのは、相手が心に秘めて「表に出す」ことができないでいるその苦悩、苦悩中の苦悩に共苦し得る能力の有無であろう。

また、あらためて自然的宇宙と人間との応答関係性の在り方如何、その深度の如何という問題を振り返る形で次の三点を指摘しておきたい。

第一は、本章の最終節「仏教の『空』思想からのインスピレーション」を入り口に本格的には第三章で展開する議論、何をフロムが宗教の「神秘主義」的伝統から摂取したのかという問題との深い関連で、フロムにあっては、自然と人間との関係性を応答関係性として把握する視点は自然を支配・所有・征服の客体・対象と遇するのではなく人間と等しく主体として遇する感受性と視点、これの復権を図るという意識に強力に支えられていることである。そしてまさにそれを彼は洋の東西を超えた「神秘主義」の宗教的伝統のなかから汲み取ったのである。

ちなみに、第二点としてつけくわえれば、この自然を主体として遇する宇宙観の復権というテーマはマルクーゼの「エロス的宇宙観」の要諦でもあり、この点は両者のあいだの激しい対立を考慮に入れるならきわめて興味深い共通点である。ここでは紹介だけに留めるが、マルクーゼは『エロス的文明』のなかで「現実原則」とは何よりも自然を支配し所有しようとする世界態度を意味するとしながら、これに反して「エロス」が世界原理となる世界（「ニルヴァーナ的幸福原則」の世界）の在り方の神話的象徴を古代ギリシアのオルフェウスとナルキソスの神話世界に求め、それをこう記述する。いわく、

「オルフェウスとナルキソスのエロスは、生ある物にも生なき物にも、有機物にも無機物にも実在しながら、エロス的でない現実のなかでは抑圧されている、さまざまな可能性を目覚めさせ、解放する。…〔略〕…オルフェウス的、ナルキソス的世界の体験は、実行原則の世界を維持するものを否定する。それは、人間と自然、主体と客体の対立を克服してしまう。存在は満足として体験され、満足は、人間と自然とを統一するから、人間の充足は暴力を用いなくとも、同時に自然の充足となる。…〔略〕…自然の事柄は、あるがままの姿で存在できるようになる」[18]。（傍点、清）

またこの点から振り返るならば、ドイツ語版『マルクーゼ著作集 8巻』の「実存主義——ジャン・ポール・サルトルの『存在と無』への注解 Existentialismus. Bemerkungen zu Jean Paul Sartres *L'Êetre et Néant*」（一九四八年）のなかでは、「愛撫」のなかで実現される「性的欲望」の生きる関係性についてのサルトルの現象学的記述が事柄の核心を見事に記述したものとして称賛されるのだが、その関係性こそ右のエロス的関係性への定義にそのまま重なるものであったことがわかる。

マルクーゼは同論考でサルトルの記述をこう言い直している。すなわち、「愛撫」が生きる関係性とは、対象をして「その固有な純粋の実存へと解放すること」あるいは「その固有の主体性」を請け戻さしめるという関係性であり、そこでは愛撫する者の肉体と愛撫とされる者の肉体が「実体両者間のデカルト的裂け目」をのりこえ、「両者の実体性が交換されるがゆえに、架橋される」ところの「総合的有機化 synthetische Organisation」の関係性に入ることであり、この関係性が生む快楽を享受することである、と[19]。つまり先の「エロス」論の言い方を援用すれば、両者が「主体と客体の対立」関係ではなく、いわば「主体‐主体」の相互行為的地平で出会い直すところの関係性に入るということになろう（詳しくは、参照、第Ⅱ部第六章・『ニルヴァーナ

的幸福原則』節)。＊5

ここでフロムに戻るなら、そこでは人間が他人のみならず、自然の諸事物や現象を「あるがままに見、その個性と独自性とを知る」能力をフルに発揮して、言い換えれば、それらの「主体性」を「尊敬」することをとおして、それに対する最高度の「応答責任能力」を、つまりは「生産的愛」を発揮しようとする態度、これが横溢している世界だということになろう。本書・第Ⅱ部第六章で取り上げるマルクーゼのいう「エロス的関係性」を支える「リビドー的合理性」とは、フロムのいう「自分をまったく空にすること」、あるいは「開悟」することによってこそ諸個人と宇宙とのあいだに十全に開かれることとなるくだんの「応答関係」、マルクスが『経済学・哲学手稿』において諸個人が疎外から解放されることによって初めて「わがものとする」ことができるとした関係性のことなのである。

もっとも、そのようなエロス的＝「生産的愛」的世界が、人間同士のあいだで、またのみならず人間と自然的宇宙とのあいだでも完璧な形で実現するのかといえば、フロムにとっては、その実現はまさに「ユートピア」に留まるほかなく、言い換えれば一つの「宗教」的ヴィジョンであるほかないであろう。しかしこのユートピアは、フロムにとっては(おそらくは実はマルクーゼにとっても)人間がかの生命感溢れる「自己発現」への解放の道を歩き続けるうえでは不可欠のユートピア(＝宗教性)なのである。

この問題の文脈において、たとえばフロムは、資本主義的近代以前の時代、中世の農民や職人の仕事振りを顧みるならば、「彼らのそれは自然に対する敵対的、搾取的攻撃ではなかった。それは自然との協同であった。自然略奪ではなく、自然をそれ自身の法則に従って変貌させることであった」と述べる。[20] そして彼にとっては、この文脈では中世において神秘主義はこうした農民・職人の「仕事振り」を生み支える精神的支柱・「宗教性」としてはたらいたのである(参照、第Ⅰ部・補注4「マルクーゼの提起する『リビドー的・エロス的合理性』とフロム」)。

第三点は、マルティン・ブーバーの「私 - 君 ich-du」の対話関係性――「私 - それ ich-es」のひたすらなる支配・所有・利用の関係性と二項対立的に設定される――を原理とする哲学的人間学とフロムの観点との類似性である。ブーバーを借用していえば、人間のみならず自然に対して「私 - 君」の関係性を取る偉大な文化伝統をフロムは神秘主義のなかに見いだしたのである。（蛇足ながら付言しておこう。この節で論じた「応答関係能力」の視点こそはニーチェの唯我論的サディズムに全面的に欠如する当のものであることを）。

補注＊5　マルクーゼの提起する「リビドー的・エロス的合理性」とフロム

フロムは「労働の疎外」の問題をマルクスに倣って私的所有欲望の貪欲化に関連づけて論じることが多いが、マルクーゼはそれを「自然支配」を中核に据える彼の「現実原則」概念と関連づけ、この「現実原則」の典型的な発展として登場してくる西欧文明における「科学技術的合理性」の問題に関連づけることが多い。もちろん両者はフロムにおいてもマルクーゼにおいてもいわば車の両輪の関係にある問題ではあるが。

この点で、私は本章で掲げた問題、すなわち《今日の「自己実現」感情の内実に浸潤した何層にも媒介された「生」感覚の疎外の構造》という問題、これを追究するさいの一つの補助線として、右に指摘したマルクーゼの視点の特徴を役立てることができると考える。

マルクーゼは「西欧文化の科学的合理主義」の「前論理的・無論理的」な心性的前提をなす自然に対するその「先験的」な「心理構造」・態度の帯びる攻撃性を問題にしたマックス・シェーラーの洞察を引き合いにだしながら、次のように論じる。いわく、

「西欧文化の科学的合理主義は、その十分な成果を生みだしてくると、しだいに、その心的な諸前提と諸背景を意識するようになってきた。人間的ならびに自然的な環境を、合理的に変形してゆく役割を引き受けた自我は、本質的に攻撃的で、無遠慮な主体としてあらわれ、そのさまざまな思想と行為は、客体を支配することに適合したものであった。それは客体に対立する主体であった。…〔略〕…自然（人間自身のそれと外部の世界とを含めて）は、戦いを挑まれ、征服され、強姦すらされねばならないものとして、『与えられた』。自然経験は「先験的に敵対的な経験」として成立した、と[27]（傍点、マルクーゼ）。

ここで注目したいのは、彼が明瞭にテーマ化しているわけではないが、この視点からは、かのヴェーバーがインドの宗教文化との対比のなかで西欧の「市民層」に特徴的だとした「合理主義的生活態度」、その土台をなす労働活動における「技術的・経済的合理主義」は、マルクーゼにあってはまさに「エロス的・リビドー的合理性」（自然との融和・協調・「実体交換」・「総合的有機化」を志向する）の対極をなす、自然に先験的に敵対的な西欧の「科学的合理主義」にほかならないものとして問題化されるということである。なお、彼はこの西欧的合理主義の哲学史的起源を、ギリシア哲学においてアリストテレス以降存在の本質が「ロゴス」に捉えられた（プラトンはまさに「エロス」に見たにもかかわらず）点に見いだし、このロゴス主義（つまり「法則主義」――清）が自然支配欲望と絡みあってそれ以降の西欧哲学史でどう展開したかを『エロス的文明』第五章で素描している。[28]

またこの点で注目しておきたいのは、彼が『経済学・哲学手稿』でのくだんのマルクスの「わがものとする獲得Aneignung」概念にかかわって、そこでマルクスによって展開される人間‐自然の関係性を——フロムの場合は「応答関係能力」をキー概念とする——明確に「エロス的関係性」と名づけていることである。つまりマルクーゼに言わせれば、初期マルクスは次のことを先取り的に洞察したわけである。すなわち、後のヴェーバーの言う西洋文化を特徴づける「自然に対する合理主義的態度」とはその内実においてまさに「現実原則」を構成する「自然支配」の合理性を体現するにほかならないことを。しかもそのうえで、それに対置して別の合理性、すなわち人間‐自然の関係性を主体‐主体の相互承認的で融和主義的な関係性として設定する「自然に対するエロス的合理性」の観点を打ち立てたというわけだ(29)(参照、第Ⅱ部第六章)。

ところで私は、「科学的合理主義」の裏面には「自然支配」の攻撃的心性が貼りついているとするこのマルクーゼの視点は重要であると考える。というのはこの視点からすれば、現代における「自己実現」感情が、その内実においては、実はもっぱらこの支配・攻撃・破壊の「力」の開発者・所有者たる自分の「力」性のナルシスティックな自己誇示・自己享受にほかならず、およそエロス的でない場合が多々あるにちがいないという問題、これが前景化すると思われるからである。私は、フロムの問題とする「機械愛」と「ネクロフィリア」が結びついた「サイバネティックス型人間」にとっての自己実現感情は右の問題に強く浸潤されたものとなると思う。そしてマルクーゼはいち早くこの問題の環を摑んでいたのではないか、と思う。もっとも、この彼の視点は次のペシミズム、すなわち、実際の労働現場の大半は「疎外された労働」に成り果てており、そこからは、「疎外された労働」をかのマルクスのいう自然的宇宙と万人との深い応答感情に満ち溢れた真の「自己発現」行為（マルクーゼなら「エロス的労働」と概念化するであろう）に変換しようとする革命的エネルギーはもはや湧きようがないというペシミズム、これと切り離しがたく結びついており、私はこのペシミズムには不同意である。だが、それでもわれわれが直面している問題を鮮明にするうえでは彼の視点は一つの補助線になると考える。

なお、次のことも言い添えておきたい。

マルクーゼの提案、もっぱら「自然支配」の心性を裏面に貼り付けた西欧の「科学技術的合理性」とは異なる、別の、人間‐自然の「相互承認的融和的関係性」を増進する「エロス的合理性」という合理性に目を開くべきだという提案、これは期せずして（つまり、マルクーゼとは独立に）最近の次の人々の試みのなかに引き継がれていると思われる。二つばかり例を挙げよう。

尾関周二は、まず「技術」の概念を「〈農〉的技術」と「〈工〉的技術」に区分し、前者を「環境的条件を調整しながら、対象である動植物・生態系の創造力（生産力）と人間の生産力（創造力）との協力によって食物を中心とする生産物を作り出す技術」であり、「働きかける対象は生命体であることによって客体であると同時に相手〈生命主体〉でもある」と特徴づけ、この点で「〈工〉的技術」と異なるとする。というのも、彼によれば後者の対象は「本来的には非生命体（客体）であり」、この技術は「客体を加工・変容して生産物を作り出す技術」だからである。紙数の関係で、これ以上の紹介は断念せざるを得ないが、尾関はこの「〈農〉的技術」と「〈工〉的技術」の二分法の上に立って、両者の最も適切なる総合によって「農工共生化」を目指す「代替技術」システムを構築し、「農工共生社会」として人類の社会を再構築することこそわれわれの唯一の希望になると主張する。[30] 以上の基本論点を見ただけでも、期せずして、マルクーゼの「エロス的合理性」と類縁的な合理性の新しい型が彼の場合は「〈農〉的技術」として構想され、それが発揮する「〈工〉的技術」への抑制・修正・補完作用の活性化のなかにこそ人類の生存の可能性が託されようとしていることがわかる。なお彼の『多元的共生社会が未来を開く』(農林統計出版、二〇一五年)はこうした構想を詳論している。

また浦田沙由理はディープ・エコロジーの提唱者として名高いアルネ・ネスの思想形成過程を論じて、彼のディープ・エコロジーの思想の形成が如何にスピノザの汎神論思想の摂取を必須としたかを解明している。そのさい彼女はネスの「生物圏平等主義」の真意は「人間も動的平衡状態に関与している生物の一員である」という意味で「他の生物と同じ〈平等〉」であると主張するところにあり、またネスの考える「自己実現」とは、自我と宇宙との「一体化」を実現することで、「宇宙全体の創造と維持に参与し」、それによって「充足の新たな次元が開示され」、「自我は一体化の過程の広がりと深みに応じて、ますます偉大な次元を有する自己へと発達する」と発想するところに成り立つものであり、「ヒンドゥー教や仏教の自己概念」からの影響が明らかに見いだされると指摘している。(31) 本書の読者なら、かかるネスの「自己実現」観とフロムやマルクーゼのそれ、また彼らの初期マルクス解釈とは、期せずしてきわめてよく似ていると感じるであろう。

現代資本主義における労働疎外の新局面と応答関係能力のいやます衰弱

ところでフロムは、『マルクスの人間観』においてマルクスの労働疎外論に関して「歴史が行った訂正が一つある」というきわめて注目すべきコメントをつけ加える。[21] では如何なる「訂正」かといえば、それは、「疎外」というくだんの問題がたんに近現代の工場労働者がおこなう機械操作労働にかかわる問題としてだけではなく、「シンボルや人間を操作する」ことに従事する事務員・販売人・幹部役員等のいわゆるホワイトカラーのおこなう労働活動の中心問題として競り上がるという事態、これをまだマルクスは十分に予見できなかったという問題にほかならない。フロムはこう指摘する。彼らは「今日では熟練した職人よりもずっと疎外されている」と。

この問題は、フロムが新たに設定する次の問題、すなわち、現代資本主義が初めて生みだし発展させたとするかの「市場的構え」という非生産的な社会的性格が抱える《人格性の商品化がもたらす人格性からの疎外》という問題にほかならない（参照、第Ⅰ部第六章・『正気の社会』における現代資本主義論としての『市場的構え』論」節）。

フロムは次のことを指摘してやまない。すなわち、高度大量生産＝消費資本主義の下では誰であれ皆が自分の必要――「生存」のレベルのそれであれ「超生存」のレベルであれ――を満たすために「新しい物品を熱望する、受動的な消費者」たらざるを得ず、「生産的に世界に関係づけられておらず、世界をその充実した現実においては捉えず、またこの過程において世界と一体となっておらず…〔略〕…互いに見知らぬ者でありまったく孤独である」ほかないことを。（蛇足ながら強調しておきたい。フロムが右に挙げた諸規定は、「消費者」規定を始めとして全てが連動し相関して相乗作用の循環の輪を構成していることを。言い換えれば、「世界に対して」全員がいわば部品＝歯車的在り方においてしかかかわれないからこそ「生産的にかかわる」関係をもてず、それゆえに全員が同時に「受動的消費者」たらざるを得ず、「孤独」であり、孤独だからこそ、後で論じるように、流行に振り回され、市場価値を最大の権威と仰ぐ「過剰に他者志向的で集団同調的」なパーソナリティー（「市場的構え」）の持ち主であるほかなくなる、というように）。

ところでかかる問題の連鎖はたんに「大衆社会」状況下にある大衆一般の問題だけでなく、高度な精神労働分野をも不断に侵食しつつある問題性であろう。或る科学者なり技術者なりが初めて発見ないし独創的に総合した或る技術的可能性が、彼の意図を超えて軍事利用されたり、思わざる用途に使役されたり、商品化されたりすることで、彼の類稀な「自己実現」であったはずのものが、彼の手も届かぬ一つの社会的「犯罪」と呼んでもおかしくないものへと「疎外」される事態、あるいはきわめてユニークな創造的アーティストであったはずの彼をいつしか流行に追随しその受け狙いを求めてやまぬ模造品製作者（かつての自分の、あるいは他のアーティストの）へと堕さしめ、彼の「自己実現」の誇らしき生の喜びが自責に満ちた罪悪感・恥辱感・敗北感に変貌し、「自己実現」が「自己喪失」へと急転する事態、これもまた今日的「疎外」の典型問題であろう。また、今日の消費資本主義のいわば生命線を握るところの、消費欲望を掻き立てる「シンボルや人間を操作する」機能のもつ重要さ、これが広告産業・音楽産業・デザイン産業等の驚くべき隆盛をもたらし、かかる隆盛があらゆる芸術活動を如何ともしがたく産業化＝商品化の渦中へと取り込み水路づけるに至ること、この点もいうまでもない。

くだんのマルクスの『経済学・哲学手稿』の疎外論の観点が、これまで当然の如く「超生存」の層位がきわめて高く、文句なしにその創造性が称揚されてきたはずの高度な学問活動・芸術活動・職人芸・スポーツ、等々に対しても、あらためてさしむけられねばならなくなったのである。まさにそこに現代資本主義の現代性が孕む問題が浮かび上がっているのだ。

この点で、実はわれわれは次の重大な問題にぶつからざるを得なくなると思われる。

すなわち、宇宙との十全なる応答関係性が促す豊饒なる「自己発現」というくだんのマルクスのヴィジョン（規準）に対して、今日の「自己実現」感情の内実に浸潤した何層にも媒介された「生」感覚の疎外の構造を考えるならば、それはあまりに単純で牧歌的な規準の提示に留まっているのではないか？　という疑問である。

このヴィジョンは解放の究極のユートピア的ヴィジョンとしてはともかく、実際の焦眉の問題は、このヴィジョンと広範な民衆の実際の「生」感覚のなかに潜在する自己批判・自己懐疑の契機とを「今と、ここ」で接続する具体的な接続点のイメージ、それを現実の様々なレベルでの文化=社会的実践活動（生産現場と消費者場面、教育、街づくり、村おこし、政治、文化、ボランティア、等々）に即してどのように具体的に構想するのか、つまりそれらの活動の今日の在り方をもう一歩前進せしめる具体的な「社会改良」的提案を適確におこなうためにその接続点をどう構想し提出するか、この点にあるのではないか？　だがその解明があまりにもまだ為されていないのではないか？　こういう反省と問いが生まれるのである。

この点では、一つのネガティヴないわば反対鏡的な役割を果たす参照軸として、マルクーゼの議論を取り上げることができる。というのは、本書第Ⅱ部第六章に見るように、彼は右に問題にした接続点を今日の労働現場に見いだすことには明らかに絶望しているからである。否、むしろそうした努力などするべきでないと考えているからである。自己実現度の高い労働モデルならびにそれを支える「生産的パーソナリティー」（フロム的に言うなら）の在りようと疎外度の高いそれらとの鋭い対比、これを労働者が実際に痛感することで己の労働の在り方を前者の方向に変えたいとする強い欲求を抱くことになる経験の場の提供、それをまさに労働改革の具体的提案をとおしておこなうこと（例えば、機械的単純労働と「熟達の本能」の自己実現快楽を伴う労働との対比を論じるアイヴァス・ヘンドリックの議論）、それをマルクーゼは次のように批判し、否定してしまうからである。すなわち、それは一見労働疎外を批判するようでいて結局は労働者を資本主義的「実行原則」の掲げる「生産主義」の内へ包摂し、「労働疎外」に順応させる試みに過ぎない、と。[22]

マルクーゼにとっては、現代資本主義において「労働の疎外はほとんど完全になった」のであり、労働者の意識の奥底にまで「自然支配」を志向する攻撃的「技術的合理性」が浸潤し、宇宙との「エロス的関係性」・「リビドー的合理性」を志向する感受性は根絶やしにされたというべきなのである。[23] だから彼によれば、疎外からの労働の解放が人間に生じるためには、逆説的だが、「疎外の停止ではなく、その完成が必要であり」、労働の場で労働者に真の「生産的パーソナリティ」を取り戻させようとするフロム風の戦略は立てるべきではなく、「人間の潜在的可能性の世界」（つまりフロムの言う、十全なる応答関係性の回復によってそれを「わがものとする獲得」がテーマに登る世界）からは「労働」の現場は期待すべきではないがゆえに除外されるべきであり、[24] 起爆剤となることが期待される唯一の世界とは「労働」の場の外に展開する芸術創作と遊戯に特化した世界だけだということになる[25]（参照、第Ⅱ部第六章・「「労働疎外論は無効化したのか？」節」）。＊6

だが、こうしたラディカリズムは結局マルクーゼの自己慰撫のためのものであり、実践的には「改良」の一つさえ生まぬ無害なものであるしかないがゆえにきわめて有害であると、私は考える。

ところで、右の問題は詳しくは第Ⅱ部第六章で取り上げるとして、ここでは、かかる問題――今日の「自己実現」感情の内実に浸潤した「生」感覚の疎外という――をフロムの現代資本主義批判がどのように意識しているか、それをいささか跡付けておきたい。

フロムは次のことを強く指摘する。

現代の資本主義システムはわれわれを未曽有の利潤追求競争に駆り立て、そうすることによって諸個人の抱える私的所有欲望を――ただしもはや貴族主義的＝富豪的なそれとしてではなく、「大衆社会」的平準化という地平と形態を得ることによってこそ――前代未聞の水準にまで肥大化させ、「貪欲 greed」化させてしまう。フロムによれば、この平準化された貪欲化の実存的源泉とは次の事態にある。すなわち、「私はかかる私である・自己である」という「在る様式」における自己同一性の実存感覚（I am I as such, I exist as such I）が「私はかかる自我を持つ」という「持つ様式」における「自我」所有感覚（I have me as such）にすり替わりすり替えられ、つまり「疎外」され、そこにあっては生動的な自己発現主体であったはずの「私・自己 I, self」が「物」化した「私たちの財産感覚の最も重要な対象」としての「自我 me, ego」にすり替わり、この「自我」が「私・自己」の代わりに自己同一性の実存感覚の「基礎」に座り、「如何に在るか?」という問い、己の「生きる」感情の応答関係的な豊饒さや深度を問い直すはずの問いが、「如何にどれ程何を所有するか?」という問いに疎外されてしまうという事態に。

この事態はもちろん人類の発生以来人間に取り憑いてきた問題性ではある。だが、それを現代資本主義は「大衆社会」の発揮する平準化機能を梃にすることによって社会の全域に未曽有の規模でいわば普遍化する。自己アイデンティティの確証を如何に果たすか? という問題に関して以前の社会に貼りついていた分域化の問題(民族、地域、階級、階層、職業団体、性別、伝統、等々の差異によって、確証に必須な「自我財産」の種類と規模が相当に異なるがゆえに、確証システムと論理に大きな差異が生まれるという問題)は未曽有の規模で解消され、平準化され、普遍化される。「名前、社会的地位、所有物(知識を含めて)、自己イメージならびに他者に抱いてほしいそれ、等々」の財産的混合体として成立する「自我」、それを確実に所有したいという実存欲望にとって、それを充足させる「自我財産」は以前と比べればはるかに平準化された水準で——その意味で容易に——獲得できるようになり、だからこそ、心理的にはいっそう人々は普遍的な規模で競争的関係性に巻き込まれ、かつこの競争場裡を取り仕切る価値(自我財産)の主軸は流行に乗って撒き散らされる「市場的価値」に据えられるのだ。

フロムが指摘する社会の「消費社会化」は手っ取り早い「自我財産」の地位に何よりも大量の消費財を据え、諸個人を様々な消費対象——平準化された——にむかって貪欲とならざるを得なくなる位置に就かせる。(26) というのも、現代社会に横溢する資本主義的競争原理は諸個人にとって「自我財産」の価値を不断に脅かし、動揺させ、もっぱらこの「自我財産」に定位して成立している彼らの自己同一性の実存感覚を不安に陥れ、敗者となって「孤独」に沈下する危機に不断に接近させるからだ。（流行遅れとなり、「市場的価値」を失い、自分は無価値化するのではないかという絶えまない不安、これこそがくだんの「市場的構え」が現代人の「性格」となる最深の実存的＝社会システム的な根である）。かくて《自我不安‐貪欲化‐いっそうの自我不安‐さらなる貪欲化》の心理的悪循環のうちに諸個人は幽閉される。つまり、これが現代の消費資本主義の下での――根本的には絶えまなく平準化され続ける――「私的所有」の貪欲化を煽り立てる実存的深度をもった最深の心理的メカニズムなのだ。

そして、右の心理的悪循環の裏面をなすのは、「市場的価値」（「流行価値」）に対する集団同調という他者志向原理が、強力な規制力を諸個人の内面において獲得するという問題である。人々が、互いの「在る様式」における自己の存在価値・自己アイデンティティを互いの豊かな応答関係性のなかで確証し承認しあうという関係性が衰弱し、つまり人々が孤独化するにつれ、ますます消費財化された「自我財産」の取得による「持つ様式」における自己の存在価値・自己アイデンティティの確証と承認が中心に座り、人々はますます相互の「在る様式」での応答関係能力を衰弱させるから、いっそうますます「市場的価値」・「流行的価値」への追随に追い込まれざるを得なくなる。つまりくだんの他者志向と集団同調に。くりかえしいえば、かかる諸プロセスはすべて相関的であり、そこには悪循環の輪が形づくられる。

ここで「愛」という問題を持ち出せば、こう言わねばならないだろう。そのようにして現代人は「孤独」からの救済願望によって強迫的に責め苛まれているのだが、しかし、またもや向かう先は《悪循環の輪の中へ！》なのだ、と。というのも、現代人は「孤独」を逃れようと「愛」に縋りつくが、多くの現代人の理解するその「愛」は、相手を「占有」し「私的所有」し「持つ」ことがすなわち「愛」であるとみなす、ナルシスティックな錯覚の線上で強迫的に追い求められるそれだからだ。かくて彼らはますます「愛」の本質、すなわち最高の「応答関係性」の実現という目的から遠ざかり、またその応答関係能力自体を衰弱させ、いっそう孤独になる。（その果てに、もし相手が自分のこの「愛」――ひたすらに「私的所有」の「貪欲」へとやせ細った――を拒絶するならば、お前のせいで俺は決定的な孤独へ突き落とされたとの逆恨みが生じ、かかる孤独者は復讐の殺人者に変貌する。これが今日のいわゆる「ストーカー殺人」である）。

しかもフロムによれば、かかる「私的所有」欲の貪欲化＝「持つ様式」の覇権化（中心化）は現代資本主義に固有な「市場的構え」という特有の「性格」構造を生みだし、多くの現代人を取り込むと同時に、この変化を支える未曽有な技術革新が人間と宇宙との応答関係性（自然・他人・自己への）を「純粋に機械的なすべてのものに対する排他的関心」に駆動される「ネクロフィリア」的な性格のそれへと劇的に変貌させ、一言でいうなら、応答関係性の支柱である「身体 - 精神的全体性 physic-spiritual totality」として互いに向きあうべき「応答責任」的感受性を劇的に衰弱させるという、これまで人類がけっして知ることのなかった恐怖の新現象に人類を直面させるのだ（なお、この問題に関しては、第I部第六章・補注17を参照されたし）。

なお、この「応答関係能力の回復」による自己の実存の人間的内実の充実――まさに「持つ様式」によるのではなく「在る様式」においての――というテーマは、フロムにおいて実は次の精神分析的テーマとも結合される。すなわち、様々なる心的外傷や疎外によって当該の個人によって到底己自身のものではないものとして「無意識」の内に追い遣られていた様々な人間的諸可能性を、広義の精神分析的治療プロセス（いわゆる専門医によるカウンセリングに限らず、実質的に同じ効果をもつ様々な他者との出会いや交流経験の積み重ねを含む）が、その諸可能性をまさに「私自身の可能性」として意識化させ、まさに「我がものとする」課題へと押し上げるというテーマである。実にフロムはこの問題に「個人的成長の中心問題」という評価を与えるのである。（前述のマルクーゼの「潜在的可能性の世界」が指示する問題がこれである。なお参照、第三章・『全宇宙との一体化』体験に対するフロムの『生産的』解釈志向」節）。

明らかにかかる問題角度はマルクスの思考圏には登場しない。まさにフロムはマルクスとフロイト精神分析学とを結合する彼独自の試みのなかで、マルクスから引きだした「応答関係能力」論にこの問題視点をつけくわえ、精神分析学的に豊富化するのだ。そして、この試みは同時にフロイトが発見した「無意識」の問題をたんに性的リビドーをめぐる問題圏に限定するのではなく、いわば人間の抱える自己実現・自己発現の問題の全域へと実存論的にも社会学的にも拡大し豊富化する試みとなる。つまり、マルクスをフロイトをもって超えバージョンアップする試みは、同時にフロイトをマルクスによってそうする試みとなる。

そしてこの問題はフロムにあっては次のように意識されるのだ。すなわち、応答関係性の豊潤なる実現と享受という人間主義的テーマは、人類の宗教文化史における「神秘主義」的伝統との精神的な接続と摂取、この伝統の創造的＝脱構築的（デリダ）継承という思想課題と切り離しがたく結びついている、と。

この問題を、次の第三章に移るための環として最後に考察することにしよう。

補注＊6　マルクーゼ「マックス・ヴェーバーにおける産業化と資本主義」について

なおここで、マルクーゼが『エロス的文明』の八年後、一九六四に書いた「マックス・ヴェーバーにおける産業化と資本主義」に触れておきたい。同論文の冒頭において彼はヴェーバーにおいては「理性の理念」と同一視された「西洋的合理性」の概念が必然的に「産業化と資本主義」を生むとされ、いわば上述の如く三者が同一視されたことを批判的に解明するべき問題中の問題としている。[32] この点で彼によれば、ヴェーバーは「社会主義」という名の「西洋的合理性」の存在を認めず、社会主義を「西洋的合理性」一般の不倶戴天の敵とみなしたとしているが、このマルクーゼの判断はマリアンネ・ヴェーバーの証言に照らしても[33]、講演「職業と政治」前後のヴェーバーの言説から見ても判断があまりに粗雑すぎると思われる。

だが右の問題はひとまず置いて、ここで指摘したいのは次の問題である。

まず、マルクーゼはヴェーバーの立てる「合理性」概念の抱える問題性を、そこでは当該の「合理性」の内容をなすその「歴史的形姿」なり「歴史的特有性」が——ヴェーバーは実はかなり意識しているにもかかわらず——あたかも「合理性」そのもの・一般を体現するかの如きに扱われ、その特有な問題性が「抽象的・形式的概念」として立てられた「合理性」概念のなかに溶解してしまう点に見て、次の問題に的を絞る。すなわち、くだんの『プロテスタンティズムの倫理と資本主義の精神』が描きだしたところの「西洋的合理性」、つまりヴェーバーの強調してやまない「市民」精神によって担われた「産業化と資本主義化」を推進する「合理性」(「現世内禁欲」に絶えず統制されていたはずの)が、もはや今日の「後期資本主義」においてはまったく機能しないものとなり、後者の「非合理性」(「大量生産・大量消費」システムの合理性を支えるとてつもない自然破壊と全世界を覆う植民地支配体制の樹立、狂気を生きる独裁者を戴く合理主義的「官僚制」に打ち固められた独裁国家体制、「市民」的自律性を解体する人間の「自動機械」化、世界大戦を筆頭とする国際紛争のくりかえしが生む止むことなき大量死、等々)を「目的合理性・価値合理性」の名において糾弾するどころか、ひたすらそれに仕える「道具的合理性」に成り下がり、それへと転倒するという事態、これの批判である。この点で同論文の結びは彼の主張の要約といえよう。

「マックス・ヴェーバーは技術それ自身に内在するこの可能性(右に言及した「道具的理性」への転倒性——

清）を認識しなかった。己の内なる「市民」たることへの誇りに、市民階級の歴史的使命に、すなわち文明と文化の担い手たらんとすることに彼は魅せられていたのだ。彼は自分自身の理性を市民階級のそれに結びつけた。この理性の、高度資本主義の全面的な大衆社会のなかへの頽落、それをまだ彼は経験しなかった。しかし、賤民化した大衆民主主義に向かうこの傾向、あるいは合理的な精神に支えられていたはずの官僚制が非合理的な統領に服従することへと向かう傾向、これらについての彼の分析には予見が差しはさまれている。その分析の限界のなかにさえ、あらゆる没理論的な偽の具体性を凌駕する彼の社会学の卓越性が示されている」[34]。

彼は、ヴェーバーの主張する「合理性」の「特徴点」は次の三点であったとする。第一に「自然諸科学とその明白なる成果から出発して、他の諸科学と『生活管理』そのものを包括する経験と認識の数学化の推進」であり、第二に「経済と『生活管理』の諸組織において合理的な実験とそれによる証明をおこなうべきことの強調」であり、第三は、これが前二者からの「決定的結果」として生まれてくる社会的成果であるところの特徴点、すなわち「『われわれの全体的存在の絶対に切り離され得ない』包括普遍的な、しかし専門的に分かたれた部署からなる職員組織」の誕生、この三つである[35]。

後にわれわれは、右の諸契機が、ヴェーバーによってインド等のアジア社会と西欧社会との本質的相違として強調されるのを見るであろう。すなわち前者における平民大衆の労働・経済・生活態度の全体を貫く「呪術的性格」ならびにカースト的性格と、西欧「市民社会」の「市民的合理性」に裏打ちされた性格との。マルクーゼの注目もその点に据えられていると思われる（参照、第Ⅰ部第三章）。

とはいえ、本書で展開してきた議論からいえば、次のテーマがこのマルクーゼの議論には登場してこないのが残念である。その問題とは二つである。

一つは、フロムの禅仏教評価とも大きく重なる問題であるが、まさにヴェーバーの説く「合理性」の「市民」的性格の問題をめぐって、ヴェーバーの場合は、その議論はインドにおける宗教文化の在り方と西洋との差異というくだんのテーマに深く結びついていたわけだが、フロムと同様、マルクーゼにあっても、くだんのテーマは不在であるという問題だ。（「市民」的性格については触れられているが）。

第二は、この論文では、せっかくヴェーバーの掲げる「西洋的合理性」の「特有な歴史的形姿ないし歴史性」が問題とされ、いわば相互に対立する複数の「合理性」があり得るという問題が言及されているにもかかわらず、本節ならびに第Ⅱ部第六章「マルクーゼとフロム」で取り上げたマルクーゼ自身の重要な問題提起であるくだんの「エロス的合理性」あるいは「リビドー的合理性」をめぐる問題——まさにヴェーバー的「合理性」と真っ向から対立するものとして登場する——が、マルクーゼの側からの積極的イニシアティブの下に提示されていないことである。（またこの問題は、「数学的合理性」と「弁証法的合理性」との対比という問題ともなって議論されるであろう）。以上、注記しておきたい。

仏教の「空」思想からのインスピレーション

ここで本書の「はじめに」の終わりに言及し、第一章でもフロム独自の「宗教性」概念を解明する鍵の一つとしたフロムの言葉（『人生と愛』）に戻りたい。いわく、

「人間が自分のナルシシズムやエゴイズムや内的孤立を超越して心を開くこと、そして――マイスター・エックハルトならそう言うでしょうが――自分が満たされるために、十全な受容が可能であるために、十全な存在となるために、自分をまったく空にすること、それがすべての問題であるような姿勢なのです。そのことが、表現こそ違いますが、マルクスにおける決定的根底です[36]」。（傍点、清）

これまでの議論を右の一節に接続させるなら、こうなろう。マルクスの『経済学・哲学手稿』に孕まれる《自己目的価値としての個人の生命感にあふれた自己発現》ヴィジョンの思想的核心は、同書を仏教ならびにエックハルトの神秘主義と媒介してみること、言い換えれば、同書を読む視点に神秘主義の視点を導入することによってこそいっそう明らかとなる、これがフロムの主張である、と。

ここでわれわれは実に興味深い問題に出会う。それは、フロムにとって「神秘主義」は「科学的＝合理的思考」に対立する意味での非合理的・魔術的・呪術的等の否定的概念ではまったくなく、精神分析的宗教概念を内容的に掘り下げていくときに欠かすことのできない肯定的な概念であり、いましがた示したように、マルクスの依って立つ「宗教性」（たとえ彼自身はその自覚がないとしても）を照射する役割すら負う概念であるという問

題である。実に彼にとって「神秘主義」は、一九五八年に鈴木大拙とのメキシコでの一週間にわたる「禅と精神分析学のワークショップ」を生み、さらに共著『禅と精神分析』を生みだす基盤であった。また、既に一度引用した言葉であるが、『マルクスの人間観』にはこうあった。「マルクスの無神論は…〔略〕…エックハルトや禅宗にはるかに近い、もっとも進歩した形態の合理的神秘論なのである」[37]。

では何故フロムにとっては「神秘主義」が「マルクスにおける決定的根底」を解き明かす役回りを果たすことになるのであろうか？

この点で、フロムとマルクスの『経済学・哲学手稿』とを結びつける問題の環に『禅と精神分析』の第一部冒頭に掲げられた鈴木大拙の次の議論を接続させるならば、その理由が明らかになるのではないか？

まず結論から先にいえば、鍵となるのは次の問題である。

すなわち、自然宇宙と万人に対して己を閉ざすのではなく《開く》という問題、これこそが人間の実存の核に、つまりくだんの個人の真に生命性に富んだ自己発現が可能となるか否かの問いに直結する問題であるとの認識、そしてこの根幹的認識が生む鋭い諸洞察、つまりこの《己を開く》ことを妨げる諸問題——とりわけ人間がその心理・心性のなかに抱える——についての鋭利な認識、逆にいって、《開く》ための心的技術・智慧についての豊富で鋭利な認識、その蓄積は何よりも「神秘主義」という宗教文化のなかに蓄えられているとの認識、これがフロムを駆って神秘主義研究に赴かせた最大の動因であるという問題、これである。

私は先の節でマルクスの主張を解説するさいにくりかえし「応答関係能力」という概念を用いたが、事はその点に直にかかわる。世界への応答関係性を己の生の基軸に据えるか、逆にそこからひたすら遠ざかり、シャッターを降ろして自己のなかにナルシスティックに閉じこもるか、この実存選択はまさに右に述べた《開く》か《閉ざす》かの問題なのである。

そのことを実によく象徴するのが次の大拙の議論なのだ。

大拙は「禅仏教に関する講演」の第一講演「東と西」で芭蕉の俳句とテニスンの詩を比較し、大略こう問題を提起している。

――芭蕉が「よく見れば薺《なずな》花咲く垣根かな」と詠った時、彼は「花を引き抜くことはせず、ジッとよく見ているだけ」であり、そうするだけで「自然と一体となって、自然の鼓動を一つ一つ自分の血管を通じて感得する」境地に達する。ところが他方、テニスンは花の美を享受しようとして、「花を引き抜いて」、「汝の根ぐるみすべてをわが手の内にぞ持つ」というところまで進み、またそうやって「根ぐるみ何もかも、一切すべてを知り得し時」に到達することを望む。彼の場合は美の享受と物心両面にわたる完璧なる所有(「根ぐるみ」かつ「一切すべてを知り」――清)とが一体となっており、後者なくして前者はないと思い込まれている。大拙いわく、「芭蕉の行為はただ《よくみる》ということにつきる。行動的ということとはまったく逆で、この点テニスンのダイナミズムとはまったく対照的である(38)」。

なお付言すれば、右の講演で大拙はテニスンをマルクスのおこなった「私的所有」批判の意味で批評しているわけではなく、「東洋の心理と西洋の心理」との根本的な性格の相違を象徴する詩人として問題にしている。この彼の問題提起自体大変興味深い問題であり、それはもちろんマルクスのくだんの資本主義批判、「私的所有」批判の問題文脈に還元し得ない要素を孕む問題である。また、おそらく右の問題は、フロムが『生きるということ』のなかで提起した「在る様式」と「持つ様式」との区別と葛藤という問題を人間種の本質に根ざす実存的次元にまで掘り下げた場合に浮かび上がってくる問題だと思われる。その意味で、歴史的性格の問題ではなくて存在論的性格の問題、実存的問題だと思われる。
だが、ここではひとまずその点は棚上げして、右の問題提起を、いわばインスピレーションの次元あるいは比喩的思考の次元で、くだんの『経済・哲学手稿』でテーマとなった「我がものとする獲得（Aneignung）」という関係性をどのように問題設定するかという議論に役立ててみたい。というのも、フロム自身がそういう役立て方をしているからである。まさに「マルクスにおける決定的根柢」を読み抜くためには禅仏教の助けがいるという、そういう読み方を彼は提唱するのだから。

そこから出て来る観点が、本章で縷々述べてきた問題、くりかえせば「我がものとするという関係性」を、ひたすらに「所有」による「支配」のコンテクストで発想するか、それとも「承認」（＝相手をして相手たらしめる、相手への深き尊重と理解）と「共感」に基づく「応答関係性」の相互享受として発想するのか、どちらの発想に立つのかという問題を立てたうえで、この対立が資本主義の下ではどのように展開するか、つまり如何に「私的所有」による「支配」のコンテクストという一方の契機がひたすらに肥大化し過剰化し、他方の「応答関係能力」の契機が極端に圧迫され、対立は如何に極端な跛行的展開を示すか、このことを抉り出すという視点なのである。つまり、事態の鮮明化をもたらす一本の補助線・参照軸として禅仏教的設問を役立てる、そういう視点がフロムの場合立てられるのだ。

だからフロムは『禅と精神分析』のなかで既に右の観点を仏教でいう「悟り」・開悟に重ね合わせてこう述べることにもなる。すなわち、禅でいう「開悟《エンライトメント》 enlightment」の経験とは自分の視点からいえば「人の良き健康なる在り方 well-being の真の達成」を指すものといえ、それを「心理学的用語」でいえば次のようにいい得ると。いわく、

「それは人が自分の外部および内部の現実に完全に調子の合った状態であるとも、また、現実について人が十分に目覚め、十分にそれをつかんでいる状態であるということができよう。……〔略〕……目覚めた者は、世界に開かれており、順応しうるようになる。そしてそれはみずから自分に対し物として執着することをやめ、空となり、受容する態勢になるから開かれ、即応しうるようになるのである。開悟したということは『全人格が実在について全幅的に目覚めていること』を意味する」[39]。 （傍点、清）

（蛇足だが、この一節にある「完全に調子の合った状態」という言葉は「完全に応答しあえる状態」と言い換えることができよう）。

ちなみに、フロムはユダヤ教やキリスト教あるいはイスラム教を「有神論的宗教」と概念化し、他方仏教や道教を「無神論的宗教」（「非有神論」とも訳される――清）と概念化する[40]。さらに『ユダヤ教の人間観』では、この「有神論的宗教」対「無神論的宗教」との対置を前に、それでは自分自身の立ち位置をどう規定するのかというなら「一種の無神論的神秘主義」と名づけてもよいと述べている[41]。そしてこの線上に先に『マルクスの人間観』から引いた評価、すなわちマルクスの思想は「もっとも進歩した形態の合理的神秘論」であるという評価が与えられるのだ。

なお、ここで急いで次のことを注記しておきたい。

本節の冒頭に引いたマルクスに関する一節（『人生と愛』）にも右の一節にも出て来る「空 leer, empty」の概念は、フロムは断りを入れていないが、明らかに大乗仏教の使用する「空」概念に関する大拙の解釈（小乗仏教のそれに対する激しい批判と結びついた）に依拠したそれにちがいないということである。つまり、一言でいえば、「自分に対し物として執着することをやめる」という点では、そうした物化された自我の観念を無に帰し、それで充満していたこれまでの自分を空《から》にすることであるが、同時にそれは己を《全宇宙との有機的な相関関係の全体によって成り立っており、その意味でそもそも全宇宙と融合している存在》として摑み直すことなのであり、最高度の充実感覚に到達することなのである。仏教においてこの「空」の境地に至ることは「涅槃《ニルヴァーナ》」に到達することとも呼ばれるが、フロムは最後の著作『フロイトを超えて』でフロイトが立て、マルクーゼが継承した「涅槃《ニルヴァーナ》的幸福原則」概念における「涅槃」が「寂滅」を意味することを批判し、その解釈は小乗仏教的なもので、仏教思想の一番価値ある要素を見誤るものだとし、こう述べている。(なお、この批判は同書に先立つ『破壊』の付録として付けられた「フロイトの攻撃性と破壊性の理論」の注(15)をそのまま引き写したものであった(42))。

「涅槃は正確に言えば、自然がもたらす生命のない状態ではなく、……〔略〕……人間の精神的努力がもたらすもので、人間はあらゆる貪欲と利己心の克服に成功し、感覚を持つあらゆるものへの共感に満たされた時に、救済と生命の完成を見いだすのである。涅槃の状態において、仏陀は至高の喜びを体験したのである(43)」。(傍点、清)

このフロムのフロイト批判にも彼が大拙の大乗仏教論に大きく影響されていることは明らかである。なお、この「空」の概念を基軸とするフロムと仏教とのかかわりと、それに基づく彼のマルクス解釈には実は批判すべき重要な問題が孕まれている。その問題は次の第三章「フロムと神秘主義——ヴェーバーと大拙にかかわらせて」で取り上げる。ここでは右の一点だけ指摘しておく。

なおキーワードとなる「応答関係能力」にかかわって、神秘主義の問題からはいささかずれるが、しかしフロムを特徴づける「関係性」への問題感受性の強力さという問題にかかわって、次のことも指摘しておきたい。

応答関係性を基盤に据えて人間の抱える「個人の生きた自己発現」の問題を考えるフロムの思考は、精神分析学の発展という問題文脈からいえば、そもそもフロムがサリバン（精神分析学を「人間相互の関係の研究」と定義した）に学んで、[44]フロイトの精神分析学の原理に据えられた「リビドー」概念を、きわめて「実体主義」的であり次の観点を欠如していると批判する立場に立つことによって彼が発展させてきたものでもある。すなわち、欲望と感情の諸形態とその質的性格それ自体が、他者と当該個人が結んでいる関係性の在り方によってこそ規定されるとともに、だからまたその形態と質を変革しようとする試みは何よりも当該の関係性の変革を志向するものとなるという視点、この関係主義的視点がフロイトには大きく欠如している、とフロムは見る。たとえば、彼は「性格」に関する自分の理論についてこう述べている。「本書で述べる性格の理論とフロイトの理論との主な相違は、性格の基本的地盤が種々のタイプのリビドー組織にあるのではなく、世界に対する人間の特殊な関係の仕方にある、とする点である」[45]。＊7

言い換えればフロムの精神分析は、フロイトとまさに反対に、当該個人が如何なる「性格」の持ち主となり、如何なる精神病理を病むに至るかの原因を探る場合、何よりもその原因として、当該個人が一番承認を受けたい――受けられなければ、まさに「孤独」に陥り、自分の存在価値を享受し得なくなり、人生の意味感情を剥奪されてしまうところの――他者とのあいだに、如何なる関係を築けているか？　という問題を取り上げるのである。一言でいえば、リビドーの病理が関係性（たとえば、エディプス・コンプレックスという関係性）の病理を惹き起こすのではなく、逆に関係性の病理がリビドーの病理を惹き起こすのであり、かつ関係性の在りようはたんに性欲という因子だけで決定されるのでなく、性欲を含む多様な因子の歴史的な経過を孕む総合的作用（「身体的‐精神的全体性」的な）によって決定されると考えるのだ。

そして、この関係主義的視点から、フロムは人間が世界に向き合いかかわるさいの関係性を次の二つの次元ないし相面において探求する。すなわち、「①事物を獲得したり同化したりすることによって」関係を結ぶ場面と、「②自分を他の人々（および自己自身）と関係させることによって」関係を結ぶ場面とに。彼は前者を「同化（assimilation）の過程」、後者を「社会化（socialization）の過程」と『人間における自由』では名づける。[46]

この点で、私が冒頭の節でマルクスの『経済学・哲学手稿』の議論をフロムの言う「超生存の欲求」に関係づけつつ、応答関係性の一個の典型例として挙げた芸術的創作活動は、このフロムの言う「同化の過程」に対応した例である。他方「愛」の関係性を論じた個所はいうまでもなく「社会化の過程」に対応する。

そして、既に先の「『経済学・哲学手稿』・第三手稿…」節で示したように、個人の「自己発現」を支えるくだんの応答関係性の問題はこの両過程、両次元、両相面にまたがる二重構造をとる。

補注＊7　「空」概念の形成とその内容規定について

ここで仏教における「空」の概念の形成とその内容規定について、基礎となる問題を指摘しておくことにする。これから述べる問題は、本書の様々な箇所でなされる「空」概念ならびにフロムにおけるその理解に関する議論（参照、第Ⅰ部第三章、特に最初の二つの章）に深くかかわる。読者にはその都度以下述べることを想起していただきたい。（なおこの補注は、サンスクリット語に堪能で、ヒンドゥー教ならびに仏教の展開史に精通している畏友清島秀樹氏〔近畿大学教授〕の教示に依るところ大である。注記しておく）。

まず「空」概念そのものは、仏陀の思想を解釈整理した後代の、いうならば「仏教神学者」たちが考えだしたものであり、仏陀自身は使用しなかったと考えられる。この概念の意味は端的にいえば二つである。

第一は、人間の内面に関して使用される場合であり、一言でいうなら、「特定の価値観や思想を絶対視し、それに執着して他の一切は誤りであるとする態度を捨て、己を自由闊達な精神状態に置く」という意味での「空」である。この精神態度は仏教の最古文献といわれる『スッタニパータ』第四章、五章が伝える仏陀の言葉――「空」という概念は登場しないにせよ――にことのほか鮮やかに示される。（参照、第Ⅰ部第三章・「最古文献『スッタニパータ』を介してフロムを振り返る」節、なお仏陀のこの姿勢を感動的に小説化したものこそヘルマン・ヘッセの『シッダルタ』である。なお、第三章・「フロムの『空的行為』概念の曖昧性」節で取り上げたフロムの議論――「逆説論理」に立つ東洋的宗教の「行為重視主義」に関する――は、ここに示されたブッダのバラモン批判をいわば西洋的な主知主義的妄想への批判へと転用したものと言い得る）。

ところでこの『スッタニパータ』であるが、この最古仏典は長らく日本仏教では知られていなかった。というのは、日本仏教は中国で漢訳された仏典とそれをめぐる解釈論議を基盤に自らを形成してきたから、中国において漢訳の対象にならず知られないままに留まった『スッタニパータ』を知る由がなかったのである。しかし興味深いことに、日本の禅仏教は期せずして――つまり、『スッタニパータ』を読むことなくして――「空」の概念をこの執着放棄＝自由闊達という意味でも使用するという特色を発揮するに至った。その点は鈴木大拙による禅思想の解説でもたびたび強調されてもいる。

第二は、個物ならびに個我の存在に関して使用される場合であり、仏教神学で前面に出るのはこの側面である。（この点で日本の禅仏教はこの概念を第一と第二の両方の意味で使用したわけである）。

すなわち、《すべての個々の事物は相互連関作用の上に生じるものであり、この意味で、それ自体で独立に存在すると考えられるような《本質》なり《実体》といったものは実は存在しない》という意味での「空」

である。この点で、仏教的宇宙観は「関係主義」と特徴づけられよう。すなわち、一見個物と見えるものは、実はその事物と他の事物との宇宙全体に無限に拡大する相互連関の織りなす結び目の一つ一つに過ぎず、どれもがそれぞれ関係性の無限なる全体にそのまま通底しそこへと織り込まれている――だからまたその全体を自らの内に映現してもいる。あたかも大海原のうねりが生む小波のそれぞれが大海原そのものを自らの内に映しだしているように（「太洋と小波」の比喩）――と発想されるわけである。

たとえば、くだんの大拙は『禅とは何か』のなかでこう述べている。――宇宙の全体を広げた網に、また万物・万象をその網の目の一つ一つに比喩するならば、それらは「この網の目の関係に立っているのであるから、その関係だけがあって、それ以外には何もないといってよい。それを一切空であると仏教は教える」と。[47] つまり、「空」とは、字義からすれば「無」を意味するが、仏教的概念としては「関係だけがある」ということをいわんとする逆説話法・否定話法を成り立たせる概念として使用されるのである。ここからして周知の「空即是色、色即是空」との逆説的主張が為される。ここでいう「色」とは「万象」のことである。

なお大拙の「空」概念の理解を知るうえでは『仏教の大意』での彼の解説が、この概念の形成過程の解説も含め簡明にしてきわめて包括的であり、有益である。彼は日本で開花した『華厳経』における「般若的空」思想が仏教の育ててきた「空」思想の最高峰であるとしつつ、右に述べた認識、「一一の事事が自己の上によく全を容れて、またよく他己の上に全と共に摂せられる」[48]、つまり個々の事物や他者と自己とをくだんの全体的相互関連の視点から捉え返すという問題を、たんに思考のなかでの認識上の問題としてだけ「静観」的に論ずるのではなく、その視点転換が如何に諸個人の感情や欲求の持ち方自体を変え生き方を変えるかという「動態的」な問題、一言でいうなら回心的な感情変容の問題を押しだす点こそ、「華厳の中心思想」であると力説している。[49]

なおこの「空」が示す関係主義的観点はまた「縁起」思想とも言い換えられる。（なお、この空＝縁起の観点を印象深く端的に伝えるのは、紀元前二世紀後半に書かれた、当時西北インドを支配していたギリシア人の王ミリンダと仏僧ナーガーセーナとの対話を記した『ミリンダ王の問い』の第一篇第一章、第一「名前の問い」であろう。そこに次の場面がある。――ミリンダ王がこう言う。「轅に縁って、軸に縁って、輪に縁って、車体に縁って、車棒に縁って、『車』という名称・呼称・仮名・通称・名前が起こるのです」と。すると、仏僧ナーガーセーナが、その通りであると答え、同じく人間の個人の名前もまた、髪・身毛・脳・形・感受作用・表象作用・形成作用・識別作用等々に「縁って起こる」のであって、「勝義においては、ここに人格的個体は存在しない」と指摘するのだ。[50] この問答は明らかに前述の「最古文献『スッタニパータ』を介在させて」節における「名称と形態の消滅」に関する議論と連結している。この点からも、その議論は第二の「空」概念に結実する、その前段階的議論といえよう）。

他方西洋の思考伝統においては、まさに反対に、事物には――他との関係性の在りように一切依存することなく独立して――それ自体に初めから備わっている「本質」があり、この「本質」がその事物の個別的な存立性を支えるとみなされてきた。このような観点は、仏教的宇宙観の「関係主義」に対して「実体主義」と形容されることが多い。フロムにとってはフロイトのリビドー概念は「実体主義」的であると認識された。

第三章　フロムと神秘主義──「カタルシス的救済」、ヴェーバー、大拙

さて、この章を始めるにあたって、まず読者に次のことを思い出してもらいたい。私は第一章の最後の節で『正気の社会』のなかの次のフロムの言葉、すなわち「誰もが宇宙における重要な存在であると同時に、一匹の蝿や一本の草ほどの重要さかもしれないという逆説が受け入れられること」・「人生を愛し、しかも死を恐怖なしに受け入れられること、人生がわれわれに直面させるもっとも重要な疑問の不確実さにたえ、しかもわれわれの思考や感情が本当に自分のものである限りそれらを信ずること」、このことが《生命感に満ちた自己発現の自己目的価値性》を感得し得るためにはきわめて重要となるという彼の主張に注目し、そのうえで次の感想をそこに書き添えている。右の言葉が語る問題こそ、ヴェーバーが「神人合一の無感動的エクスタシス」・「法悦」と呼び、ヒンドゥー教や仏教を特徴づける「宗教的救済財」とみなした「宇宙の全体性と自我との融合感情が与えるカタルシス的救済」というテーマに接続する問題であり、フロムもこの問題がくだんの「宗教性」の必須契機であることを問わず語りに認めているわけだが、「ただ惜しむらくは」、彼はこの問題契機についてその重要性に見合うほどには議論を厚みをもって展開していないのではないか、神秘主義の宗教文化的意義を、またそれにかかわって仏教をあれほど讃えながら、この肝心な問題契機の取り扱いが不十分ではないのか？　と（本書五七頁）。

本章ではまさにこの問題をもう一歩掘り下げてみたい。

ヴェーバーの宗教社会学の根幹的視点――フロムにかかわらせて

前章においてわれわれは、フロム自身の「宗教性」の形成にあたって人類の宗教文化史における神秘主義的思索の伝統が如何に重要な意義をもつかを検討した。そこから何を彼が摂取し、その摂取したものを梃子にマルクスの『経済学・哲学手稿』から彼が如何なる人間の生のヴィジョン、かの《宇宙との豊穣なる応答性に支えられた個人の生命感溢れる「自己発現」》のヴィジョン（晩期フロムのキーワードを使えば「生命愛《バイオフィリア》」のヴィジョン）を打ちだしたかを見た。

ところで、まさにこの問題にかかわって一つの疑義、重要な検討問題が立ち上がる。果たしてフロムの神秘主義理解は十全なものであろうか？　彼が神秘主義的伝統を彼の「人間主義的精神分析学＝規範的人間主義」を基盤にいわば「脱構築」（デリダ）し、マルクスに繋げ、そこからまさに右のヴィジョンを新構築するに至ったこと、それはまさしく彼の独創である。だがその過程で、彼は神秘主義が提示する最も核心的な問題――けっして倫理・道徳的な問題に還元することのできぬ《宗教的経験》の固有性にかかわる、まさに「神秘」と呼ばれるべき――との対決を結局回避し、曖昧にしたのではないか？　彼の神秘主義解釈は結局あまりに人間主義的《ヒューマニズム》であるがゆえに倫理的であり合理主義的であり過ぎるのではないか？　かかる疑義である。

この問題側面を鮮明に浮かび上がらせるために、まずここでマックス・ヴェーバーが差しだす問題提示、彼の宗教社会学の根幹をなす問題観を振り返ってみたい。すなわちヴェーバーが、ヒンドゥー教と仏教を筆頭とするインドの諸宗教のみならず、中国の道教、チベットのラマ教や日本での大乗仏教の展開等々をひっくるめて、アジアの宗教文化全体と西欧のそれ、すなわち、一方で古代ギリシア文化に棹差しながら、その後の歴史展開のなかでユダヤ＝キリスト教を基軸に据えるに至った西洋の宗教文化、その両者の基本的相違点をどこに見据えていたのか、この問題を彼の『ヒンドゥー教と仏教』（『世界諸宗教の経済倫理』Ⅱ）の最終章「アジア的宗教類型の一般的性格」を参照しながらまず概括しておきたい。いわばフロムを照らしだす反射鏡・比較軸として。

ヴェーバーは右の章のなかで同書での膨大なる考察を総括しつつ、まずこう指摘する。すなわち、アジア全域の宗教文化を見渡したとき、形而上学的関心、すなわち「現世と生との『意味』」を問う構えをもつ宗教のうち「その源泉が究極においてインドに求められないものはほとんどない」と。(1)

次いで、ユダヤ＝キリスト教との対比においてヒンドゥー教と仏教を顕著に特徴づける特質としてまずインド社会のカースト制に由来するその階層的構造を挙げ、こう述べる。すなわち、ヒンドゥー教と仏教とを特徴づけるのは次の二点であり、しかもそれらが密接に互に支えあうように絡み合っているという事情である、と。

第一にそれは、同一の宗教がつねに「階層化」された複層構造（「カースト制」を典型とする）において成立し、その宗教が提供する「宗教的救済財」は階層に応じて異なるという点である。ヴェーバーによれば、そこでは「文献的教養人」（バラモン階級ないしそれを出自とする）のきわめて「主知主義」的形態をとった「救済貴族主義」と呼び得る現世超越的「救済財」と、(2)識字能力においてきわめて劣等な一般民衆に対する「救済宗教」型の「救済財」――大なり小なり呪術的な能力を持つカリスマ的・教祖的救済者への信仰として成立する――の二類型の対立が必ず見いだされ、かつこの対立は棲み分けという展開形態をとることでけっして社会解体を導く対立とはならないのである。(3)（典型は、ヒンドゥー教におけるヴェーダ朗誦祭祀――まずもってヴェーダのきわめて高度にして複雑な諸観念の完璧な暗記能力を前提とし、かつ高い識字能力を前提する――を核心に置く「バラモン的宗教類型対「タントラ道（男根崇拝）と呪文道《マントリスムス》」を核心に置くシヴァ神信仰という大衆的類型、仏教における主知主義的で貴族主義的な「原始仏教・小乗仏教」対大衆における救世主たる菩薩への信仰を核心に置く「大乗仏教類型」――ただし大乗仏教の場合は、実はきわめて主知主義的・貴族主義的性格の宗派も存在するから、実質は非常に複雑となり、上述の区別はあくまで傾向的な性格のものに留まる）。

ヴェーバーは、「救済貴族主義」を成り立たせている「アジアのあらゆる哲学と救拯論とに共通な前提」は「文献的な知識であれ神秘的な霊智《グノーシス》であれ、知識が結局は此岸であれ彼岸でも最高の救済に至る絶対的な道であるという前提」（傍点、清）だとする。(4) そしてこの場合の「知識」とはもちろん経験科学の担うそれ、「自然の日々の事象や社会生活や、その両方を支配する法則に関する知識」ではなく、「現世と生との『意味』」を問う形而上学的なそれを指す、と注記する。(5) いうまでもなく、この「形而上学的知識」に参与できるのは「文献的教養人」たるバラモン階層（あるいはそれを出自とするかモデルとする仏教の僧侶階層）のみであるが、インド社会のカースト構造のゆえに、たとえ民衆階層は事実上呪術的な「救済宗教型救済財」を追求するにしろ、「文献的教養人」階層の「主知主義」的形態をとった「現世超越的救済財」に対する宗教的批判・反乱に走るなどということは思いもよらないのであり、宗教界もこの点で完全なるカースト的棲み分けによって成り立つとする。だからまた、この「文献的教養人」階層の担う宗教性は、この階層の内部では民衆の宗教性を特徴づける呪術性や狂躁道《オルギア》への徹底的なる軽蔑・嫌悪を帰結する主知主義的性格をますます強める、と彼は言うのである。

さて、ヴェーバーはこの主知主義的な救済財の「現世超越」的性格をこう特徴づける。すなわち、

> 「アジアの救拯論は、最高の救済を求める者を、常に現世の背後にある国へと導くのであるが、この国は、合理的に形成されたものではなく、そしてまさにこの非形成性のゆえに、そこで神を見、持ち、所有し、かつある法悦に取りつかれる国である。この法悦（Seligkeit）は現世のものではないが、しかもなお現世において霊知によって達せられ得るし、達せられねばならないものである。この法悦は、アジアの神秘的直観のあらゆる最高の形態において、『空』――現世からの、つまり現世が揺り動かすものからの空――として体験される。このことは、一貫して神秘主義の通常の意義に対応しているが、アジアにおいてのみその究極の帰結にまで高められた」(6)。　（傍点、清）

いうまでもなく、ここで「空」と呼ばれた「法悦 Seligkeit」こそ、ヴェーバーの別な言い方では「神人合一の無感動的エクスタシス」と名づけられるものであり、(7) この「法悦」経験こそが神秘主義的体験の核心——洋の東西を超えた「一貫して神秘主義の通常の意義」にほかならないところの——なのである。(なお、清島秀樹氏によれば、ここでいう「法悦」はサンスクリット語の「アーナンダ」であり、この原語の意味は「欠如・苦・恐れ等がなく、絶対的安心・満足・安息のうちにある」ことであり、絶対者との合一を記述するさいに用いられることが多い。この点で、私にはグノーシス主義のいう「安息」とほぼ同義と映る。また鈴木大拙はグノーシス主義には言及していないが、かの「空」的直覚＝神秘主義的直観＝「正覚」が人間に与える心理的作用の核心が「安心」であることをくりかえし強調している。そして彼にとっても、この「安心」は「法悦」・「陶酔」という宇宙感情が生みだす「不思議」性——苦悩、否定、罪の意識が一転して救済されたという安心、肯定、受容、歓喜へと転化し、論理的には相対立するはずの二者の矛盾が解消する——と一つのものなのである。(8) そして、この一続きの過程こそが固有に「宗教経験」と呼ばれるべき経験の核心なのだ。(9) 第二章につけた補注7で言及した大拙のいう「華厳の中心思想」の「動態」的な視点が問題にする回心的な感情変容とは、結局信徒がそれまで生きていた苦悩に満ちた世界感情のこの「法悦」-「安心」への劇的転回のことにほかならない)。

とはいえくりかえしになるが、ヴェーバーの考察によれば、くだんの「文献的教養人」階層の宗教性の特質とは、この「法悦」がきわめて「主知主義」的な過程を経て調達されるものとして現れる点、いうならば超《スーパー》・合理主義がその極点において「脱《トランス》」という意味での「超」・合理主義に転じる点なのである。そして、ここでいう「主知主義的形態」が何を指すかといえば、それはヒンドゥー教におけるヴェーダーンタ哲学の延々たる思弁的な議論形態を指す。すなわち、現世の幻想性・迷妄性＝「マーヤ」性を論理的な思弁を駆使して弁証しながら、真実在を構成する有機的な無限連関はただ「否定神学」的に「逆説論理」(まさに「空即是色」というように、参照、第I部第二章・補注7)をもってしか言表できない、言い換えれば、有限なるものを列挙しつつ「……

という規定では尽くし得ないもの」（その意味で空的である）という否定命題を媒介に指示する以外には言表不可能とする議論や、原始仏教、小乗仏教あるいは大乗仏教にあってもその「唯識」論が展開するような、同性格の膨大なる思弁作業（実体主義的・機械論的仮定から出発して有機的ないし無限的な連関を言表しようとするなら必ず論理矛盾に陥ることを示すことによって、最初に置いた実体主義的・機械論的仮定を覆すという論法による）を指すのである。

ところでヴェーバーによれば、このアジアの「文献的教養人」階層の「法悦的瞑想」志向は西洋文化と対比した場合次の問題を裏面に貼りつかせたものであった。すなわち、その彼らの志向は、アジアの平民大衆の世界に西欧的＝「市民」的な合理主義的生活態度ならびに道徳に類似したそれが形成されることを促進する役割を果たすものではなかったし、むしろその形成を阻害し、彼らを呪術的生活態度に追い遣り閉じ込める役割を果たしたのである。

ヴェーバーは、カルヴィニズムが西欧の「商工業者」を中核とする「市民層」に普及することをこれ努めた「合理的世俗内倫理」の何よりの「宗教的下部構造」を次のことに見た。すなわち、近代西欧の自然科学がつねに産業技術の開発と連動して発展したことによって、「市民層」に「技術的・経済的合理主義」に基づく労働態度が発展したことのなかに。たとえば、『世界宗教の経済倫理』・序論にこうある。

――西洋の「市民層」を特徴づけたのは、彼らにあいだに強く共有されていた「実践的合理主義への傾向」であり、この傾向は「彼らの経済生活が自然への繋縛からいちじるしく解放されているという性質」をもち、「技術的・経済的な計測と自然および人間の統御――どのような原始的な手段によるものであれ――の上におかれていた」ことに由来する。（なおヴェーバーは、自然を貫く因果法則を発見し、それを逆手に取ることでそこに計算可能な因果連関に基づく合理的な自然支配を実現しようとするかかる態度の根源に、西洋文化が古代ギリシア哲学から受け継いだ、数学的な思考、対象の質的規定性を抽象し量の増減に置き換える思考伝統を見ていた）。そしてこの傾向は「きわめてさまざまな程度においてではあれ、倫理的・合理的な生活規制を呼びさます可能性」を孕む「宗教的下部構造」となった。つまり、宗教的イニシアティヴの二つの「基本類型」、「模範預言類型」（宇宙たる絶対者の真実在連関＝神性を「模範」として、限りなくそれに近い魂の状態を己の内に実現することが救済への途だとするがゆえに、己を「神の力」なり「神性」を住まわせ、それによって満たされるべき「容器」ないし「場所」として発想する）[10]と「使命預言型」（「神の名において、もちろん倫理的な、そしてしばしば行動的・禁欲的な性格の要求を現世につきつけるような預言」の実践こそが救済への途だとし、己を神の意図の実現のために働く「道具」として発想する）[11]のうち、後者が――前者も西洋には熟知されていたにもかかわらず――西洋において「市民層」の社会的重みが増し、そのことで社会のカースト制的な分断が緩和されればされるほど、社会全体において「優位を維持しつづける」という結果を産んだ。この点が、「使命預言」型のカルヴィニズムの布教と「仏教や道教、新ピュタゴラス派、グノーシス派、スーフィー派などの布教との対照的である」点だ、と。[12]

（いずれの傍点も、ヴェーバー）

つまり、呪術的方法に基づくのではなく、自然との関係においては合法則的に自然に働きかけることで所期の実践的成果を得ようとし、社会との関係においては自然法則に準ずる法則性、つまり「自然法」的権威をもつ道徳規範を発見し、それを演繹と帰納の論理の下に体系化された律法として明文化し、それに準拠した行動を成員たちに強力に要求することで予期できる計算可能な社会的効用と秩序を得ようとする、そうした行動＝思考様式を対自然・対社会の両面において採用し発展させようとすること、この結合が、いわば古代ギリシアの哲学者の「ポリス的知識人類型」と古代ユダヤ教の「預言者型知識人類型」との「市民」的融合として起きたというのだ。

この点でわれわれは、「知識人」と「平民大衆」との関係性をめぐる文化伝統が東洋と西洋では如何に異なるかという問題についてのヴェーバーの観察に注目しなければならない。すなわち彼によれば、アジアにおいては、知識人層の儀礼主義的な自我理想（儒教型）ないしは現実逃避的で神秘主義的な隠遁者的自我理想（インド型にして道教型）は、同時に、その裏面において「平民大衆」を「呪術的拘束の持続の中に放置した」という社会的作用を発揮し、[13] 結果としてアジアの社会は絶えまなく「知識人・教養人の階層と、無教養な平民大衆とに分裂していた」のである。[14]

反対に西洋文化にあっては、「平民大衆」の上層指導者部分は西洋文化が浸されてきた「都市国家」ないし「市民社会」的伝統のなかで「市民社会」の政治的形成に積極的に参加する「市民」へと自己形成すべくつねに宗教的・文化的に励まされてきたのであり、そのさい「思想家と預言者」型の知識人層と「平民大衆」層との精神的・知的交流が不断に追求されることによって、知識人の側は知識人の側で「市民」型・「啓蒙家」型知識人像が強力に成長し、この双方の事情が車の両輪の如く相乗作用を醸し、その結果「平民大衆」層の日常生活の次元には呪術的問題解決法ではなく「合理的な生活方法論」が普及し浸透するという社会文化的成果が生じたのである。前述の西洋における合理主義的な性格の「宗教的下部構造」の形成には、この知識人と平民大衆上層部との右の関係性が大きく関与しているのだ。かくて、古代ギリシアのポリス民主制と固く結びついた「哲学者」伝統と「賤民民族」たる苦境を革命せんとする古代ユダヤの「預言者」伝統とは、フランス大革命をシンボルとする十八世紀の《啓蒙と革命》の波のなかであらためて縒り合わされ洗い直されることによって、近代「市民社会」の形成を下支えする精神的エネルギーへとバトンリレーされたというわけだ。他方アジア社会を特徴づける最大の問題点は、まさにこの「市民社会」的エートスを涵養する文化伝統の完璧なる欠如なのである。（なお一言だけつけくわえるなら、彼のロシア革命論においては、ロシア民衆の大部分を占める農民は「農村共同体《オプシチーナ》」のいわば前近代的な自生的共産主義とも呼ぶべき地方分権的な生活様式のなかに浸されきっており、「西欧において強力な経済的利害をもった階層をして市民的自由運動に奉仕させたような、あらゆる発展段階が欠けている」（傍点、ヴェーバー）という問題が[15]、革命の今後の行く末にとって最大の暗雲を投じようとの予告がくりかえされている）。

くだんの『ヒンドゥー教と仏教』最終章に、ヴェーバーは彼のアジア宗教論を導く根本モチーフの所在を次のように端的に明示する。

「西洋においては、合理的現世内的な倫理の成立は、思想家と預言者の出現と結合していた。彼らは後で述べるように、アジアの文化とは異質であったある社会的な形成体、すなわち都市の政治的な市民身分層の政治的な諸問題を基盤として成長したのである。そしてこの都市なくしては、ユダヤ教もキリスト教も、あるいはギリシア思想の発展もかんがえられないのである。しかるに、アジアにおいては、この意味での『都市』の成立は、一部は氏族の力の持続により、一部はカースト間の排他性によって妨げられた」[16]。（傍点、清）

また、彼のカルヴィニズム論はこの視点から一直線に誕生する。くだんの『序論』（『世界宗教の経済倫理』）にいわく、

「現世を呪術から解放すること、および、救済への道を瞑想的な『現世逃避』から行動的・禁欲的な『現世改造』へと切りかえること、この二つが残りなく達成されたのは——全世界に見出される若干の小規模

な合理主義的な信団を度外視するならば——ただ西洋の禁欲的プロテスタンティズムにおける教会および信団の壮大な形成のばあいだけであった[17]」。

さてここでフロムに目を向けるならば、まさに右の如き視点は彼の議論のなかには全然登場してこないのだ。彼はヴェーバーのくだんの『プロテスタンティズムの倫理と資本主義の精神』を、その「個々のテーゼに対しては、少なからぬ文献で部分的には正当な反論が提出されているが、これらの反論にもかかわらず」、この著作が「ブルジョア資本主義的精神とプロテスタント精神の土台たる衝動構造」との同質性を「立証した業績」は「科学の確固とした財産の一つである」と絶賛した[18]。しかし、彼のヴェーバーに対する関心のなかには、右に見たヴェーバーの比較宗教学的根本モチーフはまったく席をもたなかったと思われる。

しかもまたこの問題と結びついて、仏教の「空」概念をめぐるフロムの議論には、それが宇宙の全体性と自我の融合的統一を意味する概念であるとの理解がもちろん中心に据えられるにしろ、それがヴェーバーの強調するように「現世内現世無関心」と表裏一体をなす法悦的瞑想（「無感動エクスタシス」）の時空であるという問題についての言及は一切ないのである。

この問題性は、フロムの次の議論のなかに出てくる「行為」概念の曖昧さに深くかかわる。

フロムの「空的行為」概念の曖昧性

『愛するということ』のなかでフロムは「宗教性」の人間主義的成熟の歴史的過程を振り返るなかで、東西の「宗教的態度の基本的な違い」を問題にし、先に触れた「否定神学」的な「逆説論理」に言及して、東洋宗

教が立脚する「逆説論理」はそれが取る次の態度と不可分であると論じた。[19] いわく、

「(逆説論理の立場にあっては――清) 結局のところ、世界を知るただ一つの方法は、思考ではなく、行為、すなわち一体感の経験である。したがって逆説論理学は次のような結論に達する――神への愛とは、思考によって神を知ることでも、神への愛について考えることでもなく、神(全宇宙――清)との一体感を経験する行為である」。[20] (傍点、清)

(なお、このフロムの論点はブーバーのハシディズム論と深く重なりあう面をもつ。その点については第II部第四章「ブーバーとフロム」を参照されたし)。

フロムによれば、東洋宗教におけるこの行為重視主義は次の態度、すなわち「神との一体感」へと至る道を説く教義・言説は様々であってよく、その違いに固執するよりは、相違を超えてかかる一体感を得ることのできる「人格」への変革を「行為」の場で実際に実現することを重視する態度を生むから、必然的に知的「寛容」を生むのだ、と。[21]

そして他方、「西洋思想の本流ではこれが逆になる」と彼は主張する。というのも、西洋では「最高の真理は正しい思考のうちにあると考えられていたために、正しい行為も重要だとされたが、おもに思考が強調され」、「そのため、宗教においては教義体系がつくりあげられ」、教条主義的態度が生みだされ蔓延し、『無信仰者』や異端者にたいしては不寛容」となるに至ったからだ、と。[22] かくて彼はこう結論する。「要するに、逆説的思考は、寛容と、自己変革のための努力を生み、アリストテレス的な姿勢は、教義と科学を、すなわちカトリック教会と原子力の発見を生んだのである」と。[23] 明らかに、フロムのこうした問題提出は、仏教の最古文献『スッ

パニータ』に見られる仏陀の反理論拘泥主義、反教条主義の態度を念頭に置いたものであろう。もっとも、だからそうした理論拘泥主義は東洋文化圏においても顕著であったということになるわけだが（参照、第Ⅰ部第三章・「最古文献『スッタニパータ』を介してフロムを振り返る」節）。

ところで、これまでの考察を踏まえるならば、われわれとしてはフロムにこう問いたくなるのは当然であろう。では、「神との一体感」を諸個人に経験せしめる「行為」とはいかなる種類の行為であるのか？　と。また、フロムは「一体感の経験」の重視という意味で「行為重視」と言うが、彼にあってはヴェーバーのくだんの指摘、すなわち、かかる法悦的経験に到るその過程はヒンドゥー教ならびに仏教の「文献的教養人」階層においてはきわめて「主知主義的」であったという指摘がまったく視野の外に置かれているのではないか？　と。

既に第二章でわれわれは見た。フロムが禅仏教やエックハルトを参照しつつ、それを「己を空にする」ところに成り立つ行為、「空的行為」と概念化していたことを。そして、この自己の「空」化の意味を、「自分のナルシシズムやエゴイズム」および「自分に対し物として執着すること」を超克することだと規定していたことを。

だが、人間が「行為」するとき、たとえ資本主義によって過剰化せしめられたナルシシズム・エゴイズム・自己物化等々はまぬかれ得たレベルで、その意味でマルクスの言う「私的所有による疎外」からは解放されたレベルで「行為」するということがあり得たとしても、およそ一切のナルシシズム・エゴイズム・自己物化等々の諸契機を払拭したレベルにおいて「行為」するというようなことが人間にあるだろうか？

言い方を換えれば、これら三契機には人間存在の成立に不可欠な存在論的水準における、いうならば「実存論的規定」としてのそれらが問題にされる場面がまずあり、その場面でそれら三契機はそもそも個人の自己発現を豊饒化し生産的なものにする良性的なはたらきをする場合と、逆に貧困化し非生産的にする悪性的なはたらきをする場合と、その両方をもつきわめてアンビヴァレントな諸契機であることが確認される必要があるのではないか？　そのうえで、次に、その悪性化の典型例として、マルクスが提起したそれら三契機の資本主義的過剰化＝疎外が問題提起される、そういう理論構成が取られるべきなのではないだろうか？

　しかし、ここではこの議論は棚上げしておこう。フロムに戻ろう。

　そもそも彼にとって「神との一体感」を得る「空的行為」とは、さらに具体的にいうなら如何なる行為なのか？

　それは、ヨーガ的・座禅的な「瞑想」、「狂躁」的祭儀行為、曹洞禅的「作務」、ハシディズム的な「聖別化」された「生活実践」、マルクスの言う「自己発現」的意味を回復した労働、あるいは「超生存的欲求」の次元に位置する芸術活動・スポーツ・遊戯・祭儀等々、いったいそれらのどれを指すのか、あるいはそれらとそれぞれどう関係するのか？

　しかしくだんの『愛するということ』での議論にはかかる問いはまるで登場しない。しかし、人間の為す諸行為のなかでどの行為に全宇宙との「一体感」の獲得と言う——フロム自身が「神秘主義」の核心とみなす——意義を授与するのかは宗教論のいわば最大争点《イッシュー》の一つであろう。（たとえばブーバーは、それがカバラ主義および禅宗にあってはグノーシス主義的瞑想に求められ、ハシディズムでは日常生活実践に求められることを、前者と後者を分かつ重大な分岐点とみなした。参照、第Ⅱ部第四章）。

　この点で先のフロムの議論の立て方はあまりに曖昧であると思える。

　ここでヴェーバーに戻れば、前述のように彼の方は、主知主義の徹底がその果てに「法悦」的感情へと転換し、「思考」がその意味で「瞑想的行為」へと転じ、両者が融合するに至るという点にこそインド型宗教の特異性を見たわけである。このヴェーバーの視点にとっては、フロムの立てる「思考」か「行為」かの二分法はあまりに単純過ぎて、およそそうした特異性を掬い取る方法的機能を発揮する二分法にはなっていないと思われる。そもそもフロムの評価するアジア的な「逆説論理」の作動の場こそ、まさにヴェーバーが問題化した主知主義の徹底がその果てに「法悦」的感情へと転換し、「思考」と「瞑想的行為」が融合するという特異な場――まさに「宗教」の、神秘主義的な経験生起の場の固有性を示す――にほかならなかったのだ。

しかも急いでここで付言しておくなら、ヴェーバーが問題にするインドにおける平民大衆における「狂躁《オルギア》」的法悦行為について言えば、フロムの宗教文化史に対する人間主義《ヒューマニズム》的遠近法からすれば、それらは精神分析的には非合理主義的な「母的なるものとの近親相姦的共棲的一体化」の範疇に括られる「退行」的な「行為」として問題化されるはずのものだということ、このことはほぼ確実である。

では、ヴェーバーがここで問題にしているバラモン的僧侶階級・「文献的教養人」における主知主義的契機を不可欠のものとして含む「観想」的法悦行為の方は、フロムのくだんの遠近法にとっては、まさにその主知主義的契機のゆえに、あるいはそこにも見いだせる「パラドックス的性格」――あとの「《宗教の固有の契機としての神秘主義体験》をめぐるフロムの議論」節に取り上げる、「個」の強烈なる自覚とこれまた強烈なる「宇宙全体との融合欲求」との「両極性」からなる構造――のゆえに、母権制的宇宙への「弁証法的前進」的な復帰との評価が与えられるのであろうか？

要するに、このヴェーバーにとって欠かすことのできない「観想的」的法悦行為のもつ問題性をフロムの宗教論はどう論ずるのか？　その点の問題意識があまりにも彼にあっては曖昧ないし希薄なのではないか？

いずれにせよ、東洋的志向と西洋的志向とを単純に「行為」と「思考」に二分化するここでのフロムの視点は、彼自身の思想の核心にかかわるそうした複雑ではあるが鋭利な対決を含む問題を、自らあまりに後景に退かせてしまっているのではないだろうか？　これが私の率直な批判である。

「空」の「善悪の彼岸」性＝脱・道徳性

「空」の観点とは如何なる観点か？　という問題があらためて浮かび上がったので、ここで私は次の問題についても言及しておきたい。それはヴェーバーの議論のなかには出てこないが、かかる「空」の境地は――そこにニーチェの議論を介在させれば――おそらく「善悪の彼岸」に立つという脱倫理的・無道徳的な境地への到達を意味するという問題である。（大拙や西田幾多郎は明確にこの問題を意識している）。

ニーチェは彼自身の校閲を経た最後の著作『偶像の黄昏』八節のなかで、創造主的人格神の観念に基づく必然的に目的論的構成を採る宇宙観（まさにユダヤ＝キリスト教のそれ）を捨て、仏教的な汎神論的宇宙観に立つことの意義を訴え、その意義を端的に「誰ひとりとしてもはや責任を負わされてはならない」という視点へと上昇し得ること、言い換えれば「善悪の彼岸」の観点に立って宇宙と自分自身に向きあうことができるようになることに見いだし、「このことがはじめて大いなる解放である、このことではじめて生成の無垢が再興されたのである」と主張した[24]。また、『権力への意志』の終わり近く、断章一〇〇四でこう述べている。

――「高所からの鳥瞰的考察をほしいままにしうるのは、すべてのものが、その成りゆくべきとおりに現実の成りゆきもなっているということを、すなわち、あらゆる種類の「不完全性」とそれで受ける苦悩とは、同時にまたこのうえなく望ましいものに数えられてよいものであるということを、わきまえるときである」[25]（傍点、清）と。

しかも彼はこの視点から、宇宙のあらゆる事物・事象のなかにいわばそれらの生気論的本質として各々に固有な「本質的に『力への意志たる』力」（スピノザの「潜勢力」概念と類似した）を見いだし、それら諸々の「力」のカオス的＝交響楽的なディオニュソス的融合の「一者」性のなかに「生成の無垢」の絶対的な力性を見て取り、これを是とするという思考回路をとおして、彼の「主人道徳」の暴力性を正当化したのである[26]（なお特にこの問題側面に関しては、拙著 Amazon Kindle 電子書籍セルフ出版、個人叢書「架橋的思索　二つの救済思想のあいだ」第Ⅳ巻『ニーチェにおけるキリスト教否定と仏教肯定』が詳しい）。

ついでにいえば、汎神論的宇宙観がいわば呼吸するこの「善悪の彼岸」という超あるいは無道徳性に関して西田幾多郎は『善の研究』に次の言葉を記している。

――「元来絶対的に悪というべき者はない。物は総てその本来においては善である。全実在は即ち善である」。「悪は宇宙を構成する一要素といってもよいのである」。「宇宙全体の上より考え、かつ宇宙が精神的意義に由って建てられたるものとするならば、これらの者（罪悪、不満、苦悩等のこと――清）の存在のために何らの不完全をも見出すことはできない、かえってその必要欠くべからざる所以を知ることができるのである」と[27]。

あとで私はW・ジェイムズの「二度生まれの人」論に言及しながら、西田や大拙にかかわらせて「全宇宙との一体化」体験の生みだすカタルシス的作用の問題を論じるが、そこで問題となるまさに「空」的カタルシスは、ニーチェ的にいえば「高所からの鳥瞰的考察をほしいままにしうる」境位へと個人が高まったこと、私風にいえば、個人が己の立ち位置を「宇宙的全体性の側へと主体転換」することがもたらしたカタルシス、言い換えれば「善悪の彼岸」に自己超越し得たことのカタルシスなのである。

ニーチェはこの問題を早くも彼の哲学的デビュー作である『悲劇の誕生』で主題化していた。いわく、ギリシア悲劇の醸す悦楽とは、観客が「個体性」の原理を最高度に象徴する英雄的主人公の悲劇的死をとおして、さまざまとその死が宇宙の全体性である「根源的一者」への融解であり、この融解こそは同時にあらゆる生ける者の死を再生に取り返す「根源的一者」の自己生殖、枯れ果てることなき永遠の生への言祝ぎを意味することと、それを痛感することがもたらす悦楽《エクスタシス》である、と。(28) つまりその時、感興に湧く観客は己の個人性を超克し、「根源的一者」との自己同一化をなしとげ、「根源的一者」の側へと己を主体転換しているのである。

この点で私は次のように問いたいのである。まず第一に、フロムの神秘主義論は右の諸議論に対して正面切って論評を加えたことがあるだろうか？　第二に、そうした名指しの論評はないとしても、その実質において、ここでヴェーバーなりニーチェなり西田が提起している問題について内容上かかわり、この件にかかわるフロム自身の見解を鮮やかに告知するそうした言説というものがフロムの著作のどこかに見いだされるだろうか？　と。

端的にいって、第二章で取り上げたマルクスの『経済学・哲学手稿』と禅的「開悟」にかかわるくだんの二つの節で、フロムが宇宙との豊饒なる応答関係に入るために「自分をまったく空にする」必要を主張する場合、ヴェーバーや大拙が問題にする「法悦」による「安心」の獲得という救済問題が念頭にされていたとは思えない。「空」の概念あるいは「正覚」・「開悟」の概念をマルクス解釈に役立てたことは紛れもなくフロムの独創であるが、その反面、彼の神秘主義理解からはヴェーバーや大拙が中心に置いた問題が消失してしまっているのではないか？　かかる疑念が湧きおこるのである。

少なくとも私が調べた限りでは、先の第一点に関していえば、そもそもそうしたヴェーバーなりニーチェを名指しした論評はない。第二点に関していえば、明らかに内容上重なる興味深い議論が幾つかあるが、私から言えば結局のその議論は肝心な点までは進み出ることがない。「法悦」という「宗教的救済財」をめぐる問題は、フロム自身にとっては真剣な考察――対決するにせよ――を要求する経験的痛切さ・リアリティーを結局はもたなかったのだと思える。言い換えれば、このテーマは彼の思索気質にどうしても馴染まないものであり続けたのだ。つまり、そのことがフロムの宗教的思索の限界もしくは特徴であるその「合理主義的性格」を、言い換えればその根幹的倫理的性格を物語ることになっていると思われる。逆に、大拙にとっては、「空」的カタルシスと「空」原理を社会化＝倫理化する立場とを如何に架橋し、統合するかは大問題であったし、その統合の論理を彼自身はいわば二層的な往還的併存の論理に見いだしたと思われる。[29] ただし、彼はこの問題を真正面から十全に論じることは結局できなかったと思われる（参照、本章・補注9「大拙における煩悶」）。また、マルクーゼにあっては人間の幸福志向が向かう究極地点は「涅槃的幸福」と形容されるわけだが、それはフロムの視点からいえば小乗仏教的であり、かつヴェーバーのいう「現世無関心」的「法悦」、言い換えれば「無感動的エクスタシス」の境地と重なるものとなろう。つまり、私の言う「浄化的カタルシス」の境地に等しい。だがまさにそれゆえ、フロムの方は「退行」的であるとしてかかるマルクーゼの志向を拒否することになろう（後述）。では、そうした問題性を今度は彼の議論に即して浮かび上がらせてみよう。

《宗教の固有の契機としての神秘主義体験》をめぐるフロムの議論

そこでまずフロムの『精神分析と宗教』を覗くことにしよう。すると、われわれはまさにフロムが次の問題に取り組んでいる姿に出会う。

彼は倫理と宗教との区別がどこにあるかという問題を立て、まず自分にとっては「宗教的なものと倫理的なものとの相違は、完全にではないにしろ大部分は認識論的なものに過ぎないと信じている」と述べたうえで、しかし、「純粋に倫理的なものを超える」ところの「宗教的体験」に固有な要素は確かに存在すると認める。実にその固有な要素こそがフロムにとっても――ヴェーバー、大拙、西田幾多郎等と同じく――「神秘主義」体験なのだ。ただし、彼はこの主張にわざわざ次の注を付ける。そして、その注こそ、フロムの神秘主義論を貫く特質、その合理主義的性格をまざまざと示すものなのである。彼はその注でこう主張するのである。

> ――自分が問題にする体験とは、「インドの宗教的体験、キリスト教的およびユダヤ教的神秘主義、ならびにスピノザの汎神論」の「一つの特性」として登場してくるそれであり、一般に「神秘主義は非合理な型の宗教的体験である」とみなされているが、少なくともそれら三者にあっては「まったく逆」であって、それらは「もっとも高度の合理性の発展を示している」と。また、彼はこの彼の主張を傍証するものとしてアルバート・シュヴァイツァーの「仮定をもたない合理的思惟は神秘主義となり終わる」という指摘を引いている[30]。この指摘は『愛するということ』でも、「宗教における神との合一体験もけっして非合理的なものではない。それどころか、アルバート・シュヴァイツァーが指摘したように、それは合理主義の帰結、それも、もっとも大胆で徹底した帰結である」とくりかえされる[31]。

では、ヴェーバーではその点はどうなるのか？

先の彼からの引用にあるように、ヴェーバーはヒンドゥー教と仏教においてきわめて主知主義的な仕方で導かれてゆく場であるにせよ「空」として把握される「法悦」の場を、「神秘主義の通常の意義」を「究極の帰結にまで高めたもの」と評価しつつ、それを「合理的に形成されたものではなく、そしてまさにこの非形成性のゆえ」に「法悦」と呼ぶしかないものとして提示されたのだ、と解釈したのである。つまり、一言でいって、それはきわめて合理主義的な仕方で導き出された《非合理の場》なのである。

この彼の観点をあらためて確証するものとして、ここで次の一節を『世界宗教の経済倫理・序論』から引いておきたい。そこでは、彼はインドの「文献的教養人」階層が目指したこの「空」の場をこう特徴づける。すなわち、それは「現実の合理化過程のなかに介入してくる非合理的なもの」の最後の姿というべきものであり、「現世の姿から超現実的な価値がはぎとられていけばいくほど、そうした価値の所有を希求する知性主義 Intellektualismus の押さえがたい要求がますますそこへ立ち帰っていかざるをえない故郷」の如き意義を発揮する場であり、その「言語につくしがたい内容」が、「神の存在しない現世のメカニズムと並立しつつ、なおも可能な唯一の彼岸として、しかも事実、そこでは個々人が神とともにいてすでに救済〔の状態〕を自己のものとしているような、そういう現世の背面に存在する捉えがたい国土として、残ることになった」、そういう意義を背負った場であった、と。[32]

なお右の問題にかかわって、ここで大乗仏教の提起する《世界への態度》の要諦を「現世内現世無関心」と規定した『ヒンドゥー教と仏教』でのヴェーバーの見解を振り返っておく必要がある。

彼はまず原始仏教・小乗仏教の「涅槃」観を次のように特徴づける。すなわち両仏教は、およそ「生命」の発揮する「美・幸福・歓喜」の「絶対的な無意味の無常さ」の洞察から発して、この無常さからの救済を主張した。つまり「永遠の生命への救済ではなく、永遠の死の安息への救済」を提起した、と。[33] 他方、これに対して大乗仏教は、ヒンドゥー教のヴェーダーンタ思想、とりわけその「マーヤ（宇宙幻影）」概念（「幻想《マーヤ》・迷妄」としての現象界と真実在界とのいわば二元論的二分法を視点に据える）を摂取することを通じて、まさに「永遠の死の安息への救済」ではなく、反対に独自の「永遠の生命への救済」を打ちだした点にある、と。つまり、「マーヤ」から抜け出て「真実在界」を認識できるようになり、そのことによって「真実在界」に即した生き方ができたなら「永遠の生命」に参入でき、それ即ち救済（涅槃）にほかならないと説いたのだ。ヴェーバーいわく、「大乗仏教にとって特徴的なこと」は「現世内神秘主義」がそこから誕生すること、[34] つまり現世にあっても法身との合一を成し遂げた者は生前において法悦を享受し解脱に達し「現世内涅槃」を実現できるとの主張がなされる点である、と。[35]

なお、ここで大拙とフロムそれぞれについて一言コメントするなら、まず、このヴェーバーの問題理解と大拙のそれとは大筋においてほとんど同じである。そこから大拙の場合は次の主張が打ちだされる。いわく、「大乗の涅槃というのは生の根絶ではなく生に覚醒すること、つまり人間としての熱情や欲求を破棄するのではなく、それを浄化し高めてゆくことなのである」[36]。

他方フロムについていえば、先の第二章で取り上げたように、彼のくだんのマルクスの『経済学・哲学手稿』の「空」的解釈もフロイトならびにマルクーゼの「涅槃《ニルヴァーナ》的幸福原則」概念における「涅槃」理解への批判も、この大拙の視点に立ったものなのだ（参照、第Ⅱ部第六章・「『ニルヴァーナ幸福原則』と『空』的法悦性との関連」節）。ところでここでの問題は、ヴェーバーが大乗仏教の掲げる「涅槃」を「現世内涅槃」の追求であり、そこから大乗仏教特有の「現世内神秘主義」が生まれると述べたさい、その「現世内神秘主義」は「現世無関心」という世界への態度（彼は『バガヴァドギーター』に典型的に示されるとする）に担保されて可能となるそれだと論じたことである。すなわち彼によれば、現世の諸事情と己の諸行為に対して、一方ではその渦中にあってその行為を遂行しながら他方でそれに対して無関心になることができるのは、実はその裏面において「神的な全一者」

との対面を得ることができるがゆえにであって、両者は表裏一体の相乗関係を結んでいるのだ。つまり「無常」として展開する現世での生の営為が不断に生むであろう「現象的幸福と現象的苦悩」に対して「無関心」になればなるほど、まさに関心は「神的な全一者」（宇宙の全体性）にますます集中し、また逆にそうなればなるほど「無関心」になれるという循環が開始するわけである。[37] そして、この「神的な全一者」への関心集中の心的場面ではやはりまた信徒はかの「法悦」的瞑想へと誘われていることは明白ではないだろうか？　なおヴェーバーは、かかる心的能力と技術がヨーガの技術によって鍛えられたと指摘しこう述べている。

「無感情的恍惚を瞑想と思索へと合理化したことは、ほとんど比類のないインド人のあの諸能力、つまり、特殊な霊的な諸過程、なかでも感情状態を、達人的に、主知主義的自覚的に経験する能力を目覚めさせた。自己の内面的な出来事の活動と進行について、関心はあるがみずから参加しない傍観者として自覚する習慣がヨーガの技術によって培われた[38]」。

こうして、ヴェーバーによれば、「涅槃」の概念をめぐっては原始仏教・小乗仏教と大乗仏教とのあいだには大きな対立があるが、しかし、救済願望の帰着点として立てられるくだんの「空」的な「神人合一の無感動的エクスタシス」・「法悦的瞑想的カタルシス」の観念・心象イメージそれ自体はまさにこの「現世無関心」という一点において結局実質的にほとんど同じであり、まさにその点が三者を「仏教」として一括りにする共通点なのだ。

私はヴェーバーのこの解釈の方が事態を正確に把握し問題にし得ていると考える。他方フロムの方は、同じく神秘主義的直観ないし体験の「言語につくしがたい内容」こそがまさに問題の核心に座ることを強調しながらも、最後に来るこの実質的一致点のもつ意味――それこそ心理学的、精神分析的な――を問題化することなく終わっているのだ。

では、フロムの議論の運びを追ってみよう。

前述したように、フロムもまた「宗教的体験」をして「宗教体験」たらしめる固有な契機として神秘主義的体験を問題にし、それを概念的言語を使って表現することの困難さは、「言語象徴によって感情的体験を表現することの困難」を上回るものであり、自分はこの体験そのものに対しては言語的な示唆を為し得るだけである、と断っている。[39] 彼によれば、神秘主義的体験の本質的な構成契機は次の三点である。「驚異、驚嘆」という契機、ポール・ティリッヒが「究極的関心」と呼んだ契機、および「全宇宙との一体化」という体験の契機である。

第一の「驚異、驚嘆」とは、いままで自明とされ当然とされていた「自己自身ならびに他の人々の存在」が突然いわば宙に浮き、そこにそう在る（Sosein）ことが不思議に感じられ、何故そこにそう在るかが疑問に変わり、その疑問を解くものとしてさしあたり引きだしてみた解答が、さらにまたたちまちのうちにさらなる解答を要求する新しい疑問に変わり、果てしがなくなるという《存在》の変貌体験である。彼は、こうした体験を実際にしたことがない人間には「宗教的体験とは何であるかがほとんど理解できないであろう」とすら書き添えている。[40]

第二の「究極的関心」についてはこう述べている。それは右に述べた「驚異、驚嘆」の体験と連動してそこから生まれてくる「人生の意味、人間の自己実現、人生が我々に課する課題の遂行、といったことについての究極的関心」である、と。

第三の「全宇宙との一体化」という体験の契機については、フロムは、それは前二者以上に「宗教的体験」

の固有性を構成するものであり、かつ「神秘主義者によってきわめて明確に示され、記述された」ものだとし、こう続けている。――それは自分が「単なる自己の内部だけでも、人間同士とだけでもなく、あらゆる生命と、またそれを超えて全宇宙と一体になる、という態度」に参入するという体験であり、この一体化は「自己の独自性と個性」の消失なり減弱化を引き起こすように思われるかもしれないが、そうではないところに、この態度の「パラドックス的性格」がある、と。

「それは鋭く、苦痛でさえあるような、孤立した独自の実体としての自我の意識と、この個人的組織の限界を突破して『まったきもの』と一体であろうとする憧憬の二つを含んでいる。この意味での宗教的態度は同時に、個と、それに対立するものとについてのもっとも完全な体験である。それは二つのものの混合というよりは一つの両極性（polarity）であって、その緊張によって宗教体験が生起してくるのである。それは誇りと完全さの態度であると同時に、自己自身が宇宙という織物の中の一本の糸でしかない、という体験から生ずる謙遜な態度である」[41]。

（なお私見によれば、この認識は正確であり、かかる「両極性」こそ西田幾多郎がかの「絶対矛盾の自己同一」の概念で指示しようとした問題であると思われる。参照、拙著『聖書論Ⅱ　聖書批判史考』第五章「西田幾多郎と終末論」。またヴェーバーがこの一体化の醸すエクスタシーに与えた「無感動的」という形容句もその点を指示するものと思える。なお右の一節は本書五六頁で取り上げた『正気の社会』の一節、「誰もが宇宙における重要な存在であると同時に、一匹の蠅や一本の草ほどの重要性かもしれないという逆説」云々と対応している）。

ところで、右のいう「両極性」についてであるが、フロムはそのいわんとするところを読者によりわかりやすく伝えようとして、ヒンドゥー教や仏教で愛好される、かの「大洋感情」を表す「太洋と小波」の比喩(大拙によれば、それは大乗仏教の愛好する定番の比喩である)を使っている。フロムによればこうである。「大洋から立つ小波の一つが、同じ大洋の特殊化した様態にすぎないところの、他のあらゆる小波と」自分とを「別なもの」と区別しながらも、同時に、自分も他者も元は同じ「太洋」という一なるものの、その特殊化として、根源においては同一であるがゆえに互いに「等しい」ともみなす、そうした自他双方に対する態度、それを人間はこの「全宇宙との一体化」体験において獲得することになるのだ、と。[42]

さてここまで読んでくると、おそらく読者はフロムがまさにかの「空」体験と等しい「全宇宙との一体化」体験についてきわめて正確な把握をおこなっており、実質的にはヴェーバーとのあいだに何ら問題にすべき差異はないと思われるかもしれない。

ただし注意深く読めば、そこには「法悦」というカタルシス的経験への注視、それのもつ心理学的意義の主題化という志向はやはり認められないのである。

「全宇宙との一体化」体験に対するフロムの「生産的」解釈志向——マルクスとの架橋を目指す

この点で、くりかえしになるが私はこう言いたい。

フロムの神秘主義論の特徴は、そこではこの体験がもつ「空」的なカタルシス作用についての議論が不在であること、その代わりに、この体験を先の第二章で縷々考察したマルクスのくだんの「自己発現」論へ媒介するという合理的志向、「生産的 productive」志向が前面に押しだされるという点にある、と(参照、本書五七、一一九頁)。

彼はまず「全宇宙との一体化」体験が「精神分析的治療」においてもつ意義を強調し、しかもそれをもっぱら次の視点に結びつける。すなわち、当該の精神分析的治療を必要とする患者において、彼がそれまで「無意識」の闇になかに追い遣っていた人間としての諸可能性を己自身の諸可能性として自覚し返し、そうすることによってこれまでとは違った実存的姿勢、一言でいえば、自分自身の抱く諸可能性に対してもっと自分を「開く」ことができるようになり、またかくすることで他人に対してももっと開かれた、かつ受容的な、寛大な態度をとれるようになり、宇宙・自然・社会・他人・自己に対してもっと豊かな応答関係性に入り込めるようになるという点に。(43)

フロムによれば、これまでは自他それぞれの抱える欠如性を羨望や嫉妬、あるいは軽蔑と優越の感情のなかでしか受け取ることができず、非難・攻撃・拒絶・怨恨・屈辱等の抗争へと走るのがつねであった諸個人が、この一体化体験を通じて、互いのそれぞれの欠如性を逆に「深いユーモアの感覚」をもって受容・許容・理解・共感・同情等の感情をとおして受け止めあうようになり、そこから相互補完性の感覚を紡ぎだすに至る、そうした態度変換が起こるのである。つまりこの体験は諸個人に一種の回心を引き起こす精神分析的治療効果を発揮するのである。(44)

彼はその事情をこう説明する。

――諸個人は、あたかも小波がそもそもは太洋の特殊化として実は太洋そのものであるように、本当は人類全体が孕む人間の諸可能性の全体を己自身のうちに潜在化させている。とはいえ残念ながら、実際の人生の展開において諸個人はその「ごく限られた部分だけを実現するほかなく、他の多くのものを、閉め出さないわけにはいかない」。

しかし、この閉め出された諸可能性は、それでも潜在的には彼自身の可能性であり続けるのであり、「自己のうちなる、自己から分裂した世界」というべきものとなる。実は、諸個人の成長・発達とは、このいったんは自分から閉め出さないわけにはいかなかった「自己のうちなる、自己から分裂した世界」との再接触を生みだすことであり、「抑圧の原理のかわりに、滲透と統合の原理」をもって、それを何らかの仕方とレベルであらためて「自己のうちなる、自己自身の可能性」として取り戻し、自らの新しい活動を開始することで生き直すことである。かかる意味で「我々の自我を何か完結したものとし、もはや生育せず、死んだものとしてしまう」のではなく、その逆をいくということこそが「個人的成長の中心問題」（『人生と愛』から援用）にほかならない。[45] いわく、「生きているということは、成長すること、発達すること、応答することである。これに対して死んでいるということは（たとえ生物学的には生きているとしても——清）、成長を止めること、化石化し、物になることを意味する」[46]。そして、この生き直しの直接の切っ掛けとなるものは、それをとおして諸個人が自己の再発見に導かれる或る他者や宇宙的事象との出会いである、と。（『愛するということ』でも、かかる一体化体験こそ「神秘体験の本質」であり一般に「太洋感情」と呼ばれるものだと指摘され、かつ深い性的オルガスムの根柢でもあるとしている。[47] また「一者」という言葉も使い、こう書いている。「本質においてはすべての人間は同一である。私たちはみな『一者』の一部である。私たちは『一者』なのだ」と。[48] 付言すれば大拙は、この「小波と太洋」の比喩と同一の働きをする別な比喩として「網の目の一つの結び目とそこに含まれる全世界（網そのもの）」、「一つの小さい芥子粒とそこに含まれる須弥山」の比喩を紹介している[49]）。＊8

実は、フロムの精神分析的治療にとって、「無意識」概念が指し示すものは何よりもかかる「自己のうちなる、自己から分裂した世界」としての「全人的可能性」（小波的個人にとっての太洋的人類の担う可能性）にほかならない。

いわく、

「我々は無意識ということを考えるさい、それがあたかも崇むべき神であるか、あるいは殺すべき竜であるかのような態度であってはならず、謙遜に、自己自身の他の部分をあるがままに見ることができるような、深いユーモアの感覚をもって、恐怖や畏敬の念なしに近づかなければならない。我々は、自分の意識体制から閉め出してきた、他人の中に見てきたけれども自分自身の中には見なかったような、欲望・不安・観念・洞察を自己自身の内に見いだすのである」[50]。

（ここでは説明を省くが、無意識を「崇むべき神」の如き対象として問題設定する立場はユング、「殺すべき竜」の如き対象とするのはフロイトの立場を指している）。

さてここでわれわれが改めて気づくのは、右の如き無意識-意識化の問題連関こそが、フロムがくだんの『経済学・哲学手稿』から汲みだした「個人的成長の中心問題」（『精神分析と宗教』）たる「個人の生きた自己発現」論の基底をなすという事情であろう。

「自分が今ある所に十全に存在すること」、それが人生の究極の目的（＝意味）であるとする思想、これこそがフロム自身の「宗教性」を支える思想であったが、「十全に存在する」とは宇宙のマクロコスモスと諸個人のミクロコスモスとの間に多様で豊穣な、かつ愛と気づかいに満ちた「十全なる応答関係」を開くことにほかならなかった。フロムにとって「神秘主義」が教えるのはこの生命主義的宇宙観であった。その神秘主義的な「宇宙との一体化」経験が、無意識に追い遣られていた諸可能性の再意識化の引き金となるとみなされるのである。（フロムは、こうした関係性を『禅と精神分析』では「宇宙的人間」・「宇宙に根ざす普遍的人間、全人」と各個人の生命的な応答関係性であり、「宇宙的カテゴリーの」それであると語っている[51]。

そしてフロムの精神分析的人間主義の特徴が次の二者択一の設定にあったことは、これまでの議論からも明らかであろう。すなわち、この無意識 - 意識化の問題連関を前に、この連関をまさに「生きた自己発現」の生産的＝創造的な企てとして生きる「生産的性格・構え productive character, orientation」を採るのか、反対に、退行的ないし自己破壊的にしか生きることのできない「非生産的な性格・構え」を採るのか、この対立と抗争の問題を提起することに。そして、この問題を当該社会の諸個人を包む抑圧と疎外のシステムと関係づけて説明するという試み、それが彼の社会的精神分析学の試みであったということは。

つまり、人間主義の立場からは切望されるマクロコスモスと自分というミクロコスモスとの自由闊達な応答関係そのものが、これまでの人間の歴史においては、社会構造の階級的抑圧性によって、被支配階級はもとより、支配階級においてもきわめて極限されまた歪められてきたのである。いうまでもなく、被支配階級にあってはその生活時間の大半が過酷な奴隷的労働に供出せしめられ、そうした奴隷的労働以外の多様な活動に自分の潜在能力を発揮する機会も、そうした多様な諸可能性を成長させる学習機会も剝奪されていたわけであるし、しかも奴隷制以来連綿として続いてきた階級社会意識に呪縛され、自らにそうした自由で多様な――「自己実現」と呼ぶに値する――可能性追求の権利と資格があるとは思いもしなかったことであろう。さらにまた次の問題もある。被支配階級の人間たちは、その労働と生活の種々の必要性をとおして、自分たちが一つの共同体を形成し助けあって生きる関係性を築く以外に生きのびる術がないことを骨身に沁みて理解すると同時に、自分たちが被る抑圧のゆえに、深い怨恨と復讐の心性を実存の奥底に蓄えた人間たちでもあり、自分たちの生を直接に支える共同体の外部にいる他者が何らかの理由で《敵》となって出現した場合には、その《敵》を己の深層に渦巻く怨恨を晴らす絶好の復讐の相手として発見することで、愛ならぬ憎悪の激情（violence）に絡めとられてしまうという問題を絶えず抱える人間たちでもあった。とはいえ、被支配階級の人間たちは支配階級の人間を支配する権威主義的な秩序観念と父権制的文化の呪縛を免れた、そのいわばアニミズム的「未開性」と母権制的な共同体的感性のゆえに、支配階級の人間たちよりもはるかにマクロコスモスとミクロコスモスとの豊穣なる応答性を情緒的に生き得ていた側面を色濃く保持していたことも確かである。このようにして、そもそも人間は被支配階級の人間に限らず、それぞれが埋め込まれた社会的環境によって、己を独特な長所と短所との自己矛盾的複合体として生き続けざるを得ない存在なのである。

他方、支配階級の人間たちについていえば、彼らはまさにその支配者意識に自縄自縛され、一部の例外者を除けば、支配と所有とナルシシズムの欲望をひたすらに膨張させ肥大化させ「貪欲」化し、それらの欲望に奉仕する可能性だけを己の自己実現のテーマとする人間になり果てることを通例としてきた。ニーチェ的にいえば、彼らはつねにその貴族主義的で金猛獣的な「主人道徳」意識に自縄自縛されてきた人間たちであった。

つまり一言でいって、各時代各社会はそれぞれ特有の抑圧・疎外の構造をもって、人間が真に豊穣にしてユニークな自己実現・発現に向かうこと、それを支える基盤としてのマクロコスモスとの積極的な・「情緒」的な（「身体 - 精神統合体」的）応答関係に入ることを遮断し、絶えず人間を「非生産的な性格・構え」の持ち主にならざるを得ない窮境へと追い遣ってきたのである。

この点でフロムにとって、人類の文化史が生みだしてきた宗教と哲学は、この「非生産的な性格・構え」と「生産的な性格・構え」の抗争史に如何なる精神的コミットメントを為し得るのか、どちらの「性格・構え」の増強に資するものかが問われるべき相手として彼の考察の前に引きだされることになるのだ。（われわれは次の第四章以下において改めてかかる視点からの彼のユダヤ教論と宗教史論を検討する）。

私は「全宇宙との一体化体験」論、言い換えれば神秘主義論をかかる思索テーマへと展開したことこそフロムの何よりの功績である、と考える。そこにこそ一個の思想家としての彼の独創性がある、と。（なおフロムは『フロイトを超えて』第二章・「1　無意識の発見」節ではフロイトの第一の功績として「無意識」という問題の発見を挙げ、この発見とは、言い換えれば「考えることとあることとの葛藤」、つまり「私たちが考えていることは必ずしも私たちが実際にある姿と同一ではないということ、一人の人物が自分について考えることは、彼がほんとうにある姿とはまったく異なり、あるいは完全に矛盾しているかもしれない、いやたいていがそうだ、ということ」を発見したことであると、実にわかりやすく端的に述べている。[52] ただし、この節の記述は簡略なもので、この葛藤・矛盾がフロムにおいては何よりも「思考・観念」のなかの自己像ともう一人の自己（「活動的潜勢力 potency」たる「宇宙的人間」）との葛藤・矛盾・欠如性、等をあらためて意識化し、そうすることで自分と潜勢的な「宇宙的人間」としての自己とのあいだに生命的な応答関係性を賦活せしめ活性化させ、真に「全人」たらんとする成長の過程を再始動させること、このことに「無意識」論の核心があることは言及されていない）。

とはいえ、くりかえしになるが、何事も両義性に満ちているのがこの世の習いである。長所は短所に通ずる。

右のフロムの功績は、彼の視界から神秘主義的体験が発揮する特有の宗教的作用、「法悦」的カタルシス的作用についての、またそれこそを主題に据える仏教に固有な「宗教性」についての、それこそ精神分析的考察という課題を駆逐するに至った。これが私の批判点である。

補注＊8　「人間主義思想」の基礎をなす普遍主義的自己理解

『人間における自由』ではこういわれる。「一人の人間は、全人類を代表している。彼は人類の特殊な一例である。彼は…〔略〕…独自な個人であり、同時に人類のもつあらゆる特徴の代表者である」[53]。この観点は『ユダヤ教の人間観』のなかでは「人間の一体性」という言葉で示され、あらゆる差別主義や自己集団・自民族の特権化＝「選民」観念の独善主義に反対して、「人は自分のなかに全人類を見る」という普遍主義的自己理解の立場に立つことを意味する。フロムの人間主義はこの根源的な相互理解性という実存的土壌の上に愛・他者の苦悩への共感（自己の内なる破壊欲・《悪》との葛藤等も含む）、それがもたらす赦しや慈悲の感情、あるいは逆に共に喜びあう陽気な祝祭的連帯感情等々を基礎づける。

神秘主義体験のカタルシス作用――ジェイムズ・大拙・西田幾多郎

ここで、右の問題性を鮮明に浮かび上がらす一つの反射鏡として、私はまず「法悦」的カタルシス的救済体験についてウィリアム・ジェイムズがおこなった議論を取り上げてみたい。

ジェイムズは『宗教的経験の諸相』において次の問題を神秘主義的体験の核心として提出している。すなわち、世界から自分は全面的に疎外されているとの恐るべき孤独感に心を病んでいた人間が、或る切っ掛けを得て、宇宙との合一が惹き起こす「法悦」に包まれることで突如たるカタルシスを経験し、一転して宇宙との至福なる合一感情の内に安息するに至るという劇的な回心的経験、これこそが神秘主義的体験の当の核心である、と。

ところで、鈴木大拙と西田幾多郎はこのジェイムズの問題提起に注目していた。たとえば大拙の『霊性的日本の建設』のなかに次の一節がある。

「宗教的に見て、人間を二つの部類にわけることができる。一は『一度生まれの人』で、今一つは『二度生まれ』である…〔略〕…宗教意識そのものから見ると、『一度しか生まれない人』は、自らのうちに潜在している宗教意識を喚び起す機会に遭遇しなかったということになるのである…〔略〕…『二度生まれの人』は大に惑うた人である。深く迷路に踏み込んだ人である…〔略〕…そうしてこれがあるので始めて無限の同情の泉を親しく汲み得るのである。大慈大悲ということの意味に徹底することができるのである」(54)。

(傍点、清)

(『禅とは何か』においては、「回向《えこう》」すなわち神秘主義的直覚である「正覚」がもたらす回心という宗教的経験の心理的本質は、「大いに窮してその窮地から忽然として脱出する」という点にあり、これが「回心の意味の内容」であるとする(55)。)

実は右の一節で大拙が使った「二度生まれの人」という概念は『宗教的経験の諸相』のなかでW・ジェイムズが西洋における神秘主義体験を論じるにあたって使用したキーワードであった。また彼の右の主張はジェイムズの同書の主張をほとんどなぞったものである。

ジェイムズによれば、当該の神秘主義体験は誰にでも起こる体験ではなく、自分を包む世界が恐ろしいほどにまで自分にとって余所余所しく冷たく生気のないものに変質してしまった「病める魂の持ち主」・「二度生まれの人」とでも呼ぶべき人間にのみ起きる出来事なのだ。まさにその体験をとおしてかかる「病める魂の持ち主」が再生に至る「二度生まれの」の体験、あれほどまでに自分に敵対的で疎遠であったはずの死せる世界が、不思議なことに一転して、自分を抱きしめ保護し絶対的安心と全面的な自己肯定感を送り返してくれる、生命の温かさと明るさに満ちた世界に変ずるという《世界》経験、その「不思議」[56]（大拙）、これが神秘主義的体験の心理学的核心だとしたのである。[57] またこの点で、同じ宗教でも「健全な魂の持ち主」とこの「二度生まれの人」とでは、その宗教を生きる信徒たちの心理学的コンテクストはまったく異なり、受け取られ方も解釈の重点も違ったものとなる、と彼は指摘した。[58]

たとえば同書で彼はトルストイを例に引き、「トルストイの場合には、人生になんらかの意味があるという感じが、しばらくの間まったく失われたのであった。その結果、実在というものがまったく形を変えて映ったのである」と指摘し、[59] そうした《世界》経験の変容は「憂鬱症患者」のそれに類似していると述べ、それを次のように特徴づけた。「世界が縁遠く、よそよそしく、不吉に、気味悪く見えるのである。世界の色は消え、呼吸は冷たくなる」[60]と。また別な個所ではこう述べている。――「そこに見られるのは、絶対的なまったき絶望であって、全宇宙は病者のまわりで凝固して圧倒的な恐怖の塊と化し、初めも終りもなく彼をとり巻いてしまうのである。悪についての概念とか知的な知覚などではなく、血を凍らせ心臓をしびれさせるぞっとするような、身に迫る悪の感覚であり、それが出現すると、その他の概念や感覚は一瞬たりともおこることができないのである」[61]。

そして彼は右の一節に続けてこう述べる。「ここに、助け給え、助け給え、という宗教的問題の真の核心がある」[62]（傍点、清）と。

きわめて重要なことは次の点である。すなわちジェイムズにとっては、この《世界》経験が劇的に反対のものへと転回する点にこそ、神秘主義的体験の「宗教的救済財」（ヴェーバー）的意味が宿っていることである。彼はそのさい「二度生まれの人」が得る回心経験の「感情的経験の特徴的中心」を次の点に見る。すなわち、「たとい外的状態は今までと同じであろうとも、すべての苦悩がなくなったということ、結局は自分にはすべてが申し分なく行っているのだという感じ、平安、調和、生きようとする意志」[63]（傍点、清）の誕生のうちに。回心が回心であるのは、これまでまったき疎遠性、嫌悪ならびに恐怖、無意味感のうちに見いだされていた世界と自己との関係が、いまや反対に、そのあるがままの在り方で完全に受容され肯定されることによってである。まさに「回心」という言葉にふさわしく、世界転覆・転換が起きるのだ。別言すれば、現在に対する拒否と密接に結びついた未来における「神の王国」の社会的な到来が問題になっているのではなく、つまり全社会的な終末論的転回が（垂直的に）問題になっているのではなく、個人の内面における現在に対する偉大な肯定・受容が（水平的に）問題になっているのだ。

第三に注目すべきは次の点である。すなわち、彼がこうした回心経験を、これまでさまざまな宗教の神秘主義的伝統のなかに保持されてきた自我と宇宙との一元論的な融合・統合の経験に最も適合的であるとみなしたことである。たとえば、精神治療家（die Mind-cure-Bewegung）に関して彼はこう指摘している。「人間のより高級な本性に関する精神治療家たちの見解も、はっきりと汎神論的であって、キリスト教徒の見解とはかなり異なっている」[64]と。さらに神秘主義に関してはこう述べている。「それは全体的に見て汎神論的で楽観論的である。あるいは少なくとも悲観論的の反対である。それは反自然主義的であり、二度生まれあるいはいわゆる別世界的な精神状態ともっともよく調和する」[65]と。

そして次の彼の指摘は、西田幾多郎の「絶対現在の自己規定」という思想をわれわれに想起させるものとしてきわめて興味深い。いわく、「たとえば、永遠には時間がないという教義、私たちが永遠者の中に生きるなら私たちの『不滅』は未来のことであるよりも、むしろ今、ここでのことであるという教義は、今日、一部の哲学者たちの間でしばしばとなえられているものであるが、あの神秘主義の深い地平線から浮かび上がってくる『聞け、聞け！』あるいは『アーメン』に支持されているのである」[66]（傍点、清）。

では西田を取り上げよう。私は拙著『聖書論Ⅱ　聖書批判史考』の第五章「西田幾多郎と終末論」のなかで彼について大略こう論じた。

——西田は『善の研究』において既にこう論じている。すなわち、「真の善行」は人格そのものを「宇宙の内面的統一力」の発現そのものへと「転換」することによって可能となるのであり、この「転換」は「自力を捨てて他力の信心に入る」ことである、と。この主張は、彼が自らの「遺書」と敢えて呼ぶ論考「場所的論理と宗教的世界観」へとそのまま引き継がれる。とはいえ、『善の研究』では、この「転換」は《「自力」を己の立脚点に据える「道徳」的立場》から《「他力」を己の立脚点に据える「宗教」的立場》への「転換」であるとはまだ明確に摑まれていない。否、「真正の宗教心」とはこの他力の立場においてのみ誕生することは既にいわれてはいたが、その立場が「自力」的営為の挫折を必須として生成し、この挫折の上に築かれるものだとはまだけっして明示されていなかった。論考「場所的論理と宗教的世界観」を特徴づけるのは、実にその点を明示した点である。そして私の推測では、この《「自力」的営為の挫折 - まったき自己絶望 - 「他力」という恩寵を享けての新生》という転換の劇的力動性を西田に把握させ主題化させた思想的インパクトとして、ジェイムズのこれまで縷々紹介した『宗教的経験の諸相』の考察があったはずなのである。先に紹介した西田の盟友大拙のジェイムズをなぞる主張はその傍証である。（傍点、清）

（西田は『宗教的経験の諸相』の邦訳が出版されたとき短い序文を寄せ、そのなかで自分がかなり早い時期にこの書を原書で読み「少なからぬ興味を感じた」ことを打ち明け、かつジェイムズを「科学者、哲学者たる十分の素養を有すると共に、奥深き宗教的経験に対しても相当の理解と同情を有ち得た人」と評している[67]）。

なお、ジェイムズにせよ西田にせよ、この件に関するニーチェへの言及に私はまだ出会っていないが、先の『空』の『善悪の彼岸』性」節で述べたように、この救済体験が個人における主体の「宇宙的全体性」への主体転換によってもたらされる脱ないし無道徳的なカタルシスであることは明白である。

大拙の「妙好人」論

さて、ここで大拙に向かおう。

いましがた見たように、西田は論考「場所的論理と宗教的世界観」において「自力」に依拠するか「他力」に依拠するかの区別をもって「道徳」的立場と「宗教」的立場との厳格な区別を強調した。大拙は最晩年の『神秘主義——キリスト教と仏教』においてこの区別に関してこう論じている。——「多くの人びとは、道徳的な生活を、内面的・超越的な生活から区別しそこなっている。内面的・超越的な生活は、それ自身の生活を持っており、実用的な目的意識の世界でのみ価値があるような、個々に分別された生活とは全く別個の領域を持っているということができよう」[68]（傍点、清）。

そして大拙は、この「実用的な目的の世界」と一つになった「道徳的な生活」から「全く別個の領域」として区別される「内面的・超越的な生活」の在りよう、そこでの人間の生きる姿勢・態度に対する具体的表象を読者に提供しようとして、同書の第Ⅶ章「このまま」から最終章の第Ⅹ章「才市の手記より」にかけて「妙好人」の才市および佐々木ちよの報恩の歌を詳しく取り上げる。その報恩の歌とは、真宗の教えによって心を如何なる仕方で救済されたかを綴った歌であり、それを通じて大拙が力説するのは、彼らの救済が成就したのは、彼らが阿弥陀への信仰を通じて自分の存在を「このままでよい」として受容・肯定する心性を獲得し得たことによるという、いわばジェイムズ的事情なのである。たとえば彼は次の歌を引く。

「このまんま」の教えがあまりうれしいので／わたしは頭を下げる／善くても悪くても／それは「このまんま」／正しくても、間違っても／それは「このまんま」／……
なんとなく、なんとなくが、身をたすけ、／なんとなくこそ、なむあみだぶつ／よいも、わるいも、みなとられ。／なんにもない。／ないが、らくなよ、あんきなよ

そしてこう論ずる。――右の如き自己肯定は一見きわめて「安易」で、そこには「精神的・超越的なものは何ものもない」と映るかもしれないが、実は根底に到るほどの至福に満ちた自己受容・肯定はけっして人間の自我においてめったに起きるものではない。才市やちよの場合、それが起きたとすれば、それは阿弥陀仏（客体的法身・般若の人格的比喩）と自己との絶対的な感情的な合一・一体化が起き、それによって己の存在をいわば大洋たる阿弥陀仏の産む波の一揺れ（それ自身大洋であるところの）として感得するほどの感情変容、それが起きているはずなのだ、と。右にみる「このままでよい」という神秘的感情を指して、大拙はこう書く。

「才市の『無関心《なんともない》』と『無為《なんともない》』は、『このまま』或は『そのまま』をはっきり示さんがため、もう一つの消極的な手法である。仏智はある意味では全面肯定であるが、他の意味からいえば全面否定である」(69)。

（傍点、清）

なお、読者はここにもこれまで幾度か取り上げた問題、すなわち、「空」体験の「善悪の彼岸」性とそこに

おける個人の「宇宙的全体性の側に立つ主体への主体転換」の問題を見いだすであろう。また、先の「《宗教の固有の契機としての神秘主義体験》をめぐるフロムの議論」節で取り上げたヴェーバーの大乗仏教論、そこでの「現世内的現世無関心」論を振り返るようにお願いしたい。私の観点からすれば、大拙の右の「妙好人」論はヴェーバーのそれを実質的に確証していると思える。

なおついでにもう一点つけくわえておきたい。既に述べたように、この「現世内的現世無関心」という心的態度は、同時にヴェーバーの問題把握のなかでは、仏教、ヒンドゥー教、あるいは道教が——西欧文化におけるが如き——「市民」精神に深く立脚した「合理的現世内倫理」という平民主導型の強力な社会的・政治的な規範形成力を遂に自分たちの社会のなかに生みだすことができなかった問題と一つになっている（参照、本章の冒頭節「ヴェーバーの宗教社会学の根幹的視点」）。

かくてくりかえすなら、フロムの「神秘主義」論にはかかるジェイムズ-大拙-西田を繋ぐ「宗教的救済財」の問題は全然テーマとして登場することはないのである。＊9

補注＊9　大拙における煩悶

私見によれば、大拙の「才一論」の根底には実は次の彼の煩悶が置かれている。

大拙は右に引用した「仏智はある意味では全面肯定であるが、他の意味からいえば全面否定である」という問題にかかわって、次の興味深い言葉を『禅とは何か』のなかに書き残している。すなわち、右にいう「全面肯定」が字義通り受け取られるならば、「今の社会はこういう社会で、いろいろ悪いことが行われている世界が、これでいいということになる」わけだが、くだんの全面肯定の論理がかかる社会悪の容認の論理として展開するのであれば、「これではまたいけない」と。そして大拙はこう述べる。

――自分は「これを肯定すると同時に、こうしなければならぬ、そこを打破しなければならぬというような動きが、すべてを肯定する宗教の経験から出て来なくてはならぬと信ずる」（傍点、清）[70]と。

つまり大拙によれば、より高次な論理ないし問題把握があって、一見するに論理の自己矛盾を生ずるように見えて、両態度、つまり私流に言えば「善悪の彼岸」に立つ全面肯定の「安心」の論理と社会悪の糾弾と是正を主張する倫理的態度の両立こそが仏教の究極の精神的核心をなすというわけなのだ。

事実、彼は『大乗仏教概論』では小乗仏教を激しく批判しながら、「涅槃とは存在の完全な終息にあるのではなく、八正道の実践にこそある…〔略〕…この道徳的実践により、我々は涅槃の本当の喜びへと導かれるのだが、それは人の欲求の鎮静化ではなく、人の生活が充足し、展開していくことなのである」[71]（傍点、清）・「大乗の涅槃というのは生の根絶ではなく生に覚醒すること、つまり人間としての熱情や欲求を破棄するのではなく、それを浄化し高めてゆくことなのである」[72]と主張し、『仏教の大意』のなかでは「ただ遺憾なことは、これらの霊性的直覚的体系（「華厳の事事無礙法界観」のこと――清）を意識的に把握して、これを複雑な今日の事法界（政治・経済・社会生活などの差別面）に活現させる運動の剛如していることです」（傍点、清）と指摘し[73]、まさにこの停滞を打破し、八正道の実践による社会改革の必要を訴えている。

ところで、では、右の「両立」の可能根拠を彼は「信ずる」と述べるだけでなく、論理をもって解き明かしただろうか？　寡聞にして私はその回答を知らない。彼は前述の文章で「信ずる」と書いているだけで終えているのだ。

私が推論するに、大拙は両者を結合する論理を彼が親鸞浄土経の核心とみなす往還の論理に見いだしたと思われる。（しかし、これはあくまで私の推論であって、彼が明確にそう展開しているわけではない）。

ここで西田幾多郎や大拙が浄土真宗から引きだした「自力」と「他力」の概念を借りていえば、彼らが言うところの「自力」、つまり道徳的意志力が原理となって精神生活が展開する場面では、宗教と倫理・道徳とは互いに接続し連続し融合して人間の精神にはたらきかけているのだ。しかし、その個人の道徳的意志力が何らかの事情で深い挫折を被るとき、まさにジェイムズの指摘するような全面的な世界からの疎外にその個人は突き落とされ、ほとんど自死に至りかねないほどの絶望に追い遣られ、魂の「二度生まれ」を必死の課題とするに至る。

だがまさにその時、或る僥倖が起き、その人間は、これまでは宗教と倫理・道徳とが融合していたかに見えたその「自力」的な生活次元から、まさにその生活次元を超出するがゆえにそれを相対化するもう一つの精神生活の次元、「他力」（神の恩寵ないし弥陀の大慈悲）のはたらきを原理として展開する、固有に「宗教的」なる「神秘主義的な生活次元」に突出するに至るのだ。

とはいえ忘れてならないことは、この神秘主義的次元へと超出せんとする「往路」（往相）は、神秘主義的救済を得て再生・新生を果たした魂が再び現世内の実際生活へと帰還する「還路」（還相）に反転する動力学を宿しており、この「還路」（還相）において「他力」は再生を得た個人の魂のなかで再びその個人の新しい「自力」へと転化し、宗教的経験は再び倫理・道徳と接続し連続し融合して個人によって生きられるようになる。才一は癒された魂の人・「妙好人」となって周囲の他者を癒し、また諭し、穏やかな形であれ、しかし断固として、いわばガンジー的な実践に入るのである。そのさいに彼らが発揮する固有の役割には、己の「正義」を確信する倫理的実践が得てして独善主義の孕む「マニ教主義的善悪二元論」の罠に陥ることに警鐘を鳴らし、その弊を正すいわば批判的伴走者の役割を果たすことが含まれると思われる。おそらく大拙はそう考えていたはずである（参照、拙著、Amazon Kindle 電子書籍セルフ出版、個人叢書「架橋的思索　二つの救済思想のあいだ」・第Ⅱ巻『大拙における二律背反と煩悶』）。

最古文献『スッタニパータ』を介してフロムを振り返る

仏教経典集『スッタニパータ』のなかの第四章「八つの詩句」と第五章「彼岸に至る道」はおそらく仏教の最古文献であろうとされている。それは「歴史的人物」としての仏陀、すなわちゴータマ・ブッダの言葉をそのまま記録した文献として伝承されたものであるが、訳者の中村元（岩波文庫にて『ブッダの言葉』を書名に刊行）によれば、この経典集はそもそも『法華経』と『浄土三部経』等の「大乗仏教」経典を基盤に形成された「日本の仏教にはほとんど知られない」ままであった文献であり[74]、しかも原始仏教にあってもその最初期のもの、つまり「小乗仏教」文献にも先立ち、幾つかの点で後者とも相違する思想が披歴されているとされる。

ここでは、その第四章と第五章が私に与えた印象を率直に述べることを通じて、この両章をフロムの議論の特徴を浮かび上がらせるいわば反照鏡として役立ててみたい。
まず両章をとおしてわれわれの眼を射るのは、己の抱く欲望が自分の意識のなかで「貪欲」化し、かくてその欲望を満足させることに意識が「執着」するに至ること、この事態がもたらす苦悩ならびに悪しき結果（それがもたらす諸行動の悪性）、そこから如何に自分を解放できるか否か、これがブッダ思想の核心をなす問題であるという印象である。
「貪欲の生じた人が、もし欲望をはたすことができなくならば、かれは、まるで矢に射られたかのように、悩み苦しむ」し、かかる欲望への「執着をのり超える」ことができなければ、感情の「激流」に押し流され彼という「船」は難破しよう。如何に諸々の欲望に対して「遠ざかり離れる」態度をもって接し、「激流」に巻き込まれ押し流されることなく、その向こうの「彼岸に到達すること」ができるか、それが問題の要である、と。[75]このメッセージはほぼ全編飽かずくりかえされる。貪欲の果てに生じる争闘が自分に与えた恐怖についてはブッダはこう語る。

「殺そうと争闘する人々を見よ。武器を執って打とうとしたことから恐怖が生じたのである。わたくしがぞっとしてそれを厭い離れたその衝撃を宣べよう。水の少ないところにいる魚のように、人々が慄えているのを見て、また人々が相互に抗争をしているのを見て、わたくしに恐怖が起こった」（詩編九三五・九三六[76]）。

この端的な告白がかえってありありとブッダのなかに生じた恐怖をわれわれに伝える。この貪欲が生む内的苦悶と争闘への恐怖からの解放、それがブッダの救済思想の方向性と性格を決定する。何にもまして貪欲と執着的感情の鎮静・平静心の獲得と、それによる「内心の安らぎ」の獲得、それが彼における救済である。[77]

実にこの点で注目すべきはヴェーバーの批評である。彼はノイマンの「卓越した独訳」（ヴェーバー）でこの『スッタニパータ』を読んでおり、[78] その詩編の最後にくりかえされる「犀の角のようにただ独り歩め」の詩句を取り上げ、それは「個人が感情に対して犀の固い表皮を持たねばならないことをも意味している」との解釈を示し、仏教においては「キリスト教における偉大な兄弟的親愛の達人たちの意味での隣人愛」もくだんの「達人的克己力」として提示される「敵に対する愛」も知られておらず、仏教において核心をなすのは、感情の「冷静な調節こそは現世と人間とに対するあらゆる『渇望』からの内面的な離脱を保証する」という観点であり、「あらゆる憎悪の興奮を絶滅することが自己の救済に役立つという、自己中心的な知恵」（傍点、清）であると評す。また、こうした感情の鎮静化を何よりも「隣人の安否」への関心からではなく、自己の内面的救済——まさに「内心の安らぎ」——のために求める態度がもつ「非人格性と客観性の性格」は或る点でピューリタンに相似したものでもある、と。[79]

さて、この点で私の注意を特に喚起したのは次の諸点であった。

第一点は、先の第二章で取り上げた「私的所有」欲望の発揮する「疎外」の作用に対するフロムの精神分析的批判においてキーワード的役割を果たす「貪欲 greed」の概念は、おそらくまさに仏教から彼が摂取したものにちがいないという推測、これを両章はわれわれに強く促すという点である。というのも、仏教全般の基礎にある救済関心とは、いましがた述べたように、貪欲が生む恐怖からの解放にあるからだ。

すると、ここにあらためて次の問題が浮かび上がる。人間は「生きる存在」として当然ながら諸々の精神的-身体的な諸欲望をもたざるを得ないわけだが、それら諸欲望が「貪欲」化することによってもたらされる心理的苦悶ならびにその原因をめぐる議論は、当然それらが「貪欲」化されない仕方で諸個人によって経験され生きられる場合の、その在り方とまたそのための条件をめぐる議論、この後者の議論と表裏一体の形で繋がっているはずだという問題、これである。

というのは、ここでフロムの人間主義思想に関連させれば、彼の思想にあっては両者の鋭い区別と関連性についての考察こそがその核心に位置づくことは明白であるからだ。先の第二章で見たように、「私的所有」ではない別な形での「我がものとする獲得 Aneignung」の可能性と、その人間的な肯定的意義とが彼にとっては問題となるからであり、だからまた「生産的愛」と「疑似愛」たる「所有主義的愛」なり「近親相姦的・共棲的一体化的愛」とが厳しく弁別されねばならなくなるからである。

では、そうした区別は仏教の側ではどうなのか？　少なくとも先の両章ではどうなのか？

この点で両章に関して注目すべきは、「執着を解く、こだわりを捨てる、遠ざかり離れる」という態度はつねに「両極端」に向けてなされねばならないと説かれていることであろう。[80] では「両極端」とは何を指すか？　一方の極端はまさに「貪欲」化の事態である。では他方の極端とは？　それは、「貪欲」化を避けようとして一切の欲望を捨てるという目標に執着することである。詩編七九五にこうある。「（真の）バラモンは…〔略〕…欲を貪ることなく、また離欲を貪ることもない」（傍点、清）。訳者の中村はこう注釈している。「理想の修行者は、欲望を離れているのみならず、〈欲望を離れている〉ということをも離れているのである。こういう表現は、後代の空観、または禅僧のさとりを思わせるものがある」と。[81] 私見によれば、大拙の大乗仏教論は「涅槃」を一切の欲望と感情の消滅のなかに求める小乗仏教の救済論を批判するなかで、このブッダの視点を発展させたものこそが大乗仏教であったと解釈している。[82]

事実第四章の詩編八七六と八七七は次のやり取りを伝えている。すなわち、

――「或る賢者たち」は「霊の最上の清浄の境地」に至るために「断絶」を説き、「（精神も肉体も）残りな

く消滅することのうちに」この境地があると「巧みに語っている」が、「かの聖者」(ブッダ)は「これらの偏見はこだわりがある」と知って、それを斥けた、と。(83)

中村もこの箇所についての注でこう指摘している。「特に小乗仏教の伝統説によると、無余涅槃に入ることが修行の目標であった。ところが、ここでは、そういう見解は偏見であるとして、それを排斥しているのである」と。(84)

この視点を明確にしてこそ、一見矛盾とも見える『スッタニパータ』の次の言説の整合的解釈が成り立つと思われる。というのは、同書は一方ではこう説く。——「一切の生きとし生けるものは、幸福であれ、安穏であれ、安楽であれ」(詩編一四五)、「あたかも、母が己が独り子を命を賭けても護るように、そのように一切の生きとし生けるものどもに対しても、無量の(慈しみの)こころを起こすべし」(詩編一四九)と。(85)

ところが他方、次の如き言説もある。いわく、「子を欲するなかれ。況や朋友をや。…〔略〕…交わりをしたならば愛情が生ずる。愛情にしたがってこの苦しみが起こる。愛情から禍いの生ずることを観察して、犀の角のようにただ独り歩め」(詩編三五・三六)、「朋友・親友に憐れみをかけ、心がほだされると、おのが利を失う。親しみにはこの恐れのあることを観察して、犀の角のようにただ独り歩め」(詩編三七)と。(86)

一方で、生きとし生けるものの「幸福」を願い——生命の諸欲望の満足の肯定なくして成り立たないはずの——、「母が己が独り子を命を賭けても護るように…〔略〕…無量の(慈しみの)こころを起こすべし」と説きながら、他方で「犀の角のようにただ独り歩む」孤独なる生を推奨する、これははなはだしい矛盾ではないか?

おそらくフロムならば、この一見矛盾した言説の綾の背後に、「貪欲」化し「非生産的性格」のそれへと変質し自己疎外を起こしてしまった生の諸欲望と愛についての鋭利な認識、そしてかかる事態に対する自前の精神分析的批判をおこなうこと、それをとおして本来の（あるいは弁証法的前進的に創造されし）「生産的性格」を獲得した生の諸欲望と愛のヴィジョン（目標理想でもあり本質洞察でもある）の再獲得＝自覚へと至り、この自覚に支えられた新たな生の展開を己に呼び起こすこと、かかる精神の運動プロセスを見いだすことであろう。

この点で私にとって興味深いのは、「貪欲」化が引き起こす人生の「激流」化を巧みに乗り切り「内心の安らぎ」を得るという「彼岸」への「川渡り」を果たすための「正しい道」を尋ねられたブッダが、たんに呪術的方法を斥けるだけでなく、この件に関するバラモン階層（僧侶階層）の主知主義的高慢と理論への執着をくりかえし糾弾し、「正しき道」はひとえに「伝承によるのではなくて、いま眼のあたり体得される理法」（傍点、清。詩編一〇五三）として認識されるとし、かかる身に即した洞察能力を鍛えるために「一切の事物の真相に熟達し、よく気をつけて遍歴せよ」（詩編一〇三九）と説いた点である。今、己の生の欲望がいつどの時点でなにゆえに「貪欲」化に至り、かえってそのことで生の「幸福」性を疎外せしめるに至ったか、己の愛がどのように「疑似愛」へと変質し我と汝・我と宇宙との真に生産的な「応答関係」を疎外せしめるに至ったか、そのことをその都度己の直観を働かせ、身に即して、「己自身の存在の本質」があげる内奥からの叫び・「良心の呼び声」に聴き耳を立てることによって、自身の理性と感性を通じて見破らねばならないのである。フロム的にいうならば、自己自身に対していわば自前の精神分析的構えをとらねばならないのである。

私には『人生と愛』の次の一節はこの彼の観点を鮮やかに示し印象深い。すなわちフロムによれば、精神分析とはごく限られた高度の専門知識を有する精神医だけが為し得る患者分析としてではなく、まずもって、あらゆる諸個人が自分の人生の営みのなかで日々おこなうべき「実践」、すなわち「自分自身を認識し、自分の現実を知覚し、幻想から解放され、また不安や貪欲にかりたてられることからも解放される実践」として位置づけられるべきなのである。いわく、「そうすることは、対象としての私（かの物として「財産的対象」とみなされた自我、egoとしての私――清）を忘れ、行為し、感じ、しかも疎外されない人間として私を体験することによって、世界を別な形で、すなわち、私の関心、関係、想像力の対象として体験するように、準備を整えるため」なのである、と。そして、あたかも『スッタニパータ』を想起させるようにフロムはこう続けている。「自分で自分の分析を始めるべきである。そして、それが一生を通じて、最期の日まで続く解である。――一番良いのは、仏教の瞑想にあるような、呼吸および精神集中の訓練と結びついて、自己分析を毎朝実行することである。その要諦は、生活の繁忙から離れること、自分自身になること、刺激を追い求めるのをやめること、内面において能動的になるために、自分を《空》にすることである」と。[87]

またフロムとの関係では次の問題も浮かび上がる。先に私はヴェーバーに言及し、およそ自分の「内心の安らぎ」を得るという「自己中心的」な目的から激情的・情熱的なものへの嫌悪と冷静化への強い志向こそが仏教的心性の特質であると彼がみなしたことを紹介した。ところで、本書第Ⅰ部第一章・『方向づけと献身の枠組み』……」節で示したように、フロムの精神分析は次の人間学的認識、すなわち、人間はその「実存的二分性」により本質的に「極度にはげしい熱情と渇望」の感情地帯を己のなかに抱え込まざるを得ず、人間の抱く「宗教性」は「人生の意味」をめぐってこの感情地帯をどう自ら組み立てることができるかという問いをめぐって成立するという認識、これを前提とするものであった。そもそもフロムにあっては、人間は己の人生の「意味」を握ることで「生命を増進する情熱」を自らに沸き立たせることなくしては、くだんの「実存的二分性」が突きつけて来る挑戦、「新しい形の統一」の創造を成し遂げることはできないのである。善き情熱の獲得なくして善き生はあり得ないのだ。そしてこの事情こそが、破壊の情熱の激烈さ――創造あらずんば破壊を！――を産む当の事情でもあった（本書三一―三五頁）。

ところで、創造の情熱であれ破壊のそれであれ、およそ情熱であるかぎり、すべからく執着的であることは免れ得ないのではないか？　とすれば、かかるフロムの人間学的かつ実存論的認識にとってくだんの仏教の反「執着」主義は如何なる問題を投げかけるものとして認識されるのか？　破壊的激情に対して、まさにそれと真っ向から闘うものとして仏教の反「執着」主義が登場する理由は了解できるとしても、「生産的愛」の熱情や芸術家の生きる創作情熱、「生命を増進する情熱」に関しては、仏教の反「執着」主義は己の主張をいったいどのように噛み合わせその諾否を分節化し展開することになるのか？　その問題の環を少なくともフロムはどの程度自覚し、既に彼なりの議論をおこなっているのか？

彼のくだんの「実存的二分性」論は、仏陀が人間においては何であれ全ての欲望と感情が「貪欲化」・「激化」に向かう本質的性向と危険を宿すことを問題視した、その人間洞察の根拠を現代の人間学の見地から解き明かしてみせる試みという意義づけを彼の内心においてもっていたのであろうか？　そしてこの問題の根源のレベルから問題を照射するならば、たんに破壊的情熱のみならず、破壊的情熱との対比では一応「生産的情熱」の範疇に分類される情熱にあっても、それがいつしか「貪欲化」し、そうすることで実質的に破壊的なそれに変質する危険もまた問題の視界に収められていたというべきなのだろうか？　そのようにして、フロムは根本的に仏陀への共感のなかにいたのか、それともヴェーバーの摘出した「犀の角のようにただ独り歩め」のひたすらなる鎮静化の志向性には「生産的情熱」の必須性を楯に断固反対したのだろうか？

だが、私はまだフロムのなかに右の問題に直にかかわる議論を見いだしたことがない。おそらく、『禅と精神分析』においてフロムと大拙とがもっと相手に踏み込む議論をおこなうことができたなら、十分とはいわないまでもフロムのなかに右の問題に関連する発言が誕生したであろうが、それは為されなかったと言わねばならない。

フロム晩年の『人生と愛』は、先に紹介したように『スッタニパータ』の思想世界とフロムの思索との深い共振性をわれわれに感じさせるものである。この点で、そこでは「情熱」の概念に対するいわば仏教的な観点からの批判がフロムによっても紹介されている。「すべての欲(Sucht)は、苦しみ(Leiden)を生みだす情熱(Leidenshaft)である。それらは受動(Passivität)である」、このことは「すべての情熱にあてはまる」と。とはいえ、この問題をめぐる議論は、「今は立ち入らないことにしよう」と中断されたまま終わっている。[88]

フロムの読者としては、ここで「良性の情熱」と「悪性の情熱」との区別と関連に関する考察を彼に期待したいところであるが、それはまだ与えられていない。

くりかえしいえば、フロムの精神分析学において、破壊的な激情の精神分析的治療（緩和・解消・癒し）が課題となることは自明だとしても、では創造的な情熱はどのように処遇されるのか、それは称賛されるのか、それともそれもまた沈静化・緩和・解消の方向に最終的には向かうべきと展望されるのか、あるいは高揚と沈静（カタルシス的受容）の両局面が奇しくも併存すると展望されるのか、この点で仏教的な問題観とフロムの人間主義的精神分析学のそれとは一致するのか、根底的に相違するのか、この微妙にして肝心な点は彼の言説において曖昧なままであると思われる。＊10

最後に、やはり次の点をあらためて指摘しておかねばなるまい。前述の如く、ヴェーバーは『スッタニパータ』の表す思想を「あらゆる憎悪の興奮を絶滅することが自己の救済に役立つという、自己中心的な知恵」と評したが、この点は、ブッダの求める救済志向が人間の構成する社会的諸関係から離脱していわば隠遁者的孤独の裡に魂の最終的救済を得ようとする脱・社会的志向性によって根本的に規定されていることにまざまざと示されているといえよう。

他方、本書第Ⅱ部第四章で紹介するように、たとえばマルティン・ブーバーはユダヤ教の救済追求の根本的志向性が、その神秘主義的潮流であるハシディズムにあっても「神的な導き手と彼に導かれた大軍」との関係性によってつねに発想されることに注意を促し、人間の共同体の正しき真の在り方の再生ないし創造こそが救済の企ての中核に置かれる点こそが変わりなきユダヤ教の根本性格であり、その点が禅仏教に対してきわめて注目すべき類似性をもつハシディズムではあるが、両者を根本的に相違させる点だとした（本書二四三―二五三頁）。

この認識においては明らかにヴェーバーとブーバーは共通していると思われる。そしてまさにこの点において、フロムの問題認識は曖昧である。ないしは、この相違性という問題は彼の問題意識のなかには席を占めることがないといえよう。先に見たように、『人生と愛』において彼は「日々の自前の精神分析」の場を仏教に範を採るような隠遁的瞑想の場に見いだすわけだが、この問題次元と、古代ユダヤ教からマルクスの革命思想へと直線的に受け継がれてゆく根本的な精神の姿勢――社会変革のためのアンガジュマンをつねに根底に置く――とのあいだの相克と相乗といった興味深い問題についての立ち入った論述、これはまだ読者に与えられないままに留まっている。

なお付言すれば、私自身は、くだんの《二つの救済思想の本質的な併存性》という観点からいって、いわば革命家的心性の内部に隠遁者的心性が隠れ住むことは当然であり、むしろそうであるべきだと考える。

さて、本来ならば、フロムと大拙との関係をいっそう深く問題にするためには、まず次のことが取り上げられる必要がある。すなわち、そもそも仏教学のなかでは大拙の大乗仏教の理解自体が「大拙大乗経」と呼ばれても然るべき程特異なものだとの批判がある一方、[89]ヴェーバーからの高い評価、すなわち、同書は大乗仏教を「非常に近代的な神秘主義の意味で解釈することを許す」見地からのものであり、「現世内神秘主義」と形容し得る「現在『特殊』大乗経的なものを代表している」もので、ヒンドゥー教の『バガヴァドギータ』が提示した「現世内的現世無関心」という世界への態度に、それを大乗仏教に摂取するという「仏教的転換」を施したものとみなし得るとする評価もあるという事情が[90]。そして、かかる事情とかかわらせてフロムの仏教理解それ自体をさらに問うという作業が必要となる。しかし、それは本書では省略する。この問題に興味を持たれる方はAmazon kindleセルフ出版にて電子書籍として刊行する拙著、個人叢書「架橋的思索　二つの救済思想のあいだ」第Ⅱ巻『大拙における二律背反と煩悶』をお読みいただきたい。

補注＊10　『スッタニパータ』と「空」概念

なおついでながら、『スッタニパータ』については次のことを指摘しておきたい。

いうまでもなく、仏教的救済観念にとって決定的な意義をもつのは、ヴェーバーにとってにしろ大拙にとってにしろ、かの宇宙の全体性と自我との法悦的融合の体験が生むカタルシスとしての「安心」体験であった。しかし同書を振り返った場合、この観点は同書ではまだそれほど明確には打ちだされていないと思われる。

確かに既に次の問題連関は明確に打ちだされてはいる。すなわち、欲望が容易に「貪欲」化してしまうことの根底には、そもそも欲望を欲望として生みだす「快と不快」の感覚が「感官による（対象との）接触」によって引き起こされざるを得ないものだという事情がある、だから問題の根本的解決に至るには、およそ「感官で触れる諸々の対象」について「遠ざかり離れる」態度を樹立する必要があり[21]、そのためには「名称と形態」――まさに感覚対象を対象として現前化せしめる――の「消滅」ということを感覚に引き起こすことが必要となるとの認識、これが打ちだされている。いわく、「名称と形態とに依って感官による接触が起こる。諸々の所有欲は欲求を縁として起こる。欲求がないときには、〈わがもの〉という我執も存在しない。形態が消滅したときには〈感官による接触〉ははたらかない」（詩編、八七二）[92]。（なお『スッタニパータ』を知悉していたヴェーバーは、この点こそがインド宗教型の「神人合一」すなわち《宇宙の全体性と自我との合一》欲求の要諦であることを明確に認識し、『古代ユダヤ教』においてこう述べている。「インドの無感動エクスタシスがさずけてくれるような、あらゆる感覚的なるも形象的なるものから心を空にして離脱してしまうあの神秘的なやり方」は、古代ユダヤ教の「預言者たちにあってはどこにも見られない」、つまり彼らの思想にはまったく席を占めることがない、と[93]）。

しかし、問題解決のための次の展望はそれほど明確に論理的に打ちだされてはいない。すなわち、この「名称と形態の消滅」とは個人の主観が全宇宙との一体化を体験したときにこそ起こるのであり、その点では、くだんの「断絶」（小乗仏教的「無余涅槃」）なしにも、あるいはそれ以前にも、つまり生前にあっても、この一体化体験を得ることができるならば「名称と形態の消滅」は可能だとの展望は。おそらく大拙は、この点を概念的＝論理的に明確化することを成し遂げた功績を大乗仏教に帰したと思われる。（なお、清島秀樹氏によれば、この「名称と形態」に当たるサンスクリット語は「ナーマ・ルーパ」であり、語源的に直訳すれば「名前と形をもつもの」であるが、日常語として「事物・物」を指す言葉として使用されたという）。

第四章　フロムとユダヤ教

――「人間主義的な宗教と倫理」の視点からの「脱構築」的解釈――

フロムのユダヤ教解釈の「脱構築」的性格――「メシアの時」解釈に寄せて

第一章において私は次のことを指摘した。すなわち、フロムの人間学の核心をなす人間の本性（humannature）についての次の認識、くだんの「実存的二分性・本質的矛盾」は人間に実存的深度をもった「孤独」の危機を負わせるがゆえに、それを回避あるいは克服すべく宇宙との「情緒的再結合・新しい形での統一」を獲得せんとする深刻なる欲求を与えるという認識、また、そのさい古来よりつねに問題となったのはこの欲求の充足を「退行」的な仕方で図るのか、それとも「弁証法的前進」的な仕方で図るのかの問いであったとする認識、この一続きの認識は、人類の宗教文化史を《母権制‐父権制‐母権制への「弁証法的前進」的な復帰》という歴史的遠近法《パースペクティブ》の下で問う視点を彼に与えることになった、と。またこの遠近法は、彼のユダヤ教解釈の方法論的特質をなす次の「脱構築」的方法（デリダ風にいえば）と絡み合っていることを。すなわち、旧約聖書世界を解釈するにあたって、「人間主義的宗教と倫理 humanistic regliion & ethics」ないし「人間主義的宗教性」と彼が呼ぶ思想水脈を根幹的文脈（＝本質・真髄）に据え、それに対立する「権威主義的宗教と倫理 authoritarian religion & ethics」の諸側面はこの根幹的文脈を覆い隠す非本質的な側面として後景に退かせ、これまでユダヤ教に関して一般に流布されてきたものとは別の物語・コンテクストを立ち上げるという方法と。

事実彼は自分の『ユダヤ教の人間観』の提示する「聖書解釈」は「徹底したヒューマニズムの解釈である」と認めている。[1] かくて私見によれば、その結果フロムはヴェーバーの『古代ユダヤ教』とはまったく異なったユダヤ教像を提出することになるのだ（参照、第Ⅰ章第一章・「バッハオーフェンからのインパクト」節後半）。

さて、この章では右の問題をフロムのユダヤ教論の基軸となり、それゆえにまた彼の思想を解明するさいのキーワードの一つとなる「メシア主義」の問題にかかわらせて掘り下げてみたい。

これまでわれわれは人類の宗教文化史における神秘主義の伝統が如何にフロムの思索のなかに内的モチーフとして入り込んでいるかを縷々検討してきた。そのさいに言及したように（第Ⅰ章第一章・「マルクスにおける『宗教性』とフロム」節）、彼が自分の「宗教性」を決定づける要素として神秘主義を取り込むときの最初の媒介者となったのは、古代ユダヤ教における預言者たちの言説に現れてくる「メシアの時」のヴィジョンが体現する「メシア主義」であった（参照、第Ⅱ部第四章「ブーバーとフロム」）。

実にフロムは、本書が「はじめに」で言及したユダヤ教がどういう「宗教的救済財」（ヴェーバー）を掲げたかという問題にかかわって、ユダヤ教の真髄は旧約聖書の正典世界（たとえば、岩波書店の旧約聖書翻訳委員会編の一五冊が体現する）が示す立場、ヴェーバーの言う「純粋ヤハウェ主義」にあるのではなく、それと対立するタルムード、カバラ主義、ハシディズム等が示す神秘主義の潮流にこそあるとするのだ。そして「メシアの時」とはこの神秘主義的潮流の掲げる「宗教的救済財」ヴィジョンにほかならない。既に触れたように、前者の思想的性格を彼は「権威主義的宗教と倫理」と規定し、他方後者のそれを「人間主義的宗教と倫理」と規定する。（この問題についてはあとでまた詳しく論ずる）。そもそも彼によれば、あらゆる宗教はその内部に両者の葛藤を孕む両要素の混淆体として出現するのであり、だからまたこの葛藤を如何に読み解くかという課題こそが宗教文化にアプローチするさいのいわば精神分析的宗教論の着眼点になるのだ。ユダヤ教に即していえば、それは「家父長的で嫉妬深い神」ヤハウェを戴くくだんの「純粋ヤハウェ主義」的潮流と「メシア主義」的潮流との内部葛藤の解読というテーマとなる。かくてフロムによれば、「人間主義的宗教と倫理」の先駆けとなる「メシア主義」の視点に立てば、次の歴史的遠近法が主張されるのだ。いわく、

「歴史的過程とは人間が自己の理性および愛の力を発展させ、それによって完全な人間になり、本来の自分に帰るという過程である。人間は失われた調和と純真さを取り戻すが、それは新たな調和であり、新たな純真さである。それは幻想と仮眠からめざめた人間、ついに自由となった人間である。…〔略〕…人間は自己のもっているものを十分に開発し、蛇――知恵と反抗のシンボル――が約束したこと、しかも家父長的で嫉妬深い神がアダムに与えることを欲しなかったこと、つまり人間が神自身のようになるということを成就するのである」(2)。（傍点、清）

このフロムの解釈は、創世記におけるかの楽園追放＝堕罪の神話を正統キリスト教がパウロの解釈（『コリント人への第一の手紙』・『ローマ人への手紙』）を典拠として人間の「原罪」性の誕生を告げる象徴的神話と解釈するのに対して、そうした解釈をまったく退け、逆な解釈を提示するものとなる。

彼からすれば、くだんの楽園追放の物語は実は二通りの読み方が可能である。すなわちそれは、一方では、「人間が神自身のようになる」という救済目標を掲げたことに対して「家父長的で嫉妬深い」ヤハウェ神が、この目標こそ神に対する「最大の罪」たる反逆罪だとみなし(3)、人間の原父と原母を楽園から悪と罪に満ちた苦悶の世界へと追放した物語として読まれる。つまり、それは正統ユダヤ教の解釈である。

しかし、他方では次のようにも読み得る。

すなわち、人間はそもそも神と共に「調和と平和」に満ちた楽園に暮らし、そこで既に人間は「神自身のように」存在していたのであるが、しかし、このことが達成されたのは、まだ人間が人間種に固有な実存的契機、くだんの《自己意識・理性・想像力・それらに基づく自由な自己決定者》という契機を獲得していないという代償を払ってのことであった。そこで、かの「知恵と反抗のシンボル」たる蛇によって人間はくだんの契機を己の存在の本質的構成契機として取り入れる。ここに人間という存在の第二ステージが始まる。だが、この人間のいっそう神の如くになろうとする成長の第二ステージは、逆説的ながら、かの神と共にしていた「調和と平和」に満てる「楽園」の喪失という代償を払うことを仲立ちに通過しなければならない苦難に満ちた成長の第二ステージなのである。とはいえ、「人間が神自身のようになる」という究極の救済目標はこの第二ステージをいわば否定的媒介とすることで展開する弁証法的過程として動的に理解されるべきであり、この苦難をとおして鍛えられいっそう成長を遂げた人間は第三の最終ステージにおいて、くだんの《自己意識・理性・想像力・それらに基づく自由な自己決定者》という契機の最高水準での充足をとおしてこそ、原初にあった「調和と平和」の「楽園」に復帰するのであり、かくてまた「人間が神自身のようになる」という救済目標を完璧な形で成就することになるのだ。——そのような歴史的遠近法の提出としてかの楽園追放の物語は読まれるべきなのである。

この意味でかの「エデンの園」は、人間が本性的には既に「万物との調和と平和において生きる」ことの喜びと能力を獲得しているという性善説、言い換えれば「反・原罪主義」的確信の披歴として読まれるべきであり、くだんの蛇は既に述べたように「邪悪の化身」ではなく「知恵と反抗のシンボル」言い換えれば「知恵と自由」のシンボルとして捉えられるべきであり、楽園追放の物語は、くだんの救済目標の完璧な成就は否定的媒介を必要とする弁証法的成長によるという思想の表明として解釈されるべきであり、こうした歴史の目的論と、それを必ず人間は最終的には成し遂げることができるとする確信こそが「メシア主義」の核心なのである。——これが、フロムによれば『創世記』についてのもう一つの解釈、メシア主義的解釈なのだ。注目すべきは、この解釈では前述のように蛇は「知恵と自由」のシンボルとなり、「人間が神自身のようになる」ことを望むというが如き「最大の罪」はあらかじめ定められた最高の救済目標となるという価値転倒がおこなわれることである。[4] なお私見によれば、ユダヤ教神秘主義におけるかかる価値転倒はグノーシス派キリスト教の見地と軌を一にしていると思われる。すなわち、ヤハウェ神を汎神論的宇宙神たる至上神の下位に位置する妬みの心性に囚われた悪しき「造物主《デミウルゴス》」たる「ヤルダバオート」（ヤハウェを蔑称的にもじったもの）と規定し、蛇を《宇宙の奥義＝『神的智慧の原理』》を人間に知らしめる『教師』にして『生命の授与者』》とみなす見地と。[5] つまりそれほどにフロムの「メシア主義」的ユダヤ教は反ヤハウェ的・反正統ユダヤ教的であり、まさにヴェーバーのいう「純粋ヤハウェ主義」と対立的なのである。とはいえしかし、初期フロムのグノーシス主義理解はこうした問題については言及することはない。むしろグノーシス主義の汎神論的立場が、地上の抑圧的政治体制の事実上の容認を強いる「民衆の阿片」的役割を果たすことの告発に向かうのである（参照、第Ⅱ部第五章・「フロムの『グノーシス派キリスト教』解釈」節）。

なお付言すれば、フロムは、右に述べた「反・原罪主義」の観点こそは「メシア的預言者思想の中でくりかえし強調されたこと」であり、またこの観点こそ「ルネッサンス・ヒューマニズムや十八世紀啓蒙哲学」とも共有される「人間主義的宗教と倫理」としてのユダヤ教神秘主義の核心だとする。[6]（なお、ここでいう「楽園」的な「調和と平和」がたんに戦争がないことに尽きない、民族の差をも超えた普遍主義的な人間間の調和、「分離と疎外の克服」（＝真の共同体の人類的規模での樹立）を意味すること、しかもさらに人間と自然との調和に拡大される宇宙大の「調和と平和」であること、この点をフロムは強調してやまない。[7] この問題に関しては本章の「『イザヤ書』の解釈をめぐって」節であらためて触れる）。また『正気の社会』の第七章「さまざまな解答」の冒頭の「ユダヤ・キリスト教的な歴史の概念」の問題性――まさにそこには「二つの異なった概念」が混淆している、とフロムは言う――についての要約は、右に述べたことを傍証するものである。[8]

そしてユダヤ教に関するフロムの議論で注目すべき最後の点は次の点である。彼によれば、かかるメシア主義の特徴とは、以上述べてきたことに加えて、この救済の最終ステージに向かう過程がすべからく人間の自己責任に帰せられるということである。すなわち、キリスト教とは異なって、「神は人間に人生の目的を明らかにする以外には、問題を解決してくれず」、「神は恩恵のわざを行わない」のであり、「人間は多くの誤りを経験し、罪を犯し、その結果を甘んじてひきうけなければならない」と認識されるのである。(9)(なおブーバーの解釈にあっては、「神は世界の完成を敢えて人間の努力に委ねた」という点の強調は同じだが、帰責の観点よりも、神は人間とのあいだに本質的に相互的である愛の関係性を誕生させるべくそうしたという観点が強調される。本書三四八―三四九頁)。

私の視点からすれば、かかるフロムのメシア主義理解は、古代ユダヤ教の諸言説、とりわけヤハウエを裏切ったユダヤの民に対する激しい懲罰の言説を、「妬みの神」たるヤハウェの過酷できわめて父権的な心性に満ち溢れた懲罰主義を言い表す言説としてではなく、次のように読み替える試みとなる。すなわち、旧約聖書の言説では一見するに神からの懲罰のように語られる一切の歴史の過酷な諸事象は、旧約聖書の父権的心性を象徴する言説として解釈されるべきではなく、もし人間が己の理性と愛の能力を十全に発揮するという真の自由の能力を発揮しないならば如何に過酷な結果を自ら招来するか、それを示すための言説、人間に歴史の残酷な諸結末を自らの「自己責任」として背負い直させるための言説として読まれるべきだと。(10)

水平的か垂直的か――メシア主義のユダヤ教的形態とキリスト教的形態

ここでついでに次の問題も指摘しておきたい。それはユダヤ教における「メシア主義」と後のキリスト教におけるその継承に関連する問題である。

フロムは、右のユダヤ教神秘主義の立場をその本質的志向性においては「垂直的」に対して「水平的」であるを特徴づける。この「水平的」という形容によって意味されるのは、その救済は「歴史」自体を越えた「来世」においてではなく、現世（歴史内）において実現されると展望されるということである。

フロムは預言者たちの思想では救済はあくまでも「歴史のなかの世界」、現世で起きるとされたことを強調し、この思想と黙示文学の見地との相違を指摘し、レオ・ベックの『ユダヤ教とキリスト教』の次の一節、「預言者の世界では、待望の線は水平であるのに対して、ここでは――そしてこれが黙示文学的な考え方の本質であるが――それは垂直である」、つまり後者にあっては「まち望まれるもの（＝メシアの時――清）」は「天上から下って歴史を終結させる超自然的な存在」・「歴史の中の世界でなくして、上にある理想の世界」（傍点、フロム）つまり「来世（ハオラム・ハバ）」になるとの一節を自分の観点を傍証するものとして引いている。[11] そしてフロムはこうつけくわえるのである、この黙示文学的方向こそがキリスト教に継承され、かくて「メシアの時」の捉え方に関してユダヤ教神秘主義にあっては「水平軸」が、キリスト教にあっては「垂直軸」が強調され、「来世」は決定的に死後の「天国」（そこでこそ永遠の生が実現する）と表象されるに至り（ただし、四福音書自体においては到来すべき「神の王国」は信徒の現在の生のなかに実現されるべき心的状態であることが実は強調されもするのだが――清）、この相違は「ユダヤ教とキリスト教の発展の間における決定的相違点」となる、と。[12]（この点の強調において、フロムは明らかにヴェーバーの認識――古代ユダヤ教の「宗教的救済財」の現世内的性格についての――に連なっている。なお、第Ⅱ部第五章「初期フロムのキリスト教論」も参照されたし）。

ただしフロムは、このユダヤ教神秘主義の此岸主義・「現世内」主義をヴェーバーの如き完璧なる道徳的国家・「義人の王国」の樹立という政治的性格の強調――フロムの視点からすれば容易に再び「権威主義的倫理」に武装された権威主義的国家主義に回収されてしまう危険を内蔵した――に置くのではなく、あくまでもその重心をこれまで見てきたエックハルトと仏教とマルクスとを接続させる解放ヴィジョンの線上に置く。すなわち、貪欲化した「私的所有」欲望からの解放が促す全宇宙との調和（＝十全なる応答）によって可能となる《諸個人の真の生命主義的な自己発現》というヴィジョンに。

確かに彼も次のことを強調する。すなわち「預言者は同時にまた政治的指導者でもあるから、政治的行為や社会的正義に深い関心を寄せる。…〔略〕…彼の霊性はつねに政治的なかたちで経験される。…〔略〕…革命家とならざるをえない」と。[13] とはいえ、その「革命家」性格とは到底ヴェーバーが問題にしたような「政治的および社会的革命」の指導者としてのそれではなく、むしろそうした革命（敵の「聖絶」を呼号するが如き）を真の革命を疎外するものと告発せざるを得なくなる「革命家」のそれであろう。たとえていえば、フロムにとって二十世紀のマルクス主義＝共産主義運動はまったくマルクスの思想を裏切り、その根本において闘う相手であったはずの「私的所有」主義と「権威主義」に己を身売りしてしまうものであったように。

この点で、冒頭に紹介したような「歴史的過程」に対するフロムの目的論的解釈もまた、これまで第二章からこの第四章にかけて私が縷々考察してきたフロムの思索を探照灯に据えてその含意が汲み取られねばならないのである。

なおここで一言すれば、思想の志向性に関する右のフロムの「水平的」か「垂直的」かの議論は、期せずして鈴木大拙が仏教とキリスト教とを対比して前者の救済志向性をその絶対現在主義・「永遠の今」主義（「穢土即浄土」の「即非」構造）のゆえに「水平的」と評し、後者をその終末論的性格のゆえに「垂直的」と評した議論と期せずして共振する点（「神秘主義」評価）と、しかしまた相違する点（大拙の「即」の論理においては一切の社会的変革の必要性は完全に視野の外に括り出される）とが混淆して、興味深い。[14]

私の自己批判、ならびにフロムへの批判的疑義

さて、ここで私は次の率直な自己批判を記しておきたい。

それは、何故フロムの掲げる宗教文化史的遠近法が《母権制‐父権制‐母権制への「弁証法的前進」的な復帰》という構造をとるか、つまり、「父性的原理」を否定的媒介とする「母性的原理」の高次復活が展望されねばならないとされるか、この根幹の問題にかかわってのことである。

フロムの側の理由はこうであった。この点、『フロムの遺産』のバーストンの次の指摘は的確であろう。いわく、フロムにとっては「母親との共棲的融合への退行的誘惑から自己を解放する戦いは、あらゆる人間発達の第一の、ある意味では最も重大な問題であって、そこでの父親は敵対的競争相手というより、むしろ肯定的な同盟者の姿をとる」という問題契機が見逃されてはならない、と。[15] 事実、たとえば『ユダヤ教の人間観』においてで彼はこう主張している。旧約聖書には「従順の強調がいたるところに見られるが、けれども、従順は、近親相姦的固執とは全く別物だということに注意すべき」であり、「従順とは権威に服従する意識的行為であり、そこには非合理的権威への服従を自己批判して、理性と良心が体現する合理的権威への自覚的服従こそを選ぶという自己革新の要素が絶えず含まれている。この点で、無自覚的であることを特質とする「固執・固着」とは異なり、「個性化の過程」が明らかに内蔵されている、と。かくてフロムによれば、「人類発展の歴史のうちで、人間を自然および部族へと結びつける近親相姦的紐帯から解放するための唯一の途は、多分、神と神の律法に対して人間を従順ならしめることであったろう」と。[16]（参照、本章・「『権威主義的宗教と倫理』vs…」節。

なお、こうしたフロムの観点の現代的背景をなすものとして、フロムのヒトラー論ならびにその中核をなすネクロフィリア論が

注目されねばならない。参照、第Ⅰ部第六章）。

まさに私の自己批判はその点にかかわる。率直にこう述べておきたい。

――聖書論やドストエフスキー論に取り組みだしていた頃の私の思索にあっては、まさにフロムが強調している右の視点こそは事実上基本的に欠けていた視点であった。その当時私を捉え続けていたテーマは、父権的メンタリティーを如何にのりこえるかというテーマであったがゆえに、フロムが押しだした右の問題側面は、ユングにかかわっても――バーストンによればこのテーマの最初の確立者はユングなのであるが――、私の問題意識からは脱落したのであった。またそれが脱落したのは、私が自分自身ならびに周囲の現実のなかに「母親との共棲的融合への退行的誘惑から自己を解放する戦い」を「あらゆる人間発達の第一の、ある意味では最も重大な問題」とみなす問題性を感じることがなかったからにほかならない。むしろ私の実感からいえば、そのような「退行的誘惑」すら作動しないほどにはるかに深く、われわれは父権制――ただし、もはや人格的権威の形を捨て、フロムの概念を援用するなら経済的次元での「市場的構え・態度」と、それと相補的な政治的次元でのいわば《官僚制的・他律的・歯車的・集列性（サルトル）的な構え・態度》・「機械的順応性 automation conformity」を人々に強いるきわめて物象化し非人格的形態を取るに至った――が人間に及ぼす疎外のなかに生活していると思われたのだ。

この点で、私はフロムの思索にとってもつ二十世紀のかの二大全体主義の悲劇（ナチズム・ファシズムとスターリン主義）がもった問題意義も、また彼の臨床経験における「退行」的症例がもったそれについても十分な理解をまだ欠いていたのである。

とはいえ、かく自己批判するにせよ、他方では私は今もフロムの『ユダヤ教の人間観』の論述が私に与える全体的印象に関しては次の疑義をもっている。このことも併せてここで率直に表明しておきたい。

すなわち一言でいうなら、ユダヤ教に対するくだんの彼の「メシア主義」的解釈を支える「脱構築」的方法（私の言い方を使えば）は、なるほど彼自身が、その解釈はユダヤ教のなかの父権主義的な性格の強烈な「権威主義的宗教と倫理と倫理」の側面に意識的に対抗して立てられたものであることをつねに言明しているとはいえ、実際の宗教文化史のなかで古代ユダヤ教がもった「純粋ヤハウェ主義」（ヴェーバー）の思想的機能をやはり過小評価することに結果するのではないか、かかる懸念を私はフロムに対して払拭し切れないのである。

たとえば、彼は自分のいう「近親相姦的紐帯」とは「必ずしも性的な束縛を意味しているのではなく、主として母親や自然に対する情緒的な束縛をいう」と断わったうえで[17]、こう述べる。（後半は既に引用したが、くりかえす）。

「旧約聖書およびそれ以後のユダヤ教の伝統に見られる家父長的世界における従順は、理性、良心、法律、道徳的精神的原理などを象徴する父親的存在に対する従順をあらわす。聖書的体系の中における最高権威は、神であって、神は立法者であり、また良心を代表する。人類発展の歴史のうちで、人間を自然および部族へと結びつける近親相姦的紐帯から解放するための唯一の途は、多分、神と神の律法に対して人間を従順ならしめることであったろう[18]」。

だが私からすれば、右の文言のコンテクストのなかでは《家父長制＝理性・良心》と《母権制＝近親相姦的紐帯》の二項対立だけが立てられており、フロム自身が他方では強調していたはずの母権制の父権制に対する優越の側面（もとより「弁証法的前進」的にのみ回復可能な）は後景に退いてしまっているのである。

また私からするなら、イザヤを筆頭とする正典のなかの預言者の「メシア主義」を取り上げる場合、彼はそれら預言者たちが古代ユダヤ教のヤハウェ主義と如何に対立するかを旧約聖書諸文献に即して抉りだすという論じ方をとっていない。その結果、読者にとっては旧約聖書内の矛盾性はそれほど鮮明には浮かび上がらず、ヤハウェ主義との対立性の契機は前述の「肯定的な同盟者の姿」のなかに解消されてしまうように映る（参照、本章・『『イザヤ書』の解釈をめぐって」節）。

『ユダヤ教の人間観』は、ユダヤ人として少年期からずっと旧約聖書に親しんできたフロムが一九六六年に自分の「多年の省察の結実」として出版したものである、[19] 本書第一章で縷々考察してきた彼の「人間主義的精神分析」の視点を根幹に置き、ほぼ一千年にわたって書き継がれてきた旧約聖書の世界を、この彼の観点のいわば祖型形成の過程として読み解く書である。それゆえ、彼は総体としての旧約聖書が体現する精神世界の「中心主題」は、「血と地につながれた近親相姦的紐帯から人間を解放し、また偶像崇拝、奴隷制、権力等からも人間を解放して、個人と民族とそして人類全体に自由をえさせることにある」と述べる。[20] また、以上のような視点は、「徹底した人間主義思想が旧約聖書とそれに続く伝統の中の主要な動向だ」とみなす解釈であるとも言い直される。[21] ＊11

実はこの観点は先に触れたように——詳しくは次節で述べるが——これまで見てきた人類の宗教文化史に対するフロムの歴史的遠近法が、したがってまたユダヤ教に対するそれが同時にこの歴史過程を《「権威主義的宗教と倫理」vs「人間主義的宗教と倫理」》の確執史として捉え返す視点を内蔵するものであるという事情、そこから出てくるのである。この点で、くりかえせば彼の観点は、いかなる宗教においても、つまりユダヤ教の展開にあっても、右の二つの観点・文脈が保存され、その時々の文献や場面でどちらかが優勢になるにしたがってそれぞれ異なった傾向が顕著となるという点に据えられていると言えよう。[22]
しかしくりかえすなら、私の見るところ、右にいう相克性が彼の問題記述では――初期を例外として――それほど読者に強烈に浮かび上がることはないのである。

補注＊11　フロムの注目するユダヤ教のなかの神秘主義的＝人間主義的思索の水脈

彼が『ユダヤ教の人間観』で前景に押しだしているユダヤ教は紀元年以後に展開した、つまりくだんの正典以後の、ハシディズムやカバラ主義あるいはタルムード文献が体現するユダヤ教である。たとえば『愛するということ』にはこうある。ユダヤ教においてエックハルトや仏教あるいは道教と類似した神秘主義的思考が濃厚に現れ、自分の理解ではほとんど道教の「道」の概念に等しい「ハラカー」（「正しい生き方」を意味する）が強調されるのは「とくに紀元以降」であると。[23] つまり言い換えるなら、フロムの注目するユダヤ教のなかの神秘主義的＝人間主義的思索の水脈は世にいう旧約聖書の正典世界にはほとんどまだ兆候的な現れを見せるだけで、本格的には、十七世紀に誕生したハシディズムやカバラ主義の運動が再発見するところの、紀元以降のユダヤ教諸文献、マイモニデスやタルムード諸文献に姿を現すところのそれなのである。なおライナー・フィンクの『エーリッヒ・フロム――人と思想』・第二章はフロムの神秘主義と人間主義を基軸に据えたこうしたユダヤ教理解は青年期に彼が私淑したユダヤ教のラビ、ネヘミア・A・ノーベルとザルマン・B・ラビンコヴおよび当時プロシャでユダヤ人の唯一の正教授であったヘルマン・コーエンの圧倒的影響の下に形成されたものであることを詳論している。[24] なお、この問題に大きくかかわるフロムとブーバーとの交流の関係（それは一九二〇年にドイツで開設される「自由ユダヤ学校」に共に教師として参加した時以来のものであった）については本書・第Ⅱ部第四章「ブーバーとフロム」で触れる。

ユダヤ教の父権的性格への初期フロムによる批判

いま「初期を例外として」と述べた。ここで公正を期すために紹介するなら、初期フロムは一九三三年の論考「男性的創造」のなかにはこう明記していたのである。――「きわめて男性的かつ父権制的感情態度をそれ自身が最も強烈に表現した記録、それゆえ欧米文化の父権制的感情態度の最も重要な文献的基礎ともなった記録こそ、旧約聖書にほかならない」。「旧約聖書がきわめて男性的な性格を持つ」のは、それが「ユダヤ教的一神教の基本書として、さまざまな女性神に対する、社会構造における母権制の名残に対する勝利の記録だからである。旧約聖書は、勝利を収めた男性的宗教の凱歌であり、宗教と社会における母権制の名残に対する勝利の記録だからである」[25]。そして、同論考でフロムは右の指摘のあと次の点を――「男性的父権制的な宗教と体制の、だが、旧約聖書の場合よりははるかに色濃く、母権制の名残が存続している宗教と体制の表現」である「バビロニア神話」との対比を通じて[26]――延々と実に詳細に分析している。如何に旧約聖書の記述・メタファーの使用が女性嫌悪・敵視・蔑視の感情に支えられてなされていくかを[27]。それは翻訳書の頁数で三〇頁を超えるほどである。

ちなみにそこで彼が摘出する注目に値する諸モチーフを列挙しておこう。

第一に、ユダヤ教以外のほとんどの宗教は「ひとり女性だけが自然的生産性というかの神秘的能力を所有するという事実」を基盤に神話を構築するのに対して、古代ユダヤ教だけが、神は「言葉を発する」ことによって世界を創造したという『創世記』の冒頭が示すように、男性だけによる、しかも「非自然的傾向」が濃厚な――「言葉」なり「光」なり「真水」（「大洋」ならぬ）による――世界創造を説くのであり、しかも『創世記』第二節では神による「男女の創造」という第一節の記事内容は取り消され、男性のみが創造され、ついでその肋骨から女性が生みだされる次第となる。初期フロムはこの点をこう総括している。「自然は転倒されており、女性は生むこともなく、子供を懐妊することもない。男性が女性を産む。男性こそ産みの性であり、男性の肋骨が産みの母なのだ」と。[28] 第二に、「女性に対する敵愾心」。かの「楽園追放」の神話とは「勝利をおさめた父権制的な社会体制と宗教の神話」であり、そこでは「女性は危険存在であり、罪悪の原理であって、男性は女性に恐れを抱かねばならない。…〔略〕…女性は情欲によって男性を誘惑する。男性はそれに逆らうことができず、不幸へ転落する。女性に対して抱く男性の不安、女性こそ堕落をもたらす誘惑の主なのだとする咎め立て…〔略〕」に旧約聖書は満ちている。[29] 「産む行為が苦しみであり、したがって求める価値はまったくないとする」かの神が女に与えた「呪い」＝処罰の記述が暗黙に物語る代償的意味は次の点にある。すなわち「男性に固有な産む能力のなさをみずから慰めるための」それだという点に。[30]

とはいえ、彼はこの論考の一年後に書いた「母権理論の社会心理学的意義」では既に次の視点も披瀝していた。すなわち、かかる強烈な父権制的性格を示すユダヤ教にも実は「オリエントの母系的中心的宗教に対するある種の応答としての徴」が備わってもいて、かの「太母《グレート・マザー》の形姿」も消失してはおらず、それは『乳と蜂蜜』の流れる聖地（『出エジプト』）という理念」に保持されている、と。いわく、「この聖地は、預言書にもタルムードにも、何者をも拒まぬ豊穣にして肥沃なる大地のあらゆる性質をもつとされ、母系中心的諸宗教に見られる太母の役割を引き継ぐ」と。[31] また、十七―十八世紀の東方ユダヤ人のなかで起こったくだんのユダヤ教神秘主義の潮流ハシディズムにおいては、「母系中心的特徴がとくに明瞭かつ強烈に表現された」と。[32]

しかしながら、この「太母」的大地イメージやハシディズムにおける「母系中心的特徴」と父権的な完璧なる「義人の王国」たるダビデ王国の再建という救済イメージとのあいだの落差と確執について、具体的な詳細な考察が向けられているわけではない。また彼の思考は、まだこの段階では前年の論考「男性的創造」が強調した父権的男性主義的性格がユダヤ教の基調だという見解に立っているように見受けられ、後年の見地、すなわち、ユダヤ教の本質・真髄たる「メシア主義」にあっては、その反権威主義的で人間主義的な立場のゆえに、この「太母的」契機の復活――何よりも「自然と人間との調和」のヴィジョンにおいて――が見られる点で、「弁証法的前進的な母権制への回帰」を先取りする思想として読み取られるべきであるといった見地までには至っていないと見える。(確かにその示唆はあるとはいえ)。またそもそも後年の「メシア主義」をめぐる議論でも、この論点はそれほど明確に打ちだされてはいないと思える。

『イザヤ書』の解釈をめぐって

ここで、前節で披瀝した私の印象を傍証するものとしてフロムの『イザヤ書』論を紹介したうえで、それに対する私の批評をいささか述べておきたい。

フロムの『ユダヤ教の人間観』にとって、旧約聖書に登場する預言者は、一言でいって、十九世紀から二十世紀にかけて活躍した国際主義と人間主義思想の代表者としての「何千というユダヤ人哲学者、社会主義者、国際主義者」の祖型《プロトタイプ》であり、[33] つまりは最も良心的な——したがって運動が制度化したり、たんなる権力奪取の欲望に堕した場合には不可避的に運動から追放されることとなった——「革命家」の祖型である。彼いわく、「唯一者は真理と正義を愛するとはいえ、その愛は正義にまさるという観念、そしてまた、人間の目標が人間的完成にあるという観念は、ヴィジョンをもった人々、すなわち預言者たちによって伝えられ、受けつがれた」（傍点、清）。そして、この観念は何よりも預言者たちの発展させた「メシアの時」という観念において開花するのだが、その後代への影響は「先ずキリスト教において見られ、次にはそれが世俗化され、社会主義というかたちにおいて認められる。ただし、キリスト教も社会主義も、その制度的表現においては、本来のヴィジョンをゆがめてしまっているといわねばならない」[34]（傍点、清）。

　私の観点からすれば、右の引用に言われる「愛は正義にまさるという観念」は萌芽としては『イザヤ書』・『エレミヤ書』・『詩編』等に見いだされるにせよ、決定的にはまさにイエスによってこそ体現され刻印された観念であり、その当初は熱烈なユダヤ教徒であったパウロをしてイエスの使徒へと改宗せしめたおそらく決定的契機であり、イエスの思想をして旧約聖書が体現する「純粋ヤハウェ主義」（ヴェーバー）と決別せしめる契機である。また「人間の目標が人間的完成にあるという観念」（言い換えれば「神のようになる」という目標）は正統キリスト教の四福音書のうちでは『ヨハネ福音書』（ユングが強調したように、イエスの死後に神がイエスの代理として遣わす「助け主」（パラクレート）の助力を得て「万人が神の子たり得る」ことを強調した）に最も明瞭に現れてくる観念であり、同時に同福音書を四福音書のなかでは一番自分たちに近しいと考えたグノーシス派キリスト教において中心に据えられる観念である。

　だが私見によれば、前者の観念はもとよりこの後者の観念も、旧約聖書の正典世界を貫く基調——預言者たちが主役となるさまざまな書・記をも含め、そこではユダヤの民がつねにその裏切りの咎で「妬みの神」ヤハウェの糾弾と脅迫の対象として登場する――とはおよそそぐわないものである。

確かにフロムは、「聖書のうちの比較的古い方の箇所などでは、あわれみの神より正義の神の方が強調されている」とも指摘する。とはいえ、「預言者の著作においては、神の愛とあわれみに関する観念が満ちあふれている」と述べ、『イザヤ書』を参照するように求める。[35]

だが、果たしてそうか？　それは誤読ではないのか？

この点に関して以前私は拙著『聖書論Ⅰ　妬みの神と憐れみの神』・第Ⅰ部第六章「『残酷なる試しの神』としてのヤハウェと預言者のマゾヒズム」において、むしろフロムと真逆に『イザヤ書』くらいヤハウェの『妬みの神』としての暴力的性格を剝きだしに描く旧約文書もないと思われる」と述べ、かつ、マルコ・マタイ両福音書がイエスの《憐れみの愛》の思想を語るさいにそれを正当化する根拠として『イザヤ書』からの引用をおこなう場合、その引用が意図的な誤読あるいは改竄であることを論じた。

すなわち私見によれば、預言者を指して「彼みずからが我らの弱さを負った、そして（我らの）病いを担った」と語ったとされる『イザヤ書』の言葉には実際には「我らの弱さを負った」という言葉はなく、またそこでいわれる「我らの病」とは、ヤハウェに忠節ならざる「我ら」がもし忠節を尽くしたならば、必ずや迫害者からの迫害によって蒙ることになったであろう病のことなのである。そこには、おのが弱さゆえに犯した罪に対する自責の念のあまり心を病む者の、その弱さと心の病をイエスが代わりに担うというマルコ・マタイ両福音書のメッセージに通じる要素は何もない。『イザヤ書』の基調は、あくまでもヤハウェへの忠誠をいかなる迫害をもものともせず貫けとのメッセージに据えられていると言うべきである。

この点で、既に拙著の右の章で指摘したことだが、マルコ、マタイ両福音書でのイエスの《憐れみの愛》の思想を述べた箇所の言葉遣いと『イザヤ書』とを比較すれば、前者が後者のそれをいわば逆手にとってヤハウェの態度とは真逆の姿勢を打ちだしていることが気づかれるべきである。使用される言葉の意味がまったく反転せしめられているのだ。ここでは一例だけ挙げておこう。『イザヤ書』にこうある。「しかし背く者と罪人とは共に滅び失せ、ヤハウェを捨てる者は衰え果てる。まことに彼らはお前たちの好んだ大樹によって辱めを受け」（傍点、清）云々と。[36] 詳しくは後の第五章（第Ⅰ部）、「『マタイ福音書』の視点」節で論ずるが、イエス思想の真髄を語る『マタイ福音書』のかの言葉、すなわち「丈夫な者に医者はいらない、いるのは病んでいる者である。そこで、行って、私の望むのは憐みであって、犠牲ではないということが何であるか学んでこい。なぜなら、私は『義人』どもを呼ぶためではなく、『罪人』たちを呼ぶために来たからである」との言葉は明らかに前者の引っくり返しである（参照、拙著『妬みの神と憐れみの神』第Ⅰ部第六章・「『イザヤ書』をめぐる問題」節、第Ⅱ部第二章「イエスにおける慈悲の愛の構造」）。また「お前たちの好んだ大樹」とは『イザヤ書』の文脈ではバール・アシェラ信仰におけるアシェラ神のシンボルたる常緑樹を指し、それは反ヤハウェのシンボルとなっているが、《葉の茂る大樹》は新約聖書のなかではつねに天国を示す生命力のメタファー（良き種子の約束された成長の繁り）として使用される（参照、前掲の拙著・第Ⅱ部第三章「イエスにおける『天の王国』表象の『生命力』メタファー――種子と幼子」）。[37]
　確かに、フロムが挙げるように、『イザヤ書』には「彼らはその剣を鋤に、その槍を鎌に打ち変える。国は国に向かって剣を上げず、戦いについて二度と学ぶことはしない」という章句がある。[38] とはいえ、それは『イザヤ書』の全体を覆っている基調にとってはあくまで部分的で例外的なものに過ぎない。逆にその基調とは、「万軍の主」たる創造主たるヤハウェが自然に「命じ」、自分に背いたユダヤの民を「荒廃のうちに捨て置く」[39]、「これを打ちたもうた」ということのくりかえしの記述である。[40] また、最後までヤハウェを裏切らず忠誠を果たし、「山の頂の旗竿」の如く「わずかしか残っていない」・「残りの者」、真の「義人」らに対しては、反対にヤハウェは心よりの慰謝と「恵み」を与え、よってもって「まことにヤハウェは義の神である」（傍点、清）こと、言い換えれば――『マタイ福音書』とは真逆に――まさに「『義人』どもを呼ぶために」こそ「来た」神たることを世界に知らしめるであろうというメッセージである。[41] 一言でいえば、『イザヤ書』においてすらヤハウェ神は「その愛は正義にまさるという観念」に立つどころか、あくまでも「罪人の神」ならぬ「義の神」で終始しているのである。そしてくだんの『エレミヤ書』や幾つかの「詩篇」が語る「新しき契約」（キリスト教の視点からは新約聖書の語るイエスの十字架上の死を代償として与えられたとする「新しき契約」（新約）の予言的・前駆形態として解釈されるのをつねとしてきた）もこの基調の枠内のものなのである。ここでは詳論する余裕がないが（拙著『聖書論Ⅰ　妬みの神と憐れみの神』第Ⅰ部第六章「『残酷なる試しの神』としてのヤハウェと預言者のマゾヒズム」を参照されたし）、私の結論的判断を述べればこうである。すなわち、その根本的コンテクストは次の点にある。――この悪人＝敵との激しい戦闘のなかで、あくまでも自分の心根はヤハウェに従い彼の指揮の下で闘い抜こうとすること、つまり義人たらんとするところにあるのだが、しかし、いまこの瞬間は、敵からの猛攻に恐怖を怯え、「心を打ち砕かれ」、病に陥った状態にある、この情けない弱者である私を憐れんでください、自分はいま敵と十分に戦えない精神状態にあるがけっしてあなたを裏切らない、いつか立ち直ってもう一度戦闘に復帰するから、そのいまの私の苦衷を憐れみ、待っていてくださいという請願、これが一方にあり、他方に、神ヤハウェはこの請願を受け容れ、彼らの苦衷を彼らが裏切り者ではなく義人のゆえに蒙るそれと了解し、赦し、憐れみ、かかる者たちの罪を赦し、戦線復帰を受け入れるという「新しい契約」（『エレミヤ書』）をかかる者たちに対しては結んでくださったというコンテクストである。[42] 後にイエスが、あるいは原始キリスト教団がかかる「新しき契約」の思想を自分たちの側にさらに引き寄せ、ここに出て来る弱者（本来は神に従って義人たることを貫こうとしながら、弱さゆえにそれを為しえないでいる今の自分に強い自責の念をもつ）を、いわば全人間の普遍的なメタファーとして換骨奪胎し、くだんの『マタイ福音書』にあるいわば「罪人」中心主義的な「赦しと慈悲愛の神」観念へとそれを転轍したことは明らかである。しかし私見によれば、『イザヤ書』・『エレミヤ書』・『詩編』それ自体は依然として「義人」中心主義的な「軍神」-「義人」のコンテクストこそを基盤にしているのである。だから、フロムは先の一節を取り上げる場合でも、それが『イザヤ書』全体の基調と如何に矛盾するものかを同時に指摘すべきだ、というのが私の批評である。

また、フロムは、『イザヤ書』のなかに登場する「平和」の観念に注目し、それを『精神分析と宗教』で「人間主義的宗教」の本質的契機となる神秘主義的な「全宇宙との一体化」と重ね合わせ、こう述べる。既に一度(第I部第三章)紹介した一節であるが、もう一度引用しよう。

「平和は、疎外が一致へと変わる人間の心の中の変化の結果として生ずる。だから預言者の見る平和の観念は：〔略〕：たんに戦争がないということに尽きない。それは人間と人間の間の調和であり一致である。それは分離と疎外の克服である。預言者による平和の観念は、人間関係の領域を超えて拡大される。新しい調和は人間と自然との間にも樹立される。：〔略〕：人間と自然は敵対者であることをやめ、一つになる。人間は自然界の中に安住し、自然は人間の世界の一部となる。これが預言者的な意味での平和である」[43]。

また彼がその証拠として挙げるのは、『イザヤ書(第一)』11章の「エッサイの根から出る芽」節の次の箇所なのである。それは同書において遂にヤハウェ神の敵が倒され、神の正義があまねく実現される終末論的未来のヴィジョンが語られる箇所である。いわく、

「…〔略〕…正義をもって弱い者たちを裁き、公正をもって地の貧しい者たちを裁決する。…〔略〕…正義

はその腰の帯に、真実はその腰部の帯になろう。狼は子羊とともに宿り、豹は子山羊とともに伏し、子牛と若獅子と肥えた家畜は共にいて、小さな少年がそれらを導く。雌牛と熊は草を食べ、相共に伏すのはその子ら。獅子は牛のように藁を食らう。乳飲み子が戯れるのは、毒蛇の洞の上、まむしの穴へと、乳離れした子は手を伸ばす。…〔略〕…まことに、ヤハウェをめぐる知見が地を満たすこと、まるで、水が海を覆うようだ[44]」。

邦訳『イザヤ書』（岩波版・旧約聖書Ⅶ）の翻訳者である関根清三は、その注のなかで、この一節が『ホセア書』2章・「愛による和解」節に繫がるものであり、そこには次のコンテクストが伏流していると指摘している。すなわち、『創世記』には原初は人も野獣もみな草食であったから、人と野獣にせよ野獣同士にせよ一方が他方を食おうとして死を賭した争闘に陥ることはなかったが、この平和がくだんのノアの洪水以降破れ、それを回復するのが終末論的な救済の時だとする思想が伏流している、と[45]。そして、フロムもこのホセア書との関連を指摘している[46]。

ところで、この一節については、フロムは取り上げていないが、興味深い問題が二点ある。私はその二点を拙著『ドストエフスキーとキリスト教』のなかで取り上げた[47]。

第一点は、ドストエフスキーが『悪霊』のスタヴローギン、『未成年』のヴェルシーロフ、『カラマーゾフの兄弟』のイワンに語らせる「人類の黄金時代の夢」は実はこの一節から採られているという問題であり、彼はこの夢について彼らにこう言わせているのだ。ヴェルシーロフに代表させるならば、「これはかつてあったあらゆる憧憬の中のもっとも非現実的な夢想だ、だがその実現のために人々はその生涯と力のすべてを捧げ、そのために予言者たちが生命を失い、またそれがなければあらゆる民族が生きることを望まず、死ぬことさえできないのだ！」（傍点、清）と。[48]

第二点は、ニーチェの遺稿ノート（「遺された断想」）のなかにヴェルハウゼンの『イスラエル史序論』を読んでニーチェがしたためた次の要約があるという問題である。いわく、

「国家が分裂と危機に陥り、無政府状態と外面的な崩壊のなかでの、アッシリア人に対する恐怖のなかでの生活が続くと、それだけますます強く、完全な王政の、まったく独立した民族国家の再来が夢想される。この種の幻想は預言者的だ。イザヤはそのいわゆる救世主の予言によって最高の典型である。……〔略〕……彼らが望むのは『黄金時代』などではさらさらなく、確固として厳格な統治であり、軍事的で宗教的な本能をもち、エホバへの信頼を回復する君主なのだ」[49]。（傍点、ニーチェ）

ここでの問題とは、右の要約のなかに「彼らが望むのは『黄金時代』などではさらさらなく」（sie wünschen durchaus kein "goldenes Zeitalter", sondern...：グロイター版のニーチェ全集：Friedrich Nietzsche Sämtlich Werke Kritische Studienausgabe Band13, s. 170）とある点だ。まずくだんのヴェルハウゼンの著作と照らし合わせてみると、それは同書の次のくだりを念頭してのことだということがわかる。――ヴェルハウゼンはまず「正義・公正こそヤハウェの固有性であり中心的な要求である」と書き、「眼前にする王国はふつう不十分なものであるから、イザヤは古代のダビデ王国という模範に合致した新しい国家を、すなわち救世主を望んだ」と続け、その少しあとにこう書くのである。「ふつう人はここに世間のいう地上の黄金時代が指示されているように思うだろうが、しかし、イザヤは一つの舞台としての聖なる山、すなわちダビデ王国の中心たるまったきダビデの都を象徴する山、それについて語っているに過ぎない」と。[50]

では、その記述を読むと多くの人が「黄金時代」を想起するであろうとされたその山の状況はどういうものとして記述されたかというと、それがまさに前述の『イザヤ書（第二）』第11章なのである。つまり、先に示したドストエフスキーの解釈とは反対に、さらにいうならフロムとは反対に、ヴェルハウゼンはこう主張しているのである。そこに見られる獣間ならびに野獣と人間の共存・調和のヴィジョンはあくまでも《正義・公正が完璧に支配する義人の王国の樹立》という救済目標の比喩、言い換えれば「正義と信頼は頰ずりし、如何なる強者も弱者をかさにかかって侮辱することはなく、法の厳格さをおもんばかって普遍的な信頼が生まれ、もはや子羊は狼を怖がることはない」ということのたんなる比喩として使われているのであり[51]、文字通りの「平和共存・調和」の実現（フロムはそう解釈したわけだが）を救済目標としているわけではない、と。そして、その解釈をニーチェは是としている。

ここで、これまで縷々紹介してきた問題を本書の「はじめに」章（および第I部第三章の前述の節）に引き取るならば、こうなる。――なるほど、『イザヤ書』や『ホセア書』のなかにはフロムのいう「平和・調和」（人間間のみならず人間と自然との調和、さらにいえば自然内の生物同士の調和をも意味する）のヴィジョンが見いだせるとはいえ、しかし、それはあくまでも副次的な比喩的要素に過ぎず、古代ユダヤ教の「宗教的救済財」の支配的な基調はあくまでも絶対正義・完璧なる「正義・公正」が貫かれた義人国家の再建という「政治的ならびに社会的革命」（ヴェーバー）的ヴィジョンに置かれている、と。

かくて私の観点からすれば、フロムの『イザヤ書』解釈はいうならばあまりにユダヤ教神秘主義の視点――しかも、それをマルクスのくだんのヴィジョン、《貪欲化した「私的所有」のもたらす疎外からの解放が可能にする諸個人の真の生命的な自己発現》というヴィジョンの先駆とみなす（参照、第I部第二章）――に立っての〈兆候読み取り〉（デリダ的にいえば「脱構築」的な）であり、結果として正統古代ユダヤ教（旧約聖書正典世界）

とイエス思想との対決線を曖昧にするものとして映る。

しかも、次の点も指摘せざるを得ない。如何に「調和と一致」と言おうとも、フロムの言う「実存的二分性」発生以前の宇宙においてであれ、また「実存的二分性」に媒介されつつそれを止揚する未来の「弁証法的前進」的に「調和と一致」を回復した宇宙においてであれ、「エッサイの根から出る芽」節の述べる状態を文字通り実現する「調和と一致」なぞあり得るはずもなく（まさか人間が一切の食肉文化を棄てるわけもなく、かつまた動物間の生命を賭けた生存競争が止むわけもなく）、それはあくまで比喩であり、ドストエフスキー文学の主人公たちのいう「あらゆる憧憬の中のもっとも非現実的な夢想」でしかないということである。別な言い方をすれば、「全宇宙との統一」がもたらす「調和と一致」を語る場合、フロムの視点には本書第Ⅰ部第三章・『空』の『善悪の彼岸』性＝脱・道徳性」節で論じた問題が明確に取り込まれていないのである。彼の語る「調和と一致」の概念は文字通り人間主義《ヒューマニズム》的なそれであって、「空」体験において問題となっている「全宇宙との一体化」が個人的主体性から「宇宙の全体性」の側への超＝無道徳的な主体転換を前提とすること、だからそこでいう「調和と一致」もおよそ通常の人間主義的な枠組み、言い換えれば「道徳」の地平のそれではあり得ないことがそもそも自覚されていないのだ。（この点ではマルクーゼの方がはるかに自覚的である。参照、第Ⅱ部第六章）。

関根清三は『創世記』では人間も野獣もそもそも「草食」であるとされたと指摘するが、いうまでもなくそれも一個の神話幻想であり、事実を言ったものではない。将来仮に人間と自然とのあいだにフロムの言う「調和と一致」が再建されたとしても、「狼は子羊とともに宿り、豹は子山羊とともに伏し、……」云々の状態が生まれるわけもなく、それどころか地球自体の破滅がそのうち宇宙の運命的のなりゆきの果てにもたらされることも十二分にあり得るであろう。（しかも、人間文明における科学技術の驚愕的な進歩と、他方における人間性の不変化ないし劣化との悲劇的不均衡が、人間に自らの手による生態系破壊を通じての自滅を招来せしめる危険は既に歴史の射程に入ったかもしれないではないか！）

だが、「空」の地平では、そうであっても生じる「全面否定」と「全面肯定」が表裏一体的に貼りあわされた「一切受容」の「仏智」（大拙）の説く、「善悪の彼岸」において成り立つ「調和と一致」が問題となっているのだ。他方私から見ればフロムの説くそれは、この「空」の地平での「調和と一致」をいわば比喩として使いながら、あくまでも人間社会が生む「私的所有」主義のもたらす疎外を最大限に緩和しようとする人間主義的実践の地平に立ち、またいわばその限界内・枠組み内での「自然と人間の調和」を説くものであり、かかる実践努力が依拠する「宗教性」＝ユートピアを言い表すものであって、仏教の本来の「空」の地平に立つものではない。私からすれば、この区別がフロムでは曖昧である。

なおもう一点つけくわえるならば、次の問題も見逃せない。このユダヤ教神秘主義の視点からのフロムの解釈は、次の問題についてはは聞くに値する発言を一切おこなっていないのである。すなわち、ヴェーバーが執拗に強調し続けた比較宗教社会学的な差異の問題、つまり、古代ユダヤ教＝カルヴィニズムの継承線こそが初めて民衆のなかに「合理的現世内倫理」をもって己の社会的現実に変革的にかかわる「市民」的精神を大規模に育成できたこと、これに対して、フロムがその内在的連帯性を東西文化の障壁を超えて打ち立てようと腐心する「一種の無神論的神秘主義」（前出、本書九九頁）は少なくともその東の本拠地であるインド、中国、朝鮮、日本では、民衆のなかにかかる「合理的生活態度」を育成する知識人‐民衆の関係性をまさにその隠遁者的な「現世内現世超越」（ヴェーバー）的志向性（本書一一一—一一五頁）によって本質的＝構造的に生みだせず、およそ西洋的な意味での「市民社会」の形成を促す力をもてなかったこと、このことについては。

「権威主義的宗教と倫理」VS「人間主義的宗教と倫理」

ところで、これまでの論述の文脈からするといささか議論が少し横にずれるようであるが、彼のくだんの歴史的遠近法を根底から支える彼の倫理的でもあれば精神分析的でもある視点について概括的な説明を与えておきたい。それは、人類の宗教文化史を《「権威主義的宗教と倫理」vs「人間主義的宗教と倫理」》の確執史として捉え返す遠近法である。

まず二つのことが指摘されねばならない。

第一は、フロイトとの関係でフロムの目指す精神分析学が、何よりも心理学と哲学および倫理学との統合の線上に構想され、この点で次のフロイト批判を起点に置くものであったという事情である。すなわち彼によれば、フロイトは精神分析学を「自然科学としての心理学」として造り上げようとする方向を目指すことによって、「現代心理学、とくに精神分析学は人間主義的倫理学の発展のための、最も強い刺激の一つとなるべき」という決定的な意義を見失うという過ちを犯したのである。[52]

第二に、そもそもそうしたフロイト批判の根底には次のフロムの観点、すなわち「人間の本性」・「人間のパーソナリティ」は「自己の存在の意味と自己の生き方の規範とを要求する、一つの全体として捉えるのでなければ理解できない」(傍点、清)という心理学的でもあれば実存哲学的でもある倫理学的観点が据えられていたという点である。[53] 彼は人間存在に関するこれまでの諸思想と自分自身の観察とを結びつけるなかで「倫理的行為のための規範の源泉」が結局「人間の本性 human nature」自体のなかにあり、その本性を犯すならば、人間が如何に「精神的情緒的な融和」を失い精神的病理に陥り犯罪的ないし自己破壊的行為に走るかという問題の関連性、つまり《「人間的本性」に関する人間学的実存論的認識‐倫理学‐精神分析学の三者》を繋ぐ本質的連関の存在を確信したのである。（付言すれば、かかるフロムのフロイト批判こそマルクーゼが拒絶しようとする当のものであり、両者にとっての対決点にほかならない。参照、第Ⅱ部第六章）。

右に示した観点、これは独立した思想家としてフロムがデビューすることを告知する彼の著作、すなわちかの『自由からの逃走』と並ぶ『人間における自由』のまさに劈頭を飾る第一章「問題」に宣言される観点である。（『正気の社会』では「規範的な人間主義の立場・接近方法」と呼ばれる）(54)。と同時に、この観点は本書がくりかえし強調してきた《個人の生きた自己発現の自己目的性》の思想と当初から固く一つに結ばれてもいた。いわく、右のように人間存在を「身体‐精神的全体性 physico-spiritual totality」として問題にする見地は、「人間の目標は自己自身の実現（to be himself）にあると信じ、この目的に達する条件は、人が自己自身のために存在すること（man be for himself）なのだと信ずること」であり、かかる見地はすなわち「人間主義的倫理の偉大な伝統」の上に立つものである、と(55)。この観点からフロムは「自由と生命的自発性といつわらざる自己表現・発現」をそもその人生の意味を形づくる最高価値とみなし(56)、種々の「権威主義的宗教と倫理」批判、ならびに現代資本主義が生みだす「市場的構え」・「サイバネティックス型人間」・「人間の自動機械化・ロボット化」に対する批判の根拠に据えた（後述）。

またわれわれは本書においてたびたび「生産的性格 productive character」の概念が如何にフロムの思索を領導する概念であるかを見ることになるが、早くもくだんの第一章で彼は前述の三者連関が照射する「成熟した融和した性格構造」を「生産的性格」と名づける。また、「利己主義」の意味でも、それと深く結びつく「ナルシシズム」の意味でもない、くだんの「人間の本性」の深き充足という意義を孕んだ「真に人間的な自己肯定」としての「自己愛」の概念、これを自分は擁護し展開したいとも述べている（参照・第Ⅱ部第二章「ニーチェとフロム」)。

では、かかる観点からフロムの人間主義的精神分析学と人間の倫理思想史とが渡り合うことになる最大の場、「争点《イッシュー》」の場とは何か？　それが、《「権威主義的宗教と倫理」vs「人間主義的宗教と倫理」》という彼の問題設定なのだ。

彼はこの争点を設定するにあたって、まず「権威」をめぐって「合理的権威 rational authority」と「非合理的権威 irrational authority」との争点を設定する。というのも、およそ如何なる宗教ならびに倫理にあっても「権威」なきそれは考えられないからである。

フロムによれば、「合理的権威」は「能力」に由来するそれである。与えられた仕事を為すにあたって、因果の関係を理性的に見極め適切な手段と手順を選択し果断に実践を追求する意志の能力を示す人間は、周囲から尊敬され、おのずと権威を発揮することになる。とはいえ、その権威とは彼の発揮する「魔術的な力」あるいは周囲が彼に覚える「非合理的な畏怖」に依るものではない。あくまで彼の発揮する「合理性 rationality」への称賛から生まれてくる権威である。だからまた、「合理的権威は、それに従う者が絶えずそれを吟味し批判することを許すばかりでなく、そうしたことを要求しさえする」のだし、その権威は「常に一時的なもの」であり、それが受け入れられるのはその実際の「効用」によってであり、絶えまなく点検されるものとして成立する。(57)

他方、「非合理的な権威の源泉は、人々を支配する力である」。この「力」は身体的なものでも精神的なものでもあり得るが、精神分析的視角から注目すべき点は、その「力」が力としての威力を発揮する程度はその「力」に頼ろうとする服従者の抱える「不安」に相関しているという点である。この「不安」によって、服従者は権威を自分を本質的に超越した絶対的に優越した権威に祭り上げ、それに無条件に従うことによって己の内部に抱える大きな欠損・空虚感を満たす補償を得、それによって「不安」を解消し心理的安定に至ろうとする無意識の心理的要求――まさに精神分析されるべき――を抱くのだ。[58]

先に見たように「合理的権威」にあっては、この権威に対する服従者の積極的な自主的な吟味・批判が権威そのものから要求された。つまりそこでは、権威者と服従者とは「合理的能力」の発揮者という資格において対等な者として出会い、かかわらねばならないと前提されている。また服従者は、己の理性的判断能力を涵養し自主的な批判能力をもった人格に成長することが、またいったん過去の自己の判断を誤りとみなすなら、それを率直に自己批判し撤回し新たに発見した「真理」に従うことのできる徳をもった人格に成長することが、推奨される。

他方「非合理的権威」における権威は、そもそもそのような批判・吟味の相互性を超絶した絶対的権威＝「魔術的な力」として服従者の前に現れるのであり、かつ服従者は実はそのことを欲してもいる。くりかえしいえば、権威は、服従者の側の「権威に対する畏怖と、権威に屈従する者の弱さと依存の感情」と相関しあっている。[59] この心理的相関関係から次の決定的に重要な特徴が帰結する。それは、「非合理的権威」にあっては、「従順」が「主要な徳」となり、「不従順」が「大きな罪」となり、さらに進んで「反逆」は「許しがたい罪」とみなされるということである。[60]

きわめて注目すべきは、既に言及したことだが、この点でフロムが旧約聖書の『創世記』の冒頭を飾るくだんのアダムとイブの楽園追放の理由となる「罪」に関してこう述べていることだ。すなわち、彼らの「真の罪」・「最大の罪」は「神に似た者となろうと試みたこと」であり、つまり「権威者の絶対的優越性と独立性」に対する「反逆」であった点である、と。[61] この点では、フロムにとっても古代ユダヤ教は「権威主義的宗教」の典型であるのだが、しかし、既に前節で強調したように、彼はそれとは真逆な「人間主義的宗教」の側面をもユダヤ教のなかに、少なくとも顕在化した形では十三世紀以降のタルムードからカバラ主義を経由してハシディズムに至る神秘主義の流れ――十七世紀に最初の頂点を迎える――のなかに認めるのである。まさにそこでは正統ユダヤ教においては「最大の罪」とみなされた「神の如くなること」が最高の倫理的目標として掲げ直されるのだ。

ところで当然ながら、この「権威」の異なる二形態という問題は、宗教と倫理が実際に諸個人によって生きられる内面の場における心理的凝集点、すなわち「良心」の概念もまた相異なる二形態、すなわち「権威主義的良心 authoritarian conscience」と「人間主義的良心 humanistic conscience」に区別され問題にされねばならないという観点をもたらす。[62] きわめて興味深い問題は、フロムにとってかのフロイト精神分析学の結節環の一つとなる「超自我」の概念――「良心」とは内面化した権威（子供にとって畏怖の対象以外の何物でもないものとして現れる父親の権威）にほかならないとする――は『権威主義的良心』の分析であるに過ぎない」のであって、[63] それは、「人間主義的良心」という別の「良心」の在り方に対する考察を欠如した、またその点でフロイトの父権主義的気質を自己暴露するものとなることである。すなわちフロムによれば、「権威主義的良心は、両親、国家、あるいは一つの文化の中に現れる、その時その時の権威者たちなどの外的権威を、内面化したものの声である」。[64]

そして、その心理的・感情的核心を形成するものは「怖れ」である。[65]

また見逃してはならないことは、この「権威」と「怖れ」との相互作用的連関は、「理想化」、言い換えれば「投射」‐「内面化」の相乗化作用によっても彩られるに至るという点である。「怖れ」は「賛仰」の色彩を帯び、外的権威は服従者の内なる「完全さ」への欲求（彼らの内的不安・欠如感の裏返したる）を「投射」したものとなり、そうであるがゆえにますます服従者にとって内面化せざるを得ないものとなるのだ。フロムは鋭くも指摘する。この相乗作用は服従者の内面に「きわめてしばしば権威の理想的な性格に対する揺るがざる確信を生み」、そのことによって「経験的にはきわめて明瞭な一切の矛盾」に対して「免疫」効果を彼らに与える、と。[66]

では「人間主義的良心」という形態に関してフロムはどう論ずるか？

それは、何よりも外的権威の内面化の所産としての我々の内なる――フロイト的にいうなら――「超自我」の声ではなく、文字通り「我々自身の声」である。すなわち、本章の冒頭で取り上げたフロムの「規範的人間主義」（『正気の社会』）が提示する「人間の本性」のあげる声である。彼はこの「本性」が構成する「機能」・「能力」の「全体的」性格を強調し、こう述べる。かかる声＝良心とは、「我々の人間存在としての機能を判定するもの」であるが、「個々の能力の機能に対する反応」ではなく、「全体的能力に対する反応」（傍点、清）であり、それは「良心 conscience」の語源をなす「統覚（con-scientia）」という語が示すように総合的な「自らのうちなる知識」であり、「人生の生き方における成功と失敗とを知る知識」、しかもわれわれを行動せしめまさに生きさせる知識として「情緒的性質」を帯びた知識である、と。[67] 本章の冒頭で彼が「人間の本性」に由来する「成熟し融和した性格構造」を「生産的性格」と名づけることを指摘したが、この点で彼は良心を「我々を我々自身に喚び戻し、生産的に生かしめ、そして十全に調和的に発展させる声」あるいは「我々自身に対する我々の愛に満ちた配慮の声」と名づけている。[68] またその意味で、先に述べた真の意味での「自己愛」の核心を構成するものと把握している。（なお、マルクーゼはかかる《精神‐身体》の統合的＝統覚的な主体性を規範として掲げること自体が実は隠然たる順応主義の推奨であると非難する。本書三九二頁）。

さて、この節の締めくくりとして次のことを述べてきたい。すなわち、この点で本書にとっては右のフロムの見地・問題設定にかかわって次の二点がことのほか興味深い考察すべき問題となるということを。

第一は、まさにこの見地から、フロムはたんに人類の宗教文化史のみならず、それを彩る各々の宗教ないし倫理の諸形態においても――前節で触れたように、例えばユダヤ教のなかに、また第六章で示すようにキリスト教のなかにも、とりわけカルヴィニズムにかかわって――この《「権威主義的宗教と倫理」vs「人間主義的宗教と倫理」》の確執を考察する視点を採るという点である。と同時に、この視点をどこまで適切に展開できたかが当然彼自身に跳ね返る問題ともなるという事情である。この点で、フロムのユダヤ教論の展開仕方――特に『イザヤ書』論――に対して私がかなり手厳しい批判を抱いていることは前節で示したとおりである。

第二は、私の視点からいえばこのフロムの確執論からは――特にユダヤ＝キリスト教の宗教的・倫理的伝統にかかわって、またその問題をめぐるユングならびにヴェーバーの考察にかかわって――当然《マニ教主義的善悪二元論》批判というテーマが切り出されて然るべきなのだが、その押しだしが彼には見いだせないという問題、この点についての私の批判である。そのことについては次の第五章の最後の節で述べたい。

「権威主義的宗教と倫理」にとっての性欲

さてここで、前節で縷々述べた「権威主義的宗教と倫理」の問題を「性欲」観にかかわらせてみたい。というのも、性欲をどのような問題として受け取るかという問題はフロムの人間主義的精神分析学の中心問題でもあるし、フロイトとフロムとのあいだに横たわる批判＝継承の問題の環でもあるから。

既にフロムの「人間主義思想」の諸特徴について論じたさい、私はその特徴の第三として彼のなかにある「生命主義」とでも呼ばれるべき要素を挙げた。

このテーマに関しては『ユダヤ教の人間観』には次の言葉がある。「生命の肯定の原則と切っても切れない関係にあるのが愛の原則である」と。[69] そして、彼はこの問題を『レビ記』の一節を引用しながら、既に隣人愛の思想は旧約聖書にあるという問題のコンテクストにおいて展開している。

他方、くだんの拙著『聖書論I　妬みの神と憐れみの神』で私はイエスの思想を「生命主義」として特徴づけつつ、旧約聖書に横溢する女性嫌悪と性欲嫌悪──かの「姦淫」を死刑に値する罪とみなす思想と深く結びついた──との関係で、パウロの反律法的生命主義の志向ともかかわらせながら、その問題の核心に性欲を如何に肯定し得るかという問題を置き、この角度からグノーシス派キリスト教のエロス主義をめぐる評価問題もそこへと関連づけた(70)。

かかる私の視点から『ユダヤ教の人間観』を振り返った場合、そこでのフロムの「生命主義」を構成する問題設定のなかには、先の「ユダヤ教の父権的性格への初期フロムによる批判」節で取り上げたくだんの初期論考「男性的創造」（一九三三年）とはきわめて異なって、こうした問題の環がまったく居場所をもたないことに驚かされる。前述の拙著が執拗に問題にした「肉」の概念（性的意味を帯電した身体を指す）がユダヤ＝キリスト教的文化圏において担う問題性についての批判的考察もなければ、それと関連して古代ユダヤ教を女性嫌悪という問題視点から論ずる構えもそもそもなく、また彼の「人間主義」がこの連綿たる問題性──旧約聖書以来のこの問題複合のもつ重みを理解しなければ、二十世紀に執拗に追求されついに六〇年代後期に西欧におけるまぎれもない「文化革命」として生じた青年層における性革命の文化史的意義は理解されないであろう──にどうかかわるかを論じた箇所もない。

ただし、ユダヤ教論という場を離れて、そもそもフロムの「人間主義的精神分析」のなかでは性欲の問題はどのように論じられていたのかという視点から彼の思索を探索すると、次の問題が浮かび上がる。すなわち、もし、そこでの彼の観点をもって旧約聖書の正典世界に対したならば、後者における性欲観が彼の批判してやまない父権的かつきわめて所有主義的なそれであり、まさに彼の人間主義的観点に真っ向から対立するものであることを告発することになったであろうことが。

この興味深い問題を以下素描しておこう。

たとえば、『生きるということ』第四章「持つ様式とは何か」において、フロムは権威主義的倫理の本質的性向に触れて、こう指摘する。すなわち、生命的自発性に溢れ活き活きと存在するという「良き健全なあり方 well-being」において実存することを追求する人間主義的倫理（「在る様式 being mode」）を、権威主義的倫理はつねに己に対する反抗を企てるものとして警戒し嫌悪し、事あるごとに抑圧しようと身を構えるものである。その点に、「在る様式」から見れば、権威主義的倫理がつねに「他律的な力」として現れ、またこの倫理がそれを誇示し自己享受すべく、何であれ生命的自発性があげる反抗の意志を砕くことに血道をあげる性向をもつことが示される、と。[71]

その場合フロムの観察によれば、権威主義的倫理にとって最大の敵となるのは「性愛」なのである。性愛は「自然の秩序に属する強力な傾向」であるから、「意志の抑制が最も困難なもの」であり、だからまた権威主義的倫理にとっては反抗の象徴となり、この象徴性のゆえにつねに警戒されるべき最悪の対象となるのだ、と。彼によれば、キリスト教会を特徴づける性欲嫌悪――フロムによれば「産児制限禁止」とは「生殖を目的としない快楽目的のセックスは禁止」のアッピールのいわば偽装にほかならない――は右の権威主義的倫理の性向の典型の一つなのである。[72]

そしてフロムは次の重要な指摘をおこなう。

「非常に多くのいわゆる原始社会が何らセックスのタブーを持っていない。これらの社会は搾取や支配なしに機能するので、個人の意志をくじく必要はないのである。これらの社会はセックスをおとしめる必要はないし、罪悪感を持たずに性的関係の快楽を味わうことができる。これらの社会において最も注目すべきことは、この性的自由が性的貪欲をもたらしはしないということ、比較的短い性的関係の期間を過ごしたあとで、夫婦の組み合わせができるということ、それ以後は相手を交換する欲求は持たないが、愛がなくなれば別れることも自由であること、である。これらの所有的方向づけ（「持つ様式」への——清）を持たない集団にとって、セックスの楽しみはある（存在する being）ことの表現であって、性的所有関係の結果ではない[73]」。（傍点、清）

つまり逆にいえば、その心性が深く「持つ様式 having mode」に方向づけられ絡み取られている個人なり集団にあっては、性欲の欲望的核・志向性の中心（目的）は相手との性的快楽の相互贈与的交換それ自体の快楽性にあるのではなく（本書二九五—二九六頁に引用したフロムの「贈与」論は実は性的冷感症が知ることのない相互贈与的な快楽性を浮き彫りにするものでもある）、相手の性的所有にあり、そこではその所有感覚の強烈化のいわば担い手・手段として性的快楽が登場し、快楽追求の「貪欲 greed」化が起きる。つまり所有欲望の「貪欲」化——激しい所有競争場裡での所有喪失＝敗北の不安増大とそれが掻き立てる孤独感の強烈化をバネとする——の象徴であり、それによって掻き立てられるものとして。（だからまた、それは激しい「嫉妬」の攻撃感情と待機態勢と表裏一体となった構造をとる。相手の性的関心が少しでも自分以外の誰かに動くなら、それはたちどころに自分が心中深く隠し持つ所有欲望への重大な棄損・侮辱・攻撃となるのだ）。

だからフロムはこうつけくわえている。文明がわれわれに与えた「個別化」の程度は、もはやわれわれが原始社会の前述のような在り方にそのままの形で復帰することを不可能にしてしまったが、いわばそこからの「弁証法的前進」という形でもし将来「新しい形の無産状態」（共産主義的共同体）を生みだすことができたならば、われわれは「すべての持つ社会（私的所有に方向づけられた社会——清）に特徴的な性的貪欲を除去するだろう」

と[74]。

私からすれば、古代ユダヤ教において姦通行為が「石打ちの刑」による処刑が相当な重罪とされ、「淫婦」なり「娼婦」あるいは「淫行」が「裏切り」を糾弾するさいの最大級の象徴語となり、かくして「妬みの神」たるヤハウェは自分を裏切って他の神（たいていはバール・アシェラ信仰）に走るイスラエルの諸都市（たとえば、エフライム）を「淫婦」呼ばわりし、まさに「貪欲」と双生児的関係にある「嫉妬」という感情こそが旧約聖書の正典世界全体に横溢する基礎感情（ハイデガーの言う「情状態 Befindlichkeit」）となるという事情、そこからして男を嫉妬に走らせる女の性的邪悪さこそ人間世界に暴行・戦争を蔓延させる元凶だとする「女性嫌悪《ミソジニー》」が旧約聖書の歴史観の基調に座るという事情、何よりもヤハウェ主義者が嫌悪したのはヴェーバーによればバール・アシェラ信仰がおこなった田畑の豊穣な生産力を祈願する農耕儀礼としての「田畑の上での性交儀礼」であったという事実、等々は、古代ユダヤ教の立脚する心性が——ここでフロムの用語を援用するなら——きわめて父権的で権威主義的な「持つ様式」に方向づけられた所有主義的な心性であったことを疑問の余地なく示すといえよう。

しかしながらフロムの『ユダヤ教の人間観』においては、初期ユダヤ教が父権的で権威主義的な倫理の典型の一つを示すことの指摘はあるにせよ、この性愛という場面で、またいましがた列挙したような問題の諸要素に照らして、少なくとも旧約聖書の正典世界の基軸がかかる父権主義的所有主義的心性と「女性嫌悪」に置かれているとの指摘はないのである。（くりかえしいえば、初期論考「男性的創造」とは真逆に）。

ところで、フロムの「愛」をめぐる思索のなかで性愛・性欲の問題が基本的にどういう問題として設定されているか、これを簡便に示すのは『愛するということ』（原題、*The Art of Loving*）のなかの第2章・「C異性愛」節であろう。

フロムの精神分析学における性欲と愛の相互関係

まず『愛するということ』において、彼は「愛」という精神的感情・欲求と「性欲」との関係をどう問題設定すべきかを問い、フロイトと自分との視点上の対立点を次のように描きだす。すなわち、フロイトは「愛」の欲求をひたすら「性欲」という生理学的欲望との関係において問題にするだけであり、その「表出」ないし「昇華」として規定するわけであるが、まず第一に、「愛」といういわば《パートナー欲求》（或るパートナーを得ることが自己の存在の豊饒化＝欠如性の克服にとって不可欠だとする、プラトン的「エロス」の関係性を範例とする、実存的欲求）はそもそも「精神生物学的な側面」を必須の契機として含むものである。つまり生理学に還元できない、そもそも関係的存在たる人間の、その「人間の本性」から生じる「生物学的・実存的次元」を孕むものであり、この点で「性欲」と「愛」の関係はむしろ次のように捉えられるべきである、と。すなわち、人間にあっては「性欲」は当該の人間における「愛」の欲求の充足度やその形態、つまり自己と他者との如何なるパートナー関係性を一番切実なものと欲するか、そしてどんな形でこの欲求を満足できているか、あるいは満足させることができないがゆえにどんな補償の追求に走らざるを得ないか、等々の問題によってこそ大きく規定されるという規定関係を基軸にしつつ、そこに相互作用的な循環性を生みだすところのまさに「精神生物学的」複合体《コンプレックス》連関として把握されねばならない、と。[73]

さらにフロムは、この「愛」の精神的・実存的側面を次の観点、「愛は兄弟愛（同胞愛）から直接に生まれるものである」という視点から問題にする。そのさい、この「兄弟愛（同胞愛）brotherly love」という概念は次のように定義される。すなわち「あらゆるタイプの愛の根底にあるもっとも基本的な愛」を指し、「あらゆる他人にたいする責任、配慮、尊敬、理解〔知〕のこと」「その人の人生をより深いものにしたいという願望」、イエスのいう「隣人愛」、つまり「全人類に対する愛」である、と。[76] ここで急いで付言すれば、この「全人類に対する愛」という「世界市民」的・普遍主義的契機を宗教的次元で一番強く体現するものこそ、フロムにとっては、まさに神秘主義の汎神論的契機なのである。神秘主義の汎神論的性格は必然的に個人・部族・民族・性別等を超えて、全人類のあいだに共通の神的本質の分有を見いだすから、神秘主義的視野こそがこの「隣人愛」――しかもその宇宙大の延長として一切の動植物への生物愛へと連続してゆく生命主義――を生みだす「宗教性」となるのだ（参照、第Ⅰ部第三章・補注8『人間主義思想』の基礎をなす普遍主義的自己理解」）。

第二のフロムの思索の特質は、前述の関係論的視点から出て来る、その性格論的視点にある。[77] すなわち、この「愛」の担う精神的「合一」欲求をたんに「性機能」だけでなく、むしろ「性格」機能においてまず生じるところの人間における相補性（プラトン的相互欠如性）に根差すものとみなす視点、これである。彼は、「侵入、指導、活動、規律、冒険」等の契機を主要契機とする「男性的性格」と、逆に「生産的受容、保護、現実性、忍耐、母性」をそれとする「女性的性格」とをいわば「理念型」として分別したうえで、この両要素はあらゆる個人において混淆しており、男女のジェンダー的性差はそれぞれの一方が他方に対して「傾向的に優勢」であることに過ぎないことを強調しつつ、しかし、人間理解においてこの両性格のあいだに生じる――相手に自分の欠如するものを見いだすがゆえの――牽引と反発の力学が発揮する心理学的作用の理解は決定的に重要であることを強調する。[78]

たとえばフロムによれば、女性のあいだを渡り歩いて取り憑かれたようにとっかえひっかえ相手と性愛関係を結ぼうとする男が示す「ドン・ファン化」現象は、「情緒的に子供のままであるために男性的性格が弱い男」、「性格的な意味での自分の男性性に自信がない男」が陥るものであり、それは、かかる性格の男がこの自分の欠如性を「もっぱら性的な方面で自分の男性的役割を強調することで」埋め合わせ補償しようとする、そうした心理学的強迫性・補償欲望に取り憑かれている結果だとみなすのである。しかもこの強迫性がさらに極端化すると、おそらくこの男はセックスの場面でサディスト化することによってこの心理的補償をさらに得ようとするであろう、と[79]。

また、反対に自分の「女性性」に自信がない女は逆の補償作用、つまりセックスの場面で「マゾヒズムとか自分の所有物化」に取り憑かれるにちがいない、と[80]（なおサディズムとマゾヒズムに関しては、次の第I部第六章・「サド＝マゾヒズム論」節に詳しい。また『人間における自由』第四章「人間主義的倫理の諸問題」、第3節「快楽と幸福」A「価値の規準としての快楽」には重要な指摘がある）。

かくて、当該の個人あるいは社会集団における「性欲」の諸形態と「愛」の享受の在り方のあいだに成立する次の関連を鋭く見抜くこと、それすなわちフロムの精神分析的観点にほかならない。いわく、

「性欲は、愛によってかきたてられることもあるが、孤独の不安や、征服したいとか征服されたいといった願望や、虚栄心や、傷つけたいという願望やときには相手を破滅させたいという願望によっても、かき立てられる[81]」。

この問題の環を媒介にして、彼のもとでは様々な性愛の諸形態が彼のくだんの性格論、当該の個人の実存の姿勢・態度が「生産的性格」のそれか「非生産的性格」のそれかを問う視点の下で分析されるのである。すなわち、「生産的愛」と一体となった性愛・性欲の在り方から、様々な非生産的性格の下でのそれ、言い換えれば、まさに「孤独」への実存的な恐れを克服しようとするさいの「退行的形態」の下での性欲の種々のサディズム

とマゾヒズムの形態が取り上げられ分析されるのだ。そしてたとえば彼はこう指摘する。いわく、「生産的愛」と一体となった性欲においては、「貪欲さも、征服したいという願望も欠けており、そのかわりに優しさがある」[82]（傍点、清）。＊12

またこの点で、真の意味の「自己愛」と「利己主義」（往々にして「自己愛」の概念が同一視される）との厳密な区別、これはフロムの精神分析的性欲論を特徴づける視点、フロイトの「愛」の性欲起源論に対する批判と等しいほどに重要な視点となろう。いわく、「利己主義と自己愛とは同じどころか、まったくは正反対」なのであり、「利己的な人は、自分を愛しすぎるのではなく、愛さなすぎるのである。……〔略〕……彼は自分を憎んでいるのだ」という観点、およびこの真の自己愛の欠如は「彼が生産性に欠けていることの一つのあらわれにほかならない」と捉え返されるという点である。（このテーマは、フロムのニーチェ解釈における中心的テーマとなる。参照、第Ⅱ部第二章「ニーチェとフロム」）。そしてこのことに対する逆説的な良き例は「神経症的な非利己主義」が必ず他の症候、すなわち「抑鬱、疲労、労働意欲の欠如、恋愛関係の失敗」等の症候の代償行為、つまりそれらを病んでいる負の自分、人生を憎悪している自分を自分自身に覆い隠し、無理やり自己肯定感を自分に調達する（相手からの、また周囲からの称賛によって）ための手段として追求されるという事情なのである。フロムは、その現代的典型を、自分を子供に献身している愛情豊かな人間と思い込んでいる過保護な母親のこれ見よがしの演技化された「非利己主義」のうちに見いだしている。かつまた如何に子はその裏側の事情を敏感に察知することで、母の愛の真実性に不信を抱き、その愛に嫌悪を覚えるか、を[83]。

なお次の一点をつけくわえておこう。――フロムは指摘する。これらの「愛」をめぐる諸問題・諸病理からあらためてフロイトの理論構成の仕方を振り返ると、フロイトが如何に「根っからの父権主義者」、すなわち「性を本質的に男性的なものと考え、性の特に女性的な側面を見落とした」人間であるか、フロイトにとって女性はつねに「去勢された男性」という角度からしか問題にされないか、そのことが浮かび上がる、と。[84]

なおフロムは、『破壊』に付けられた「付録――フロイトの攻撃性と破壊性の理論」や『フロイトを超えて』第4章・「2　本能主義的仮説の分析」節で、晩期フロイトの「死の本能」論とセットとなった「愛の本能」概念に対して、きわめて興味深い批判を展開している。ここでは『フロイトを超えて』の議論を取り上げることにするが、その議論は《愛》に関するフロムの思索をフロイトとの関係でもう一度総括し要約するが如き趣を備えている。

フロムによれば、晩期フロイトにおいて新たに打ち出された「愛の本能」概念における「愛」の概念は明らかにプラトン的な「エロス」概念――もともと対等平等な男女が、互いの本質からくる原理的一面性、言い換え得れば「分極性」（「男性原理」的性格と「女性原理」的性格の）を相互に補完し合って両性具有的な統合性を実現すべく結合しようとする欲求――を継承するものであり、以前の性欲と同一視されたリビドー的な「愛」概念とまったく異なり、「性的でない愛」を指し、前者と対立するものなのである。いわく、

「エロスの理論においては…〔略〕…人間はもはや本来孤立した自己中心的な存在として、機械人間（機械的唯物論的に発想されたホッブズ的な原子論的個人――清）としてとらえられることはなく、本来他人と関係を持っていて、彼をして他人との結合を要求せしめる生の本能に動かされる存在として、とらえられる。生命、愛、成長はまったく同じものであり、性愛や〈快楽〉より深い根を持ち、より根本的なものである」[85]。

ところが、この新しい概念が自分の以前からの思想と如何に「深刻で相容れない矛盾」に陥るかという点について、フロイトは結局明晰な自覚を打ち立てられず、彼はくりかえしこのエロス的愛を従来のリビドー原理

として立てられた性欲と同一視し続けるという自己矛盾に陥ったとするのだ。[86]（なお、かかる批判は『悪について』では明示的にはまだ示されていない[87]）。

なおこの点で、私としては次のコメントを加えておきたい。私は第Ⅱ部第五章「初期フロムのキリスト教論」を始めとして幾つかの箇所で、彼があれほど神秘主義の問題を重視するにもかかわらず、グノーシス主義ならびにグノーシス派キリスト教の問題をきわめて不十分にしか触れていないことを指摘したが、まさにグノーシス派キリスト教こそは愛ならびに性欲の問題を論じるにあたって、その基底にプラトン的なエロスの概念を据えた宗派であった（参照、拙著『聖書論Ⅰ　妬みの神と憐れみの神』第Ⅱ部第五章「女性嫌悪に抗するイエスとグノーシス派」、第六章「イエスの生命主義とグノーシス派」。『ドストエフスキーとキリスト教』終章「ドストエフスキーと私の聖書論」・「グノーシス派における性欲のエロス的肯定とドストエフスキーの性欲観」節）。だが、残念ながら『フロイトを超えて』においても、まさにこの根底をなすテーマにかかわって宗教思想史上のグノーシス主義の意義についての言及はなされていない。

さらにもう一点付言するなら、右に述べた「エロス」概念をめぐるフロムのフロイトへの批判については、それをマルクーゼとフロムのあいだに生じる議論にかかわらせて、私は第Ⅱ部第六章「マルクーゼとフロム」のなかでより詳しく論じるであろう。

補注＊12　ドストエフスキーの性欲観に寄せて

性欲をめぐるフロムの考察とドストエフスキーのそれとは大きく重なるところがあり、きわめて興味深い。

拙著『ドストエフスキーとキリスト教』での私の指摘の大略を記しておきたい。

――ドストエフスキーには、男性における性交の欲望と快楽は抜きがたく「犯す」快楽（征服し所有し尽くす、サルトルのいう「我有化」の欲動）の契機を帯電せざるを得ず、もし男の性交者の無意識のなかに何らかの事情から強い復讐やルサンチマンの欲動が蓄積され隠し持たれている場合は、次の如き事態が誕生するという直観があった。すなわち、その男のなかの無意識的攻撃性がこの「犯す」快楽をくだんの〈ペニスのヴァギナへの挿入と射精〉という生理学ないし生物学の「自然法則」的レベルでのそれを超えて過剰化し、その性交相手をそこに彼の無意識的な攻撃欲望が憑依するあたかも依代の如き存在へと変え、かくてその性交は知らず知らずのうちにその男の実存的レベルに巣くう復讐欲望のメタファーに変質するといった事態に対する直観が。いわんや、相手の女性とのあいだに如何なる愛の人格的絆もなく、男性の側には何らかの極度のルサンチマン欲動――まさに殺される不断の可能性を抱えさせられることによって――がある場合は、たとえば彼らが戦場に立たされた兵士であり女は敵側の女であるならならば、その女たちとの性交は彼らにとってたんなる性交に留まらず、同時に必ず公然たる示威的なこれ見よがしの強姦儀式といった共示的《コノテーション》な意味（敵の女を思うがままに所有し汚し屈辱を強いるといった）を帯電したものへと変質するにちがいない。逆に、性交に入る男女が愛の絆で結ばれているならば、その男女は自分たちのいわば生理学的ないし生物学の「自然法則」レベルでは「犯し‐犯される」快楽の関係性にあるものを、しかし、一種の遊戯に変え、そのサド＝マゾヒズム的性格を優しさに満ちた愛撫によって中和化し克服し、最後には大いなる平安・安息・庇護し庇護される喜び、プラトン的＝グノーシス的な「エロス」概念が指示する相互補完性の完成としての根底的な和合と統一感の成就へとゆきつくであろう。――明らかにドストエフスキーの性愛論の根底をなすのはかかる直観であると思われる[88]。

なおこの点で彼をD・H・ロレンスと対比することは興味深い。というのも、ロレンスは――グノーシス派の名前を挙げているわけではないが――、古代の汎神論的宇宙観を回顧する遠近法のなかで、彼の『翼ある蛇』や『チャタレー夫人の恋人』においてサド＝マゾヒズム的快楽の狂宴に燃え上がる近現代人の性欲を「小さいセックス」と呼ぶとともに、そこから解放され同時に古代的な宇宙との交信性を取り戻した性欲のユートピア的ヴィジョンを「大きなセックス」と名づけ、彼の性愛論をユートピア的次元をもつものとして構成したからである。ちなみに、『チャタレー夫人の恋人』は男主人公のメラーズにこう言わせている。「ああ！　核心は優しさなんだ。まんこ意識なんだ。セックスは本当は触れることに過ぎない。最も親しい触れあいだ。それで、この触れることをおれたちは恐れているんだ。おれたちは半分しか気づいてなくて、半分しか生きてないんだ」と[89]。

第五章　フロムとキリスト教

はじめに——私の観点

本章では、『ユダヤ教の人間観』におけるユダヤ教の「罪」と「救済」についての観方をめぐるフロムの議論、ならびに『生きるということ』第三章・「旧約・新約聖書およびマイスター・エックハルト」節における『マタイ福音書』の「幸いの詞」章についての彼の解釈に対する私の批判を述べたい。事は、たんに当該解釈の是非だけでなく、そもそも旧約聖書正典世界に体現されるヤハウェ主義とイエス思想との関係をどのように捉えるか、イエス思想の固有の契機をどこに見いだすかというユダヤ＝キリスト教文化史の核心的問題をめぐる認識にかかわる。（なお、ここで私が開陳する批判は『ユダヤ教の人間観』の二年前に上梓された『悪について』でのフロムのユダヤ教観にもそのまま妥当することはいうまでもない）。

この点で、まず右の核心的問題に関して私が拙著『聖書論Ⅰ　妬みの神と憐れみの神』においてどのような観点を打ちだしたかについて、詳細は同書に譲るが、簡略に紹介しておきたい。

私は同書において古代ユダヤ教の掲げる「宗教的救済財」の特質についてのヴェーバーの見地（本書「はじめに」の冒頭で紹介した）を私自身の見地としたうえで、イエス思想の独自性を次のように規定した。すなわち、古代ユダヤ教（ヤハウェ主義）の「政治的および社会的革命」主義の内部から生まれた「自己批判という明確なる反措定」である、と。[1] この「自己批判」という規定は、何よりも古代ユダヤ教のくだんの「革命主義」が不断に「マニ教主義的善悪二元論」に滑落する危険を孕むことへの批判（その意味でこの思想伝統に立つ者としての自己批判）を意味する。イエスにおいて何よりもそのことを象徴するのが、古代ユダヤ教の「聖戦」思想を念頭に、それに加担することの拒絶を象徴する「山上の垂訓」(『マタイ福音書』)におけるくだんの言葉「汝の敵を愛せ」であり、「裁くな、赦せ」である。

この古代ユダヤ教の革命主義に孕まれる「マニ教主義」は、その「聖戦」がまさにそれに対抗する敵対民族の「聖絶」を正当化するものとして現れる点(『申命記』20章、『ヨシュア記』、『死海文書』等々、ついでにいえばそれらの直系たるキリスト教の『ヨハネ黙示録』)に如何なく示されるとともに、次の問題においても顕著となる。すなわち、かかる革命主義はつねにヤハウェ神に忠節を誓う信徒たる自分たちを「義人」の正統的共同体を実現する人間たちとして描きだそうと努めるわけだが、そうした自己正当化の強力な道徳的エネルギーというものは実はその裏側に次の問題もまた秘めることになるのだ。それは、たんにその「革命」が差し向けられる敵(=抑圧者たる他民族なり自民族内の専横なる富裕層)のみならず、実は己の周縁に必ず劣悪なる非正統的な悪人・罪人層を被差別民・道徳的劣等者・背反者等として配置し、この周縁との絶えまなき自己比較(=差別)の意識回路=自己中心化の回路を設けることで、いわば「広義の粛清主義・純血主義」的心性に陥るという問題であり、かかる心性もまた完璧にマニ教主義的善悪二元論によって駆動されるそれだという問題である。

『ルカ福音書』が伝えるイエスのサマリア人称賛の言説、あるいは周囲から蔑視される筆頭の存在たる娼婦と徴税人こそが——その蔑視によって「心を砕かれる」自己罪悪視の孤独の苦悩を負うがゆえに、神の慈悲愛の何たるかを痛切に理解でき、それゆえに神を慕うこと最大なる者であるがゆえに——「天の王国」に最初に招かれる者であるとするイエスの言説、かの「裁くな、赦せ」の教え、これらはみなくだんの革命主義に付随する「広義の粛清主義・純血主義」とそこに孕まれるマニ教主義的善悪二元論に対するイエスの異議申し立てとまず理解されるべきなのである。

この観点から『マタイ福音書』を振り返った場合、既に何度か言及したが、われわれの眼を射るのは同書の「徴税人たちとの食事に関する論争」章の結びとして引用される次のイエスの言葉である。いわく、――「丈夫な者に医者はいらない、いるのは病んでいる者である。そこで、行って、**私の望むのは憐みであって、犠牲ではない**ということが何であるか学んで来い。なぜなら、私は『義人』どもを呼ぶためではなく、『罪人』たちを呼ぶために来たからである」（太字は『ホセア書』からの引用であることを示す。なお、『ホセア書』そのものにおいては「私の望むのは忠誠に満ちた愛であって、犠牲ではない」とされていること、この点で明らかに意図的な誤読ないし意味の重心移動をイエスがおこなっていることについては、拙著『聖書論Ⅰ　妬みの神と憐れみの神』第Ⅱ部第二章・「『ホセア書』問題」節を参照されたし[2]）。

この神ないし「神の子」イエスを「医者」に譬え、「罪人」を「病人」に譬え、イエスは「病人」たる「罪人」の救済に来た者であって、「義人」を集結せしめるために来た者ではないとのメッセージ、このメッセージこそイエス思想の核心である。

またこの魂の治癒という観点からイエスの語る「神の王国」の比喩（大樹へと成長する辛子種、無垢なる嬰児）に注目するなら、魂の元来もつ生命力の再生と活性化の場こそが天国（「神の王国」）であり、それはユダヤ教的な終末論的場（再興されしダビデ王国）ではなく、「今とここ」の現在主義的な場（「永遠の今」）として発想されていることが顕著な特徴である。また、この魂の病とその癒しに焦点を結ぶイエスのその「罪」観は何よりも人間の抱える「根源的な弱さ」（運命と環境がその個人に刻印する）へのいたわり・慈悲の視線に満ちていると言い得る。かの「裁くな、赦せ」の教えはこの視線に極まる。＊13

こうして、古代ユダヤ教（「純粋ヤハウェ主義」、ヴェーバー）とイエス思想との相違は部分的なものではなく、総体的なものであり、両者のあいだには「発展・完成」の概念に回収し得ない明確な対決と転換があったと言うべきである。そして、この観点から古代キリスト教の最大の異端たるグノーシス派キリスト教を見た場合、明らかにこの異端派こそパウロを超えて右の《回収し得ない明確な対決と転換》に一番鋭く反応していると言い得る。

以上が私の提起した観点の大略である。

ではかかる視点に立つ私にはフロムの当該の解釈が如何なる問題性を抱えたものと映るか、それを以下論じることとしよう。

そこでまず、彼が『ユダヤ教の人間観』で相当の頁を割いて展開している議論、すなわち、くだんの「メシア主義」において「悔い改め」がどのような行為として捉えられたか、その「罪と悔い改め」観がどのような特徴をもつかという問題をめぐる議論を取り上げることから始めよう。というのも、一方からいえば、その特質はフロム自身の人間主義の祖型を提示するものだからであり、他方からいえば、その捉え方が彼の『マタイ福音書』解釈を大きく規定しているにちがいないからである。

補注＊13　「人間の根源的な弱さ」への視点にかかわって

右の視点を私と共有する著作として、中村弓子の『心身の合一――ベルグソン哲学からキリスト教へ』（東信堂、二〇〇九年）と同書を書く重要な切っ掛けをなした『受肉の詩学』（みすず書房、一九九五年）、ならびに竹下節子の『キリスト教の謎――奇跡を数字から読み解く』（中央公論新社、二〇一六年）を紹介しておきたい。

中村は『心身の合一』第三篇・序論のなかでこう回想している。――或る日彼女に一人のフランスの「医師であり司祭である」人物から書簡が届き、そのなかに「聖書の全体が法学的であるより医学的な性格を帯びて」おり、「キリストは裁くことを拒まれ、魂と身体を癒され復活させられます」との指摘があり、[3] 目の覚める想いがして、この視点からあらためて自分の年来のテーマであったキリスト教における「心身合一」のモティーフを『マタイ福音書』の或る箇所（罪人を病人に、神を医師に喩える、まさに私も注目してきたところの）を手掛かりに徹底して追う解読作業をおこなうに至る。それが『心身の合一』の第一部・第一章である、と。私見によれば、彼女のそこでの解釈と主張はほとんど私のそれと重なる。読者に一読を勧める次第である。

また、竹下の『キリスト教の謎』の第10章「十戒と十字架」はあの惨たらしい磔刑像がなぜカトリックでは信仰対象となるのかの謎を解明するというユニークな問題意識に立つ章であるが、その結論を一言でいえば、くだんの磔刑像は「神が強さではなく、神が人と同じ『弱さ』の地平に立ったこと」、「神が超越性を手放して『子』という形で被造物の世界に内在し、それによって神はすべての人間に繋がった」ことのメタファーだという解釈を示している。[4] 彼女によれば、かかる視点は誰よりもパウロが提起した視点であり、[5] この人間の「弱さ」への共苦という視点はジャンセニストのパスカルさえ十分には理解できなかった視点であると指摘している。[6] また、このパウロの立場を、彼女はユダヤ教とギリシア哲学的価値観の両方を貫く「ある種の『父権主義』」的権威主義に抗するものだとの評価を与えている。[7] また、彼女はイエスを「ユダヤ人を律法原理主義から解放して赦しと慈悲、恩寵を説いたラビ」であったとし、このイエスの反律法原理主義（しかも自らを「神の子」と称する）を正統ユダヤ教の側は「死に値する冒涜罪」と宣告したこと、また正統ユダヤ教にとっては「十字架に掛けられた救い主」という観念は「スキャンダル」以外の何物でもなかったことを強調し、イエスと正統ユダヤ教徒のあいだに横たわる亀裂の深さを強調している。(8) これらの指摘を支える彼女の視点もまた私と大きく重なる。

また岩波書店の旧約聖書シリーズで『イザヤ書』と『エレミヤ書』を訳している関根清三は、後にキリスト教においてイエス像に結実する思想、『イザヤ書』・『エレミヤ書』・『エゼキエル書』に出現する新しい思想方向、すなわち、悔恨するならば神はいったん罪を犯した者にも赦しと慈悲を与えるという「新しい契約」と預言者の「代理贖罪」の思想は、しかしながら「旧約においては意外なことに、爾後この思想はほとんど顧みられない」ことになった事情を指摘し、その理由を、「ユダヤ教には贖罪思想を、購われた罪人を正当化する倒錯したイデオロギーとして批判する傾向が強い」こと、また「受動的に己の不義を購われることよりも、むしろ能動的に己の義を立てることを潔しとする」思念が強いことを挙げている。(9) この指摘も、イエス思想と正統ユダヤ教ないしユダヤ教徒の基調的心性との亀裂をよく示すものといえよう。

「罪」と「救済」をめぐって——イエス評価の問題にかかわっても

では、フロムは問題をどう提示するか？

彼によれば、旧約聖書の視点からすれば「罪を犯すことは〈道〉に迷う」という意味であり、たしかにそれはたんに無知や錯誤といった認識上の過ちを指すだけでなく、行為における誤りを指す点に重心がかけられた言葉であるが、しかし、「〈道〉に迷う」ことは「人の人たるゆえんであって、不可避に近く、いたずらに意気阻喪すべきことがらではない」のであり、この観点を前述の「罪と悔い改め」観は示すとする。[10] いわく、

「罪を犯すことが、堕落のしるしでもなければ、悲嘆や落胆の理由にもならないように、〈悔い改め〉も、自らの罪過のゆえに自己を責めさいなむような屈従的な罪人の態度ではない。いたずらな悔恨や自責は不必要である。罪や悔い改めに関するユダヤ教的観念には、嗜虐的な超自我や被虐症的な自我などといったものはみじんもない」[11]。

実にこの捉え方は何度も強調されている。正道への「立ち帰り」を意味する「悔い改め」における「その内面的な心の動き、ないし心理状態」に関して、念を押すようにフロムはこう言う。その特徴は「悔い改めには悲嘆や落胆といったものが全くないことである」と。[12] なぜないのかといえば、フロムによれば、そこには悪に走るのも正道に立ち返るのも、いずれも「神からさえも自由」と形容し得る人間の自由に基づく選択であり、「だから、ここには自己を責めさいなむ屈従的なものは何もない」からだ、と述べている。[13]

既にわれわれは先の第四章・「フロムのユダヤ教解釈の『脱構築』的性格」節において、如何にフロムがユダヤ教の人間観の——キリスト教との比較において——反・原罪主義的性格を強調したかを見た。それに加えて、いま見たように彼はユダヤ教においては「人間は神からさえも自由」なほどに「人間は自由で独立である」と考えられているとし、この二つの理由から右のように主張するのである。

ところでかかるフロムの観点は、本章の「はじめに」節で述べたイエス思想の独自性についての私の観点、とりわけ「人間の根源的弱さ」とそれへのいたわり・慈悲というテーマを強調する視点と真っ向から対立する。

くだんの私の視点から言えば、フロムの思考は——まさに彼が「人間は自由で独立である」ことを根拠とする、西田幾多郎的にいえば典型的に「自力」主義の立場にあることによく表れているように——、最も深い宗教的経験の次元が道徳的自力主義の根源的挫折がもたらす他力との逆説的出会いにおいてこそ拓かれるという人間学的＝実存哲学的＝宗教学的事実（参照、本書第Ⅰ部第三章・「神秘主義体験のカタルシス作用」節）を完全に無視していると思われる。

罪を犯したことへの悔恨に孕まれる「悲嘆や落胆」の契機をただ「嗜虐的な超自我や被虐症的な自我」という問題の遠近法《パースペクティヴ》からだけ見て、「いたずらな悔恨や自責は不必要である」と言ってのけられるフロムの視点には、そもそも宗教的経験の核心についての右の視点が孕まれる余地がない。だから、彼にとっては「悲嘆や落胆」の問題はひたすら「嗜虐的な超自我や被虐症的な自我」という問題へと還元されてしまうのだと思われる。

私の推測によれば、パウロにあっては、まさにこの問題の環との彼自身の身銭を切った出会いが、それまでキリスト教撲滅の活動に熱中していた熱烈なユダヤ教徒であった「義人」主義者たる彼をしてイエス——「罪人中心主義」と言い得るほどの——に改宗せしめた契機であった。

だが、ユダヤ教とキリスト教との関係を考えるさいのこの重大な問題の環を、フロムは『ユダヤ教の人間観』で一切取り上げていない。ユダヤ教の真髄をユダヤ教神秘主義の掲げる反原罪主義のうちに見て、かつそれこそがルネッサンス‐啓蒙哲学‐マルクスを繋ぐ「人間主義的な宗教性と倫理」の核心とみるフロムの見地からは当然そうなり、右の問題がそれこそ三者（ユダヤ教・キリスト教・マルクス）それぞれの「宗教性」の特質を炙りだすうえで問うに値する重要な環となるという認識自体が成立しないであろう。

フロムはいわゆる「原罪」問題をひたすらにくだんの《「権威主義的宗教と倫理」vs「人間主義的宗教と倫理」》の二者択一的な問題設定の下でのみ考えていて、「罪」という概念を「根源的弱さ」と「病」との二つの概念に置き換え、この視点変換のなかでは、それへの「共苦」・「憐れみ」・慈悲愛こそが、それこそ最も反権威主義的な「人間主義的宗教と倫理」の立場を象徴する愛の思想的核心となること、この事情への目配りがあまりにも弱いと思われる。

だが、果たしてこの問題の連関への視点をもたずして、それこそ人間にとって「宗教性」という問題次元がいわば永遠の文化的契機――まさに人間の実存的本質そのものから誕生する――であり続けることの意味を理解することができるであろうか？

『マタイ福音書』の視点――「罪人」を「魂の病人」とし、イエスを「医者」とする

とはいえ、私はフロムの言わんとするところを、彼の文章の放つ印象に引きずられて実は取り逃しているかもしれない。公正を期すために、まず私は彼の次の問題把握には深く同意することをあらかじめ明らかにしておきたい。

一つは『自由からの逃走』に見いだした次の一節である。それは内容的には前節で取り上げた「罪や悔い改めに関するユダヤ教的観念」に直結する文脈での言葉なのだが、こうである。

「（神秘主義者たちは――清）罪というものを、個人がそれによっておしひしがれ、ほろぼされなければならない重荷とは考えず、それにたいして理解と考慮とをはらうべき人間的な弱さとして考えていた[14]」。

（傍点、清）

もう一つはフロムの最晩年のエッセイ集『人生と愛』に収録されている「人間とは何者か」のなかの次の一節である。いわく、

「悔悟の念は遺憾の念以上のものである。悔悟はもっと強い感情である。悔悟している人間は、自分自身と自分のなしていることに吐き気を覚えるのである。真の悔悟とそれに結びついている羞恥とは、同じ犯罪が繰り返されるのを防ぐことのできる、唯一の人間的経験である[15]」。

私にはこの一節は、先に見た『人間における自由』や『ユダヤ教の人間観』とだいぶニュアンスを異にして、むしろ「悔悟」することが孕む人間にとっての魂の再生力に焦点を合わせていると映る。そして、この一節に触れて私は、ドストエフスキーの『カラマーゾフの兄弟』の次の場面を思いださないわけにはいかなかった。まずイワン・カラマーゾフがゾシマ長老におおよそこう述べる。

――古来「国家」というものは今日に至っても犯罪者を処遇するに「病菌に冒された箇所を機械的に切断してしまうようなやり方」で社会から切除する方策を採ってきたが、この方法とその土台をなす犯罪観は、そもそも真のキリスト教的観点とは異なる。真のキリスト教的観点こそは「教会」の採るべき観点だが、この「教会」的観点の要諦はどこにあるか？　それは、犯罪と犯罪者をあくまでも「人間再生の思想、人間の復活と救済という思想」から捉え処遇するところにある[16]。将来いつになるかはわからないが、究極において、国家はそうした切除主義的な従来の犯罪観と処置方法を捨て、全面的にこの「教会」的観点と方法を採用し、かくて国家は教会に吸収されるべきである、と。

これに対してゾシマ長老は満腔の賛意を呈してこう答えるのである。

――従来の国家のやってきた処置方法はイワンが特徴づけたとおりであり、その方法では「だれをも更生させない」し、当の犯罪者に自己の犯した犯罪への本当の「恐怖心を起こさせない」から（つまり真の後悔に導かないから）犯罪は減ることはなく増加する一方である、と。そしてこう続ける。「当の犯罪者をも更生させて、別の人間に生まれ変わらせるものが何かしらあるとすれば、それはやはりただ一つ、己の良心の自覚の内にあらわれるキリストの掟にほかなりませぬ」と。(17)

ここで一言コメントするなら、右にいう「キリストの掟」（「キリストの真理」と呼ばれる場合もある）とは、次のようなゾシマの根本的人間観を指す。すなわち、「心底から後悔する力」・「良心の呵責」こそが人間を更生（新生）に導く力であり、如何なる人間もこの力を隠し持ち、それは人間の根底に潜む《愛し - 愛される》ことを切望する欲求に根差す、という人間観を。(18)

そしてまさにこの問題の環において私は、先の「はじめに」節で披瀝した私の『マタイ福音書』解釈の要諦、すなわち、かの神ならびにイエスを「医者」に擬し、「罪人」を「病人」に擬す視点をまざまざと想起するのである。ここで同福音書の「重荷を負う者への招き」節も引用しておきたい。そこにはこうある。

――イエスは「私のもとに来なさい。あなたたち、労し、重荷を負ったすべての者たち。そうすればこの私が、あなたたちに安らぎを与えよう。私の軛を取って自分に負い、私から学びなさい。なぜなら私は柔和で心が低く、あなたたちは自分の心に安らぎを見いだすであろうから。私の軛は担いやすく、私の荷は軽いからである」と述べ、かつ、この思想こそ「父《アッバ》」なる神が「智者や賢者に隠し…〔略〕…嬰児たちに明かされた」（傍点、清）ものだと語った、と。

つまり私の理解では、「労し、重荷を負ったすべての者たち」とは、何よりもその心において自分を劣等者・罪人と感じ、その内面的罪悪感・自己否定感・良心の呵責によって心を病む者であると思われる。この一節にも、神を「裁きの神」から「癒しの神」へと変換する神にたいする「視点転換」が鮮やかである。

なお次のことを付言しておきたい。私は拙著『聖書論Ⅱ　聖書批判史考』第一章の「ニーチェのイエス論」において『ツァラトゥストラ』の次の一節をこの「視点転換」の問題に関連づけ、明らかにその一節はくだんの「徴税人たちとの食事に関する論争」節の結びの言葉を念頭にしたものにちがいないと主張した。その一節とはこうである。

「ツァラトゥストラは病んでいる者たちにやさしい。まことに、彼は、彼らの流儀の慰めや忘恩に対して、腹を立てたりしない。彼らが、回復しつつある者となり、超克しつつある者となり、或るより高次の身体を獲得してくれるように！」(19)。「きみたちは、『敵 Feind』と言うべきで、『悪漢 Bösewicht』と言ってはならない。きみたちは、『病める者 Krankheit』と言うべきで、『ならず者 Schuft』と言ってはならない。きみたちは、『愚か者 Thor』と言うべきで、『罪人 Sünder』と言ってはならない(20)」。

私はくだんの拙著にこう書いた。紹介しよう。

——ニーチェは罪と罰という二つの概念がコンテクストを支配する道徳的な糾弾の文法を拒絶して、代わって病と健康の概念とがコンテクストを導く生理学的な治療の文法を採用し、前者を後者へと変換すべきことを説いてやまない。この彼の観点は、たとえば『反キリスト者』のなかではキリスト教に比する仏教の優越性への評価となって現れる。ニーチェによれば、キリスト教の根本性格が「罪」という自己意識を人間に強制してやまない道徳的宗教という点において特徴づけられるならば、反対に仏教を特徴づけるのはその世界観の非道徳主義的性格である。仏教の「苦」（ニーチェはそれを人間が人間であるがゆえに必然的に抱え込む「感受性の過大な敏感さ」と「過度の精神化」の内面的抗争が生む「抑鬱」とした）はけっしてキリスト教的な「罪」のもつ道徳的負性を意味しない。ニーチェはこう言う。「仏教はもはや『罪に対する闘争』ということを口にせず、現実の権利を全面的にみとめながら、『苦に対する闘争』を主張する。仏教は——これこそそれをキリスト教から深く分かつのだが——道徳的概念の自己欺瞞をすでに己の背後におきざりにしている。仏教は、私の用語でいえば、善悪の彼岸に立っている(21)」。

ここではニーチェ自身の思想の在りようをめぐる問題についてはこれ以上入り込むことはしないが、右に示されるニーチェの着眼はなかなかに鋭い。端的にいえば、それはフロムの提起する『魂の医者』としての精神分析家」（『精神分析と宗教』第Ⅳ章のタイトル。ただし、その章においてここで取り上げている問題連関は何一つ問題になっているわけではないが）という視点と相呼応するものであるし、ドストエフスキー文学とイエス思想とのいわば結節環に直に触れてくるものである。

そもそも「罪人」を「魂の病人」と捉え返す視点は、一方ではその「罪人」をいまはなんらかの事情で魂の病に陥ってはいるが、元は健康人（Well-being）であり、だからこそ適切な治療が与えられるならその病から癒える力をいまも保持しているにちがいないという信念に立って接する視点、これを意味しよう。またこの視点は、「医者」たる位置に就く者はそうなった彼・彼女の「弱さ」と「病」を「理解と考慮をはらうべき」ものと考え、その理解と考慮に専心すべきことを自らの任務と考える視点でもあろう。つまりフロムの文脈でいえば、人間存在には本質的にかの人間主義的な生産的な生命力が宿っているとの信念（宗教性）に立ったうえで、当該個人がくだんの「実存的二分性」によって課せられた「孤独」脱出の課題をなんとか解決しようと手にした「情熱・渇望」がどのような理由から「退行」的・「非生産的」・「破壊的」なものへとなり果てるに至ったか、それを精神分析し、治療の根幹はその個人がそれまでとってきた存在仕方＝関係様式（自然・他人・自己への）を「生産的性格」のそれへと変革することにあること、そしてその変革のための力添え（empowerment）の根幹とは「生産的愛」の贈与であること、これら一続きの認識を繰りだす視点である。（フロムいわく、「愛と、その種々の歪みとの現象が、精神分析の面接におけるほどに細かく、正確に研究されうる場面は他にはほとんどない」「分析治療とは、本質的には患者をして愛する能力を得させ、あるいは回復させることである[22]」）。

そして、『マタイ福音書』の有名な「幸いの詞」はこの力添えを「罪人」という名の「魂の病人」に与えるものとして読まれねばならないはずであろう。いわく、

「幸いだ、乞食の心を持つ者たち、天の王国は、その彼らのものである。幸いだ、悲嘆にくれる者たち、その彼らこそ、慰められるであろう。幸いだ、柔和な者たち（なおここは「心砕かれた者たち」という訳の方が適切だと思われ――清。次節）、その彼らこそ、大地を継ぐであろう。幸いだ、義に飢え渇く者たち、その彼らこそ、満ち足りるようにされるであろう…〔略〕」。

付言するなら、病人こそが医者を求め、医者は病人のためにこそいるというこの見地は、かの《さ迷い出てしまわなかった九十九匹の羊よりも、むしろさ迷い出た一匹を救出できたこと》にこそ神＝イエスの喜びがあるという「迷える羊の譬」節、このテーマにおいて共通する「葡萄園の労働者たちとその主人の譬」、また『ルカ福音書』の「失った息子の譬」節等にも鮮やかである。また同福音書にも「幸いだ。乞食たち、神の王国はそのあなたたちのものだ」を冒頭とするほとんど同じ詩句からなる「幸いの詞」節がある。[23]

ここで一点、フロムのくだんの《「権威主義的宗教と倫理」vs「人間主義的宗教と倫理」》の対置に深くかかわって押しだされた原罪主義か反原罪主義かという論点に『マタイ福音書』の右の観点をかわらせるならば、前述した点からも明らかにそれは反・原罪主義の視点に立つものと評し得るであろう。「病人」という概念は、それ自体「正常」という観点を前提にし、もともとは健康であることが正常（本性）でありながら、何らかの異常な因子によってそれが棄損され、当該の生命体は病に陥ったという認識、これを前提に据えるものであるからだ。

ここで議論の公正を期すために引用紹介しておくならば、次のフロムの指摘は、『マタイ福音書』とニーチェを通底する観点をめぐるこれまでの私の議論にも本質的なかかわりをもち、また禅仏教と精神分析との関係性、さらにまた倫理に還元でき得ぬ宗教の固有性と倫理との関係性の理解をめぐって、それ自体としては事の要諦を突いていると思われる。そして、実にその観点はイエス思想の観点そのものである、と私は思う。フロムいわく、

「禅の目的は倫理的行為の目標を超越している。そして精神分析も同様である。両者ともその目的を達成

することは倫理的変化を伴い、貪欲を克服し、愛と慈悲の能力をもたらすと考えているということができよう。彼らは〈邪悪〉な欲望の抑圧によって道徳的な生活を人々に送らせようとするのではなく、むしろ邪悪な欲望は、拡大した意識の光と暖かさのなかに溶け去り、消えてしまうことを期待するものである」[24]。

とはいえ、なのである。

私は、右のフロムの観点には多大な共感を覚えるのではあるが、ここで前節のフロムの「罪と悔い改め」観の問題に戻るならば、既に前節の後半に縷々述べたように、フロムの言辞は人間が抱え込む「魂の病」の「重荷」性に関して精神分析家らしからぬ（否、フロム的精神分析の強い合理主義的性格ゆえの、と言うべきか）楽観主義的ニュアンスが目立つように思われるのだ。

われわれは既に見た。すなわち、彼の言う《「実存的二分法」-「孤独」-「情熱・渇望」-「方向づけと献身の枠組み」》の問題連関における「情熱・激情・渇望」という契機こそが彼とフロイトを「力学的性格概念」の継承という問題場で繋ぐ契機であったことを。またこの契機こそは、何よりも当該個人の意識的自己コントロールを易々と突破し、彼・彼女をしてまさに「罪」へと突進せしめる宿命的な無意識化された非合理的な《生の力》だからこそ精神分析的考察対象となるということ、これはいうまでもない。精神分析とはこの非合理的激情（violence）をまさに分析をとおして理解可能なものへと合理化する方法、それを認識対象として合理化することによって、患者が自覚的に自らその激情・渇望の嵐と闘い、それと対抗する術・軽減化する術を学び、遂にはそれを克服する途を切り開くことを応援する方法である。とはいえ、否、だからこそ精神分析家は患者に憑りついたこの悪しき「激情・渇望」の悪魔的な宿命的な無意識化された非合理性に戦慄し続けねばならないこと、これは常識ではないだろうか？

この意味では「魂の医者」としての精神分析家は、神ないしイエスに比肩するほどに、この宿命的な無意識化された非合理的な《生の力》に打ち負かされる人間の《根源的弱さ》に通じている「医者」ではないのか？　その弱さを憐れみ得る数少ない人間ではないのか？

ドストエフスキーは『作家の日記』にこう記していた。われわれは次のことを理解すべきだ、と。

「人類の中に悪は社会主義の医者たちが考えているよりもはるかに深くひそみかくれていること、いかなる社会組織にあっても悪をまぬがれることはできないこと、人間の魂はいつになっても同じままであること、異常性と罪は人間の魂そのものから出るものであること、そして最後に、人間の魂の法則はいまだに不明のままであり、科学の世界にとっては未知の世界であって、あまりにも茫漠とした、あまりにも神秘的なものであるので、いまだこれを治療する医者はいないし、またいるはずもなく、究極的な裁き手すら存在せず、存在しているのはただ『復讐するは我にあり、我これを報いん』と言うものだけであること…〔略〕」。

そしてドストエフスキーによれば、右の認識に打たれてこそイエスへの信仰の場が開けるのである。つまり、人間には究極において犯罪を真に正確に裁く資格がない。「いまだに解決されていない神秘の法則の前に低く頭をたれる」ほかになすことがない。その自己嘆息とそこから生まれる謙虚さが、初めて神の、あるいはイエスの『慈悲』と『愛』にすがる」ことが実は「唯一の解決法」であることを自覚せしめるというのである。[25]

私は、フロムの宗教論のなかには右の問題契機の強い自覚、それがないと思う。彼の人間主義はあまりに合理主義的なのである。本節の冒頭に取り上げた私が賛意を表明した彼の二つの主張は、彼がドストエフスキー的視点に到達し得る可能性を十分もっということを示していると思われる。しかし、彼はやはりその視点にまで到達することはない。そのことは次節に取り上げる問題が暗黙に物語っていると思われる。彼には『マタイ福音書』の核心に眼を据えるセンスがなかったということが。

なお、ここでもまた公正を期すべく紹介するなら、『悪については』には次のいわばまっとうなフロムの認識も示されている。いわく、「精神分析者として長い臨床的経験をもつ人なら、人間に内在する破壊力を軽視することはひじょうに困難だろう。分析者は重症患者の中に、この力が働くのを見て、その力を阻止しそれを建設的方向へ向けることは、途方もなく難事だということを経験する」と。[26] あるいは「悪とは人間的なるものであり、退行のポテンシャルであり、ヒューマニティーの喪失であるがためにこそ、われわれすべての者の内部に存在する。われわれがそれを自覚すればするほど、われわれは他人を裁く地位にたつことはできなくなる」（傍点、清）と。[27] まさに、然り！ くりかえしになるが、この認識方向を推し進める先に前述の『マタイ福音書』の思想があるというのが、私の見解である。

フロムによる『マタイ福音書』のエックハルト的解釈への批判

フロムは『生きるということ』第三章・「旧約・新約聖書およびマイスター・エックハルト」節において、まさに『マタイ福音書』の「幸いの詞」の冒頭、くだんの「幸いだ、乞食の心を持つ者たち、天の王国は、その彼らのものである」の章句に関するエックハルトの解釈を取り上げ、その解釈は正しいと主張している。[28]

ここでは、私はそもそもフロムのエックハルト解釈それ自体が正しいのかどうかを問題にするつもりはない。それを判定するだけの準備は今の私にはないからである。そうではなくて、彼が右の章句に対する次のエックハルトの解釈を正しいとして『マタイ福音書』を解釈する、その解釈の是非を問うのである。どういうことか？フロムは右の章句の「乞食の心を持つ者」に対するエックハルトの解釈を説明するさいに、「仏教思想においても根本問題となる」と注釈しつつ、かかる者とは、エックハルトにおいては《貪欲、すなわち物および自らの自我への渇望」を棄てることができ、もはやそれを持たない者》を意味するとする。既にわれわれは本書の「はじめに」以来幾度かフロムが「自分を空にする」という仏教の見地をエックハルトならびにマルクスにあっても彼らの「思想の根底」をなすものとする見地を見てきたが、まさにその立場に立って、フロムはエックハルトが『マタイ福音書』のくだんの章句を解釈していると述べ、かつ、その解釈は正しいとするのだ(29)。たとえば、フロムは次の言葉をエックハルトから引用している(30)。

「人間は何も持つべきではない、とは何を意味するのか…〔略〕…次のことである。〈神〉を入れるに値する住まいとなり、〈神〉が行うにふさわしい住まいとなるためには、人間はさらにあらゆる〔彼自身の〕物と〔彼自身の〕行為とから、心の中においても外においても、自由にならなければならない。…〔略〕…もし〈神〉が魂の中で行うことを望むなら、彼自身が行う場所とならなければならない」。（傍点、清）

(付記するなら、ヴェーバーは、くだんの「使命預言」型宗教と「模範預言」型宗教の弁別にかかわって、前者は人間を神の「道具」と発想し、後者はまさに「神の力」・神性をひきいれ住まわせる「容器」ないし「場所」として発想すると指摘している(31))。

なお、ここで私の注釈を少し差しはさむと、『生きるということ』の訳者である佐野哲郎は右の一節にある「〈神〉」についてこう注記している。すなわち、エックハルトのドイツ語版を編集翻訳したブレークニーは、エックハルトが表記において聖書の創造主神といわば「神性」そのものとを意識的に区別していることに留意し、前者には小文字の「got」を、また後者には大文字の「Got」を翻訳語として当てたが、邦訳では前者は「神」、後者は「〈神〉」によって示した、と。

また、右の引用文についてもうひとつ私の注釈を加えると、エックハルトは、まず右の一節を述べたあと、「場所」という言い方すら『区別』を保持すること」であり、「神性」の体現する無限性に相応しくない表現となってしまうから、さらに「人間は〈神〉が行う場所となることも、またその場所を持つこともないほどに、貧しくならなければならない」と述べている。この点では、鈴木大拙が彼の『神秘主義――キリスト教と仏教』のなかでつとに強調したように、エックハルトの思想と禅思想とはきわめて相似しているし、フロムも明らかにその意味で、つまり心の「空化」の意味でエックハルトの主張を受け取っている。

問題は、その空化の意味でくだんの言葉「乞食の心」を読むエックハルトの『マタイ福音書』解釈は妥当か？　という点にある。もちろんフロムはその解釈こそが正しいとするわけである。

私は前節で提示した『マタイ福音書』理解に立つ立場から、「幸いの詞」冒頭の句を仏教的な「空化」の観点から解釈することは、『マタイ福音書』全体が浸されている文脈からいっても、右の言葉が登場する箇所の浸されている文脈からいっても、あまりに飛躍がありすぎ、無理があり、恣意的だと思う。そして『マタイ福音書』の投げかけるメッセージの核心を取り落とすことになる、と。

さて、フロムが問題としている「乞食の心を持つ者たち」（岩波書店刊の新約聖書I『マルコによる福音書・マタイによる福音書』）に関して、かかる訳語を与えた佐藤研は次の注記を添えている。すなわち「直訳すれば、『霊において乞食である者たち』。自分に誇り頼むものが一切ない者の意」と。（なお私なら、「それゆえに、神の慈悲愛を乞うに切なる者の意」と注釈したくなるが。ついでにヴェーバーの解釈に一言するなら、彼によれば、原始キリスト教は「最初からきわめて意識的にかつ終始一貫して知性主義に対抗するものとして立てられており」、その敵対範囲はユダヤ教の律法学識、グノーシス派の知的貴族層、古代哲学に及び、この文脈でいえば「心の貧しい者」とは「無知なる者」つまり知識人ならざる者という意味であったと解釈している。(32) この徹底的に宗教社会学的な解釈は初期フロムの「原始キリスト教」論と重なる面をもつが、しかし、まさにくだんの「空」的解釈とはまったく重ならない。また私の解釈とも少しずれる。ただし、私のいう「正統的ユダヤ人の共同体の周辺部に配置され犯罪者予備群と位置づけられる被差別民層」を象徴する言葉であり、かかる蔑視の下で彼らは事実犯罪を犯さざるを得ない境遇に日々呻吟し、つねに「心砕かれた」病人状態にある者たちであったという意味では、ヴェーバーの解釈と私の視点は連続する)。

なお、私は右の言葉の後に出てくる「柔和な者たち」の訳に関しては、くだんの拙著で「心砕かれた者たち」という訳の方が適切ではないかとの意見を書き添え、その理由をこう説明した。——ここの「柔和な者たち」の箇所は中央公論社刊の『聖書』所収の前田護郎訳の『マタイ福音書』では「くだかれた人々」と訳されており、前田は注でこの「幸いの詞」の前半に出てくる四者は精神的苦悩を負った人間であり、後の五者は「神の子」たる境位に高まった人間を指すとしている(同書、三〇五頁の注15、16)。私はこの前田の訳のほうがテーマの流れからいっても適切だと思う。また、この九節「幸いの詞」は「夕べの癒し」での「こうして、預言者イザヤをとおして言われたことが満たされた、すなわち、**彼みずからが我らの弱さを負った、そして(我らの)病を担った**」(太字は、それが『イザヤ書』からの引用であることを示す)と呼応しているわけだが、『イザヤ書』のなかの六一章「預言者の招命」のなかに第三イザヤの言葉として、「彼[ヤハウェ]は私を遣わした。心砕かれた者たちを癒すために」という言葉があり(『イザヤ書』旧約聖書Ⅶ、関根清三訳、岩波書店、一九九七年、二八四頁)、この言葉や「打ち砕かれた人」という表現は他二箇所(二六六、三〇七頁)に出てくることからして、ここは「心砕かれた者たち」と訳すべきであろう、と。

ここで議論をエックハルトの解釈を是とするフロムに戻せば、フロムの解釈は右に縷々述べたコンテクストをまったく無視していると私には映る。「乞食の心を持つ者たち」はおよそ自分の心を「神性の満てる場」へと明け渡すべく「空化」した人間（ヴェーバーに言わせれば、そのことでくだんの「法悦」に到達し得る達人的境地に達した「模範預言」型人間）ではなく、それどころか、「良心の呵責」による心の重荷に圧し潰されかけた「魂の病人」であるがゆえに神からの癒しを乞うに切なる、その意味で心が乞食状態にある「罪人」たちなのである。つまり最終的に言いたいことは、フロムのエックハルトを援用しての解釈はこうした事情をまったく読み取っていないことによって、イエス思想の根幹に置かれた《根源的弱さ》を抱え込んだ人間への慈悲愛の思想、その核心にある「共苦」（compassion, Mitleiden）の思想の決定的重要さを見逃しているということなのだ。

《マニ教主義的善悪二元論批判》という問題

先の諸節（第四章・「フロムのユダヤ教解釈の『脱構築』的性格」節、『イザヤ書』の解釈をめぐって」節、第五章・『マタイ福音書』の視点」節等）において、私は次のようにフロムを批判した。くりかえすなら、彼の『イザヤ書』解釈はあまりにユダヤ教神秘主義の視点に立っての「脱構築」的・「兆候読み取り」的なそれであり、結果として正統古代ユダヤ教（彼の概念を使えば「権威主義的宗教」としての）とユダヤ教神秘主義（「人間主義的宗教」としての）との対決線をかえって曖昧にするものとなっている、と。また、そのことと関連して、彼はイエス思想と正統ユダヤ教とのあいだに横たわる対決線も実は内容的にはそれほど明瞭に浮かび上がらせてはいない、と。

この点にかかわって、この五章の「はじめに」節で紹介したように、年来私はイエス思想を古代ユダヤ教（ヤハウェ主義）との関係で、後者の「革命主義から生まれた自己批判」と規定し、かかる規定の中心的テーマとして《「マニ教主義的善悪二元論」批判》という問題を据えたのであった。

最後にあらためてこの問題の環について述べたい。「マニ教主義的善悪二元論」と怨恨的心性との心理的関連について照明を当てておきたい。

私はくだんの拙著『聖書論Ⅱ　聖書批判史考』第三章「ユング『ヨブへの答え』を読む」において、ユングの問題意識、とりわけ彼の「《影》の理論」こそ、このイエスにおける《マニ教主義的善悪二元論批判》というテーマを真正面から取り上げ、かのイエスの愛敵思想を『ヨハネ福音書』に伏在するグノーシス派的な「ソフィア的智慧」の概念と結びつける解釈をとおして、それを、「善と並んで悪も考察される時代を、すなわち何が悪であるかがそのつど完全に正確に分かっているという疑わしい前提に立って《始めから》悪を抑圧するようなことをもはやしない時代」を「すでに視野の中に入れている」ものと評する視点に立つものだとした。(33)

しかもまた、私は次の点にも注目した。ニーチェが古代ユダヤ教を、まさにヴェーバーの言葉を援用するなら「賎民」的苦境に陥った民族の「ルサンチマン・怨恨」の心的エネルギーが生みだした宗教と性格規定したことはつとに有名であるが、そのニーチェはルサンチマン的心性の持ち主、怨恨人は必然的にマニ教主義的善悪二元論によって己の内面的＝道徳的正当化＝優越化を図る心理機制に陥る――社会での己の実際上の劣位性を内面的に補償するために――事情を喝破した哲学者であった。

この点でヴェーバーの『宗教社会学』のなかでの次の指摘はきわめて鋭い。すなわち、他の諸宗教と比較を絶した古代ユダヤ教の体現するきわめて道徳主義的性格の強い宗教性の背後には、「賎民民族」として扱われてきたことへの激しい怨恨から発する復讐欲望が隠されており、このことがユダヤ教に類例をみない「勝義における応報的宗教性」を与えたのだ、と。(34) いわく、「世界のあらゆる宗教のなかでも、ヤハウェほど仮借なき復讐欲をもつ普遍神は存在しない」のであり、(35) この宗教にあっては「道徳主義が、意識的ないし無意識的な復讐欲を合法化する手段として働いている」と。[36] そして、ニーチェこそこの問題の環を見抜いた最初の人間であった、と。[37]

それだけではない。ヴェーバーは、イエスの思想をまさにかかる性格の「ユダヤ的宗教性」に対して、それを真っ向から否定する新たな「宗教性」打ち出したものとして位置づけるのだ。すなわち、イエスの説くかの「脱・世界連関《アコスミッシェ》」的性格（無条件的で現世否定的な）に満ちた「愛敵」と「隣人愛」の思想が除去しようとするのは「ほかならぬこの賎民民族のことに強烈な怨恨感情なのである」と。[38] この彼の観点は先に述べた私の観点と重なるところが大きい。

では、ここでニーチェに戻ろう。まさに彼にとっては、私が問題にする「マニ教主義的善悪二元論」的心性は怨恨から生まれる心性なのである。ヴェーバー的にいえば、怨恨はおのれを「合法化」するために強烈な道徳主義を必要とするのである。

『道徳の系譜』の一節にいわく、

> 「〔略〕…これに反し、ルサンチマンの人間が思い描くような〈敵〉を想像してみるがよい。――そこにこそ彼の行為があり、創造がある。彼はまず〈悪い敵〉、つまり〈悪人〉を心に思い描く。しかもこれを基本概念となし、さてそこからしてさらにそれの模像かつ対照像として〈善人〉なるものを考えだす、――これこそが彼自身というわけだ！」[39]

必要は発明の母である。ここにニーチェが描きだしている問題とは、《怨恨的人間》とは《敵》を自分のために必要とするがゆえにそれを創りだす人間であるということだ。《怨恨的人間》においてオリジナルな点、彼にとっての真の「行為」、つまり「創造」とは、《敵》の創造＝捏造にある。では、何故に《怨恨的人間》は《敵》を創造＝捏造しなければならないか？　それは、《怨恨的人間》は自分の意識の前に自分を《敵》に圧倒的に道徳的に優越した存在たる〈善人〉として登場せしめる必要があるからだ。彼の自己意識の核は劣等感にある。だからこそ、完璧なる劣等性・道徳的劣性と一つに撚り合わされた〈悪〉としての《敵》という存在が必要となる。自己の圧倒的道徳的優越の意識が自分に貼りついた自分の劣等感を拭い去り、この道徳的に見下せるという意識の優位がいまだ果たせぬ《敵》への復讐を耐え忍ぶことを可能にさせる。つまり逆にいえば、自分に〈善人〉という表象を与えることが絶対に必要となる。その場合この表象の案出は〈悪〉としての《敵》という表象の創造と背中合わせになっている。ここで《他者》の概念を導入して右のニーチェの把握をもう一度なぞるならこうだ。

――「悪人」はもちろん「善人」の《他者》である。しかもマニ教的観念においてはこの他者性は絶対的なものである。つまり、まったき《他者》、頭の先からつま先まで自分とは異なった存在、《彼のなかに我を見、我のなかに彼を見る》いかなる相互性も発見し得ない相手、異邦的存在、「反＝人間で異種族」・「絶対他者」である。とはいえ、この「絶対他者」が「基本概念」なのであり、そこから出発して自分がその「対照像」として把握されてくるのだ。つまり、善人たる我は、我の《他者》たる悪人のその《他者》として把握される。また善人がこの基本概念たる悪人の「摸像」だというのは、悪人がまったき悪の化身として捉えられたことと同じく、善人はまさにまったき善人、悪の要素を一分たりと含まない善の化身として構成されてくるからだ。

付言しておきたい。サルトルは『弁証法的理性批判』において右の自己把握の回路を「他性《アルテリテ》」の回路と呼び、それが個々の暴力的事象の発生源となる基盤的関係性（昨今の社会学用語を用いれば「構造的暴力」）にほかならないとした。いわく、

――「暴力とは、…〔略〕…人間の諸態度の恒常的な非人間性のことであって、要するに、各人が各人のうちに〈他者〉および〈悪〉の原理を見るようにさせるものなのである。それゆえ…〔略〕…殺戮または投獄といった、目に見える実力行使のおこなわれることは必要ではない。それどころか、実力行使の企図の現前する必要さえもない。生産諸関係が不安と相互不信の風土のなかで、『〈他人〉は反＝人間で異種族にぞくする』と信じようといつも身構えている諸個人によって打ち立てられ、追求されさえすれば、換言すれば〈他者〉はどんなものでも〈他者〉たちに対して〈先に手をだした者〉としていつもあらわれることができるのであれば、それで十分なのだ[40]」（傍点、清）。「純粋な相互性においては、私と別な者（他者）も、また私と同じ者である。ところが稀少性によって変容された相互性においては、その同じ人間が根本的に別の者〈他者〉（つまり、われわれにとっての死の脅迫の保持者）として現れるという意味において、その同じ者がわれわれに反＝人間として現れる[41]」。

私見によれば右のサルトルの暴力論の淵源をなす先のニーチェの洞察は直に古代ユダヤ教のくだんの「革命主義」の問題にかかわっていたのであり、ユングはこのテーマを、それが如何に正統キリスト教の「道徳主義的自我」の心性のなかにそのまま継承されたか（何よりも『ヨハネ黙示録』を象徴として）という問題の角度から引き継いだのである。

ここではユングの「《影》の理論」の要点だけを取り上げる（詳しくは、拙著『聖書論II　聖書批判史考』・第三章「ユング『ヨブへの答え』を読む」）。あらかじめ次の問題を指摘しておきたい。その問題とは、フロムのくだんの《「権威主義的宗教と倫理」vs「人間主義的宗教と倫理」》という論点は十分にユングのこの理論を包摂できる構造をもっていると思われるにもかかわらず、彼はまったくこのテーマに興味を示していないという問題なのである。

フロムによれば「権威主義的宗教と倫理」とは、まさに己を絶対的性格の「善」の権威として、言い換えれば、それに不服従であることを何よりも「悪」とし「罪」として、信徒に己への無条件の服従を要求する宗教なのであるから、私見によれば、当然その信徒はその自我形成においてこの善の権威を自らの「超自我」として内面化せざるを得なくなるわけだ。ところで、この事態は、ユングの「影の理論」の観点からすれば次の如き問題として捉え返されることになろう。すなわち、

――自我はこの内面化した権威（超自我）に背馳する欲望なり感情を自分のなかに発見した場合、それら一切のものを内なる「悪」・「罪」として断罪しなければならないわけだが、しかし、そうすることはとてつもない自己否認と自己不安を惹き起こす。だからこそ、道徳主義的に硬化＝厳格化せしめられた自我ほど、そうなりたくないと、まるでそうした欲望なり感情がそもそも自分に無いかのように振舞おうとし、それらを自分に対して無意識化しようと躍起となる。つまり、ユングのいう「影」化という問題局面へと追い込まれる。ところでこの自己欺瞞的苦境に苦しむ信徒は、彼らが何らかの事情で或る集団との敵対関係の場に置かれるや、ほとんど必然的に己に纏いつく黒い「影」（意識化を回避すべく自己抑圧にこれ努め、無意識の層に追い遣ったはずだが、それでも意識の「影」となって纏わりつく）を敵対集団の顔面に投射し、彼らの顔

つきを悪魔化することに走る。というのも、そうすることは自分からそれまで自分に纏いつき離れなかった不安（＝影）を追い払い、自分に確信に満ちた「まったき善人」の顔を与える最大の機会《チャンス》にほかならないからだ。かくて、信徒たちは己の不安からの救済を賭けてくだんのマニ教主義的な彼我の関係性の構築へと突進するに至る。（たとえば、アメリカの白人至上主義者は黒人男性をつねに白人女性を強姦する邪悪な欲望の持ち主とみなすが、その黒人男性観は、実は己自身が隠し持つ女性への強姦欲望――その最も手っ取り早い対象は黒人女性である――の錯倒した投射にほかならないといったような）。

かかる問題の把握、それがユングの「《影》の理論」にほかならない。

私見によれば、こうしてユングのテーマは十分によくフロムの長年のテーマにスムースに接続し得る。そのはずである。とはいえしかし、実際のフロムの著作には、ユング、サルトル、ニーチェ等にあってあれほど中心に据えられるこのテーマに明確に関与する論述は存在しない。まさにそれは、革命と戦争の血塗られた世紀であった二十世紀の中心テーマであり、確実に二十一世紀へと引き継がれつつあるテーマだというのに！

しかしながら、次のことを紹介しなくては、批判の公平さを欠くであろう。集団的敵対関係は必ず「マニ教主義的善悪二元論」によって駆動される関係性であるとの認識は、フロムにあっては実質的に「集団的ナルシシズム」の問題として議論されていることを。＊14

かの『悪について』および『フロイトを超えて』のなかで、フロムは「ナルシシズムの概念によって、フロイトは人間を理解することへのこの上なく重要な寄与をした」と指摘し、その点を個人のナルシシズム的振舞いの孕む問題に即して活写したうえで、次に「政治的に最も大きな意味を持つ現象」たる「集団ナルシシズム」の問題へと議論を移す。その議論には「マニ教主義的善悪二元論」という言葉こそ出てはこないが、問題となっていることは同じ問題、つまり宗教集団を筆頭に、ほとんどの政治団体・学問団体、等々が我こそは最高最善の存在であるとのくだんの独善主義に簡単に滑落し、かつそこでは「個人は集団に所属し、集団と同一化することによって、自分自身のナルシシズムを満足させる」という心理機制に陥るという問題である。フロムは「個人的なナルシシズムを傷つけられた人に特徴的な、激しい怒りの反作用」が集団的な形態をとって爆発するところに「すべての狂信の根」があるとし、彼もまたサルトルやアーレントと同様「第一次世界大戦の開始当時の感情」にその典型を見いだしている。[42] また晩年のフロイトがかの「死の本能」理論を唱えるに至った切っ掛けも「第一次世界大戦の衝撃であった」としている。[43] ＊15

なお付言すれば、『悪について』のなかでフロムはユダヤ＝キリスト教の伝統のなかでナルシシズムの克服がどのように強調されてきたかを跡付けながら、『新約聖書』の「汝の敵を愛せよ」という言葉は隣人のみならず「異邦人」に対する愛を求める『旧約聖書』の視点を「さらに鋭く表現したもの」と指摘し、こう述べている。

「異邦人が汝にとって人間的存在となれば、もはや敵というものはない、《汝》が完全に人間的になったからである。異邦人や敵を愛することは、ナルシシズムが克服され『私が汝』であって、はじめて可能である」[44]。

この指摘は先に引いたサルトルのくだんの『弁証法的理性批判』での一節と実質上重なるものといえよう。つまりフロムとサルトルは、駆使する概念に違いはあるとはいえ、人間的相互性といわばその錯倒に問題の要諦を見る点においては等しく、連帯的であるのだ。

なお付言すれば、私が取り上げた正統ユダヤ人共同体の周縁に配置された被差別民へのイエスの眼差しという問題は、初期フロムの論考「キリスト論教義の変遷」が提起した次の問題、原始キリスト教団はなにゆえイエスの磔刑像に深い自己同一化をおこなったのかという問題と深い関連性をもつと思われる。その点については第Ⅱ部第五章「初期フロムのキリスト教論」で取り上げたい。

補注＊14　「マニ教主義的善悪二元論」という用語の使用について

本書では、この「《マニ教主義的善悪二元論批判》という問題」節でニーチェ、サルトル、ユング等が批判した善悪二元論的思考を「マニ教主義的善悪二元論」と呼び、その宗教的な祖型を三世紀にペルシャで開祖マニがユダヤ教、ゾロアスター教、キリスト教、グノーシス主義、さらには仏教を混淆して新宗教として立ち上げたマニ教の二元論的宇宙観、すなわち光と闇、善と悪、精神と物質の二元の原理の争闘として宇宙の諸現象を説明した宇宙観に見いだしている。それは、後代の特にヨーロッパでの議論においてはかかるマニ教が善悪二元論的思考の典型・代表者として映り、善悪二元論的思考に対する批判が問題となったとき引き合いに出されることがつねであった事情を踏まえてのことである。その点で、「マニ教主義的」と形容して、たんにマニ教を指すのではなく、思考の或る一つのパターンを指す用語として使用した。

しかし、宗教思想史の文脈でいえば、このマニ教の善悪二元論的思考はいわばゾロアスター教（紀元前十世紀頃同じくペルシャにザラスシュトラを開祖として誕生）への先祖返りとして生まれたものであり、この意味では善悪二元論的思考の宗教的祖型は何よりもゾロアスター教にあるといわねばならない。だから、本書で「イエスはユダヤ教のなかに孕まれるマニ教主義的善悪二元論的思考に対決した」という場合、宗教思想史上の正確さを期そうとするなら、「イエスはユダヤ教のなかに孕まれるゾロアスター教に由来する善悪二元論的思考に対決した」というべきだということにもなる。（何しろ、マニ教の誕生はイエス以後の出来事なのだから）。以上、誤解なきよう、注記しておく。

補注＊15　出発点としての第一次世界大戦経験

ここでは、「聖戦」的観念が如何に第一次世界大戦の開始時に横溢したかという問題に関するサルトルとアーレントの言葉を紹介しておこう。

サルトル「わたしたちは幼年期と少年期にかけて、聖なる暴力を二度経験しました。一九一四年には戦争があり、この戦争は正しく、神はわれわれの味方である、とわたしたちは教えられていた。一九一七年にはロシア革命です。…〔略〕…わたしたちには、父親の暴力が滲みこんでいたのです。…〔略〕…この聖なる暴力を内面化するように求められていたからです。彼らは実際にそうした、そしてそれにうんざりし、多くのもの――私もその一人でしたが――は、その聖なる戦争なるものを聖なる革命によって置き換えるのになんの困難もなかったのです」[45]（傍点、清）。

アーレント「彼らはアラビアのロレンスの『自分自身の自己を失いたい』という切望を自分たちの経験として知っていたし、一切の既成の『価値』に対する嫌悪も、一切の既成の諸勢力に対する侮蔑も身をもって味わっていた。…〔略〕…第一次世界大戦が始まったとき、『ひざまずいて神に感謝した』

のはヒットラーや人生の落伍者ばかりではなかった。……〔略〕……一九一四年、エリートたちは自分たちが馴染んできた全世界と全文明が『鋼鉄の嵐』（エルンスト・ユンガー）のなかで崩れ去るのを期待して、欣喜雀躍、戦争に赴いた。彼らの詩は、トーマス・マンがいちはやく指摘したように、祖国の勝利ではなく『浄化者』、『救済者』そのものである戦争をうたっていた(46)」。

第六章　フロムの精神分析的アクチュアリティ

――「市場的構え」・「サド・マゾヒズム的性格」・「ネクロフィリア（死への愛）」――

フロムの根幹の思想を逆照射するもの

フロムの晩年の大著『破壊』（一九七三年、原題は *The Anatomy of Human Destructiveness*）は次の一行、「この研究は、精神分析理論に関する総合的な仕事の第一冊目である」から始まる。[1] しかし、それに続く第二冊目は遂に現れることはなかった。彼は同書刊行の七年後に没した。

なぜ、まず人間の破壊性と攻撃性の研究から「精神分析理論に関する総合的な仕事」を開始したのかの理由について、彼はそれが「精神分析における基本的な問題の一つ」であるからだと述べると同時に、[2]「破壊性の波が世界を巻き込んでいる」からだと指摘し、それに立ち向かうことこそ「人間主義者《ヒューマニスト》」としての自分の倫理的＝実践的義務に等しいと示唆している。そして彼はこの大著の「結び」の章に「希望のあいまいさについて」というタイトルを付した。

この「破壊性の波」を人類がのりこえられるか否か、そのことについて自分は自分の理性による判断が告げることからして到底「楽観主義」を振りまくことはできない。だがそうかといって「悲観主義」を語ることもできない。ただ、のりこえることができるという「信念・信仰 faith」を語るのみであり、というのも、自分はこの「破壊性の波」に抗する闘いに「参加」している者だからだ、と。[3] 彼は同書・第十二章で当時の黒人公民権運動とベトナム反戦運動とを頂点とするアメリカの青年・市民の運動を振り返りながらこう書く。――「ネクロフィリア（死への愛）がますます発達すると同時に、その反対の傾向である生命への愛《バイオフィリア》も発達しつつある」、この事実が「ホモ・サピエンスという偉大なる実験が失敗に終わらないだろうという、私たちの持つ唯一の希望の綱である」と。[4]

これらの言葉は、それを彼が記した時から半世紀に達しようとする今、ますますその切迫さにおいてわれわれを打つ。二十一世紀を覆い包もうとする暗き「破壊性の波」の水位は明らかにその高さと強度を増しているからだ。

『破壊』の前半、第一章から第九章までは、フロムがこの大著を仕上げるにあたって、彼がそれまでまったく門外漢であったといってよい「神経生理学、動物心理学、古生物学、人類学」等の成果を旺盛に摂取して、人間の攻撃性と破壊性に関するそれらの科学的知見と精神分析学との総合をあらためて図るという壮大な試みを反映した章である。他方、後半の第十章から十三章は従来の彼の人間主義的精神分析学のとりわけ「性格」論を右のテーマに集中させることをとおして、それがもともと孕むサド＝マゾヒズム論に従来の域を突破する新展開を与え、すなわち従来の「非生産的性格」論から新たに「破壊的性格」論を生みだし、その中核としてまったく新たに「ネクロフィリア的性格」という性格規定を切りだしたものと言い得る。

この点で、この後半部においても彼は実に野心的であった。たとえば第十三章はヒトラーの実存の構造に精神分析を加えることをとおしてくだんのテーマを展開するという試みであり、「悪性の攻撃――アドルフ・ヒトラー。ネクロフィリアの臨床例」というタイトルが付されている。（実にそれは彼のデビュー作『自由からの逃走』第六章「ナチズムの心理」の継承であり発展であった。いわば原点復帰が生みだす新創造であった）。というわけで、この第六章で『破壊』の全体を扱うことは不可能である。もっぱらその後半部の彼の思索を取り上げることとする。（なお付言すれば、既に述べたように「ネクロフィリア」の概念を最初に提起した彼の著作は『悪について』（一九六四年）であり、同書はこの意味で『破壊』の前段階をなすその準備作たる意義をもつものだが、紙数の関係で同書について触れることは省略し、同書の提示した洞察をすべて含めたものとして『破壊』の議論を扱うことをここで断っておきたい）。

「性格」論のアウトライン――『人間における自由』から『正気の社会』へ

『破壊』の理論的基礎をなす精神分析的「性格」論は、フロムの著作史からいえば代表作の二作目である『人間における自由』の、その第三章「人間の本性と性格」において提示された。

そこでまず同書の議論を瞥見しておこう。

フロムによれば従来の行動主義的心理学は「性格特性」と「行動特性」とを同一視してきたが、フロイトは当該個人の多くの場合無意識化された「行動の底にひそむ渇望の体系」・「情熱の比較的恒常性を持つ構造」（『フロイトを超えて』）に注目し、それを「力学的概念」としての「性格概念」へと鋳造し直した。(5) フロムの「性格概念」はこのフロイトの「力学」（力動）的視点を引き継ぐものである。

とはいえその継承にあっても、「性格のエネルギーの源泉」をもっぱら「性欲」・「リビドー組織」に見るフロイトの汎性欲主義は、これを彼は退け、サリバンから学んで、当該個人の「他の人々、自然、および自己自身に対する関係」の在り方こそが当該個人の「力学的性格」の特質を決定するという関係論的視点の下に、フロイトの力学的「性格」概念をいわば「脱構築」的に継承するのだ。(6) 個人が世界に己を関係づけるこの地平・次元は、対自然の物質的生産活動に代表される「同化 assimilation の過程」（自然の提供する質量を己の創造的意図に同化せしめることで、それ自体は自然界に存在しなかった新たなる「生産物」を創造する）と他の人間に対して自己がとる関係を形成する「社会化 socialization の過程」の二つに区分されると同時に、その相互関連が分析対象となる。

かくてフロムによれば彼の「性格」概念は以下のように定義される。「個人が自己と世界とを関係させる、そうした構えが彼の性格の中核となり、性格とは同化と社会化との過程において、人間のエネルギーが見いだすはけ口の（比較的不変な）形である」と。[7] そのさい当該社会集団・階級・階層等を特徴づける共通する「社会的性格」とその下にあっても個々人において異なる「個人的性格」とは区別されねばならない[8]。

なおフロムは最晩年の『フロイトを超えて』のなかで自分が造形した「社会的性格」概念の意義に触れ、こう述べている。すなわち、食欲や性欲のように「生物学的に与えられた」情熱以外の、「社会的、歴史的に条件づけられた情熱」――生産的愛、自由、共棲的一体化欲求、貪欲、サド＝マゾヒズム、破壊等々、まさにフロムが主要に問題にするそれら――にあっては、それが当該の個人ないし集団においてドミナントなものとなるか鎮静化せしめられるかは、何よりもまず、彼らが帰属する社会の「社会構造」の在り方によって規定される。それゆえ自分は、それらを「社会的性格」として分類し考察するに至ったわけだが、フロイトについていえば、彼の視野に入った社会集団は「家族」止まりであり、家族をさらに包摂するより大なる社会集団がこの問題で果たす規定的な役割については、彼は「あまりにも過小評価する」という誤りに陥った、と。フロイトは、当初から「個人心理学は同時に社会心理学なのだ」という観点を披歴していたにもかかわらず、この観点が家族の範囲を超えて拡大させられなかったのは、勝義の（しかも彼が帰属していた家父長的な）「家庭生活」こそが彼にとっての「究極の実在」・所与であったからだ、と。[9] したがってまた、彼にあっては彼の帰属した「ブルジョア家族」があらゆる家庭の「原型」とみなされることで、「他の文化における非常に異なった形態の家庭構造を無視し、また〈家庭〉がまったく存在しない場合さえあることをも、無視した」と。[10]

こうして、フロイトの視野はつねにブルジョア的でしかも顕著に家父長的な性格のそれに留まり続けたわけだが、フロムからするなら、こうした諸々の限界性のそもそもの遠因は一切の「情熱・激情・渇望」をリビドー的な性欲に還元するフロイトの根幹をなすリビドー主義にあったのである。

なお『フロイトを超えて』で、フロムは先に要約した彼自身の議論自体を、まだそれが「生物学的情熱」と

「社会的・歴史的情熱」の二分法に立ってなされている点で、「あまりにも単純化した言葉」によるものとさらに自己批判し、「自由、連帯、愛への志向」などの情熱は「生物学的」という意味ではなく、実存的な意味で、「人間存在そのものに根ざした要求あるいは情熱」として捉えられるべきであると注記し強調している。すなわち、もしそれらの情熱が当該の人間なり集団に不在であるとしたら、それは「抑圧あるいは重い社会病理の結果」なのであり、この意味でそもそも「人間の本性」の実現を求める、その意味で「社会的・歴史的性格」にも還元できない人間種に特有の情熱である、と。[11]

なお付言するなら、実はかかる視点は既に『正気の社会』できわめて明確に打ちだされていた。同書において彼は自分の立てる「社会的性格」概念を「特定の社会の人間のエネルギーを、この社会が持続して働くように型にはめて動かす」ものと規定したうえで、それを規範的意義を有する「人間の本性」から由来するエネルギー、すなわち「幸福、調和、愛情、自由などを求める欲求」との相剋ないし同調の「相互関係」のうちに問題設定する観点こそが自分の一番深い見地であることを強調している。彼にとっては、後者こそが一見支配的な不動の地位を獲得したかに見えた当該社会の「社会的性格」を、あらためてまた人間の根源的な生命的なエネルギーを疎外し抑圧するものとして告発し、より解放的な「社会的性格」の創造を歴史の課題として再提出するに至る、つねなる「力動的要素」なのである。

なおこの点で注目すべきは、宗教的観念・哲学的観念・政治的観念等の世界観ならびにそれに不離一体の形で押しだされる価値体系の観念的意義、言い換えれば精神史的意義に関する次のフロムの強調である。すなわち彼によれば、「人間の本性」を如何なるものとして認識するかをつねに係争点として形成されてきたそれら「宗教的、政治的、哲学的観念」という「イデオロギー的要素」は、右のコンフリクトが人間によって意識化されるさいの観念的焦点＝媒介なのであり、当該の支配的な社会構造・「社会的性格」がたんに「純粋に二次的に投映された体系」の如きものとして捉えられてはならないものなのだ。[12] 一言でいうなら、人はかかる「イデオロギー的要素」のなかに人類史をとおして連綿と語り続けられてきた規範としての「人間の本性」の完璧なる実現というユートピア的＝理想主義的な目標の表現を、またこの目標を己の生の支柱に据える人々の人間主義的な「宗教性」の形を読み取るべきなのである。そうすることによって自分たちの社会的環境・人間としての在り方・そして自身の内面の《変革》に「今、ここ」で「参加」せんとする己自身の営為を人類史のかかる精神史伝統に連なるものとして自覚し、己の励ましとすべきなのだ。こうしたフロムの精神史的姿勢は人類の宗教文化史や彼自身の思想形成過程について彼が与える諸言説に実に鮮やかである。

ここで議論を先ほどの『人間における自由』における「性格」概念に戻すと、そこでは――右に示したような複眼的視点の上に――、「非生産的構え non-productive orientation」と「生産的構え productive orientation」とがまず区別され、さらにその特殊形態が分節化され、それぞれが当該集団ないし個人を精神分析するさいの方法的「理念型」として確立される。言い換えれば、実在する「特定の個人の性格」は「いつでも、それらの構えの全部、または幾つかの混合されたものであり、その中の一つが優勢にあらわれるだけ」であり、或る一つの「理念型」を百パーセント体現したような個人は存在せず、個人の理解にあってはその「混淆」の独自性こそがその個人の個性として析出されねばならないとされる。[13]（いうまでもなく、この「理念型」の方法論を採る点で彼はヴェーバーを継承する）。

フロムは「非生産的構え」を「受容的 receptive 構え」、「搾取的 exploitative 構え」、「貯蓄的 hoarding 構え」にまず分節化したうえで、[14] その三者に「現代においてのみ有力なものとして発展した」（傍点、清）ものとして「市場的 marketing 構え」をつけくわえる。

彼によれば、前三者は実は当該個人の自己実現を促進するか阻害するかという点で、悪性化したそれと良性のそれとが区別されるべきという共通性格をもつが、「市場的構え」だけはひたすらに個人の実存的空虚化だけを導くという点で特別であり、現代の人間の実存的危機を象徴する概念であるとされる[15]。いうまでもなく、彼の精神分析学的性格論がどれほどの現代的切れ味を示すかという問いは、ひとえにこの彼の「市場的構え」論にかかっている[16]。

『正気の社会』における現代資本主義論としての「市場的構え」論

この点で、われわれはまず、このテーマを本格的に真正面に据えて最初に論じた『正気の社会』の中核をなす第五章「資本主義社会における人間」(それは翻訳で一三六頁の分量を占め、全体の約三四%を占める)を読まねばならないだろう。その詳細を知るには、読者が直に同章に当たっていただくほかないが、以下の点だけは、ここに特記しておきたい。

まず指摘すべきは、同書が展開する現代資本主義論(二十世紀資本主義論)は何よりもフロムのアメリカ亡命が彼に与えたアメリカ資本主義体験の成果そのものであるという点である。彼は――ヨーロッパ資本主義との対比において――アメリカ資本主義の特質を何よりも後者に顕著な「封建的束縛性」の残存がまったくない点に捉え、そのことが前者を十九世紀資本主義と画然と異なる二十世紀資本主義の本質的特徴を純粋に凝縮して体現する「典型」たらしめたとする[17]。その場合、フロムを特徴づけるのは彼が次のように問題を把握する点である。すなわち、この欠如性はヨーロッパ社会にはまだ強力に残存している封建的な「非合理的権威」を拭い去ると同時に、それと複雑に絡み合って保持されていた「合理的権威」の文化的潜勢力までもアメリカ社会から拭い去り、二十世紀資本主義が初めて決定的な「社会的性格」にまで高める「市場的構え」を[18]、他に先駆けてアメリカ社会がまさに己の中心的な横溢する社会的性格として打ち立てることをもたらす、と。

この「市場的構え」の問題性とは一言でいうなら次の点にある。すなわち、「資本主義社会における人間関係形成の基礎」に「市場」が座ることによって、[19] あらゆる事物・事象の価値評価が何よりもまず「市場価値」によって表示されるという事態、つまり市場競争メカニズムをとおして純粋に数量化された「貨幣価値」によって計量され表示されるという「量化と抽象化」が劇的に進行し、次いでこの事態が諸対象・他者・自己に向きあう諸個人の精神的態度の隅々にまで内面化され、およそ当該対象の「具体的個別性への感覚」それ自体の衰弱・喪失が顕著に進行すること、その結果、かかる基盤の上に、自分のなす一切の価値判断をこの「市場価値」に従属させようとする「同調という匿名の権威の恐怖の支配」が社会にゆきわたり、それが諸個人に内面化され、くだんの「市場的構え」という「社会的性格」が誕生するという点に。

それまでの「権威」は非合理的であれ合理的なそれであれ、つねに人格的表象によって体現されてきた。(神、王、司祭、哲学者等々)。だが、現代資本主義においては「市場価値」という匿名的権威が、しかも人間の狭義の経済活動のみならずあらゆる文化領域にまで浸透する――「売れない思想はもはや思想の名に値しない!」というが如く――包括的な全一的権威として確立することとなるのだ。かくて、人々は知らず知らずのうちに何事に対しても、肯定するにせよ否定するにせよ、まずそれの「市場価値」を価値判定の参照軸に据えるという態度を採るようになり、己の「個性と自己感覚」をもってそれに対するのではなく、無意識のうちにくだんの同調志向に絡み取られた態度をもってしか向き合えなくなる。[20]

なおこの点で次のことも紹介しておきたい。すなわちフロムは、右の「市場的構え」の抱える問題性を抉りだし解明するにあたっては、マルクスのくだんの『経済学・哲学手稿』で駆使された「疎外」概念――対象・相手との生きた応答関係に促された自己発現欲求であったはずのものが「私的所有」欲望にすり替えられ置き換えられてしまう、という心理機制を暴いた——が方法論的にきわめて有効であったと述懐している。（ただし、彼の「市場的構え」論では、生命感溢れる人間主義的な自己発現欲求がそこへと疎外されるところのものは、もはや十九世紀型の「貪欲」ではなく、まさに「市場的構え」が体現する——「貧富の差」意識の「大衆社会」的平準化に基礎を置く——くだんの同調化志向なのであるが[21]）。かつまた彼は、「疎外」概念が照射しようとするこの問題性は、古代ユダヤ教が問題にした「偶像崇拝」批判の含意した問題にまで遡るとも述べている[22]。既にわれわれは彼のユダヤ教解釈がつねに彼の人間主義的宗教性を基軸におく「脱構築」的な観点に立つものであるのを幾度も見いだしてきたが、まさにこの線上において、彼はユダヤ教の「メシア主義」とマルクスの『経済学・哲学手稿』を繋ぐのだ。すなわち、マルクスは資本主義の発展がもたらす「私的所有」への偶像崇拝的心性・欲望——「市場的価値」への偶像崇拝の基礎となった——の孕む問題性を暴露し、そこから解放されることを人間の精神的解放の焦眉の問題と捉えた哲学者なのである。かくてこの批判の線上において、いまや現代資本主義社会における中心的な「非生産的性格」はフロムにあっては「市場的構え」なのである。

なお一言すれば、『破壊』では、この「市場的構え」と「ネクロフィリア的性格」の混淆としての「サイバネティックス型人間」類型が、現代資本主義が推し進めるあらゆる領域での人間の活動作業の「自動機械化」の所産としてさらに主題化されるが、その方向性も既に『正気の社会』に示唆されている。その最終章「要約―結論」にこうある。

> 「つぎの五十年か百年のあいだに…〔略〕…自動機械化と疎外の過程が進むであろう。…〔略〕…十九世紀においては神が死んだことが問題だったが、二十世紀では人間が死んだことが問題なのだ。十九世紀においては非人間的なことは残忍という意味だった。二十世紀では、それは精神分裂病的な自己疎外を意味す

る。……〔略〕……戦争とロボット化がわれわれの危険なのだ」[23]。（傍点、清）

生産的性格

ここであらためてフロムの提起する《生産的性格 vs 非生産的性格》の二分法に戻れば、「生産的性格」にフロムが与える定義は以下の通りであった。

――「パースナリティの『生産的構え』」とは、前述の如く世界に対する当該個人の「基本的な態度」・「関係のしかた」の生産的タイプ、言い換えれば創造的タイプを指す。「同化の過程」においては、それは何よりも「芸術的創造性」に「代表される」ところのユニークで自由な創造的性格の制作・生産活動を展開できる性格タイプを指す。まさにその活動が己の内なる可能性・潜勢力を実現し表現し自己確証することだからこそ、何よりもその制作・生産活動のなかに自らの生命としての肯定を見いだす、そのような「関係のしかた」を世界と自己に対してとる性格タイプである。（くりかえしになるが、スピノザから引き出したこの「自己肯定」の観点、すなわち「自己と自己の力（彼の内的な人間的可能性にほかならぬ、潜勢力 potency――清）とが一体であると感ずる体験」こそが自己肯定感の核心をなし、この肯定感の追求、言い換えれば「行為者」としての「自己愛」こそは各人にとって己の人生が意味あるものとして感じられるためのエネルギーの源泉である[24]。他方、この意味での自己への気遣い・関心・自己愛を解体し空虚化せしめるものこそ「市場的構え」の生みだす深き「他者（市場価値）同調志向」であり、その点にこそこの社会的性格の最深の実存的問題性がある[25]。かかる視点こそ彼の人間主義的倫理の根幹をなす問題の見取り図にほかならない）。

またこの「生産的性格」の持ち主は「社会化の過程」においては、相手のそのような生命的な意義に満ちた「生産的性格」を深く気づかい、愛し、そのいっそうの実現と成長を促すべく相手と深い「応答責任」の関係性に入ることができ、またそうすることが同時にさらに自己自身の「生産的性格」の発揮・成長ともなる、そうした相互性をまさに相手とのあいだに結び得る「性格」タイプの人間となる。[26] つまり「社会化の過程」における「生産的性格」とは、そのような応答感受性と責任感に満ち溢れた「愛する」という関係性を他者と自己双方に対して——一方を為すことが同時に他方を為すことでもある相互性において——生みだし、それを担い得る性格のことである。フロムは、真の意味の「愛」は右のような生産的性格をもつ愛だけを指すとし、それを「生産的愛」と呼び、この「生産的愛」と「共棲的 symbiotic 構え」・「共棲的一体化」欲求とは厳密に区別されねばならないとする。というのも、後者は本質的に何らかサド＝マゾヒズムの要素、言い換えれば、互いの自立的で自由な発展を支持し応援しあうどころか、反対に、相手を自分のなかに吸収し併呑しようとするか、相手にそうされることを望むか、いずれにせよ「近親相姦的融合・合一」への志向を孕んでおり、まさにそれゆえに自他の「生産的性格」の発揮と成長を自ら阻害するものとなるからだ。

サド＝マゾヒズム論

さて、『破壊』は右に見た「性格」論の土台の上に「社会化過程」における悪性の程度が最も高い「非生産的性格」として、サディズムとマゾヒズムならびにネクロフィリア（死への愛）を論ずるに至る。

この点で、まず『破壊』におけるフロムの議論の大きな特徴になっているのは、彼が文学作品（『O嬢の物語』、フォン・ザローモンの自伝小説、『カリギュラ』等）の主人公像や実際の人物ドキュメント（スターリン、ヒトラー、ヒムラー等）を題材として駆使し、それら人物像の精神分析的解読をとおして右の議論をきわめて具体的かつヴィヴィッドに展開していることであろう。（その白眉は既に指摘したように第十三章全体を捧げたヒトラー分析である）。

また次の点もあらためて強調しておきたい。既に何度も見たように、フロムの精神分析学は人間の存在本質たる「実存的二分性」が人間に投げかけるくだんの「孤独」の問題、そこから生じる「人生の意味」を何に求めるか、それを如何に発見するかという「精神生物学的」性格を帯びた「情熱・激情・渇望」の問題に絶えず視点を向けるそれであった。当然ながらこの視点は彼のサド・マゾヒズム論、ネクロフィリア論においても強力に貫かれる。既に一度紹介したが、たとえば彼はこう書いている。

「サディズムは人間として生まれるという問題に対して、よりよい答えが得られない時の答えの一つである。他の生き物に対する絶対的な支配の体験、彼、彼女、あるいはそれにかんするかぎり自分が全能であるという体験は人間存在の限界を超えるという幻想を生み出すのであって、とくに現実生活において生産性や喜びを奪われている人にとってはそうである。サディズムは本質的に何ら実際的な目的は持たない。それは〈ささいな〉ものではなく、〈献身的な〉ものである。……〔略〕……それは精神的不具者の宗教である」[27]。

（傍点、清）

そしてこの観点はまさに彼のヒトラーに対する実存的精神分析において如何なく発揮されることとなる。

ではさらにいって、フロムはサディズムをどう把握するか？

そのさい、彼が次のフロイト的視点、すなわち「サディズムを本質的に性的現象と見なし」、かつその現われにおいては明らかに「非性的サディズム」と見えるそれも「無意識的にそれに動機づけられていると説明する」リビドー主義的視点、これを拒絶することはいうまでもない。フロムの視点に立てば、むしろ関係は逆になる。つまり当該個人が彼のくだんの何らかの実存的精神的窮迫のゆえに、それを補償しようと他者にたいしてサディスティックな関係性を結ばざるを得なくなる事態（「非性的サディズム」）に陥っているからこそ、彼は性的欲望の追求場においてもサディストにならざるを得なくなるのだ。

では、かかる根源に位置する「性格」としてのサディズムの本質、「サディズムのすべての現れに共通したその核心」をフロムはどう規定するか？　彼はそれをあらゆる「生きているものに対して絶対的な無制限の支配を及ぼそうとする情熱」（傍点、清）と規定する。言い換えれば、生命としての相手を「不具にし、窒息させ（ただし、殺す寸前まで――清）、阻害する」情熱である。[28]（『自由からの逃走』ではサディズムのこの特質を語る恰好な事例として、ナチスの幹部教育における指導者ライの次の言葉を引いている。「（幹部候補生たちに――清）生きた存在を完全に支配しているという感情をあたえるために、乗馬を教えるであろう」（傍点、清）という[29]）。

なお次のフロムの注釈はきわめて重要である。というのも、かかる「絶対的な無制限の支配」の欲望を満たす機会は、彼の言うとおり、これまでの人間社会においてはなにも皇帝や独裁者だけに与えられているというわけではないからである。いわく、

「たいていの社会体制では、社会の低い層の人々でさえ、彼らの権力に従属する人びとを支配することができる。いつでも子供や妻やイヌが身近にいるし、あるいはまた無力な人びとがいる。たとえば刑務所の収容者……」云々[30]。

いかなる下層階層においても、その下層の内部により「有力な者」とより「無力な者」（犬、家畜も含めて）の階層が存在し、何らかの事情から先の引用にいう「精神的不具者」となった下層民は己の精神的不具性を補償するサディズム発揮の対象を——しかも自分が上の階級の者から容赦なくサディズムを被ったさいに学習したその方法・身振り・罵倒表現等を転用しつつ——同階級内の自分より「無力なる」人間・動物のなかに発見すべく努めるであろう。（上の階級にその相手を発見することは通常はあり得ないのだから）。しかも、人間がかかる不具性に陥る可能性は、実は明らかに支配階級や中間階級よりも下層階級・被支配階級のほうにより多く存在しているのではないか？　つまり「仲間殺し」的サディズムがそこでは横行するのだ。私見によれば、ドストエフスキーはこの点で当時のロシヤの農民階級に横行した「笞刑」（それ自体きわめてサディズム的性格を有し、また普及した一般的刑罰方法であった）によるサディズム——妻や家畜を絶好の標的とした——の悲劇性に止目した作家であった。(31)

ところでフロムにあっては、右のサディズムの本質定義から次の二つの重要な視点が引きだされる。第一は、サディズムとマゾヒズムとの相互関連性である。また第二は、サディズムと彼の言う「破壊的性格」たる「ネクロフィリア」との区別と関連である。

第一の点から取り上げよう。フロムはまず次のことを指摘する。いわく、「サディスティックな性格にとって、賞賛すべき性質は一つしかなく、それは力である。彼は力を持つ人々を崇拝し、愛し、彼らに服従する。そして力を持たず、反撃することもできない人びとを軽蔑し、彼らを支配することを欲する」。（この指摘は、ニーチェの言う「主人道徳」と「権力への意志」のサディズム的性格を考察するうえできわめて示唆に富んでいる。彼は「われわれが〈高次の文化〉と呼ぶもののほんとんどすべては、残忍の精神化と深化に基づいてる——これが私の命題である」と述べ、かつまたここでいう「残忍 Grausamkeit」には自己に向けられたそれ、つまりマゾヒズム的快楽が不可分の構成要素として含まれると強調している。[32] もっともフロムはこの方向にニーチェ解釈を展開することには消極的であるが。参照、第Ⅱ部第二章「ニーチェとフロム」)。

この指摘は次の洞察へとわれわれを導く。先にわれわれは、そもそもサディズムがそれを振るうサディストにとって彼の精神的不具性を補償する「宗教」の役割を果たすものだというフロムの観点を見た。フロムはこの見地をこうくりかえす。いわく、「力を持っているサディストでさえ、自分の人間としての無能力に苦しんでいる。彼がいかに殺したり拷問したりしても、彼はやはり愛のない、孤立した、おびえた人間であって、自分が服従できるより高い力を必要としている」[33]（傍点、清）。（この「力」は人間の権力者の振るう権力を越えて、まさに何らかの神・絶対者の——運命、世界法則、大地、民族、等々——の振るう超人間的・非人格的「力」として表象される場合もある。ヒトラーが典型）。

そして、右の点はサディズムとマゾヒズムとの内在的な相互連関を指示する。フロムによれば、まさに右に見たサディストの内面に孕まれた「服従への要求」・「力への崇拝」は、《自分の無能性・劣等性を痛感するからこそ、より有力で優等な力に自己一体化することでその負性を補償しようとし、支配され服従することにこそ生の快感を覚える》ところの「マゾヒズムに根ざしている」のだ。かくて、フロムはこう続ける。

「サディズムとマゾヒズムとは常に結びついているが、行動主義的な観点からは正反対である。しかしこれらは実は一つの根本的な状況、すなわち致命的な無力感の二つの面なのである」[34]。

この両者の相補関係は、一人のサディストの外面と内面の相補関係として展開するとともに、一人のサディストとその相方を務める一人のマゾヒストとの二者の相補関係としても展開する。サディストはその実存的渇望が生む鋭い直観力によって己のサディズムに喜びをもって仕えるマゾヒストを発見し、彼を己の従者に採用し、このマゾヒストは従者としてサディストに自己同一化することで、自分のより下位の存在者に対しては一転してサディストへと変貌するかもしれない。同様に、マゾヒストはマゾヒストで己のマゾヒズムを満足させてくれるサディストの存在をその鋭い直観力によってたちどころに嗅ぎつけよう。かくて、両者は「共棲的一体化」の関係性に浸り込まざるを得なくなる。(35) この点で、フロムはサディズム的性格とマゾヒズム的性格はそのように相補的に結合しているから一括して「サド＝マゾヒスティックな性格」と概念化するのが一番適切であろうと提案している。(36)

フロムによればおよそ「権威主義的な宗教と倫理」はその指導的権威者にも信徒にもこの「サド＝マゾヒスティックな性格」を分有させるものとして展開するところに、それの精神分析的な特質を示す。この点では、古代ユダヤ教に関しての私の見解（第Ⅰ部第四章・『権威主義的宗教と倫理』vs『人間主義的宗教と倫理』節）は、少なくともこの宗教のなかの「権威主義的な宗教と倫理」潮流、すなわち「純粋ヤハウェ主義」的潮流に関するフロムの見解とは一致するわけである。

なおここで、次のことを指摘しておこう。先に私は、『破壊』は『自由からの逃走』への原点回帰が同時に新創造となって現れる著作であると評したが、この点でいえば、『破壊』における右に見た「サド＝マゾヒスティックな性格」論の基本線は既に『自由からの逃走』において確立しており、同書においてはこの「サディズム的衝動とマゾヒズム的衝動との同時的存在」構造を「権威主義的な性格の本質」と規定したうえで、この視点からその第六章「ナチズムの心理」においてヒトラーの人格構造‐ナチス党員と組織‐支持大衆（下層中産階層）の三者を貫くこの共有化された「性格」論的心理メカニズムを考察している。

この点で、『自由からの逃走』に還元し得ない『破壊』の発展要素は二つであろう。

まさにその一つが「ネクロフィリア」という新しい「性格」概念の提起であり、ヒトラーの人格的特質を「サド＝マゾヒスティックな性格」において問題にしていた『自由からの逃走』の考察を超えて、まず『悪について』において、次いでそれを受けて『破壊』において、彼はそれを「ネクロフィリア」という性格において把握する。

第二の要素は、そのこととも深く関連して、ヒトラー論においてもまたヒムラー論その他においても、当該の問題となる性格が形成されてくる個人史的過程——何よりも当該の個人が如何なる母子関係の体験者であったかをめぐる——の考察にまで立ち入って問題を掴むフロムの姿勢が強烈に打ちだされるに至るという点である。私見によれば、『自由からの逃走』以降の彼の思索の深まり——何よりも人間の抱える「宗教性」と実存的問題性との関連についての認識と「生産的愛」の思想の深まりを軸とした——が右の二つの要素を生みだしたのである。

では、先に述べた第一点、サディズムと「ネクロフィリア」との区別と関連とはどのような問題であるか？ それを次節で考察することにしよう。

「ネクロフィリア」論の二つの局面

フロムはまずこう述べる。「サディストは生命の支配者となることを欲するがゆえに、犠牲者の中に生命の属性が保たれていなければならない。実はこのことが彼を破壊者（「ネクロフィリア的性格」——清）から区別するのである」[37]。また、「ネクロフィリア」の概念に関しては、その形成の経緯に関してこう語っている。——この言葉自体はスペイン内戦時にスペインの哲学者ウナムーノが使用したことがあり、自分はそこから借用し、一九六一年頃から精神分析的な「性格」概念として使用する試みを始めたのだが、かかる「理論的概念」の形成にあたってはフロイトの「生および死の本能の理論」から「決定的な衝撃」を受けた、と。いわく、「私は生への渇望と破壊への渇望は、人間の内部の二つの最も基本的な力であるという彼の概念に深い感銘を受けた」と。

ただし、これまでフロイトとフロムとの基本的対立点を縷々説明してきたことからもわかるように、当然彼は「フロイトの理論的説明には満足できなかった」のであり、フロイトのいわゆる「死の本能」概念をリビドー論として構成するのではなく、くだんの関係主義的視点からいわば「脱構築」的に継承・摂取したわけである。[38]

では、フロムにおいては「性格」概念としての「ネクロフィリア」はどう定義されるのか?

こうである。——「すべての死せるもの、腐敗したもの、腐臭を放つもの、病めるものに熱狂的に引きつけられること」であり、「生命のあるものを生命のない何物かに変貌させようとする情熱」、「破壊のために破壊しようとする情熱」、「純粋に機械的なすべてのものに対する排他的関心」、「生きている組織を引き裂こうとする情熱」である、と。[39] ＊16

ところで、彼の展開する『破壊』でのネクロフィリア論を見るとわれわれはそこには二つの局面が特にわれわれの興味を惹くものとして存在していることに気がつく。

第一は、これまで幾度か指摘したようにその第十三章のヒトラー論が典型的かつ凝縮的に示す展開場面である。

第二は、そこに頂点を極める展開の成果がくだんの「市場的構え」論と結合されることで、これまでの伝統的な「ネクロフィリア」的性格——最悪の「精神的不具化」を蒙った、その意味ではごく少数の特異な実存的経験を生きざるを得なかった人間に発症するところの——とは異なった、「屍体愛」的な過剰性はもたない新しい「大衆化」した形態、すなわち、現代人における生命感情・感受性の「ネクロフィリア」化と呼ぶべき問題が発見され、その探究がフロムによって開始されることである。

この第二の展開局面は、資本主義システムが大量生産＝大量消費の上に立脚する「消費資本主義」へと発展し、それを可能とする生産活動の「自動機械化」の画期的発展、およびそれと不可分に進展する「サイバネティック型人間」の調達を主眼に置く「パーソナル市場」の爆発的拡大、それによる「市場的構え」の現代人への圧倒的な浸潤と、かつまた人間の自然・他人・自己への「関係性・関係仕方」の――人類史上画期をなす水準に至ったと捉えられるべき――「物化」・「数量化」・「機械化」・「パターン化」等々の進展、かかる諸現象と深く結びついて展開する。

補注＊16　ニーチェのネクロフィリア的側面について

ニーチェはたんに「無意識」の発見においてフロイトの先行者であるだけでなく、「死の本能」の発見においても彼の先行者であった。ここでは紹介だけに留めるが、『生成の無垢』の断片一二三番にこうある。そこに語られるのは、小乗仏教的な「涅槃」救済願望のニーチェ版ともいうべき死即救済のヴィジョンである。――「生から救済されており、かくてふたたび、死んでいる自然になることは、祝祭だと感じられうる。――死ぬことを欲する者たちによって。自然を愛すること！　死んでいるものをふたたび尊敬すること！　死んでいるものは（生きているものの）対立物ではなくて、母胎であり、例外がもっているよりも多くの意味をもっている常例である。なぜなら、不合理や苦痛は、いわゆる合目的世界のもとでしか、生きているものにおいてしか存在しないからである」[40]（傍点、清）。

またニーチェによれば、有機体の母胎は無機的なものである。「無機的なものが徹頭徹尾私たちの条件になっている」（傍点、ニーチェ）。にもかかわらず、人間はこの「死んでいるもの、無機的なもの」に対して「よそよそしく優越的にふるまう」。無機的なものの死の世界に対して、「感覚している」生の世界をわれわれはつねに優越せるものと評価する。だが彼によれば、これは「根本的に誤った価値評価」なのだ。なぜなら、この無機的なものの死の世界こそわれわれの存在の母胎であり、根源であり、有無をいわせぬ現実そのもの、《存在》そのものたる《力》がそこからこそ誕生してきたものだからだ。他方、感覚という生の力は、その実われわれを現実そのもの＝《存在》からひどく遊離させることで謀《たばか》るものである。ニーチェいわく、「感覚でもって、浅薄さが、欺瞞が始まる。苦痛や快楽は現実的経過と何のかかわりがあろう！　それは、深みへ突入することのない一つの片手間なのだ！」[41]。だが、無機的な死の世界の方は、「永遠に運動していて誤謬のなく、力と力との対抗なのだ！」[42]と。

それゆえニーチェにとって、この《存在》から遊離した感覚的な生の世界から無機的な死の世界（「死んでいる自然」）へと移行することは「一つの祝祭」である。彼は言う。「認識の最大の熱望」とは、「この偽りの自惚れた世界に、なんらの快感も苦痛も欺瞞もない永遠の諸法則を突きつけること」であり、「真理愛とは、感覚を、生存の外面だと、存在の一つの見誤りだと、一つの冒険だと解すること」[43]なのだと。断片一二二番の結び。「私たちは無感覚なものへの還帰を一つの後退だと考えないようにしようじゃないか！　私たちは完全に実現される、私たちは己を完成する。死は解釈しなおされるべきだ！　私たちは、かくてして、現実的なものと、言いかえれば死んでいる世界と、和解する」[44]（傍点、ニーチェ）。（参照、拙著『大地と十字架

――探偵Lのニーチェ調書』・第三部「母なき大地」「《死への欲望》の向かう先たる「根源的一者」――ニーチェの場合」章。Amazon Kindle 電子書籍セルフ出版、個人叢書「架橋的思索　二つの救済思想のあいだ」第Ⅳ巻『ニーチェにおけるキリスト教否定と仏教肯定』。なおそこでも、「母胎回帰」欲望と「死の本能」とのフロイトにおける同一視を批判するエーリッヒ・ノイマンの議論にも言及しながら示したように、ルー・ザロメは、『悲劇の誕生』以来陰に陽にニーチェのなかに姿を現す、かかる《根源的一者への帰還欲望》のネクロフィリア的性格を的確に見抜いていたと思われる)。

フロムのネクロフィリア論の視点に立てば、かかるニーチェの言葉はどう解釈され評価されることになるのか？　この問題はたいへん興味深い問題だが、残念ながら、この件でのニーチェへの言及はフロムのなかには見つからない。

第一局面――ヒトラーの精神分析像

では、第一局面ともいうべきヒトラーに対する彼の精神分析の核心を瞥見することにしよう。

当然ながら彼のヒトラー分析の焦点は、ヒトラーの示す破壊性の「性格」力学的な質、言い換えれば、それが固有にヒトラーを駆動する「情熱・激情・渇望」と言い得る質のものであるか否かという問題にある。いわく、

「問題はヒトラーが破壊的に行動したかどうかではなく、彼が強烈な破壊の情熱、すなわち彼の性格の一部である破壊の情熱に動機づけられていたのかどうかということである」(45)。（傍点、フロム）

フロムはその端的な現れを、一九四四年九月にヒトラーが発した、連合軍およびソ連軍がドイツ領土を占領しないうちに全ドイツを焦土と化せとの「〈焦土〉命令」に見いだす。いうまでもなく、かかる命令はもはや軍事上の「戦略的な動機づけでは説明できない」ところの(46)、否、そもそも軍事上の作戦判断の合理・非合理を問うこと自体を無意味化する全ドイツ人に自殺を強いる命令である。（生を保持し勝利を得るための最小限の犠牲死の認容、これこそが通常の軍事上の合理性を決定する規準だとすれば）。だが、まさしくかかるヒトラーの非合理性にこそ、彼の「情熱・激情・渇望」＝「性格」化した「ネクロフィリア」と呼ぶべき破壊性が示されているのだ。（なお付言すれば、フロムはアルバート・シュペア（当時ナチ政権に参加しながらもヒトラーの狂気に接して完全な面従腹背に徹し、戦後、ヒトラーの実像を告発するとともに、フロムに私信でより詳細な事実を証言し続けた）の全面的な協力のもとにこのヒトラー分析を遂行した。このシュペアの証言は第十三章のいたるところに散りばめられている(47)）。

またこの点で、フロムはかのユダヤ人に対するホロコーストも、ロシヤ人とポーランド人に対するそれも、そこに孕まれるこのネクロフィリア的意味を照射するためには、この全ドイツ人絶滅命令とそれらとを関連づける必要があると指摘している(48)。つまり、それらの殺戮におけるその驚嘆すべき「大量」性は、それこそ「戦略的な動機づけでは説明できない」ところの意味、すなわち「完璧なる殺害・絶滅・全滅」への意志を象徴するものであり、このネクロフィリア的意味は「処刑」場面や「死体」を想像することへのヒトラーの偏愛にも見事に示されているのだ(49)。

ところで、ヒトラー分析でフロムが強調するもう一方の要素は、この強烈なネクロフィリア志向が他方では、それを他者に対して、また何よりも自己自身に対して「意識化」させまいとする、これまた強烈な「偽装」・「ベニヤ張り」・「反動形成」（本来のネクロフィリアの衝動と正反対の振る舞い・志向・欲求・趣味等々の仮面を己に被せようとする）の衝動を彼に与えることとなるという事情である。フロムは、かかる意味での自己抑圧衝動は「ヒトラーの性格構造の核心にかかわる機能」だとする。[50]

実にヒトラーはネクロフィリア的大量殺戮の命令を出し、処刑や死体を想像することを偏愛したにもかかわらず、他方、周囲に対しては如何に自分が「肉食」と狩猟を嫌悪し、死体を見ることをどれほど嫌悪し恐怖したかを見せつけた。実に彼は「殺人や処刑の現場」に立つことを極端に嫌い、実際一度も立つことはなかった。（ただし、彼は自分を暗殺しようとして処刑された裏切り者の将軍たちの処刑写真を自分のデスクに飾った）。[51] また死体と出食わすことを恐れ、兵士を激励するために前線を訪問することも一度もしなかった。だが、フロムはこの点を指して、「死体を見ることに対するこの恐怖の反作用は、彼自身の破壊性の意識化への防衛的反作用である」と指摘し、またそれは「ヒトラーのやや強迫的な過度の清潔好みの底にあるものと基本的には同じメカニズム」だとしている。いわく、「血とよごれの意識は抑圧され、意識されるのはただ〈清潔に〉する要求だけなのである」。[52]

では、こうした彼の破壊的性格はどのようにして形成されたのか？　フロムはヒトラーの伝記をどのように精神分析的に解釈したのか？

まずこの点で、彼は次の方法論的観点を強調している。

すなわち、幼年期に示される「性格発端」（ヒトラーの場合は、後に確立するネクロフィリア的性格を予知するが如きその萌芽）が、その後の人生の展開が彼に与える幾つかの決定的な意義をもつ経験をとおして「性格体系」にまで発展し確立するに至る、その伝記的ダイナミズム、言い換えれば、ネクロフィリアとバイオフィリア（生

命愛）の確執がそれらの出来事によって前者の覇権化へと転じるところの過程が示されねばならない、と。[53] ＊

17

詳細は省く。フロムの分析によればその「性格的発端」はおそらく幼少年期以来ヒトラーが「現実よりも空想をより真実と感じる高度にナルシシズム的で引きこもりがち」なタイプであったことにあり（カール・マイの著した空想的な北米インディアン物語への偏愛が象徴する）[54]、このナルシシズム傾向が、母親とのまさに「愛」の関係の在り方が災いして、克服されるどころかいっそう増強し[55]、かつそこから生まれた「偉大な芸術家」になるという夢が今度は周囲との関係のなかで挫折・敗北という決定的な屈辱の経験へと追い込まれ、そこから周囲世界をつねに「怨恨」の視線の下にしか見いだせない態度（構え）＝「性格」が誕生したことである。フロムは「この恨みこそが彼のネクロフィリアの発端をなしたのだろう」と推測する。[56]

したがって、ヒトラーの性格形成において第二の決定的に重大な契機は彼と母クララとの母子関係である。この点に関してフロムは、自分の解釈があくまで後年に確立したヒトラーのネクロフィリア的性格から推しての「仮説」であることを何度も強調している。おそらく、「仮説」を超えるだけの主張を為し得る実証的資料を集めることがもはや不可能だからにちがいない。多くの証言は、クララが子煩悩なほどにヒトラーを甘やかしたと伝えている。だが、それにもかかわらず、幼少期以来ヒトラーが「自閉症児」的であり、前述のようにナルシシズム的性向を変えなかったことも明らかに伺える。では、それら二つの事態のあいだに成立している実際の関連を掘り下げて解明する資料的手立てはあるかといえば、それはもはやない。[57]

この点で、フロムは「ヒトラーの母親および母親的な人物に対する関係は、ほかのたいていの〈母親固着の〉男に見られる関係とは、まったく異なっていた」と述べる。というのも、そこには「あたたかく愛情のこもったもの」がまったく見られず、「彼は冷たさを失わず、ナルシシズムの殻を破りはしなかったこと」が明らかだというのである。そして、フロムはそこから次のような認識に突き進む。その認識は彼のヒトラー論にとっては決定的に重要な認識であるが、それは、くりかえしいえばフロム自身が認めているように、後に「性格体系」としての確立を見るヒトラーのネクロフィリア的性格から推しての「仮説」の域を出るものではない。(彼はその仮説のあとにこうつけくわえている。「彼の最期は、この悪性の近親相姦的愛の仮説を立証しているように思われる」と)[58]。いわく、

――その「近親相姦的愛」的固着においては、「クララが彼に対して演じた役割は、現実の人間のそれではなく、大地、血、宿命――そして死――という非人格的な力の象徴のそれであったこと」が特徴であり、そこでの「共棲的愛着」の「最終的目的」は「死において母親と一体となること」であった。かくて「ドイツは母親を表す中心的象徴となった。彼の母親＝ドイツへの固着を基礎として、毒(梅毒とユダヤ人)への憎しみが生まれ、彼はその毒から彼女を救わなければならなかったのであるが、もっと深い層では、母親＝ドイツを滅ぼそうとする彼の長年抑圧された欲望も生まれたのであった[59]」。(傍点、清)

補注＊17　フロイトによる「幼児期の意義の発見」へのフロムの評価

『フロイトを超えて』は、「フロイトの偉大な発見の一つ」に当該の人物の人格性の在りようを生涯にわたって規定する働きをする「幼児期の意義の発見」を挙げている。(ちなみにサルトルは、この発見こそをフロイトから摂取した彼自身の「実存的精神分析」の最重要の視点・テーマとした)[60]。既に指摘したように『自由からの逃走』

第六章のヒトラー論と比べて『破壊』のそれを顕著に特徴づけるのは、ヒトラーの人格性を新たに「ネクロフィリア」的性格と規定するだけでなく、その個人史的過程の精神分析を試みている点であるが、まさにその試みはフロムをこのフロイトの功績に直結させるものだといえよう。

『フロイトを超えて』第二章・「6 子供時代の意義」でのフロムのフロイトへの評価と一つとなったフロイトへの補完的な批判は、一般的な方法論的な地平において、この「幼児期の意義の発見」を真に有効たらしめるうえでのフロムの総合的なバランスのとれた観点を伝えて興味深く有益である。彼は、単純な「心的外傷」還元主義に陥る弊を避けようとフロイトにおける「体質的、遺伝的な要因の過小評価」を批判し、[61]また「「幼児期の意義」を誇張して、その後の人生での人格変革の可能性・回心を全否定するようないわば「幼児期」決定論に陥るべきでないとし、[62]また親子がその性格的な差異によって「自然に嫌悪感を持つ」悲劇的可能性があることを承認する必要があること、[63]等を訴えている。

第二局面――「市場的構え」との融合形態

では、第二局面に移ろう。前述の如く、この局面で問題となるのはヒトラーに典型化する「完全なネクロフィリア的な人間」の如きタイプではない。「ネクロフィリア的傾向が強いバイオフィリア的傾向と共存している」ところの、したがって両要素の「生産的な内的葛藤」（この葛藤を正く解決できればバイオフィリア的人間へ成長できる――清）を内に秘めた、現代資本主義社会のもとで多かれ少なかれ「市場的構え」を己の性格構造の優勢的要素として取り込みつつ、しかしそれを克服しようと葛藤している人間、つまり現代の大多数の人間の在りようである。(64)

では、この現代人の在りようのどの点にネクロフィリアの要素が取り込まれているというのか？

この点で、フロムが最初に注目するのは「ネクロフィリアと技術崇拝との連関」である。彼は「今日の産業社会の人間の最も単純で、明白な特徴」として次の点を挙げる。すなわち、現代人の感受性が「人びと、自然、そして生きている構造を焦点とした関心を窒息させ、それとともに機械的で生命のない人工物にますます引き付けられる」という構造・傾向を示すという点である。(65) フロムの人間主義が核心とする生命主義的観点からすれば、生命的なものへの現代人の応答感受性が衰弱し、それに取って代って、機械化された刺激の連鎖とそれによって構成される美的表象の形態（金属的ないしプラスティックな光沢性や滑らかさ）、その軽度な拒絶感を滲ませた反射性、流線的カーブ、それが誕生させるスピード感、数理性、等々が引き起こす《刺激‐リアクションとしての興奮》という即時反応関係性が関係形成の中心を担うに至るという事態、これである。（おそらく昨今のアメリカ映画のＣＧ技術を駆使した破壊・爆発・超スピード・カーアクションの切れ目なく連鎖する「ヴァイオレンスもの」ほど分かりやすい例はないであろう）。

彼が説明のために持ち出す具体例はわかりやすい。「妻よりも自分の愛車に対してより優しく、より大きな関心をもつ夫たち」、「写真をとることが観ることの代用になってしまった」現代の「観光客」。フロムいわく、

――「観ることは人間的機能であって、人間に与えられた最高の能力の一つである。それは能動性、内的開放性、関心、忍耐、集中を必要とする。瞬間撮影《スナップショット》（原義、「早撃ち」）をすることは、本質的には観るとい

う行為を物体に――『僕はそこへ行った』という証拠として、あとで友人に見せるための写真に――変貌させることである」。あるいは「〈便利な〉・〈手間を省く〉仕掛け」づくり、従来の人力行使を機械に置き換える自動機械化＝スピード化が強迫的に追求される今日の産業的システムと、それに当然のように従属化する今日の生活的システムの在りよう。[66]（例えば、いたるところでのエスカレーターの採用に始まって、PC技術によって驚異的に容易化され拡大されるに至った今日の情報検索作業に至るまでの――清）。

なお、フロムはこうした現代社会システムにおいて覇権的地位を獲得した（人類史的に見れば恐るべき高度化に達した）機械的技術と破壊性との「融合」がもたらす現代特有のネクロフィリア的性格形態を予言する、今では古典となった「より直接的な証拠」として、「スピードの新宗教の思想」と評すべきマリネッティの「未来派宣言」（一九〇九年）を挙げる。[67] フロムに言わせれば、この宣言に謳われる理想を「完全に実現した」のはファシズムであり、第二次大戦における戦闘方法であった。[68] 彼は「未来派宣言」を縷々引用したうえで、「革命的精神の華麗な宣言と、技術の崇拝と、破壊の目的とのこの混合こそ、まさにナチズムを特徴づけるものである」と結んでいる。[69]

またそこに横溢する「破壊の技術化」を賛美する心性の本質を端的にこう指摘する。それは同時に「自分のしていることに対する十分な感情的認識を排除することである」（傍点、清）と。[70] このことが第二次大戦の主軸をなす、勝敗を決定する破壊力となったあらゆる空爆に共有された経験的核心であり、その最大の凝集点こそがかの原爆投下なのである。一発の原子爆弾の投下が瞬時に一〇万近くの人間を死に至らしめたが、パイロットはその己の行為に対して何ら感情的関係を結ぶことはない。結ばなくて済むように空爆という攻撃行為は機械化されている。（二十一世紀はかかる機械化を無人飛行機ドローンの開発によって極限化した）。

フロムが最後に主題化する「市場的構え」と融合した形態でのネクロフィリアは、右のような「技術と破壊性の融合」のいわば平和時の形態であるといえよう。（今日、あらゆる分野での人間の活動のロボット化、人工知能による操作への置き換えは留まるところを知らない）。

サイバネティックス（人工頭脳）型人間の生きるネクロフィリア

フロムの提起する「市場的構え」の概念は早くも彼の精神分析的人間学の基礎を示す『人間における自由』で提起されたものであった。[71] 彼によれば、資本主義の現代的発展が起きる以前までは、「非生産的性格」として挙げることができたのは悪性化した「受容的構え」・「貯蓄的構え」・「搾取的構え」の三形態（フロイト的にいえば「口唇愛的性格」・「肛門愛的性格」・「性器愛的性格」と順に呼び得る）であり、これら三つの行為要素は実は両義的働きをするものであり、悪性化するなら「非生産的性格」になるにせよ、「生産的性格」に組み入れられて良性的な働きを演じる可能性ももつのである。（正しく事態を我慢強く受容し、経験と能力を粘り強く正しく貯蓄し、ここぞという瞬間に機会を搾取し、決定的な行為に出て創造を成し遂げる、等々）。

だが、「市場的構え」の方は一切そうした良性的働きの可能性をもたない。既に何度も述べたように、その最大の核心的な実存的な悪しき作用力は、諸個人の内面を匿名的な「市場的価値」への同調に最大限動員することによって、諸個人の生命主義的感受性・「具体的な個別性への感覚」の「空虚化」を劇的に推進することにある。[72]『破壊』においてフロムが分析の焦点を合わせるのは次の必然性である。すなわち、この「市場的構え」を己の性格とする現代人は必然的に自分を「サイバネティックス型人間」へと形成しなければならなくなるという。

そして、その点が前述の「非生産的性格」の伝統的な三形態との相違点にもなるのだ。というのも、彼によればそれら三形態は「自分の肉体、その機能、そしてその産物に対する真の感覚的体験が存在するかぎりにおいて可能である」のだが、「サイバネティックス（人工頭脳）型人間」類型の方は「自分の肉体を成功するための手段としてのみ体験する」性格類型だからである[73]（傍点、清）。

また、この事情をフロムは、サイバネティックス型人間（ロボット化された人間）とは「唯知的 monocerebral 人間」だという定義をおこなうことによっても示そうとする[74]。この定義は、次の判断、すなわちこのタイプの人間は「精神分裂症類似の、あるいは精神分裂症そのものの性質」、つまり「思考 - 感情 - 意志の間の分裂」を顕著な特性とするという診断と結びついている[75]。言い換えれば、このタイプにあっては「頭脳的＝知的アプローチは、感情的反応の欠如と共存しており、感情は抑圧されているというよりは枯死したというほうが適切」という診断と[76]。さらにこの点で、フロムはそうした特徴は「自閉症児の呈する臨床像」と極似してもいると指摘する[77]。

くりかえすなら、実に問題のポイントは、サイバネティックス型人間とは「要するに生きているものすべてから自分の関心をそらし、すべての生命を物に変貌させる」人間だという点にある。フロムいわく、

「性愛は技術的な熟練（〈愛の機械〉）となり、感情は平板になり、時には感傷に取って代られる。生きていることの強烈な証である喜びは、〈娯楽〉や興奮に取って代られる。そして人間の持つ愛と優しさのすべては、機械や仕掛けに向けられる。世界は生命のない人工物の総和となる。人間は全面的に、彼が支配すると同時に支配される全体的な機械の一部となる。彼は計画も、人生の目標も持たず、ただ技術の論理の決定によって彼がなさなければならないことをなすだけである」。「彼は彼の技術的精神の最大の達成の一

つとして、ロボットを造ることを熱望している。……〔略〕……人間自身がほとんどロボットと見分けがつかなくなっているのだから、この達成もさほど驚くべきこととは思われないだろう」。「死の象徴は今や清潔でぴかぴか光る機械である」。「人間は進歩の名において……〔略〕……空気、水、動物——そして自分を汚染している。彼のこのやり方があまりにも大規模なので、今から百年もたたないさきの地球がまだ人が住めるかどうかも疑わしくなってしまった(78)」。

なお、ここで次の点をつけくわえておきたい。このようにフロムは《「市場的構え」性格‐「サイバネティックス型人間」‐現代的な新「ネクロフィリア的人間」》の形成連鎖を一続きに捉え、現代への警鐘を連打するとはいえ、この現代の大量なる新・ネクロフィリア的人間はヒトラーを典型とするようないわば「純粋種」型のそれではなく、内にバイオフィリアとの葛藤・確執を孕む混淆的パーソナリティが大多数であり、この混淆性こそがその普遍的性格だとフロムは捉えていることである。言い換えれば、右の性格記述は——一見するにあまりに単純化し誇張しているように見えるが——警鐘乱打のためのいわば「理念型」の記述でもある。

ところで、こうした「サイバネティックス型人間・ロボット化された人間」類型に関する問題提起をフロムがおこなってから、かかる問題提起を一個の「魁《さきがけ》」に変じる機械的技術発展の決定的新局面がわれわれを襲ったこと、それゆえにその新事態の下で右のフロムの問題提起はいっそうのアクチュアリティを獲得するに至ったこと、このことを最後にわれわれは自分自身のためにつけくわえねばならない。

すなわち、原子力エネルギーの「平和」的利用という新事態（原子力発電）に匹敵するもう一つの技術革新、すなわちコンピュータ技術によるこれまでの技術システムの構造転換である。文化の発信と受信、創造と伝播の関係性がＰＣ技術によるWebカルチャーの圧倒的イニシャティヴの下で再編され、それこそ現実《リアリティー》への感情的応答関係がヴァーチャル的なそれへと不断に置き換えられ、むしろ後者が生活のなかで中心化してゆくこと、それとともに人間の想像力次元がいっそうヴァーチャル化をとおして肥大化し、それはいわばゲーム化という現象を呈しだし、この変容が人間間コミュニケーションのSNS化と手に手を取って進行し浸潤し、今日、フロムの概念を使えば「市場的構え」の性格が現代人に植え付ける「他者志向」は、現代人の底に疼く――まさに消費資本主義と「パーソナリティ市場」における優勝劣敗が生みだす――《怨恨心‐復讐欲望を満足させる対象と機会の獲得渇望‐日々醸成されてきた同調志向‐マニ教主義的善悪二元論による同胞意識の幻想的再建欲望》連鎖を活性化させる機能――おそらく「移民」憎悪をキーワードとするヘイト・ポリティックスの再建の形を採るであろう――として特段に働きだしていること、そのようにして二十一世紀の新ファシズムの心理メカニズムが醸成されつつあること、これらのことが次第に明白となってきているのではないか!

かくて今こそ、故フロムを継いで新版『自由からの逃走』第六章「二一世紀の新ファシズムの心理」が誰かによって書かれねばならない。あるいは新版『破壊』が。そのような問題意識を喚起する著作として、今『自由からの逃走』――『破壊』の二作の孕むアクチュアリティは新しい光を放ちだしている。私はそのことを確信する。＊18

補注＊18　「リア充」／「非リア」二分法・「幸福」可視化競争・「グループ同調志向」に貫かれたSNSコミュニケーション・集団ダンスのロボット美志向――二十一世紀日本における青少年の受難とフロムの「サイバネ

ティックス型人間・ロボット化された人間」論

たとえば、現代日本の青少年を引きずり込み、いまや彼らの内面をいたく脅かしつつあるLineやTwitter、最近急成長を見せる写真・動画共有システムのインスタ（Instagram）等のＳＮＳコミュニケーションの抱える問題（なおfacebookはいまや中高年層向きのツールになったといわれるが、インスタがfacebookから生まれてきたことが示すように、「幸福」可視化競争の引き金はfacebookにある）は、フロムの問題提起した「サイバネティックス型人間」の今日的事例として解読できるし、またそうすべきだと考える。（もちろん、応用のための必要な修正なり論点追加をおこなってのことではあるが）。

LineなりTwitterにあっては、コミュニケーションはスマホの液晶画面に映しだされる文字（しかも、ごく簡略化され、常套句化された）と絵文字だけに担われたものとなり、一方ではコミュニケーションの滑稽なほどの「唯知化」（フロム）、言い換えれば、非身体化――表情・身振り・肉声の響きや温度、等々の身体的で対面的直接性を担う感情伝達要素の全面的排除――が進行する。その結果、子供たちはコミュニケーションの信頼性を担保する知的伝達と情緒的身体的伝達の相互補完性を自ら解体する羽目に陥り、絶えまないコミュニケーション不安に自らを追い遣る仕儀となる。また同時に、彼らのコミュニケーション空間は真に知的な相互批判的な対話性を失い、逆説的にもいわば「唯情化」する。つまり、「いいね」を発する賛同者なのか「既読」が明白な、しかし「無反応」者＝非賛同者なのか、仲間なのか異分子なのか、味方か敵かのきわめて単純化された二分法がくりかえしリトマス試験紙としてコミュニケーション空間に投入され、極端なグループ同調志向だけが煽られ、その結果、人間のコミュニケーションのなかで最も価値ある経験、すなわち、真の個人対個人の応答感受性と責任感に満ちた対話経験、それゆえに信頼という情緒的安定と互いの思考の発展成長という精神の触発的な生産的刺激とが一つになった真に悦ばしい対話経験、鋭くも激しい批判の契機と熱い友愛の契機が葛藤しながらも共存し続けることが可能であることを確信する経験、それらが劇的に衰弱する。いわば液晶画面の文字は、或る複雑な奥行きを秘めた意味伝達を時間をかけて担い、またそうすることによってそうした伝達を可能とするという文字本来の文章構成機能《エクリチュール》を失って、同調か非同調かを審問するいわば信号的記号と化し、逆説的にも他方でコミュニケーション空間は「唯情化」する。

また、LineやTwitter等のコミュニケーション空間に不可欠なものとして随伴する写真メール機能（まさにこの点でインスタはこの機能に特化したものである！）は、いわばグループ・メンバー各自の「幸福」の可視化・「ショット」化とそれによる競争化へと知らず知らずのうちにメンバー全体を引き入れ、その無意識の次元では各自のなかにナルシシズム的欲求、嫉妬、それが生むルサンチマン的心性の増強を――ソフトな形態のうちにも――培養するものとなる。また顔のメイク、髪型・ファッション・仕草（例、指によるyesサイン）、会話における話題選択・言葉遣い、ジョーク、等々一切の表現媒体が、今日巨大な消費文化市場が生みだし、流通を図り、それを購買させることで利潤を吸い上げようとする流行的諸価値によって支配されるものとなるから、青少年（実は彼らに限ったことではないが）の自己評価ないし「自己愛」の在り方・仕方はそのユニークな自律性と自己直感性を失い、それら流行的諸価値・イメージへの「他者志向」によって強力に絡めとられたものにならざるを得ない。

フロムが主題化した「市場的構え」的性格の社会経済的な前提をなす消費資本主義の巨大な成長は、前近代社会を特徴づけた身分制的な不平等を撤廃することによって同時に身分制的な断念や自足をも撤廃し、万民を同一の「市場的価値」が王者の位置に就く競争宇宙へと巻き込み、まさに《平準化されいっそう競争化された人間関係こそが生みだす特有な嫉妬とルサンチマン》の渦のなかへと導き、またその「特有な嫉妬とルサンチマン」はつねにその裏側にフロムが強調した己の「実存的空虚性」についての不安、言い換えれば、己の「行為的人間」としての自己同一性を確認できないという不安を貼りつかせるに至る。多くの現代の青少年は次の実存的な自信喪失に追い遣られる。すなわち、自分の自我感情とは己の実存の空虚性の意識と他者に対する仮面性＝演技性の意識とのあいだで振り子のように揺れ動く絶えまない自己欺瞞の連鎖でしかないとの。

　昨今の日本のネット世界に溢れかえっていた「リア充」や「非リア（充）」のネット隠語《スラング》は、それを使用する当人たちの理解の水準を超えて、右の実存的不安とそこから生まれる嫉妬とルサンチマン意識の象徴表現である。己の存在＝生活の「リアルが充実している」のか、そうでない（「非リア」）のかをめぐって嫉妬とルサンチマンの線引、つまり敵か味方かの線引きがおこなわれグループ化が成立するという言説構造は、右の不安を青少年が如何に鋭く感じ取っているかを示してあまりある。そして、このルサンチマンの最大の日常的はけ口こそが、今日の日本の青少年にとって最も共通した普遍的受難経験としてある「イジメ」なのだ！

　なお付言すれば、現代日本の青少年のポップス・シーンの顕著な特徴は、いまや男女を問わずＡＫＢ的・ジャニーズ的な集団ダンス歌唱スタイルの席捲である。そこでは、メッセージの個性が勝負のしどころであった往年のシンガー・ソングライターの歌なりマイケル・ジャクソンのダンス、それが聴衆の抱く「具体的個別性への感覚」を最高度に刺激し満たすというライブ的興奮が退場し、その代わりに、「振り」の「面白さ」というわばロボット美のもたらす刺激と「集団歌唱」が喚起する「集団同調快楽」、これがいまやひたすらに「娯楽」対象としてだけ扱われる現代の「歌舞音曲」――一貫して人類史において民衆的地平における人間の「精神 - 身体的全体性」の最も直接的な表現媒体であり続けてきた――を司る中心価値に躍り出ていると思われる。

私見では、フロムの「市場的構え」論と「サイバネティックス型人間」論は、それらを今日の日本の青少年たちが抱える実存的苦境を解明する理論として再生させる理論家の登場を待ち望んでいるのである。

第Ⅱ部　フロムを包む対論的磁場

注記　なおマックス・ヴェーバーとフロムとのあいだに成立する対論的磁場に関しては、第Ⅰ部と第Ⅱ部の以下の節にそれに関する指摘と考察があることをここで断っておきたい。第Ⅰ部第一章・「バッハオーフェンからのインパクト」節。第三章・「ヴェーバーの宗教社会学の根幹的視点――フロムにかかわらせて」節、「フロムの『空的行為』概念の曖昧性」節。第Ⅱ部第五章・「フロムのカルヴィニズム論――ヴェーバーにかかわらせて」節、「ヴェーバーとフロムとの重合と離反」節、補注8「ヴェーバーのキリスト教論の二層性について」。

第一章　サルトルの実存的精神分析学に対するフロムの批判をめぐって

フロムのサルトル批判の文言

フロムは『人間における自由』(一九四七年)のなかで彼の人間主義的精神分析学の支柱ともいうべき「実存的二分性」の概念にわざわざ原注を付け、[1]「この言葉を私は、実存主義の用語と無関係に用いる」と注記し、かつ、自分がサルトルに関してはまだ劇作『蠅』と講演『実存主義はヒューマニズムか?』を読んだだけであり、彼の思想との「共通点」を幾つか感じるにせよ、まだ「彼の哲学的労作に触れてないから、その一致の程度は判断できない」と断りを入れている。

この時点から約一七年後の『悪について』(一九六四年)にはサルトルの実存的精神分析学に対する彼の評価が明記されており、次に見る通り、それはきわめて批判的なものである。すなわち、彼は「サルトルの心理学思考」を「健全な臨床的裏づけのない」ものと特徴づけ、かつ次のように酷評している。

——「ハイデガー同様サルトルの実存主義は、新たな始まりではなくて終末である。両者とも二度にわたる世界大戦の破局後の、ヒットラーとスターリンの統治後の西欧人の絶望感を表現しており」、かつそれは、「マルクスの思想を継承」するかのように装っているが、それは見せかけで「中産階級の自己主義と唯我論の表明でもある」と。また「人生には神から付与され保証される意義などない」という仏教やシュバイツァーにも共通する主張を、——以下少し清なりに解説的に補足するなら——ひたすらにニヒリズムの方向、言い換えれば、ヒューマニズム的価値観の否定へと延長し、その結果、生のネクロフィリア的形態(「衰退の症候群」)とバイオフィリア的形態(「成長の症候群」)との客観的な相違=価値区別までも否定し、かくてまた「人間の本性」概念の規範的意義をまったく否定するに至り、かくて「サルトルとその一派は、ヒューマニズムの伝統はもちろんのこと有神論および無神論の最も重要な業績を忘れている」と。(2)

ところで、この彼のサルトル批判に接して、私にはかかる批判はサルトルに対してあまりにも公平さを欠いていると映る。また、彼は本当にサルトルの議論を精読したうえでかかる批判をおこなったのかはなはだ疑問に感じる。

サルトルの実存的精神分析学を支える根幹的テーマと視点

サルトルの心理学的思考は臨床的裏づけを欠いているという批判に関していえば、詩人ジャン・ジュネに関するサルトルの膨大なる実存的精神分析の書『聖ジュネ』のフランス語原典は一九五二年に出版されている。この著作は、フロイトの精神分析と実存的精神分析との共通性について指摘する『存在と無』第四部第二章・「I 実存的精神分析」のなかの次の指摘、すなわち「両者が復原しようとするところのものは、単なる一つの心的出来事であるよりも、むしろ、幼年期の決定的な出来事と、この出来事のまわりにおける心的結晶作用という、一対のものである」との指摘、(3)これをサルトル自らがジュネに対する実存的精神分析の試みとして文字通り詳細を尽くして実行した驚くべき労作である。(邦訳で、二段組上下二巻、総頁は八〇〇頁に届こうとする)。ジュネはこれを読んで、自分は徹底的に読み抜かれ「空っぽ」となったと告白しているほどのものである。

また、サルトルはこの書を書いたあと、かつての自分の『存在と無』での実存的精神分析論を自己批判的に振り返り、前書では自己に対する「不純な共犯的反省」(自己意識の反省的対象としての自己像の在りよう、すなわち様々な無意識的願望が投影され多かれ少なかれ自己欺瞞的な性格を帯びた自己像、それを精神分析的に批判的に解剖しようとせず、その自己像をそのまま真実の自己とみなす態度）と真の自己認識に至ろうとする「純粋な浄化的反省」をあまりにも単純に区別しており、後者がまるで一瞬の啓示的直観によって成就し得るかのような記述になっており、自己を駆動する無意識的動因（「根源的選択」）に関する真の深い覚醒に達する精神分析的作業は、結果として「不純な共犯的反省」の域に依然として留まることに終わる自己反省化作業、これを何度もくりかえし自己批判しのりこえてゆく辛抱強い長い「純粋な浄化的反省」作業をとおしてしか成就し得ないこと、このことを自覚できていなかったと述懐している。(4)

また、『聖ジュネ』をはるかに上回る分量の、サルトルの晩年を飾るフローベールに対する実存的精神分析の書『家の馬鹿息子』は、次の観点を根幹に置くものであった。すなわち、「生を愛するためには、自信をもって希望を抱いて刻一刻次にくる瞬間を待つためには、〈他者〉の愛を根本的な自己確認として内面化しえたということが必要なのだ」。(5)「要するに、〈他者〉の愛情は、価値と使命（「人生の意味」──清）の客観性の基礎であり保証である。使命は、価値の現存によって主体的人格のなかで認められ希求される自主的選択となる」という観点、(6)すなわち「愛情は与え、期待し、受ける。そこには指名の相互性がある。……〔略〕……フローベールの知らないもの、それは相互性である」という観点からフローベールの抱える精神分析的病理を追究する書なのである。(7)思うに、かかる観点はフロムのいう「ヒューマニズム的伝統」が文句なしに立脚するそれではなかろうか？　そして、ここで先に紹介したサルトルの反省を想起するならば、われわれはこう推測することができよう。同書に至る長いサルトルの実存的精神分析の深化過程は、同時に彼自身の絶えまない自己批判をとおしての真の自己覚醒に至る過程なのだ、と。けだし、彼は『シチュアシオンX』に収められたインタビュー『うちの馬鹿』についてのなかでこう語る。

「私が子供のギュスターヴに対立させて暗々裡にその肖像を描いているあの少年、一人の子供が個人となるのに必要とする、自己主張をなしうる自我を自分に作り出すのに必要とするいっさいの愛情を幼年期に得たがゆえに深い確信を持ち、自分に自信を持っているあの少年、あの少年は私なんだよ。この観点からすると、私はまったくフローベールと反対だ」(8)。

われわれは本書においてフロムの思索にとって「応答関係能力 response ability」としての「応答責任 responsibility」の思想が如何に基盤的な意義をもつかを幾度も確かめたが、実にサルトルの戦後の歩み――『文学とは何か』『道徳論ノート』『聖ジュネ』『弁証法的理性批判』『家の馬鹿息子』等を山頂とする――は、一言でいって、まさに「相互性のモラル」言い換えれば「応答責任」のモラルに貫かれていると言い得る。この彼の立場は、この章の最後の節で触れるように、また既に第Ⅰ部第五章の「《マニ教主義的善悪二元論批判》という問題」節でも紹介したように、社会哲学的地平ではサルトルに『弁証法的理性批判』における鋭利な「暴力」論をもたらすのである。しかも、その節でも指摘したように、彼はアルジェリア民族解放闘争と植民地支配の続行を図るフランスの極右派との激突がくりかえされた戦後フランスのアルジェリア戦争時代に、極右派によって自分の書斎を爆破されるという危機に出会いながらも、同書を書き綴ったのであり、当時彼はアルジェリア民族解放闘争をフランス人として支持し連帯する左派知識人のシンボル的存在となったのである。

私見によれば、フロムの公平さを欠いた決めつけ的批評はこの肝心な点を一切視野の外においているのだ。

『存在と無』第四部をはたしてフロムは読んだのか？

しかも、フロムの批判に関していえば、そもそもサルトルが自ら彼独自の実存的精神分析の「存在論的前提」を記したものという位置づけを与えている『存在と無』の第四部『持つ』『為す』『ある』における議論（幼年期経験の重大な意義に関する前述の指摘もそこに含まれる――清）、それにフロムがどれだけ誠実な読解の努力を払ったのかということがきわめて疑問なのである。というのも、そこでサルトルがおこなっているのは一言でいえば次のことであった。すなわちフロイトから大きく学びながらも、フロイトにおいて精神分析作業の焦点に据えられまた導き手にされている「性的リビドー」の位置に、代わりに実存的欲求としての「存在欲望」と「我有化欲望」の表裏一体となった複合的関係性を据え、このことによって「存在感」の棄損・欠如・病理という人間の存在論的・実存的苦悶こそを精神分析学が取り組む中心問題へと押しだすという企てをおこなうこと、したがってまた、このテーマにかかわって「幼年期の決定的出来事」のもつ精神分析的意義の発見こそが「性的リビドー」の発見よりもフロイトの功績だとし、前述のように「この出来事のまわりにおける心的結晶作用」の詳細な探究と分析こそを精神分析の着眼点に据え直すことであった。だが、フロムのサルトル批評はこうした点を正確に問題にしておらず誠意を欠いている、と私は思う。

しかも、これらのキーポイントなるテーマにかかわって、フロムが彼の精神分析学の原理に据えたくだんの「実存的二分性」という問題の環は、サルトルにとっても問題の環となっていたのである。すなわちサルトルによれば、人間において対象意識は同時に対象からの距離化（「無化的後退」）の意識を意識者のなかに生むがゆえに、自己意識の反省性の強度は必然的に人間に「存在」強度の「欠如」性を意識せしめるものとなる。この実存の原理的矛盾性は、何らかの事情から幼年期トラウマを蒙り、そのことで己の存在価値への疑念を強烈化せざるを得なくなった人間にあっては——彼・彼女はいわば自己反省の蟻地獄に滑り落ちるから——当然ながら過剰化される。かかる人間はかくて過剰に自分の存在の「存在欠如化・希薄化」に苦悶するに至り、その解決を得ようとして、つまり己の存在強度を高めようとの「存在欲望」に駆動され、或る客観的存在（人であれ物であれ）を「我有化」し、それと内的に一体化するという精神的絆（フロム的にいえば「近親相姦的一体化」ないし「共棲的結合」）を生みだすことでくだんの欠如性を補償し、自分の存在感にいっそうの強度を与えようとする。だが、この試みはほとんどの場合、当該個人を、その強度は自分が演出した偽物であり自分は根本的に生命的自発性を欠いた偽の存在であるとの強い自己欺瞞意識に差し戻すだけのことに終わるであろう。だが、だからこそまたかかる人間は対象を代えて同じ補償的試みに手を出し、こうして悪循環の輪が回転しだす。その輪こそが、当該個人が己とその「我有化」対象とのあいだに張り巡らした想像的世界への自己幽閉の輪であり、彼・彼女をしてこの自己幽閉のなかに生の唯一の活路を見いだす《想像的人間》たらしめる悪循環の輪なのである。

サルトルはこの問題性を彼の実存的精神分析の中心的テーマとして設定するとともに、同時に他方、かかる補償欲求に絡めとられることなく、そこから自分を解放し、真の自己選択能力を確立するための「浄化的反省」を遂行する自覚の在り方を、既に『存在と無』の結語たる「道徳的展望」節で素描し、この両極の問題性のいっそうの解明を自分のまさに戦後の課題としたのである。しかも戦後においてこの課題は、かかる個人の実存的精神分析を次の二つの作業の生きた確執として提示する試みとなるのだ。すなわち、当該個人の生が、それを包みこんでいる社会的＝歴史的環境・諸要因（「実践的惰性態」）の「全体性」を如何に「内面化」したものであるかの解明（個人の生をかかる全体性のなかに埋め戻す「全体化」の総合作業）をおこないつつ、まさにその生の試みをそのように内面化した全体性を超出せんとするもの（「再外面化」行為としての——清）として、その創造的な「全体分解的」的意義において再把握しようとすること、この二つの作業の。そして実にこの試みは、マルクスの史的唯物論的観点と実存的精神分析的観点との新たな独自な総合の試みとして追求されるのである。その探究成果こそが前述の諸著作の山脈であったのだ。

言い換えるなら、フロイト精神分析学の創造的にして批判的な継承を如何に果たすかというテーマにおいて、フロムのフロイト批判とサルトルのそれは或る興味深い類縁性を示すことになるのだ。まさに生物学的＝生理学的な「性欲《リビドー》」概念の代わりに、己の存在が蒙った存在欠如性を克服しようと苦闘する実存的欲求を分析の中心軸に据えるという点でも、またこの実存的苦闘がまさにこれまで結んできた自己と他者との関係性の根本的在り方の孕む問題性によってこそ規定され、だからまたその問題性を解決しようとして生まれる苦闘であるとする関係主義的観点を根底に置くという点でも。

だからフロムはサルトルを批判するにしても、深くテーマを共有し類似した観点に立つ者同士がいっそう正確な相互理解と問題設定に相協力して前進するためにおこなう批判、そうした性格の批判を試みるべきだったのである。

《想像的人間》の実存的精神分析という課題、そして暴力批判

かの『聖ジュネ』においてサルトルはジュネをこう特徴づける。

「その原理が彼をして、存在よりも虚無、現実よりも想像を、享楽よりも緊張を選ばせしめるのである。一言にしていえば彼の営為は、詩的行為の範疇のなかにあきらかに位置づけられるのである。それは不可

能なものの体系的な追求だ。後になって彼が、『架空の国だけが住むに価する唯一の国である』と書きえた理由は明らかである」(9)。（傍点、清）

周知のことながら、サルトルは哲学者となる前にまず作家であった。小説家であり戯曲家であった。作家の仕事はいうまでもなく想像力を駆使し言葉を編むことで一個の架空の観念世界にほかならぬ文学作品を眼前に構築することである。だから作家は、まさにフロムのいう「実存的二分性」を構成する決定的契機の一つである「想像力」について、まさに《想像力なくして創造なし》という問題の環を熟知しているだけでなく、「想像力の病理」についても他の誰よりも熟知している人間、否、多くの場合、それを身をもって生きてきたからこそ「作家」になった人間、多かれ少なかれ《想像的人間》の側面を抱え込んだ人間たちではなかろうか？（本書の第I部の補注1で取り上げた高橋和巳の『捨子物語』の主人公国雄は、右のジュネ的な典型的な《想像的人間》として登場する。また日本では三島由紀夫ほどにサルトルの《想像的人間》論を己自身に突き刺さってくる視点として受け止めた作家はいなかったように思われる）。

まさにこの点で、サルトルはこの《想像的人間》に関する稀有な精神分析者なのである。芸術という特殊人間的な創造活動が孕む精神分析的諸問題の稀有な洞察者たる資格をもつ人物、それがサルトルなのである。彼は、ジュネとフローベールについては驚嘆すべき大著を残し、ボードレールとマラルメに関しては、アプローチのための最初の手控えを残した。

だがフロムに、この問題角度から貴重な精神分析者としてのサルトルに敬意をもって接近する姿勢があっただろうか？

明らかに、右に述べるが如き「存在欠如」問題のジュネ的な《想像的人間》化による「解決」は、フロム的にいえば、「実存的二分性」が生みだす「孤独」の問題を解決しようとするさいの「退行」的かつナルシシズム的解決形態の一つとして問題化されるはずである。（たとえば、『破壊』第十三章でフロムが取り上げる少年ヒトラーのナルシスト的空想癖の問題性は、サルトル的にいえばまさに《想像的人間》の問題性である）。つけくわえれば、サルトルは後期になればなるほど、前述したように、人間の相互性の意義を強調し、自己への愛（己の感情の真正さ・生命性への確信を担保する）と《他者からの愛・他者への愛》、この二つの愛の切り離し難い相互関係を強調し、まさにフローベールをかかる相互性を「知らぬ」者と批評した。サルトルにとってはかかる相互性の欠如こそがジュネ、フローベール、ボードレール、マラルメを《想像的人間》へと追いやる実存的根源だったのである。かくて私見によれば、フロムとサルトルのあいだには十分に相手の主張を理解し得る、かつその上に立っていっそう相互啓発的な討議ができる関係性が『存在と無』の時点から既にあったのであり、後期になればなるほどその事情は濃くなったはずなのだ。

ところが、実際はそうならなかった。フロムの側に残ったのは先に紹介した公平さと誠実さを欠いたごく外側からのまさに非生産的な決めつけだけであった。

また第Ⅰ部第五章のくだんの節で触れたように、後期サルトルの『弁証法的理性批判』が体現する思想的な全努力は、一言でいうなら、人間世界から《暴力》の関係性を追い払うべく、その関係性の構造を如何に深く自覚すべきかというテーマに尽きると言い得る。前述の節に引用したサルトルの言葉だが、くりかえしておきたい。

「暴力とは、…〔略〕…人間の諸態度の恒常的な非人間性のことであって、要するに、各人が各人のうちに〈他者〉および〈悪〉の原理を見るようにさせるものなのである。それゆえ…〔略〕…殺戮または投獄といった、目に見える実力行使のおこなわれることは必要ではない。それどころか、実力行使の企図の現前する必要さえもない。生産諸関係が不安と相互不信の風土のなかで、『〈他人〉は反＝人間で異種族にぞくする』と信じようといつも身構えている諸個人によって打ち立てられ、追求されさえすれば、換言すれば〈他者〉はどんなものでも〈他者〉たちに対して〈先に手をだした者〉としていつもあらわれることができるのであれば、それで十分なのだ(10)」。

（傍点、清）

「純粋な相互性においては、私と別な者（他者）も、また私と同じ者である。ところが稀少性によって変容された相互性においては、その同じ人間が根本的に別の者〈他者〉（つまり、われわれにとっての死の脅迫の保持者）として現れるという意味において、その同じ者がわれわれに反＝人間として現れる(11)」。

右の言葉は、第I部第五章のくだんの節が示したように、そのままニーチェの洞察と繋がっており、《マニ教主義的善悪二元論》と「ルサンチマン欲動」との内的関係性を喝破するものである。この点でまさに「現代」が病む中心的病理を突き刺す言葉でもある。既に述べたように、彼はこれらの言葉をアルジェリア民族解放闘争の過酷な現実を見据えながら書き綴ったのであった。

この彼の根本的姿勢を理解せず、彼をハイデガーと同列に置いて、「二度にわたる世界大戦の破局後の、ヒットラーとスターリンの統治後の西欧人の絶望感」のたんなる表明者とみなすフロムの前述の言葉は、「罵倒」の域を出ない実に不誠実極まる言辞である。フロムらしからぬ言葉、自らに違反する言葉である。

実に残念である。

付記　以上述べてきたサルトル独自の実存的精神分析の成り立ちと、それが集中するテーマである《想像的人間》

の実存分析というテーマ、およびそれを視点とする人物論については以下の拙著を参照されたし。『〈受難した子供〉の眼差しとサルトル』御茶の水書房、一九九六年。『サルトルの誕生――ニーチェの継承者にして対決者』藤原書店、二〇一二年。『《想像的人間》としてのニーチェ――実存分析的読解』晃洋書房、二〇〇五年。『三島由紀夫におけるニーチェ――サルトル実存的精神分析を視点として』思潮社、二〇一〇年。また、『実存と暴力――後期サルトル思想の復権』（御茶の水書房、二〇〇四年）は『弁証法的理性批判』における暴力論を主な考察対象としている。

第二章　ニーチェとフロム——生の自己目的価値性をめぐって

ニーチェの抱える「二律背反」に対するフロムの視点

『人間における自由』のなかで、フロムは「個人の幸福への要求」を「近代哲学」において「最も徹底的に表明した」思想家の代表者としてシュティルナーと共にニーチェの名を挙げている。またフロムは両者の思想的類似性を強調しつつ、ニーチェについては、「自愛と他者への愛の関係の問題を解き得ない二律背反」を負った彼の言説のなかから彼の哲学の「真の核」を正確に取りだすことの難しさに言及し[1]、それでも、その「真の核」は「愛」についての次のニーチェの見解に求めるべきだとする。いわく、

「愛は豊穣の表れであり、それは与え得る人間の力を前提とする。愛は肯定であり、生産力である。『それは愛するものを生みださんとす！』。ある一人の人を愛することは、それがこの内的な力から発する時にのみ美徳なのであり、それがもし、本源的に自己自身であり得ないことの表れであるなら悪徳というべきなのである[2]」。（傍点、清）

つまりフロムの解釈によれば、ニーチェにあって真の自己愛とは、それ自身の「規範」を宿す「人間の本性」たる生命力への愛、つまり生命力発揮の欲求なのであるが、その自己発現は同時に即贈与として捉えられており、「自己贈与の能力」の強度こそが生命力のバロメーターとされ、かつまたその強度は同時に他者への愛のバロメーターとして捉えられてもいるというのだ。この場面では愛とは、かかる自己贈与が自他のあいだに必ずや生命的なるものの相互贈与・相互応答を生みだすということへの確信にほかならず、そのような相互贈与

こそが愛の本質にほかならない。つまり、そこでは自己愛にほかならぬ自己の生命力発揮と、それの他者への贈与とが一体となる生の局面が把握されており、しかもそれこそが真正の愛の実現の場面とされているのである。言い換えれば、くだんの「二律背反」はそこには存在しない。

こうフロムが論じたとき、おそらく彼の念頭にあるのは『ツァラトゥストラ』の次の一節、すなわちツァラトゥストラが太陽に向かって語りかける次の場面であったと思われる。

——ツァラトゥストラは叫ぶ。「おまえ、大いなる天体よ! もしおまえが、照らしてやる者たちを持たなかったら、おまえの幸福はどうなることであろう!」と。また、「わたしは贈与し分与したい」と。[3]

すなわち、太陽こそはツァラトゥストラ(=ニーチェ)にとって彼の豊饒なる生命力のこよなき比喩であり、己の豊饒なる生命力を惜しみなく贈与すること、それすなわち彼にとっての「愛」であり、生命力とは発揮即贈与としてのみ存在するものだとの直感、これが彼の生の感覚なのである。[4]

ここで今度は、フロム自身の『愛するということ』を振り返ってみよう。そこには次の美しい一節がある。

「与えるという行為のもっとも重要な領域は、物質の世界にではなく、人間相互間の領域にある。では、ここで人は他人に何を与えるのだろうか。自分自身の何かを、自分のいちばん大切なものを、自分の生命の何かを、与えるのだ。これは別に、他人のために自分の生命を犠牲にするという意味ではない。そうではなくて、自分のなかに息づいているものを与えるということである。自分の喜び、興味、理解、知識、ユーモア、悲しみなど、自分のなかに息づき生きているものの一切を与えるのだ。このように自分の生命の何かを与え、他人を豊かにし、他人の生命感を高めることによって、人は自分の生命感も高める。もらうために与えるのではない。与えること自体がこのうえない喜びなのだ。だが、与えることによって、必ず他人のなかで何かを生き返らせ、その生き返ったものは自分にはねかえってくる。ほんとうの意味で与えれば、必ず何かを受け取ることになるのだ。与えるということは、他人をも与える者にするということであり、互いに相手のなかで生き返ったものから得る喜びを分かちあうのである。与えるという行為のなかで何かが生まれ、与えた者も与えられた者も、互いのために生まれた生命に感謝するのだ[5]」。

（なお興味深いことには、この相互贈与の生命的な喜びは、実はフロムの同書においては、《まさにこの喜びを知らないがゆえに、男性の性的不能と女性の側の性的冷感症の双方が引き起こされる》という精神分析的文脈を負っているのである）。

右の一節は明らかに前述の『人間における自由』でのニーチェに対する評価と呼応していると思われる。つまり、フロムの概念をここで援用すれば、明らかにニーチェは「生産的愛」の思想の持主であった。

とはいえフロムによれば、ニーチェの抱える問題中の問題とは、実は彼はかかる思想を十分に発展させることができず、逆に覆い隠し、自己愛は本質的に他者愛と対立するとみなすくだんの「二律背反」の言説を前面に押し立てる仕儀となったという点にあるのだ。すなわち、他方でニーチェは、キリスト教が原理に掲げる「愛」ないし「愛他主義」は「弱さと自己否定」の表れであり、むしろ「無数の人たちをその利益のために犠牲に供しながら、いささかの呵責をも感じないということ」が「善き、健康な貴族政治の本質」なのだと猛々しく主張するのである[6]。まさにこの場面ではニーチェにおいて自己愛と他者愛とは「二律背反」に陥っており、前述の両者が一体性を形づくる場面などその片鱗すら見せない。

フロムは、ニーチェにかかる自己矛盾が生じたのは次の三つの問題があったからだとする。

第一は、ニーチェがその「真の核」を表現しようとして用いた言説が、当時西欧社会に支配的であった原罪主義の立場に立つ権威主義的なキリスト教（とりわけ、プロテスタンティズム）の言説に対する彼の強烈な「反発」を反映して、いわば「反動形成《リアクション》」的な「誇張」性・挑発性を帯び、それがかの「強者」賛美の「主人道徳」の高唱となったという問題である。第二は、「人間としてのニーチェに不安・動揺の感情」があり、それを糊塗しようとする想いがいっそう彼をこの方向へと駆ったという問題（むしろ自分に本来欠如する「金毛獣的獰猛さ」をいわば叱咤激励的に称賛し自分にあてがおうとした）である。第三は、彼が「生命」概念の理解において当時登場した「社会的ダーウィニズム」の強い影響を受けたという問題である。

なお、この点で私は読者に第I部第一章で取り上げたフロムの「無神論的宗教性」の概念をめぐる議論を思い起こすようお願いしたい。そこでは、「人生の究極的意味」を超越的創造主神によって授与されるものとみなす「権威主義的宗教と倫理」の立場を否定して、汎神論的宇宙観に立ち、諸個人における生命的輝きに満ちた十全なる自己発現——自然宇宙ならびに万人との豊饒なる応答性によってこそ促される——の自己充足感＝快楽性こそがそのまま諸個人にとっての人生の究極的意味となるとする「人間主義的宗教と倫理」の立場が、フロムによって主張された。

この点では、フロムはニーチェが「生成の無垢」を称賛するという形で表現する彼の生命主義——最晩年の『偶像の黄昏』の八節が明示するように、創造主神による宇宙創造ないし支配を明確に否認する汎神論的見地と固く結びついたところの（参照、第I部第三章・『空』の『善悪の彼岸』性＝脱・道徳性」節）——を次の矛盾と倒錯を抱えたものとして捉えるのである。すなわち、「権威主義的宗教と倫理」としてのキリスト教を否定し、諸個人の生命的自己発現の自己目的価値性（＝「人生の究極的意味」性）を主張する「人間主義的宗教と倫理」の立場に立とうとして、しかし立ち切れず、かえってニヒリスティックな唯我主義的なサディズムとネクロフィリアに滑落した試みとして。

ニーチェに絡みつく「二律背反」の他方――唯我主義的サディスト

ところでフロムは、前述のように、ニーチェに絡みつく「自己愛と他者愛の二律背反」を問題にしているわけだが、先のくだりで、その具体的な在りようを適切な引用等もしてわかりやすく読者に提示しているわけではない。

そこで、ここでは私の観点からその側面についていささか補っておきたい。端的にいうなら、前述の《他者への贈与愛》の思想に背反するニーチェのもう一方の側面とは、次の彼の主張なのだ。すなわち、フロムも言及していた「権力への意志」たることを本質とする生命力にあって生の快楽とは他者を占有し征服し支配することの快楽にほかならないとする主張である。言い換えれば、先にフロムが強調した贈与の相互性や応答の相互性が人間の生命感情に高揚をもたらすうえでの価値、くだんの倫理的であるとともに快楽主義的でもある価値（フロム的にいうなら、「身体・精神的全体性」として成立するところの）、これへのセンスを致命的に欠如したニーチェの唯我主義的サディストの側面なのである。

二点だけ引いておこう。

ニーチェは発狂に至る直前の著作、『ヴァーグナーの場合』のなかでビゼーの『カルメン』を愛と憎悪のアンビヴァレンスをかくまで鋭くかつ感動的に描き切ったものはないと絶賛し、こう指摘した。いわく、『カルメン』は「運命としての、宿命としての、シニカルで、無邪気で、残忍な愛」を描きだしており[7]、そうした愛はまた「自然」を表わす。そして、かかる愛の自然性とは、言葉を換えていえば、愛は「その手段において戦いであり、その根底において両性の死にものぐるいの憎悪である」ということだ、と。[8]

ではニーチェにとってなぜ愛は同時に憎悪なのか?

それは、愛とは愛する相手を絶対的に所有しようとする最も強烈な欲望だからである。原理的に所有不可能な存在――なぜなら、相手は生きた自由なる他者なのだから――を絶対的に所有しようとする欲望だからこそ、それは愛であることによって同時に所有し得ない相手への憎悪となるほかない。また愛とは相手を所有することである以上、その手段は結局は相手の抵抗をねじ伏せ我が手元に拘束する暴力でしかない。ニーチェは、愛をそのように解釈する観点は「哲学者にふさわしい唯一の解釈」だと述べ、[9]かつそうした解釈をとる人間は稀だとし、愛に関する愛他的観念、つまり、愛はしばしば自分の利益を犠牲にしてまでも相手の利益を願うのだから人間は「愛においては無我である」とする世間一般の理解――まさにキリスト教出自の――を嘲笑している。

彼によれば、ヴァーグナーですらこの点では世間の常識を超えておらず、愛を「誤解」している。だがニーチェに言わせれば、相手に献身しようとする欲求の根底にあってはたらいているのは、実はいっそう深く相手を所有しようとする欲望なのだ。だから、どんな無私な情熱も、相手が所有できないことがはっきりするや否や憎悪へと一変する。ニーチェはこうつけくわえる。「次の格言は神々のあいだでも人間のあいだでもその正しさをもっている――愛はすべての感情のうちで最も利己的であり、したがって、傷つけられるときには、最も寛大ではない」と。[10]

『悦ばしき知識』第一四節はこの問題についてのニーチェの観点を凝縮したものとして注目に値する。彼はまず次のように言う。

「所有への衝迫としての正体を最も明瞭にあらわすのは性愛である。愛する者は、じぶんの思い焦がれている人を無条件に独占しようと欲する。彼は相手の身も心をも支配する無条件の主権を得ようと欲する。彼は自分ひとりだけ愛されていることを願うし、また自分が相手の心のなかに最高のもの最も好ましいものとして住みつき支配しようと望む[11]」。

続けて彼は、愛する者が如何に恋敵の死を願い、また愛する者にとって自分の性愛にかかわることのない世界は如何にどうでもよいものとなるかを縷々指摘した後で、こう皮肉たっぷりに述べる。

「われわれは全くのところ次のような事実に驚くしかない、――つまり性愛のこういう荒々しい所有欲と不正が、あらゆる時代におこったと同様に賛美され神聖視されている事実、また実に、ひとびとがこの性愛からエゴイズムの反対物とされる愛の概念を引き出した――愛とはおそらくエゴイズムの最も端的率直な表現である筈なのに――という事実に、である[12]」。

フロムがニーチェにおける自愛と他者愛との「二律背反」について問題にしたとき、明らかに彼はニーチェの右の二つの節を他者愛に背反する極として念頭にしていたと思われる。(付言すれば、フロムの観点に立てば、かかる所有愛はかの往々にして「愛」と錯覚される「共棲的・近親相姦的一体化」欲望にほかならない)。

フロムとの関係でニーチェから引きだしたい問題はまだ幾つもある。たとえば、ニーチェにおける「共苦Mitleiden」論の問題性やグノーシス主義的宇宙観にも大いにかかわる彼における「己を神化されたと感じる」という救済目標の基底にある「神人同性」論的視点の問題、等である。だが、それらの詳細はニーチェに関する拙著に委ねよう。[13]（なお私は、Amazon Kindle 電子書籍セルフ出版、個人叢書「架橋的思索　二つの救済思想のあいだ」第Ⅳ巻『ニーチェにおけるキリスト教否定と仏教肯定』において、諸個人の生命的自己発現の自己目的価値性を主張しようとして、結局唯我主義的サディズムとネクロフィリアに滑落するニーチェの自己矛盾に満ちた確執の過程を、同書のタイトルに掲げたテーマにかかわらせつつ詳細に考察した）。

ニーチェにおける「母子愛」経験の欠落とネクロフィリア

最後に次の一点だけ指摘しておきたい。

それは、右に見てきた諸問題はニーチェの思索過程を顕著に特徴づける次の問題に凝集されていくという事情である。すなわち、そこには愛情に満ちた母子愛経験の痕跡を窺わせるものがまるでなく、右の欠如性と深く結びついて「根源的一者」への死をとおしての祝祭的帰還を称揚する彼の言説には明らかにフロムの言う「ネクロフィリア」の傾向が顕著だという問題に（参照、第Ⅰ部第六章・補注16「ニーチェのネクロフィリア的側面について」）。

ニーチェに如何に「母性愛」的諸価値への感受性が欠けるかという問題に関して、私は拙著の一つに引用をまじえながら次のように書いた。[14] 引用しよう。

「ニーチェは『生の本質』のなかに『侵害的、暴圧的、搾取的、破壊的にはたらくもの』しか見ないのであり、[15] その反対のもの、つまり、受容的、協調的、贈与的、献身的、育成的、等々の力の働きを数えることはしない。彼が、そうした諸契機、通常『愛』の概念によって代表されてきたような諸契機、別な言い方をすれば、母性愛的・母権制的心性の諸契機を前述の諸契機よりもいっそう根底的で本質的なものとしてみなすことがないのは勿論のことであるが、彼はこれらの働きを、少なくとも後者の暴力的契機と対立し拮抗しあう『生の本質』の矛盾的契機の他方としてみなすことすらしない。ニーチェにあっては、本質的なものは暴力的契機だけであって、愛の諸契機は非本質的である。否、たんに非本質的であるばかりか、本質的な契機たる暴力的契機が自分の敗北性や劣者性を経験したとき、それを自己欺瞞的に糊塗しようとしてとるルサンチマン的な性格をもった一種の偽装であって、この意味では結局それも本質的には暴力的契機へと還元されるものである」[16]。

なお付言すれば、慧眼にもリヒァルト・ブルンクは次のように指摘している。いわく、

「ニーチェの世界像は完全に母なしで形づくられる。と同時に、なんらかの本質的な安定性を失う。母性的なものの中への、くりかえし解放していく感情の暖かさの中への土着性を失うのである」[17]。

（なお次のことを付言しておく。雀部幸隆の発見によれば、ニーチェは一八八三年にオーヴァベック宛に「僕は母を好かない。それに、妹の声を聞くとどうも腹がたってくる。あのふたりといっしょにいたときは僕はいつも病気だった」と書いている[18]）。

他方、フロムは母性愛に関してこう指摘している。

「母の愛は生産的愛ということの例として最もしばしば用いられ、最もわかりやすい例である。その本質は注意と責任にある。子供の誕生までの間、母親の体は子供のために『労し』、生まれ出た後は子供を育

てるための努力の中に母親の愛がある。……〔略〕……それは無条件の愛であり、子供の求めと母親のそれに対する応答だけにもとづいている。母の愛が、芸術と宗教において、最高の愛の一つの象徴であるとされてきたことは不思議ではない。神の人間に対する愛、および人の隣人に対する愛を意味するヘブル語は **rechamim** であり、その語源は **rechem** ＝子宮である」[19]。

また、ルー・ザロメはニーチェのギリシア悲劇論の中核に置かれた「根源的一者」の概念が一見「母胎への還帰」を説くように見えて、その思想の実質は死への還帰を祝福しようとするものではないか、との疑念を表明している[20]。フロムの概念を援用するなら、それはニーチェにおける「ネクロフィリア」の側面なのである。

第三章　フロムの《マルクス主義》批判

《ポスト・スターリン主義》のマルクス論ならびに社会主義論

私は第Ⅰ部第一章・「マルクスにおける『宗教性』とフロム」節のなかで次のことに言及していた。如何にフロムがマルクスにおける「宗教性」を問題にし、その見地から返す刀で二十世紀のマルクス主義革命運動を、マルクス思想の真髄を裏切り、あろうことか「自らが取って代ろうとした資本主義の精神に屈服したもの」と論告した事情に。

この点で、『正気の社会』第七章「さまざまな解答」の「社会主義」節ならびに第八章「正気への道」の「経済的変化」節は、[1]フロムが十九世紀以降の様々な社会主義思想の展開のなかでマルクスの思想の意義と問題性を、また《マルクス主義》のそれをどのように把握するに至ったか、また人類の危機を切り開く将来展望を「共同主義的社会主義」と名づける新たな社会主義思想に如何に託するに至ったか、その事情を示すきわめて興味深い節である。

まず指摘されるべきは、そこでの社会主義論は何よりもまず《ポスト・スターリン主義》の地点から展開されたものだという点である。フロムはスターリン主義的全体主義をイタリアのファシズムとドイツのナチズムに肩を並べる破壊的な「全体主義」（アーレント）として問題把握した。彼の視点からすれば三者は、くだんの「退行」か「弁証法的前進」かの方向対立において、きわめて「退行」的な仕方であれ、「原子と化した個人に新しい避難所と安全感を与える」という心理的意義を獲得することによって、[2]かえって破滅的な帰結へと人々を動員することになった社会主義の一種の倒錯的奇形児でもあるのだ。（事実、ムッソリーニは元イタリア社会党員であり、ナチズムとは「国家《ナツィオナール》・民族社会主義」の略称である）。そしてフロムは、一方で、レーニンのみならずマルクス自身にも——いわば自己矛盾的に——、このスターリン主義的破局に抗し得ずむしろそれを思想的に準備してしまう弱点が共有されていた事情を鋭利に抉りだそうと努める。と同時に他方では、くだんの《マルクス主義》の思考圏では「空想的社会主義者」と一括されてきた幾多の名だたる他の社会主義者の思索に対する再評価の総括的作業をおこなう。（バブーフ、フーリエ、オーエン、プルードン、クロポトキン、バクーニン、グスタフ・ランダウアー、等々）。

そのさいフロムは、まず第一に、「社会主義」の定義を「生産手段の社会化」に置く見解、ならびに、社会主義の掲げる平等主義をもっぱら財産と消費の平等に置く「所有」中心主義的視点、これを強く批判し、社会主義の核心は次の点にこそあるとする。すなわち、「一人一人の労働者が積極的で責任をもった参加者であり、労働が魅力的であり、意味があり、資本が労働を雇用せず、労働が資本を雇用するような産業組織」（傍点、フロム）を構想する点に。問題の要諦は「所有の問題」にではなく、「労働の組織及び、人間の間の社会関係」の革新、つまりその共同主義的在り方が建前ではなく真に実現することにあること、彼はこの点を強調してやまない。[3]（かの共産党独裁体制の下での生産手段の「社会的所有」とは実際は「国家的所有」に過ぎず、しかもそれは西欧資本主義の「市場経済的」産業システムにすらはるかに劣る、前近代的なきわめて権威主義的な労働組織・経済システムしか生みださなかったこと、これは二十世紀の、しかもまだ続いている悲劇的な歴史的経験である）。

いわく、『経済学・哲学手稿』に見いだされるマルクスの思想の核心は、何よりも「労働は、意味のない苦役ではなくて、人間的な力の意味ある表現となるだろうと考える」ところの「労働にかんする新しい概念」にあり、[4]また、労働がそうしたものとなる決定的条件として、労働が人間間の深い共同と友愛の絆の絶えざる確証と享受をもたらすものとして展開することを挙げる視点にある。にもかかわらず、右の如き「所有」中心主義的な社会主義観は、この「新しい概念」と視点の決定的意義を何一つ理解せず、実質的に同書の「第三手稿」

が批判した「俗悪な共産主義」——それ自体「私的所有」欲望を裏返しにしただけの「嫉妬と水平化欲」の地平に留まっている——の域を一歩も出ないものだ、と。[5] なお後述するように、フロムの考えるこの社会主義の真の核心を前面に押しだす名称こそ彼の掲げる「共同主義的社会主義」にほかならない。

また第二に、フロムは次のことを強調してやまない。すなわち、そもそも社会主義思想の基礎には「人間と歴史にかんする宗教的・人間主義的な概念」が据えられているのであり、[6] 社会主義思想の意義はまず何よりも、それが「現代のもっとも重要な理想主義的道徳運動の一つ」だという点にこそあるという事情を。[7] 後述するように、フロムによれば、そもそもマルクス自身のなかに、社会主義思想のもつそもそものこの理想主義的＝道徳的性格を正しく受け止めることができず、逆にそれをくだんの「経済学」的必然性論によって置き換えのりこえねばならないとするいわゆる「科学」的志向が強くあり、社会主義思想の本来的道徳的性格が提起する問題を誤認したという弱点——フロムによれば、他方ではくだんの「宗教性」問題が示唆するように、実質的にはマルクスはそれを強調しているにもかかわらず——があったとみなすのである。[8]

ここで私見をつけくわえれば、フロムは社会主義思想の「理想主義的道徳運動」という性格を強調することによって、この運動が必然的にユートピア的次元を孕み、その自覚に立って、絶えまなくこの超越的次元から現在の自分たちの運動の現状を批判的に相対化し続ける、そうした倫理性を持つべきこと、このことを主張したのである。また、その点がこの運動の「宗教性」なのである。（なおさらに一言しておけば、この観点において、近代西欧の次第に社会主義的性格を濃くしてゆく社会改革思想とそれに随伴する哲学の流れ——カントに始まりヘーゲルを経て遂にはマルクスに至る——は、フロムにとっては何よりもユダヤ教出自のメシア思想の連綿たる伝統に掉さすものである。[9] 参照、第Ⅰ部第四章・「フロムのユダヤ教解釈の『脱構築』的性格」節）。

第三に、フロムによれば、《マルクス主義》によって「空想的社会主義者」と名づけられた思想家たちの方が明らかに次の悲劇的経緯、すなわち《マルクス主義》がスターリン主義的な破局に陥る危険を内蔵していた事情を鋭く洞察していたと言い得るのである。いわく、「オーエン主義者、サンディカリスト、無政府主義者、ギルド社会主義者」ら、「他の社会主義思想派のひとびとは、マルクス主義に固有な落とし穴に、はるかによく気づき、社会主義の目的をもっと適切に簡潔にのべた」と。[10] あるいはまた、先に言及した彼自身の社会主義ヴィジョンである「共同主義的社会主義」の現代的試みを、彼は「オーエン、フーリエ、クロポトキン、ランダウァーおよび宗教的、非宗教的共同主義者の考えが、マルクスとエンゲルスの考えに融合したもの」と特徴づける。[11]

マルクスの孕む「中央主権主義」に対するフロムの批判
――レーニンならびにスターリン主義の問題性にかかわって――

ここで次のフロムの見解を取り出しておきたい。すなわち、スターリン主義、言い換えれば中央集権的全体主義という破局的帰結に至る萌芽が既にレーニンのみならずマルクスのなかにすら発見される、とする彼の見解を。

彼によれば、スターリン主義がソ連社会主義のなかで醸成されるに至るその根は、前衛党指導による強行的な暴力革命以外に革命を実現する道はないとするレーニンの思想にある。（この思想は、大衆運動諸組織を前衛党と人民大衆を連結する「伝動ベルト」とみなす視点や、軍事指導部の上にさらに「政治委員」を据える後のソ連軍組織が示すように、ほとんど実質的に軍事指導部と党を同一視する視点に遺憾なく示された）。すなわちフロムによれば、「レーニンは、社会を解放する労働者階級の歴史的使命を信じていたが、この目的を自発的に達成する労働者階級の意志と能力をほとんど信じていなかった」のであり、まして農民のそれはまったく信じておらず（しかも当時のロシャにおいて労働者階級は人口のわずか三%であり、大部分は農民であった)、いうならばごく少数の「党」に結束した社会主義者(それは結局ボリシェヴィキ=ソ連共産党員になり、とどのつまりくだんの「大テロル(粛清)」の結果スターリン主義者だけとなった――清)による国家権力のクー・デタ的=テロリズム的簒奪による強権的方法によってのみ革命は可能であるとみなされたのである。フロムはこの点を、レーニンは「人間を信じなかったがゆえに、労働者・農民を信じなかった」(傍点、フロム)とまで論難している。[12] なお彼によれば、このレーニンの問題性を喝破していた当時の最良の社会主義者はローザ・ルクセンブルクであり、またマルティン・ブーバーの親友であったグスタフ・ランダウアーであった。(両人はともにユダヤ人であり、また二人ともドイツ・レーテ革命の渦中で右翼によって惨殺された)。[13]

しかもフロムは、スターリンの独裁主義の萌芽をなすこのレーニンの前衛党主義はマルクス自身のなかに見られる矛盾(さしあたって中央集権の原理と地方分権の原理との両方を主張した矛盾として現れた)の一方の契機でもあったとする。またフロムは、政治的権力の掌握によって政治主導で社会変革を進めるというこの発想は「十七世紀と十九世紀の偉大な中産階級の革命の指導原理」の踏襲であり、本質的に「ブルジョワ的概念」であったとする。したがって彼によれば、マルクス‐エンゲルス‐レーニンを繋ぐこの中央集権的政治主導主義は、幾多のいわゆる空想的社会主義者よりも彼ら三人の方がいっそうブルジョワ思想的であり、明らかに「退行」しているとみなされるべき問題性なのである。[14] またフロムは、マルクスにかかる批判を下す根拠の一つに、「第一次インターナショナルにおけるマルクスの活動、すなわち、ほんのわずかでも意見の違ったひとびとにたいする独断的でかたくなな態度を考慮すると」との興味深い注釈をつけくわえている。[15]

なおここで、次のことを付言しておきたい。フロムは言及していないが、私が推測するに、この中央集権的政治主導主義こそは「ブルジョワ的概念」であったとする彼の論点は、マックス・ヴェーバーのロシア革命に関する諸論考から彼が学び取ってきた論点ではないかと思われる。

たとえばヴェーバーは論文「ロシアにおける市民的民主制の状態について」（一九〇六年）のロシアの「社会革命党」（略称、エス・エル）の政策を論じた箇所で、この党の指導者の一人であるペシェホーノフの次の言辞、『理念』が問題である場合には、中央集権化がなされねばならない、そして理念を知らない大衆の利害が直接に問題になる場合にのみ、地方的な団体が処理すべきである」（傍点、ヴェーバー）を引き、それを「こういうジャコバン的言辞で彼は国家が全能をふるうことを弁護している」と評しつつ、こうした中央集権的政治主導主義は同党のなかの連邦主義者の主張だけでなく、そもそも同党も分有する「ナロードニキ主義」の依って立つ立場――何よりも「農村共同体《オプチシーナ》」の前資本主義的自生的共産主義に革命を依拠せしめようとする――に対立するものではあるが、にもかかわらず、「急進的理論家の影響のもとにある、ロシアでならば、実に容易に採用されうるものであろう」と指摘している。(16) また別の箇所では、「社会革命的インテリゲンチャ」の「急進主義」は『国家社会主義』に近い性格」をもち、現在のロシアを特徴づける現象とは、急進主義的学生が突然「もっとも『権威的な』官吏」に転向したりその逆が起きたりすることである、との興味深い指摘をおこなっている。(17)

というのもヴェーバーの観察によれば、実は「革命的暴力主義」を掲げるレーニンの社会民主党ボリシェヴィキ派（後のソ連共産党）と社会会革命党とは互いに対立しながらも、次の根本発想では共通しているからである。すなわち、両者ともマルクスに学びながらも、「社会主義は資本主義を通過してのみ発展することができる」という「発展段階理論」の受容、これは拒否し、ロシアのようにそもそも資本主義自体が満足に生まれていず、むしろ民衆の大部分をなす農民はいまも「農村共同体《オプチシーナ》」を基盤にしている社会であっても、むしろその自生的で極度に地方分権的な共産主義的生活様式を、少数派の急進的インテリゲンチャの「自覚的」かつ「創造的」意志に基づく上からの強力な指導（ヴェーバーはそれを「発展的合理主義」ないし「自然主義的合理主義」に対して「主体的」な「実践的合理主義」と呼ぶ）によって新しい全社会的な連携を達成した社会主義へと発展転化せしめること、これは可能であり、またそこにしか展望はないと考える点では。[18]

なお、彼はレーニン率いるボリシェヴィキ派に関しては、「特殊なゼクテ的性格」、すなわち、「徹底したジェスイット」とよく似た極度の粛清主義的心性をその体質とすると指摘し、こう特徴づけている。すなわち、彼らは「鋭くとぎすまされた教義」によって「崇高な感情と夢遊病者のような確信」の保持者となり、「純粋な信仰を維持することに、また——可能ならば——同じ魂の人々に自己のゼクテを拡大することに、つねにもっぱら意を用い、そしてあちらでは『偽カトリック教徒』の、またこちらでは近いグループの中の『人民の裏切り者』の、『仮面をはぐこと』に専念する」に至っている、と。[19]

「中央集権主義」をめぐるフロムの考察の運びにはこうしたヴェーバーの洞察の数々が取り込まれているにちがいないと感じるのは、私だけであろうか（参照、個人叢書・第Ⅲ巻『二人の葛藤者——ヴェーバーとトラー』）？

マルクスにおける心理学的洞察の欠如——とりわけ非合理的破壊的情熱に関する認識不足

ところで、フロムとフロイトを結ぶ精神分析学的思考が人間に取り憑く非合理的な「情熱・激情・渇望」への注目とその心理学的解明に端を発するものであったことを顧みるとき、またとりわけ『悪について』や『破壊』においてフロムがかかる精神分析的関心を二十世紀に生じた戦争・革命・全体主義等を内的に駆動する破壊的熱情・激情・渇望の心理学的解剖に向けたことを想起するならば、この心理学的な問題の環に対する問題意識の欠如を彼がマルクスのなかにも見いだし批判したことは、われわれの興味をいたく惹きつける。

フロムは、一方ではフロイトと比較してマルクスを次の点で高く評価する。すなわち、その関係主義的視点によって、マルクスは人間の心理を問題にするにあたってもフロイトのリビドー概念のもつ単独的実体主義の限界を超えるはるかに「力動的で総合的な理論」を生みだす可能性をもった、と。[20] とはいえフロムによれば、前述の人間の心理学的特性、すなわち非合理的な「情熱・激情・渇望」に取り憑かれるという事態に対する洞察においてマルクスには著しく欠ける点があった。そのことによってマルクスには二つの弱点が生まれた。第一の問題は、かかる問題意識の欠如によって、右の危険を人間が自らのりこえるにあたって必要となる主体的な精神的努力とそれを援助する様々な文化的・芸術的・精神科学的諸活動の独自の意義についての認識も深化することなく、その結果、マルクスの場合、当該の諸個人なり社会集団の主体的＝精神的営為と彼らを包む社会的環境が彼らに及ぼす規定力とのあいだに生じる「相関関係・相互作用」についての認識が晩年になるほど貧弱になったことである。[21] フロムいわく、マルクスはその経済学的研究の進展とともにいっそう経済決定論的方向へと「偏向」した、と。[22]

第二の問題は次の点にある。マルクスは「人間に自由を恐れさせ、権力欲と破壊欲を生みだすような人間の内部にある非合理的な力」を認識せず、「それどころか、人間は生来善であるという黙示的な仮定が、人間にかんする彼の概念の基礎をなす」ことで、次の点への警戒的認識を致命的に欠くことになったという問題である。すなわち、革命が引き起こす旧社会から新社会への移行期とは実はいつ何時人間に潜勢する破壊的衝動が爆発点に引き上げられるかもしれない危機の時期でもあることについての認識を。フロムは、マルクスはそうした認識不足によって「思想上の三つの大きな危険」に導かれたとする。

すなわちその「危険」とは、第一に、人間が自ら道徳的に己を改造する努力を通じて自己変革を成し遂げることが社会変革の達成にとってどれほど重要な意義をもつかを認識せず、社会組織の改造は人間性の改造をまるで自動的に保障するかのような楽観論に陥ったことである。第二に、社会主義的志向性であったはずのものがファシズム・ナチズム・スターリン主義の如き破壊主義的全体主義ときわめて権威主義的な独裁的暴力主義に捻じ曲がるという危険、これについてまるで無自覚であり無防備であったことである。そして第三に、「生産手段の社会化」だけで真の「共同主義的社会主義」が自動的に生じるという前述の楽観論に陥ったことである。言い換えれば、「経済的変化によってすぐには変化しない非合理的で破壊的な熱情」が革命の秩序転覆の争乱によってまるでパンドラの箱を開けられたかの如く噴出し、人間に取り憑き、革命を台無しにするという前述の危険について無知であったことである。[23]

フロムによれば、かかるマルクスの限界に対して、他方フロイトの方は「第一次大戦を経験した」ことを切っ掛けに、人間が宿さざるを得ない破壊的＝暴力的欲動・渇望の深甚さに覚醒し、くだんの「死の本能」概念を「生の本能」と拮抗する対立原理として自らの理論体系の内部に導入し、それまでの彼の「全体系を徹底的に変える」に至ったが（参照、本書第Ⅰ部第六章における「ネクロフィリア」論）、マルクスにはまだそういう徹底的な自己反省というものが起こる機会というものが訪れなかったわけである。[24]（いうまでもなく、かかる問題視点こそフロムの思索の《ポスト・スターリン主義》的性格を示すものである）。

フロムの提示する「共同的社会主義」のヴィジョン

では、結局はスターリン主義的社会主義にしか行き着けなかったマルクス主義的社会主義の思想をのりこえる、フロムにとっての真の社会主義ヴィジョン、「共同主義的社会主義」はどのように特徴づけられるか？

実は、そのことについては既に本章の最初の節で略述した。すなわち、くだんの「生産手段の社会化」（実のところ国家化に過ぎない）にも「所有」（財産と消費）の平等化要求にも社会主義の核心を置かず、それを何よりも《労働する人間にとってその労働が友愛的感情に満ち溢れた「自己実現」活動の意義を獲得する産業組織》の樹立という目標にこそ置く見地、これこそ「共同主義的社会主義」の核心なのである。

ここで私はくりかえし強調したい。

かかるフロムの視点は、まさに本書第Ⅰ部第二章で取り上げてきた『経済学・哲学手稿』に展開されたマルクスの「労働の疎外」解放論を社会主義の中軸的な解放目標に復位させようとするものであったことを。（なお、第Ⅰ部第二章で指摘したように、『希望の革命』や『生きるということ』でのフロムの『経済学・哲学手稿』論ではまさにこの側面の押し出しが弱いのであるが、本書七〇―七二頁）。

フロムは『経済学・哲学手稿』に直接依拠してこう述べている。

「マルクスにとって、人間発達の目的は、人間と人間の間および人間と自然の間の新しい調和であり、人間の同胞にたいする関係づけが、彼のきわめて重要な人間的欲求に一致するような発達なのだ。彼にとって、社会主義とは、『各人の自由な発展が、万人の自由な発展の条件であるような共同生活』であり『各個人の完全かつ自由な発展が指導原理となる』ような社会である。この目的を、彼は、自然主義と人間主義の実現とよび、それは『唯物論とも観念論とも異なるが、両者が結合して真理となるのだ』と述べている」[25]。

既に本書第Ⅰ部第二章で示したように、同書の第三手稿の「私的所有と共産主義」節を読むならば、ただちにわれわれは次のことを理解するであろう。すなわち、フロムが「共同主義的社会主義」という概念を提起したさいの「共同」の概念が、右の節において展開される期待と展望、すなわち将来もし真の意味の「共産主義」

社会組織が実現したなら、必ずやそこではくだんの生命的輝きに満ちた個人の自己実現・発現の個性的創造性と諸個人間の社会的共同性（＝相互扶助的であり相互貢献的であるところの）とのあいだには相乗的＝相互承認的＝相互称賛的な関係性が生まれ、《われわれの共同の絆によって生産された創造物をさらに材料・手段にすることによってこそ私の個性的自己実現・発現は可能となったのであり、かつまた私は私の個性的創造活動そのものによってこそわれわれの共同の絆の内実をいっそう豊富化することに貢献し、またそうした貢献をなし得た喜びを享受する》という意識がくりかえし誕生するにちがいないという期待と展望、そこから汲み取られたものであることに。（実にまたこの節は、同時にマルクスによるプルードン、フーリエ、サン＝シモン、オーウェンらとの対話・討論の節でもある）。

なおこの点で、『正気の社会』は現代の実際の「産業社会」において、この「共同主義的社会主義を実現するための実際的な提案」の提出に取り組んでおり、このテーマをめぐる議論は翻訳で約七〇頁、総頁の六分の一弱を占める分量を示している。

そのさいまず彼は「C　社会心理学的反論」章で、現代人が己の労働活動を有意味であり魅力的と感じる場合の条件についてのさまざまな社会心理学的調査を取り上げ、その調査の視点や結果の指し示す問題について丁寧な考察をおこなう。その彼の考察において、特にわれわれの眼を惹くのは、「労働の技術面と社会面の相違」に注目する視点である。すなわち、技術的にはルーティンワーク的な単調な機械的労働であっても、その遂行における労働者間の人間関係が互いの共同と友愛の関係性を確認し享受しあえるものであり、あるいはまたその労働成果が対社会の場面で社会的＝共同的友愛的意義を発揮し享受し得るものであれば、労働者は己の労働活動に十分な人間的満足を覚えることができるという問題への着目である。[26] その考察は実に具体的で、客と愉快な会話を交わすことを自分の仕事のやりがいとする気の好いタクシーの運転手、充実した家庭生活を送る主婦にとっての「意味」に満ちた家事労働、その売り買いを通じて同胞関係を活き活きとたくましく生きる市場のメキシコ・インディアン商人などの例をフロムは挙げ、労働とはたんに技術的場面において、あるいはまたその所得獲得の場面だけで問題にされるべきではなく、その社会的・人間関係的場面においても問題にされるべき人間の活動であることを力説する。(27)

くりかえしになるが、そうしてこそ初めて社会主義が己の成否を賭けたその人間主義的目的が、言い換えれば、マルクスの『経済学・哲学手稿』に掲げられたその解放ヴィジョンが見えてくるのである。

この点で、フロムは、フランスのボワマンドーでなされている「労働共同団体」――たんに経営への労働者参加のみならず、労働業務の遂行も当事者である労働者による自主管理をとおしておこない、しかもたんに労働の場面だけでなく、芸術、娯楽、教育の場面でも労働者間の共同と友愛の関係の発展と享受をつねに追求し、「生活様式」としての共同主義を産み出そうとする――の試みについてCaire Huchet Bishopが著した『すべては共有』(*All Things Common*)の詳細な紹介をおこなっている。(28)また彼はこうした視点が西欧の社会民主主義者のあいだにも浸透し始めている証左として一九五三年に出版された『ニューフェビアン論集』に注目している。

そして先に引用したように、こうした試みは「オーエン、フーリエ、クロポトキン、ランダウァーおよび宗教的、非宗教的共同主義者の考えが、マルクスとエンゲルスの考えに融合したもの」と言い得るとし、かつては「スペインやフランスの無政府主義者やサンディカリストやロシヤの社会革命家できわめて強力な思想であった」がその後衰退したこと、しかし、昨今次第に失地を回復しつつあると指摘する。(29)

果たして、こうした小さな「共同主義的社会主義」の実践が社会全体に広まり、社会体制の構成原理にまで成長するのか否か、それはフロムにとっても答え難い問いであろう。この問いに対して彼がなし得る回答は、『破壊』の結びの章「希望のあいまいさについて」での答え方と同じものとなろう。すなわち、自分は楽観主義にも悲観主義にも立つことはできない、既にこの理想に「参加」している者として、その実現を「信じる」というだけである、との[30]。

私が思うに、このようにしてフロムは、幾多の名だたる社会主義者とマルクスの『経済学・哲学手稿』との融合のなかから彼が汲み上げた「共同主義的社会主義」のヴィジョンを、実践的には、西欧の社会民主主義の左派――その改良主義的営為をあくまで真正の社会主義ヴィジョンの実現に向けて牽引し続けようとする――の基盤の上に、その精神的牽引力たる「ユートピア的理想」つまりは彼の言う「宗教性」の次元として移植しようとしたのである（なお、こうした評価態度はマルクーゼにあってはすべからく《批判的仮面を被った体制同調主義》として断罪されてしまうことについては、本書第Ⅱ部第六章を参照されたし）。

第四章　ブーバーとフロム——ハシディズム解釈をめぐって

フロムとブーバー

本書の読者にはいまや次のことは明らかであろう。人類の宗教文化史がくりかえし「神秘主義」の名のもとに提起してきた生の課題、すなわち、各個人が宇宙の全体性（たんに自然のみならず人間社会をも包括するものとしての）と自己との関係性をかの「太洋と小波」の如き有機的統合性、言い換えれば、宇宙論的な「調和」・「汎神論的一体性」において活き活きと感受し、この感覚を己の生命感情の中核に据えて生きる《存在の境位》に到達するという課題、この課題の意義を現代の歴史状況のなかで再自覚しそれを追求する現代に相応しい新たな方途を探るということ、一言でいえば、それがフロムの思索の中心テーマであったということは。

彼はこの高みに達した《存在の境位》を「Well-being」と名づけ、この生の根幹的課題を真に自覚し得るか否かという問題をめぐって、現代人は「持つか、それとも存在するか To have, or to be」の問いの前に立たされているとの問題提起をおこなった。

しかもフロムがかかる問いを立てたとき、彼はこの Well-being への到達を或る特権的な非日常的な瞬間――典型的には宗教的な「瞑想」、「祭り」的狂躁の時空、あるいは芸術創造の啓示的瞬間、等――に求めるのではなく、日々の日常の生活行為の場――労働・遊戯・社交・奉仕、等々――に求めた。つまり、それら諸活動の為され方それ自体が次のことを確証するものとなることを。すなわち、如何にかかる神秘主義的感情がそれら諸活動を駆動する「情熱・渇望」の核心にあり、それら諸活動をとおしてまさに活動主体の生の喜びとして享受されるものとなるかを。

この究極の主題の光の下に、彼の思索においてはマルクスの『経済学・哲学手稿』の「思想の根底」がキリスト教神秘主義者のエックハルトならびに禅仏教のそれと重ね合わされた。またそもそもそうした統合の視点は、若きフロムにおいて、ユダヤ教神秘主義のなかで開花する「メシアの時」の救済ヴィジョン、なかんずくハシディズムの掲げる「世俗世界の聖別化」（マルティン・ブーバー。端的にいうなら、《世俗世界を汎神論的視点の下に捉え返す》ということを指す）の思想のなかに潜在的に準備されてきたものとして自覚された。（もっとも、縷々述べてきたように、その彼の主張に対して私は手放しで同意するわけではないにせよ）。

この点で出口剛司の『エーリッヒ・フロム』第4章「文化社会学への寄留――初期のユダヤ神秘主義研究」は、そもそもユダヤ教の『旧約聖書』正典期以降の――いわんやその神秘主義潮流の――展開史についてはほとんど無知に等しいわれわれ多くの日本人にとっては、格好の知的ガイダンスを提供するものとなっている。彼は、ハシディズムの特徴でありフロムの注目点でもあった「世俗世界の聖別化」という問題の環は、何よりもまずマルティン・ブーバーのハシディズム研究から彼が学び受け継いだものであったことを、若きフロムの学位論文『ユダヤ教の掟――ディアスポラ・ユダヤ教の社会学』（一九二五年）の考察をとおして指摘している。同論文についての出口の紹介を読み、そこでの記述をブーバーが一九五二年に出版した『ハシディズム』と突き合わせてみると、次のことが鮮明となる。すなわち、同書に示されたブーバーのハシディズム解釈は一九二〇年代のそれとほとんど同じであり、その解釈が若きフロムに圧倒的な影響を与えたということが(1)。

というのも、この一九五二年の著作のキーワードがまさに「世俗世界の聖別化」であり、かつそこで展開されるハシディズム解釈はほとんどそっくりそのまま出口が伝える若きフロムの解釈と重なるからだ。実際、フロムとブーバーの交流は一九二〇年にドイツで開設される「自由ユダヤ学校」に共に教師として参加した時以来のものであった。

そこで、今度はあらためてブーバーのこの『ハシディズム』と神秘主義にかかわる後期フロムの諸議論（ユダヤ教神秘主義はもちろんのこと、エックハルト、仏教等にもかかわる）を比較してみると、ブーバーの見解とフロムとのあいだには注目すべき以下の四つ論争事項《イッシュー》が潜在していることにわれわれは気づく。すなわち、第一に禅仏教とハシディズムとの比較論、第二に「メシア主義」とハシディズムとの関係論、第三にグノーシス主義とハシディズムとのそれ、そして第四にエックハルトならびにスピノザとハシディズムとのそれである。後期フロムの著作でいえば、これら四テーマに直にかかわる著作は、『禅と精神分析』『ユダヤ教の人間観』および『生きるということ』におけるエックハルト論ならびに『経済学・哲学手稿』論である。

しかしながら、フロムはそれらの著作において右の四テーマにかかわってブーバーの名を挙げ、自分とブーバーとのあいだにどのような一致なり不一致が存在するかを論じてはいない。私の見るところ、他の著作においてもそうである。

確かに『ユダヤ教の人間観』にはブーバーへの次の注がある。すなわち、ハシディズムを生みだしたと言い得る「ユダヤ教神秘主義のもっとも重要な著作」たる『ゾハール書』を「西欧の識者に注目させたことにおいてもっとも大きな貢献」をしたのはブーバーである、との[2]、とはいえその注においても、ブーバーの思索内容に立ち入って、とりわけかつて自分自身がキーワードとした「世俗世界の聖別化」というテーマにかかわって、ブーバーの思索の意義や問題点について言及する箇所は存在しない。『ユダヤ教の人間観』におけるユダヤ教神秘主義についてのフロムの考察は、主にユダヤ教を貫く「メシア主義」についての考察に終始しており、ハシディズムがこのメシア主義の過激化の一つの所産ともいうべき「偽メシア」事件ならびにそれによるメシア主義のいったんの挫折から生まれてくるとの指摘はあるにせよ、かつて自分自身がキーワードとした「世俗世界の聖別化」の視点にかかわらせて「メシア主義」とハシディズムとの葛藤に満ちた関係性を究明しようとする議論はない。だが他方ブーバーの『ハシディズム』は、「世俗世界の聖別化」の視点をめぐって、「偽メシア」事件に頂点を見いだす「メシア主義」の過激化（サッバタイ・フランク主義）とハシディズムの形成とのあいだに横たわる鋭い対立にもっと注意を集中するものとなっている。(3) ＊1

また次の点も興味深い。フロムが鈴木大拙を呼んで、『禅と精神分析』の元になった同名のワークショップをメキシコ大学において開催したのは一九五七年であった。くだんのブーバーの『ハシディズム』はそれに五年先立って、しかもまさに「世俗世界の聖別化」というテーマにかかわって、ハシディズムと禅仏教との思想的類縁性ならびに根本的な違いを論じている。あとで示すように、私はそこでのブーバーの議論（とりわけ両者の根本的違いについての）は、フロムの『禅と精神分析』よりもはるかに鋭く次の問題、すなわち禅仏教はハシディズムに対して後者の「世俗世界の聖別化」論にそのまま重ね合わせることのできない根本的相違をもつという事情（フロムの文脈に即していえば、マルクスの『経済学・哲学手稿』の「決定的根底」と仏教の「空」思想を重ね合わせることの不可能性）を問題化し得ていると思われる。

また、次の点もわれわれの注意を惹く。ブーバーはハシディズムとその元になったカバラ主義とのあいだに成立する継承と対決とが絡み合ったアンビヴァレントな関係を、グノーシス主義に対する両者の関係の取り方の相違に注目することで解明しようとしている。ところで、このグノーシス主義への注目は、フロムにあっては一九三〇年の論考「キリスト論教義の変遷」以降は一切登場することがない。（しかも同論考においてはキリスト教との関連が取り上げられるだけで、ユダヤ教神秘主義との関係はまったく論題にならない）。一九六六年の『ユダヤ教の人間観』においても然りである。言い換えると、ブーバーはフロムではいわば「見失われた環《ミッシング・リンク》」となっている問題を正面に持ちだしているのだ。そしてこの問題はそのまま次の問題に連結する。すなわち、ブーバーにあってはハシディズムの「世俗世界の聖別化」の視点は、カバラ主義の採るいわば「瞑想法悦」主義との明示的な対立の下に主題化されるが、これに対しフロムにあってこの対立性の問題はつねに曖昧となる、という問題に。

では次節において、こうした点に留意しながらまずブーバーの『ハシディズム』の大略を追うことにしよう。

補注＊1 「偽メシア事件」とサッバタイ・フランク主義

十七世紀にポーランドならびにウクライナで生じた東欧ユダヤ人に対する大量殺害を伴う迫害のなかでユダヤ民衆に強烈なメシア待望の機運が生まれ、サッバタイ・ゼヴィは自らをメシアと称し、この期待を一身に集める。しかし、後にトルコで逮捕されイスラム教に改宗し、メシア待望気運はいったん挫折するも、新メシアとしてフランクが登場し、ゼヴィの教説を引き継ぐ。彼らは「今とここ」で瞬時に「器の破壊」＝「神の火花」の全的上昇、すなわち「天界」（＝「神人合一」）に到達すること（「完成の時」の到来）が可能だとする強烈な神秘主義的救済論を唱え、律法の廃棄を主張した。この彼らの神秘主義的主張を「サッバタイ・フランク主義」と呼ぶ。ショーレムはそれを「宗教的虚無主義」と批判した。(4)

ブーバーのハシディズム論——カバラ主義とのアンビヴァレントな関係

ブーバーはハシディズムの思想的特質を端的にこう定義している。——「ハシディズムの特色と偉大さを決定するものは、教えではなく、むしろ生活態度、しかも共同体を形成するとともに、本質的に共同体的な生活態度である」と。(5)

まずこの定義にはユダヤ教文化史を特徴づける次の事情が含意されている。それは、たとえハシディズムなり、その元となるカバラ主義なりが正統ユダヤ教を強く批判する思想運動として登場するさいにも、両者は伝統的教義に自分たちの思想を表す新しい教義（文言）を対置し、選択を迫るという方法はけっして採らず、つまり旧約聖書文献をまったくそのまま踏襲しつつ、その注釈（他文献との関連づけ）において異なった解釈を披歴し、それに基づく宗教的実践を対置するという方法を採るという事情である。この特徴的伝統から、ユダヤ教の歴史では膨大な注釈書の蓄積と伝承がおこなわれた。その事情を象徴するのがその注釈書すなわちタルムード文献の膨大なる量であり、それが示す解釈論争の帰趨こそがこの宗教の精神的内実を決定するという事情である。つまり文献学的には、旧約聖書のみならずタルムード研究なくしてユダヤ教という宗教文化の生きた内実は把握され得ないのだ。

この大前提の事情に立ってブーバーは、掲げる教義の文言だけを取ればハシディズムと従来の正統ユダヤ教のあいだに人は何ら差異を見つけることはできぬが、その解釈の変更から生みだされる信徒たちの「生活態度」の新しさにこそハシディズムの宗教としての新しさ・特色が示される、と注意を喚起しているのだ。（同様の指摘をゲルショム・ショーレムの『カバラとその象徴的表現』もカバラ主義と旧約聖書の成文章句（トーラ）との関係に関しておこなっている。(6)またフロムも(7)）。

さて、この事情を確認したうえで、あらためて右のブーバーのおこなった特徴づけを振り返ると、実はそこでの「生活態度」の概念には次の二つの含意が同時に込められていることに、われわれは気づく。

第一の含意は、信徒の抱く神への信仰の真実性が実現され確証される場は、「瞑想」というひたすらに観想的で非実践的な、また非日常的な、いわば秘儀的な――ヴェーバーの言い方を敢えてここで持ち込めば――「神人合一」の神秘的な「法悦」（「無感動的エクスタシス」）体験の場ではなく、日常の生活行為の場においてなのだという点にある。いうまでもなく、そこでは人間が或る特定の欲望と感情に駆動され、それが生む意図・意志に基づき、周囲の物質的な特有な現実性と取っ組み、それを自らの意図に基づいて実践的に変革しようとする。ただしその意図なり、その元にある「欲望」や「感情」の在りようは神への信仰に浸されたものとして、信仰をもたない者のそれとは決定的に異なるとされ、まさにこの相違が中心問題となるのだ。ずばりいえば、それらは一見形は同じように見えたとしても、神への信仰に浸されたものとして汎神論的な「調和」性に横溢し、宇宙全体との「太洋と小波」の如き豊穣なる応答性・交信性によって導かれ、かつ共同主義に横溢したものになっていなければならないのだ。

実に、この観点こそくだんの「世俗世界の聖別化」の観点にほかならない。（まさにフロムの初期マルクス解釈は、この観点の延長線上――スピノザの観点と重ね合わせた形で――に展開するわけであり、出口剛司流にいえば「ハシディズムの唯物論的契機」を梃とするハシディズムの唯物論的脱構築がおこなわれるということになる(8)）。

たとえば、ブーバーはこう指摘する。

――「ただ一切の行為の無差別的な聖別、ただあるがままの日常生活の神への集中、自然的な世界と結合した聖別、これのみが救いの力をもっている。ただ日々の救いからのみ、救いの日々が生ずるのである」(9)。「人間には神の力が隠されていないような、いかなる肢体も運動もなく、またそれとの合一を実現しないような、いかなるものもないのである」。「精神的人間にとって第一のつとめは苦行せずに愛せよということであり、…〔略〕…すべての肉体に聖なる生活があること、およびひとは一切をこの肉体の根源に還元し、

聖別しうることを看取するよう学ぶことである」[10]。（傍点、清）

（マルクスにあっても真の自己実現・自己発現は同時に世界と自己との深い応答関係を「わがものにする」生命的喜びの自己享受であることが強調された。参照、第Ｉ部第二章）。

なおここで次のことを強調しておかねばならない。（追求されるべき「生活態度」は同時に「本質的に共同体的な生活態度」だとする規定の孕む問題については後述）。

それは、ブーバーの理解によれば、この問題の環においてハシディズムとその元にあるカバラ主義とのあいだには継承が同時に対決であるようなアンビヴァレントな関係性が成立するという問題である。現世の万物を同時に「神の収縮」として、言い換えれば「神の火花」（神的本質）が物質・質量という「器」にいわば「捕囚」されてもいるものとして把握し、そう把握するがゆえに、あらためて「神の火花」をこの捕囚状態から解放すること、すなわち「器の破壊」によって「神の火花」を文字通り発火＝上昇せしめることで現世の在りようを真に神の本質に相応しい在りようにおいて生き直すことを自らの生の使命とすること、かくして「世界の修復」へと至ること、この使命意識がユダヤ教神秘主義の根幹をなす汎神論的な救済思想なのである。

ところでブーバーによれば、この根幹的宇宙観においてはカバラ主義（何よりもルリア派のそれ）とハシディズムとは同一であり継承の関係にある。そして、彼はかかる宇宙観はグノーシス主義、ならびにその基礎をなすプロティノスの新プラトン主義が説く「流出論」に由来するものだとする。だからまた、くだんの「世俗世界の聖別化」の汎神論的視点も、そもそもはこのカバラ的視点、すなわち現世の万物をたとえ「神の火花」がまだそこでは「捕囚」状態にあるにせよ、しかし他方からいえば、既にそこに神的本質が宿っているとみなす視点、この両義的な宇宙観をそもそもの土台として成り立つ視点なのだ。＊2

とはいえ、この継承性に関してすぐさま問題となることは両者を分かつ対立性の契機である。では、ブーバーは如何なる対立性を見いだすのか？

実はその契機が「世俗世界の聖別化」の視点を解説するさいに述べた「第一の含意」にかかわる。すなわち、ハシディズムは信仰の証を、「瞑想」が体現する——ヴェーバーの言い方を援用すれば——「神人合一の無感動的エクスタシス」＝「法悦」の場に求めないという問題にほかならない。一言でいうなら、カバラ主義の方は人間の宗教的救済をかかる法悦的瞑想に求め、他方ハシディズムは前述したとおり日常の生活実践の場に求める。ヴェーバー的にいえば、カバラ主義は「模範預言」型であり、ハシディズムは「模範預言」型と「使命預言」型との融合型だということになろう。

そして、この瞑想か生活実践かという対立はまた次の二者択一に帰結する。現世の事物がそもそも抱える本質的矛盾・すなわち「神の火花」とそれを「捕囚」する質量的な枷《かせ》、この二者の矛盾的一体物が現世の各事物だという事情、これを「瞑想」のなかで一挙に解き放って信徒の魂をして神的本質が十全かつ純粋に実現される「天界」（新プラトン主義的にいえばイデア界）へと駆け上がらせること、かかる「秘儀」的魔術的解決を志向するか、それとも「この矛盾を信仰的に耐え忍んで、この矛盾そのものを救うこと」[11]、つまり、日々の実践・行為のなかで「存在の矛盾」を保持しつつ（なぜなら事物と主体の意図・欲求・感情の双方は、その物質性・肉体性において依然としてその矛盾的一体性を保持したままだから）、それを神の方《かた》へと積極的に生きることで過程的に矛盾を除去することへ与る（＝歩み続ける）ことにこそ救いがあると考えるのか、この二者択一となるのだ。

この点で、ブーバーはカバラ主義を「秘儀の図式化」・「秘儀の呪術化」・「魔術的行為」による神との「合一」追求、等の形容をもって批判している。つまり、カバラ主義は右の立場から必然的にそうした法悦的瞑想に到達する儀式形式・手順・方法の提供を事とする祭祀宗教へと堕すほかなかった、と彼は批判するのだ[12]。

補注＊2　プロティノスの新プラトン主義的「流出論」

カバラ主義は、世界の一切の事物とその相互関係を神の本質の「流出」によって成立したものであり、ゆえにその物質的＝質量的在りようそれ自体の内に神的本質（「神の火花」）が宿るとみなす。この宇宙観は本質的にプロティノスの新プラトン主義の世界観ときわめて類似している。哲学小事典風に簡略化して述べれば、彼はプラトンのイデア論を受け継ぎながら、その二元論を克服しようとし、プラトンの『パルメニデス』に説かれた「一なるもの」（ト・ヘン to hen）を中心に置き、それを「語りえないもの」と定義し、これを神と同一視した。万物（霊魂、物質）は無限の存在（善のイデア）である「一者」（ト・ヘン）から流出したヌース（理性）の働きによって生まれたものであるとされる。この宇宙観は彼の「流出論」として知られている。一者は有限の存在である万物とは別の存在で、一者自身は流出によって何ら変化・増減することはない。あたかも太陽自身は変化せず、太陽から出た光が周囲を照らすようなものである。光から遠ざかれば次第に暗くなるように、霊魂・物質にも高い・低いの差がある。また、人間は「一者」への愛（エロス）によって「一者」に回帰することができると説き、一者と合一し、忘我の状態に達することを「エクスタシス」と名づけた。かくの如く、およそ神秘主義一般のいわば「祖型」的観念をプロティノスは構築したといえる。くりかえしいえば、グノーシス主義はこの新プラトン主義のいわば直系である。

「グノーシス主義」問題

ところでこのカバラ論において——既にそこでプロティノスの新・プラトン主義への言及が為されていることが示唆するように——、ブーバーはカバラの瞑想論とグノーシス主義との本質的類縁性に関するきわめて重要な指摘をおこなっている。いわく、

——「カバラは、その起源とさらにまた絶えず発現するその本性によれば、一種のグノーシス説である」[13]。「カバラは、グノーシス説とネオ・プラトニズムの図式を結合利用してタルムードの教えを怪物に仕上げたのである。それは黙示的忍従に反対して、神的属性、あるいは義と恵みの本質、およびそれらの弁証法的関係について説く教えである」[14]。（傍点、清）

（つまり、かかる弁証法的関係性についての「神智《グノーシス》」を得るや一挙に真実在の関係性を現に生きる実存の法悦的境位に飛躍できると説いたのである）。＊3

なお、かかるブーバーの議論にかかわって私は読者に本節に添えた補注4「グノーシス主義の宇宙観の大略」を参照するようお願いしたい。というのもそこで示すように、グノーシス主義の宇宙観にあっては、一方では宇宙を構成する一切の事物はその「真実在」としての関連性において有機体的な総合的全一性における全体と部分の弁証法的関係性（総合的調和）を形づくるとされるわけだが、他方では、「欠如」の枷《かせ》を背負わされた人間の眼はその真実在としての相互関連性（原像）をそのまま捉えることはできないとされる。すなわち、人間

の眼にはそれぞれの事物があたかも単独的実体性において成立し、かつ相互に互いの覇権を主張して争闘し合っているという相貌、つまり仮象（摸像）において現象するほかないとされるのだ。

とはいえ、グノーシス主義の救済論の要諦は、右の事態がさらに次のように捉え返される点にある。すなわち、人間の眼にはさしあたってそのような模像＝仮象において現象するほかないとはいえ、人間でありながらいわば神の眼をもって現象界を観る認識力（＝神智《グノーシス》）を獲得し得た者には、宇宙はその原像において現れるのである。当初はその単独的・孤立的・差別的・優劣的・争闘的、等々の在りようでしか捉えられなかった世界を、神智を得た者は、その真実在の原像（仏教的に言えば「真如」）において、つまりその有機体的全一性において相互関連的・調和的に把握することを学ぶのであり、かくすることによって当該の事物とそれに向きあう人間主体の側の欲望・感情を《有機的全体の構成部分》として全体性の視点から把握し直すに至る。つまり、ブーバー的にいえば、万物を「聖別化」する観点に至るのだ。しかも、たんに認識するだけでなく、一挙に瞑想のなかでこの真実在の関係性を直接生き得る実存の境位に飛躍するとされるのだ。だからブーバーがそのカバラ論でグノーシス主義を参照軸に引きだしたのはきわめて適切な議論の運びなのである。

しかし、ここで急いでフロムにコメントを加えるなら、後期フロムの議論にはこのブーバーがきわめて重視した《カバラ主義‐秘儀的瞑想主義‐グノーシス主義》という問題関連への言及が一切出てこないのである。

＊4

補注＊3　カバラ主義とグノーシス主義との関係性についてのショーレムの認識

ショーレムは『カバラとその象徴的表現』のなかでカバラ主義とグノーシス主義との関係性を次のように論じている。カバラ主義のなかに見いだされるグノーシス主義的要素は、外からユダヤ教に持ち込まれたものというより、「古典的ラビユダヤ教」（いうならば律法主義的な「純粋ヤハウェ主義」たる正統ユダヤ教——清）が抑圧したユダヤ教自身の胎内に孕まれていた汎神論的「神話」的要素が「一神教の神智学的解釈として突如再出現したもの」とみなされるべきであり、かかる意味で「グノーシスとは、宗教的思考において、少なくとも一部分はユダヤ教の神話制圧者に対する戦いのさなかに構想された、神話の最後の偉大な発揚のひとつである。そのグノーシスが、ユダヤ教神秘主義者たちに言葉を授けてくれた。このパラドックスの意味は、どれほど高く評価しても評価しすぎることはない」と。[15]

同書でショーレムはこの「神話」要素が何よりも次の点に表現されてくる事情を浮き彫りにしている。すなわちカバラ主義の宇宙観においては、神の創造力は何よりも繁る大樹（宇宙樹・生命樹）の生命力に喩えられ、かつその大樹の「自己完結したひとつの有機体」性・すなわち「木は、枝、葉、樹皮、髄、根から成り、そのいずれの構成部分をとっても木と呼ぶことができ、それぞれ実質的に別のものではない」という事情が同時に旧約聖書の章句（トーラ）の構成する秘儀的な「有機体」性と呼応しており、その連関を見抜いてこそ真のトーラ解釈は可能となるという見地が打ちだされたことを。[16]そしてこの生命主義的観点は、ショーレムによれば、「堕罪の時代、それもとくに流謫の時代」を象徴する「抑制と禁止と限定の木」たる「善悪の認識の木」と、『トーラ』の真にユートピア的な相を表している」ところの「自由の木」たる「生命の木」との対立という構造となって現れた、と。すなわち、後者にあっては「善と悪の二元性がまだまったく（あるいは、もはやまったく）認められず、いかなる制限とも、死の勢力とも、またそのほかいかなる否定的な生の相ともいっさいかかわりのない神の生命の統一体をすべてがこぞって示していた」[17]と。（付言すれば、この「木」の比喩は大乗仏教が好む「大洋と小波」や「須弥山と一粒の辛子種」の比喩と実質的に等しい）。

またこの点でのカバラ主義の異端性を次のように特徴づけている。すなわちこの有機体的＝汎神論的「神話」的宇宙観の出現は『無からの創造』という公式の再神話化、つまりこの公式の換骨奪胎」と捉えられるべきであり、その結果『無からの創造』の神話で除去された渾沌があらたな変容をとげて再び立ち現れる」こととなり[18]、かつ渾沌からくだんの有機体的秩序（コスモス）への移行は男性神（「男性原理」）の一方的な創造行為の結果ではなく、男女双神の共同生殖行為の結果だとされるに至る。ショーレムによれば、「神のうちにひとつの女性要素（母にして妻でもあり同時に娘でもある）を確立したことは、もちろん、カバラがグノーシス的解釈で基礎づけを試みながら進めたもっとも成果の多い歩みのひとつである」。かくてカバラ主義にあっては、「男性要素と女性要素がその根源的な統一体へと舞い戻り、両者の間断なき結合によって生殖力が再びよどみなくすべての世界を貫いて流れる」状態への到達こそが「救済の目標」となる[19]。なお拙著『聖書論Ｉ妬みの神と憐れみの神』第Ⅱ部第五章「女性嫌悪に抗するイエスとグノーシス派」、第六章「イエスの生命主義とグノーシス派」を参照されたし。読者はそこに、ショーレムが描きだそうとする問題連関にぴったり重なってくるグノーシス派の宇宙観の諸要素を見いだすであろう。

補注＊4　グノーシス主義の宇宙観の大略

ここで読者にグノーシス主義の掲げる宇宙観の大略を知ってもらうために、拙著『聖書論Ｉ　妬みの神と憐れみの神』のなかで私がおこなったグノーシス派キリスト教の立脚するプラトン主義的な根本発想についての解説を要約して示すことにしたい(20)。

ヴェーバーの「宗教的救済財」という概念を援用するなら、グノーシス派の掲げるそれは「安息」への到達である。「安息」とは、各人が「一者」（一《いっ》なるもの、全一なるもの）たる宇宙的全体性に抱擁され浸透され支えられ一体となっていると自分を感じとることによって、そこから切り離され、諸「欠如」によって織りなされ苛まれる孤独に陥っているという不安、これをもはや抱えずに済む実存的境地＝存在感情に達したことを指す。そこでは、お互いを「互いに助けあうことによって生みだす」(21)という感情が支配的であるがゆえに、相互に「妬みもない」(22)のであり、「調和と愛」・「一致と合意」の世界感情が支配的となっているとされる(23)。この存在連関、すなわち本来そもそも宇宙の真実在的な存在連関でもあれば、そこへの復帰・帰還こそが救済目標と考えられるそれを、グノーシス派は「プレーローマ」（充溢）とも呼ぶ。

この点で注目すべきは次の点、すなわち、グノーシス派の土台にあるプラトン主義的宇宙観は「全一性」（＝プレーローマ）と「欠如」との弁証法的な関係性を根底において構成されており、この関係性は認識論的な関係性であると同時に存在論的なそれでもあり、それは「真実在」の「原像」と「摸像」の弁証法となるという点である。（私見によれば、その関係性は大拙の「即非の論理」やエックハルトの「独特の事物の二重観」(24)とほとんど等しい。またヴェーダーンタ哲学における真実在とマーヤ＝迷妄界との関係性とも等しい）。

どういうことか？　この関係性は、グノーシス派の用語を使えば《全一性と欠如とのあいだの弁証法》の転倒形態が抱える悪循環の問題となる。彼らはこう主張する。

――諸個人は己と宇宙の全一性とのあいだに行き交うプレーローマ的な生きた総合的関係性についての認識《グノーシス》・霊知を得ることができず、体得できず、その意味でその認識と感情を欠いている「欠如」の状態にあり、そこから湧き出てくる孤独の感情に絶えまなく脅かされている。そのあいだは、自分に「自分たち自身によって存在しており、始源を持たない者たち」[25]だという高慢な意識を与えることによってその孤独と不安を補償しようとし、さらにその高慢を、他の人間や事物をすべて自分の支配下に置こうとする覇権・所有の欲望によって打ち固めようとする。[26]だが、そのような方向に自分を駆り立てることは、それが達成されないことが生む激しい妬みの感情に自分を委ねることにほかならない。かくて人間は競い合って万人万物をして争闘の関係性のうちへと沈没せしめる。「このゆえに、彼らの子孫として多くの者たちが、戦士、闘士、荒らす者、反抗する者として現れてきた。彼らは不従順な者、覇権を好む者である」[27]という仕儀となる。

かかる問題認識を背景にして、グノーシス派の立てる中枢的問いは《如何に人間は「妬み」の心性から己を解放し得るか?》にある。

いましがた見たように、欠如的孤独の苦痛が支配の欲望を生み、支配の欲望があるところ必ず勝敗の分岐が生じ、それは妬みの心性を生み、妬みは必ず復讐の暴力を生む。この悪循環をなす心性連鎖の基礎には、或る特別な場合、すなわち、人間の意識がまだ嬰児の段階にある場合あるいは特別な神秘的な瞬間を除いて、人間にとっては一般にあらゆる物事がつねに「境界づけ・分割・欠如」の論理に貫かれてしか現象してこないという存在論的でもあれば認識論的でもある事態がある。(大拙的にいえば「差別・分別」が根幹の視点・論理となって織り上げられるところの現象界)。

しかし既に述べたように、それは人間にとっての現象形態がそうだということであって、宇宙全体の真にリアルな存在連関は「プレーローマ(充溢)」的な全面的相互依存・相互補完性によって織り上げられているのである。だから、もしこの真の存在連関についての認識《グノーシス》・霊知を獲得できたならば、人間はかかる認識に促され一転して相互依存・平和・調和の心性を産みだすことができ、それによって支配・妬み・復讐の心性を克服するであろう。まさにそこへと到達した魂の境地、それがくだんの「安息」であった。(グノーシス派が「グノーシス派」と呼ばれるのは、この「認識」――「グノーシス」はその古代ギリシア語。そこから宗教用語として「グノーシス」が使われる場合、「霊知・叡智」といった訳語が充てられる――の果たす決定的な救済機能を強調するがゆえである。なおこの点で、ヴェーバーについて一言するならば、彼は宗教社会学論集第二巻『ヒンドゥー教と仏教』等ではこの一般的な宗教用語としての「グノーシス」を多用するとともに、くだんの『序論』には宗派としての「グノーシス派」――これが「グノーシス派キリスト教」を指すのか、その基にある独立宗教としての「グノーシス教」を指すのかは不明だが――への言及も見られる。この点で彼はカバラ主義やハシディズムも知悉していたはずであるが、それらへの言及は彼の『古代ユダヤ教』には見いだせない)。

ところが、その肝心な認識《グノーシス》・叡智を得ることが難しい。しかも特別な場合を除いて、もともとあらゆる物事をつねに「境界づけ・分割・欠如」の論理に貫かれた形でしか受け取れず、容易く「欠如的孤独」に陥り、そこから脱しようとして、かえっていっそう自分を「孤独」に追い遣る「支配の欲望」に自分を委ね、ますます争闘の関係に沈没してゆくのが人間である。かくて悪循環が始まる。人間はますます争闘の論理の下においてしか物事を受け取れなくなり、だからますます「安息」の境地から遠のき、それゆえにいっそう争闘の論理に呪縛されるほかなくなる。

だが、まさしく事態がそうであるからこそ、グノーシス派キリスト教はこう考える。神はイエスを、真の認識・叡智・霊知を人間が再獲得するためにこそ遣わした。イエスこそ、「プレーローマ（充溢）」の視座から世界を、他者を、そして世界・他者と自分との繋がりを、自分の「本性」にほかならぬこの真の存在連関を感得し認識すること、このことを人間に教える知恵《ソフィア》の教師であり、人間の目の歪みを、つまりは魂の歪みを治療するところの「医者」である。（グノーシス派は『ヨハネ福音書』を四福音書のなかでこの観方がいちばん明瞭に貫かれていると見て、同書を自分たちの聖書とみなした。ドストエフスキーも明らかに彼の汎神論的宇宙観と救済思想――誰もが「神の子」であり、回心を果たせば、つまりくだんの「グノーシス（認識）」を得れば、万人が「キリストの楽園」の住人になると考える――の典拠として『ヨハネ福音書』を使っている）。

ところで、「欠如」という視点は実は動態的な弁証法的な運動性を孕む視点である。そもそも欠如という認識の角度はその前提に「全一性」を置いている。つまり、己を一個の欠如体と捉える存在者は、絶えまなくいまの自分のあり方を脱け出して元の全一性の下へと復帰しなければならないという存在実現のコンテクストのなかに埋め込まれて存立しているわけである。[28]

私は、先に欠如的孤独が己を補償しようとして生みだす《支配・争闘・敗北・妬み・復讐・孤独の悪循環》の問題を論じたが、それは欠如‐全一性とのあいだの本来の弁証法、《憧憬‐復帰‐救済》の弁証法の転倒形態であったわけなのだ。

先に述べたように、この「欠如」に纏いつかれた視野の下にしか世界と自己とを把握できない人間にとっては、世界ならびにその世界と自己との関係の現れ方は、当然欠如的な歪みが纏わりついた仮象的なものとなる。これをグノーシス派はプラトンのかの有名な「洞窟の比喩」（人間の前に現象する世界は真実在の「影」に過ぎないとした）に依拠して、「摸像」と呼ぶ。つまり、人間にとって宇宙の全体はその真実在の在り方そのまま（原像、仏教的にいえば「真如」）で現れるのではなく、特有の欠如的な歪みを負った「模像」的な現れ方を取る。二つの別々な存在界があるのではなく、そもそも実在する世界は一つしかないのだが、人間にとってはその唯一なる世界がその真実在そのままの姿では現象せずに、「欠如」に蝕まれた者の眼に映るその姿、つまり「模像」（ヴェーダーンタ哲学なら「マーヤ」と呼ぶ）の姿でしか現象しないのだ。

とはいえ模像とは、一方では原像にあらざるもの、偽物の意味であるが、しかし他方では、模像ではあっても、模像であるがゆえに――たとえ歪みをもつといえど――原像を示唆するもの、原像への通路を隠し持つものでもある。それゆえにまた本来的に模像を生きている者の魂の奥底に真実なるもの・全一なるものへの「憧憬」を潜めさせているわけでもある。実にグノーシス派はこの点を強調する。

一例だけ示そう。「肉」の概念は古代ユダヤ教以来ユダヤ＝キリスト教的伝統においては人間の情欲――恋敵が現れるやたちまち激しい嫉妬に人間を駆り立てる「火炎」的原動力となる――を指示する概念である。グノーシス派もこの観念の伝統を引き継ぐ者ではあるが、しかし、彼らの《原像‐摸像》の視点から、その「肉」のなかにも実は「真の肉」が潜んでおり、実は人間が「肉」とみなしているのは「真の肉」の模像に過ぎないと捉え返し、「肉」の火炎的な在り方の内にも浄化されれば「真の肉」に到達復帰する道が隠されていると説く。

彼らの聖書『フィリポ福音書』§72 c節にこうある。「主は死者たちの中から甦った。彼は以前そうであったようになった。しかし、彼の身体は全く完全なものであった。彼は肉を持っていた。しかし、この肉は真なる肉である。だが、われわれの肉は真なるものではなく、むしろ、真なるそれの摸像としての肉である」[29]（傍点、清）と。また『マリヤによる福音書』７はちょうどその浄化＝帰還の問題にかかわってイエスの出現の意義をこう説く。「救い主が言った。『罪というものは存在しない。本性を真似たこと、例えば姦淫をあなたがたが行うと、これが罪と呼ばれるが、存在するのはその罪を犯す人、つまりあなたがたなのである。このゆえにこそ、つまりその本性の根のところへと本性を立て直そうとして、あなたがたの領域に、いかなる本性のもののところへも善い方が来たのである[30]』」と。

フロムのくだんの「原罪主義か反・原罪主義」かの議論に引き取るならば、この点でグノーシス派は反・原罪主義であり、人間のもつ「良心（本性）の呵責」力にこそ救済（本性実現）到達の原動力を見る。この点でまたドストエフスキーときわめて類似する。

サッバタイ・フランク主義における「善悪の彼岸」としての「メシアの時（完成の時）」

さてここで、ハシディズム誕生の決定的なきっかけとなったとブーバーが認識する「サッバタイ・フランク主義」の問題を取り上げねばならない。この問題を理解するうえで、私はニーチェや西田幾多郎を参照軸に据えることが便利であると思う。（ブーバーが同書でそうしているわけではない）。

読者には、ここで第Ｉ部第三章・『空』の『善悪の彼岸』性＝脱・道徳性」節を振り返るようお願いしたい。

その要点は汎神論的宇宙観を徹底すれば必然的に「善悪の彼岸」、つまり脱・道徳《アモラル》的視点に到達せざるを得ないという点である。ここでは西田幾多郎の『善の研究』から再度引用しておこう。彼いわく、

「元来絶対的に悪というべき者はない。物は総てその本来においては善である。全実在は即ち善である」。「悪は宇宙を構成する一要素といってもよいのである」。「宇宙全体の上より考え、かつ宇宙が精神的意義に由って建てられたるものとするならば、これらの者（罪悪、不満、苦悩等のこと──清）の存在のために何らの不完全をも見出すことはできない、かえってその必要欠くべからざる所以を知ることができるのである」[31]。

きわめて興味深いのは、「サッバタイ・フランク主義」はくだんのカバラ主義の孕むグノーシス主義的な「瞑想法悦」主義を、瞑想の場ではなく、いきなり人間の社会的生活実践の場に持ち込み、そこで一挙的に「器」の破壊を通じて「神の火花」を発火させ「天界」へ上昇させるという救済ヴィジョンを実現しようとしたという点である。そして、その実践的帰結とは、本質的に倫理的である社会的実践の場にまさにニーチェや西田のいう「善悪の彼岸」・「脱・道徳」の観点を持ち込むことであった。つまりその観点の下では、〈罪〉と〈悪〉は宇宙全体の体現する〈善〉にとって「必要欠くべからざるもの」として「聖別化」され、まさにそのままの在り方で赦され、〈善〉へと救済されることとなるのである。

かくてブーバーによれば、この運動は次の主張を掲げたのである。──「罪から聖なる火花を奪いとるために、ひとはそのなかに身を投じなければならない。もはやいかなる罪も存在しないのである。新たなメシアの時の意味の成就とともに、救いのない世界にのみ妥当した古い律法の軛は砕かれ、すべてを許し、すべてを聖別する、新たな啓示が現存するのである」と[32]。こうも述べている。「サッバタイ主義の運動は、メシアの到来

という事実から、…〔略〕…完成の時がそこにあると妄想するのである。しかしこの運動は罪の概念から否定的性格を奪い、このように罪を中性化することによって満足するものではない。罪を聖なるものにまで高めるのである。…〔略〕…従来罪と考えられてきたことを聖のうちに為す者は誰でも、完全性のためにこの存在のかけら〔罪〕を征服するのである。…〔略〕…この人間が聖であるから、彼の為すすべてのことは聖なのである(33)」。

ブーバーの『ハシディズム』は、まさにこの「サッバタイ・フランク主義」を突き動かしたユダヤ教文化の地下底流をなす「メシア主義」の神秘主義的うねりとその帰結としての「善悪の彼岸」・「脱・道徳」主義に対決しようとするのだ。彼は、それをおぞましい倫理的アナーキズムと虚無主義を振りまくものと見て(参照、ショーレム『カバラとその象徴的表現(34)』)、同じユダヤ教神秘主義の文化価値を信じる者としてこの展開に徹底的に対決することで真のユダヤ教神秘主義の思想の再興と伝播を為さねばならないと考えたのだ。それが『ハシディズム』執筆の根本動機であろう。(もっとも、かかる視点から「サッバタイ・フランク主義」が具体的にどんな事件を引き起こしたのかは、残念ながらよく知ることができないのであるが)。

なお、ここでフロムに一言するなら、彼の『ユダヤ教の人間観』はもとより、およそ神秘主義に言及する彼の議論のなかに、この実に興味深いブーバーが抉りだした問題は一切登場することはない。

禅仏教とハシディズム——その類縁性と根本的相違性

ブーバーに関してもう一つ注目すべきは、右の問題にかかわって、彼が禅仏教とハシディズムとの思想的類縁性を次の如く指摘していることである。たとえばこうある。

「ハシディズムの答えも禅宗の答えも、本質的にはほとんど同じである。すなわち真理への鍵はもっとも身近な活動である。もしひとが為すべきことを為し、そこにその行為の意味が実現されるならば、この鍵が扉を開くのである」[35]。

（念頭にあったのは、おそらく公案解釈と座禅を中心に置く臨済宗ではなく、「作務」をとおしての悟りを中心に置く曹洞宗であろう。とはいえ、臨済宗もまた生活所作の在り方を厳しく問題にしたから、この区別は相対的なものである。ついでに言えば、大拙は主に臨済宗を念頭に禅思想を論じたと思われる）。

だからまたブーバーによれば、禅における「師家と弟子の関係」とハシディズムのそれとは極似することになる。師は弟子の関心を教義の文言＝観念に縛り付けられたそれまでの在り方（ひたすらに教義の解釈にいそしむ）から解き放ち、弟子自身が無意識のうちにとっている日常の生活態度・所作に向け直し、そこに自ずと映現しているところの問題、くだんの「聖別化」の汎神論的視点をもってその生活実践を為し得ているか否かの問題を意識化するよう導く。いわく、「師というものは、彼のなす一切のことを十全になすような人物なのである。そして彼の教えの核心は、弟子を彼の生活に関与させることによって、弟子に行為の奥義を会得させせるということにある」[36]。「ハシディズムでも禅宗でも、沈黙が重んじられる。しかし、それは一切の表現を放棄するという意味ではない。それは、ただ概念的に理解しえないこと（フロム的にいえば「逆説論理」を駆使するほかに言いようのないこと――清）の概念的表現を一切断念する、という意味なのである」[37]。かくて、「ハシディズムにおけると同様に、禅宗においても師家と弟子の関係が中心的である」[38]。

ブーバーは仏教の展開史のなかで禅仏教をこう位置付ける。「大乗仏教においては、歴史的な仏陀は地上に降りた神的存在ということになっている」が、「禅宗では、この歴史的な仏陀は万有の魂の内にあり、各人が自分の内奥に発見し、かつ実現しうるという仏陀の性質のゆえに、完全に無視される」に至る、と。[39]（「歴史的仏陀」というのは、経典のなかで歴史上の実在人物、王子シッダールタとして語られる存在としての仏陀、という意味である。大拙によれば、禅宗においてはこの歴史的仏陀が到達した「開悟」を通じて認識した万有の存在原理それ自身が、宇宙の客観的存在原理たる「法身」として主題化され、かつまたこの客観原理はかつて仏陀においてそうであったように信徒においても彼らの主体的意志、すなわち「法身への意志」として生きられ得るとされた）。

つまりブーバーは、ハシディズムの基盤にあるグノーシス主義ときわめて類縁的なカバラ主義の汎神論的性格と仏教的宇宙観の汎神論的性格との類縁性に注目し、さらにそのなかで禅仏教の、おそらくとりわけ曹洞宗の作務中心主義に注目し、今度はそれとハシディズムとの類縁性をここでテーマに取り上げたのである。

しかし、注目すべきはたんに右の点だけではない。そのような両者の類縁性を指摘するブーバーが、他方、両者の世界観上の根本的違いを強調し、それを次のように捉えるのである。

すなわち彼によれば、禅宗がそのように日常的な生活実践における所作に信徒の関心を集中させようとするのは、実はその実践がかかわっている「事物そのものが重要だからではなく」、「超越的対象」（絶対者・神的なるもの・「神性」（エックハルト）等々）が「直接的表現を一切拒絶する」ものであり、[40]「一切の概念をこえるもの」だという「非概念性」、言い換えれば、行為をとおしての直観的な体得によってのみ認知し得るものであることを信徒（主に学僧）に痛感せしめようとしてのことなのである。[41]

他方、ハシディズムではそうではない。ハシディズムでは「事物そのものが宗教的関心の対象なのであり」、それというのも、ハシディズムにあっては「事物そのものが人間を高めるべき聖なる火花の住居であり」、その事物の在り方なり、それにかかわる個人の在り方（欲望や感情の持ち方）をまさに「聖なる火花の住居」にふさわしい在り方へと実際に変革することが、そのようにしてこの現世を神の住居によりふさわしいものへと一歩でも「修復」することが問題なのである。いわく、「人間は諸事物と正しくかかわり合うことによって、この世における神的実体の運命と接触し、その救いに力を貸すのである」(42)（傍点、清）。

一見両者において「世俗世界の聖別化」の視点は共通しているように見えて、実はそうではない。根幹的志向性が異なっているのだ。その点では禅宗の志向性はあくまでもグノーシス派の神秘主義が向かうところの、またヴェーバーがインド型宗教の本質として強調したところの「法悦的瞑想」の場に如何に身をきちんと置けるのかという点にある。「作務」の強調は、教義解釈の思考作業の積み重ねだけで「悟り」という体感的会得に到達できるように思い込む学僧のいわば主知主義的傲慢、これを打ち砕くためのいわば「方便」（手段）なのである。他方、ハシディズムではたとえ「過程」的な域にとどまるほかないにせよ――現世の人間は生きている限りくだんの「捕囚」性をのりこえようがない――現実界の変革とそれを通じての自己自身の実践的在りようの変革を実現し、神の望む「宇宙的調和」の「完成」に向けて世界の「修復」に参与・協力することなのである。またそのことが、ハシディズム信徒にとっては己に「救済」をもたらす己の「使命」なのである。

このブーバーの指摘は重要である。というのも、禅仏教とハシディズムとをこのように対置する彼の観点には、まさにヴェーバーが強調したインド諸宗教と古代ユダヤ教との根本的な宗教的志向性の相違――ヴェーバー的にいえば「模範預言」型と「使命預言」型の相違――が同じように浮かび上がっているからである。そしてまた、このブーバーの観点とフロムとを比較するなら、フロムにはそもそもブーバーのそうした問題意識自体が成立していないと思われる。彼と鈴木大拙との共著として出版された『禅と精神分析』には《禅とハシディズムとの類似性と根本的差異》というが如きテーマ（さしずめ、フロムならば、《禅とマルクスの人間主義的「自己発現」論との類似性と根本的差異性》というが如き）は浮かび上がってはこない。

なおこの点で、鈴木大拙に関して読者には次のことを想起していただきたい。すなわち、大拙が「戦後」期においては「涅槃」を真に実現する道は「八正道」の倫理的実践にこそあり、「華厳事事無碍法界」の原理を「今日の事法界（政治・経済・社会領域）に活現」すべきと説きながらも、その後この主張は彼において影を潜めたという問題、および、彼が「すべてを肯定する」神秘的宗教経験と悪と罪を是正せんと闘う宗教の倫理的行き方とを両立せしめる論理を如何に構築すべきかに煩悶したという問題を（参照、第I部・補注8「大拙における煩悶」）。ブーバーがここで提起している問題はまさにこの大拙の煩悶に直にかかわってくる問題である。

さらにもう一点、次の問題をつけくわえておきたい。ここでは指摘だけに留めるが、戦後の田辺元が『キリスト教とマルクシズムと日本仏教——第二次宗教改革の予感』（一九四七年）ならびに『キリスト教の弁証』（一九四八年）で精力的に展開を試みた「絶対媒介的自己否定」の思想は、グノーシス主義的法悦瞑想主義を強く批判し、実践の場における《宇宙と自己との応答責任倫理》を説き、さしあたりその問題が最も凝縮してくる場として「愛の実践的協同」の形成を説く点で、その内実においてブーバーのハシディズム論ひいてはフロムのマルクス論に期せずして大きく重なる面があるという問題を。＊5

補注＊5　田辺元の「絶対媒介的自己否定」の思想とハシディズムとの期せずしての一致点

戦後の田辺は「絶対媒介的自己否定」という概念を立て、洋の東西を問わずおよそ「神秘主義」的救済経験の共通本質だとされてきた絶対者（＝宇宙の無限なる全一性）と個人の法悦的合一経験とは異なる、もう一つの別の救済経験を明示的に定義し、それを追求すべきことを説く。すなわち、諸個人が己を取り巻く現世の現実との実践的格闘という日常の一つ一つの行為のなかで、これまでは「相対的存在」たる自己の「我性」を起点に据えることで繰りだしていた行為を、宇宙の全体性が体現する「無」の視点から照らし直し、これまでの為され方を是正し変換し、そうすることで何よりも他者とのあいだに「愛の実践的協同」の関係性を構築すること、このことをもって己の魂の救済とする救済経験の追求である。

彼はこの新たな救済観の立場から、従来の「汎神論」を基盤にして追求されてきた瞑想主義を次のように批判する――それは、およそ社会的行為・実践の場ではなく、そこから退いた瞑想という「寂静主義的直観」の場で、全体直観といういわば視覚中心的な救済経験のもたらす一挙的に生じるエクスタシーとして救済を追求する、きわめて個人主義的でエリート主義的立場だ、と。

彼はまずこの型の救済主義を打ちだした思想家としてプロティノスを捉え、「仏教の般若空観」も本質的には同じだとし、また鈴木大拙や西田幾多郎の立場もこの伝統内のものだと批判した。彼は、キリスト教とマルクス主義と日本仏教の新たなる総合によってこの新しいもう一つの実践主義に立つ救済運動を生みだすべきであり、それはキリスト教にあっては「第二次宗教改革」となろうと論じた。

この論点を構築するにあたって、彼がブーバーらのユダヤ教神秘主義論から何らかの影響を受けたのかどうかはいまのところ私には不明だが、その発想は期せずしてブーバーのそれと類似している。この興味深い問題を孕む田辺元の思想に関して、私はAmazon Kindle電子書籍セルフ出版による個人叢書「架橋的思索　二つの救済思想のあいだ」第Ⅴ巻として『田辺元における「第二次宗教改革」構想』を刊行する予定である。

至上神は汎神論的宇宙神か、創造主的人格神か
――ブーバーによるエックハルトならびにスピノザへの批判――

さて、私は本書で何度も次の点を確認してきた。――フロムにおいては創造主的人格神の観念に対する強い批判的構えが、メダルの裏表の関係で、汎神論的非人格的宇宙神の観念が内包する神秘主義に対する肯定的態度、彼の概念を使えば「無神論的神秘主義」の視点と結びついており[43]、この視点が如何に彼の思索を駆動してきたかを。ブーバーの『ハシディズム』を読むと、こうした関係の取り方とまさに反対のそれをブーバーがユダヤ教から引きだそうとしていることが浮かび上がってきて、実に興味深い。

ブーバーはハシディズムを評価するさい、次の点を指摘することによって、ハシディズムがそもそもユダヤ教の最も特徴的で深い伝統、すなわち創造主的人格神の伝統を引き継ぐ者であることをあらためて示そうとするのだ。いわく、「ハシディズムでは昔からすべての信仰的存在は、神的な導き手と彼に導かれた大軍との本質的類似性に依存していた[44]」と。

この視点は明らかにかのヴェーバーの視点、すなわち、ヤハウェ神をユダヤ民族のおこなおうとする「政治的および社会的な革命」の「軍神」と規定し、古代ユダヤ教の掲げた「宗教的救済財」が徹底的に「現世内的」である点こそ人類の宗教文化史におけるこの宗教の比類なき独創性であるとした視点に呼応するものと言い得る。まさに「神的な導き手」たるヤハウェと、彼が率いる「大軍」とは民族の革命事業――神の世界創造の中核たる――を共に完遂する同志的関係、言い換えれば、「本質的類似性」によって結ばれた両者なのであり、人間が世界創造をおこなう神の同志になり得るとの宗教的信念こそがハシディズムの成立基盤だというのだ。

（とはいえ、一点、ここでブーバーの議論を批評するなら、彼のこの「軍神‐大軍」論は次に見るようにヤハウェ神がひたすらに

「偉大な愛の神」たることを論証するための布石の役割を担わされているものである。そこには、私が強調する次の問題、「妬みの神」たるヤハウェ神の攻撃的心性には「マニ教主義的善悪二元論」が纏いついているのではないかという批判、これは問題になっていない。総じてブーバーの同書にはフロムの場合（特に初期）にはそれなりにはっきり見られるヤハウェ主義批判のモチーフが見いだせない）。

さて、議論を戻すと、右の観点からブーバーはこう言う。――「ユダヤ的救済論の根本原理」とは、「神は創造の完成の仕事に人間を用いることを欲する」という点、言い換えれば、「歴史的生起のなかで、神は人間を待望している」という点、つまりそのような役割を果たすほどに人間が成長し高まることを確信しているという点なのだ、と。[45] ブーバーによれば、この見地は「義人は天上の支配力を増す」という「ユダヤ教のきわめて古い理念」によっても披瀝されてきた。[46]

いうまでもなく、神と志を一つにして結集する軍団、言い換えれば、「義人」とは既にその精神においても、またそれのみならず既にその振る舞いにおいて既に「本質的に共同体的な生活態度」を取っているところの人間である。その振る舞い・実践の一つ一つが自分たちの集団ないし社会関係を真正の「共同体」へと形成することに資するものとなっている人間である。神はそれを望み、人間は必ずそれを為す。この信頼・信念が一切の基礎だというのだ。

ここで私は読者に本章の「ブーバーのハシディズム論」節の冒頭に紹介したブーバーの言葉を振り返ってほしい。いわく、「ハシディズムの特色と偉大さを決定するものは…〔略〕…本質的に共同体的な生活態度である」。したがって彼に言わせれば、ユダヤ教においては「創造の根源的行為における神の自己限定」という思想が根幹に座る。つまり、神は創造の業を自分一人で完成させるのではなく、それを完成にもっていく仕事を人間に委ねるのであり、委ねた以上、自分が思うがまま人間たちを操り支配することを自らに禁じ、人間たちがこの仕事を引き受けるか否かを自らの自由な決断によって決定するように敢えて為した、とみなされる。しかも、そうしたのは自分と《他者》たる人間とのあいだに、後者の深き協力とそれを大いに愛でる自分との愛の関係を生むがためだった、とするのだ。

ブーバーによれば、後期カバラ主義を代表するハイーム・ヴィタールはこう述べたという。――「被造物」、つまり人間に「恵みを施すため」に「世界を創造せんとする欲求が神の意志に萌した」のであり、「恵みを成就しうるためには」その相手が、つまり、自分の汎神論的威力の「外部」に立つ《他者》、「神の恵みを求める他者」が必要となる。つまり人間が。この事情こそが人間が神によって創造された最深の理由である[47]。くりかえすなら、ユダヤ教の神とは、何よりも人間に「恵み」を与えるという業を「成就するために世界を創造する恵みの神」であり、「神は人間を愛しうるために、人間を世界に置いた偉大な愛の神である」と[48]。

そして、ブーバーはこの見地にこそ実はブーバー自身の「我と汝」の対話と相互性の哲学の淵源があることを明かすのである。続けて彼いわく、「しかし相互関係のない完全な愛は存在しない。それで根源的な神は、人間が彼を愛することを渇望する」と[49]。彼はかかる見地を「カバラの根本的思想」と呼ぶとともに[50]、「人類の精神史において、ひとりハシディズムにおいてのみ神秘主義が生活となったのである」と主張する[51]。（なおフロムがこのブーバーの視点を強く共有することは、本書第Ⅰ部・第四書が取り上げたフロムの「メシア主義」論からも明らかであろう。ただしフロムはブーバーほど人間と神の愛の「我 - 汝」関係性を強調してはいないように思える。彼はむしろ次に紹介するブーバーのスピノザ批判の、そのスピノザに近い）。

ところで実に興味深いのは、かかる事情をブーバーがスピノザに関連づけてこう述べていることである。いわく、この《他者》としての人間の創造という点に、「スピノザの教えに対する根本的相違が明らかに見られるのである。スピノザは神から一切の人格性を遠ざけなければならなかった。この神の愛は…〔略〕…他者への愛ではなく、たんに無限者である自己自身への満遍なき愛でありえたにすぎない[52]」と。そしてかかるスピノザの汎神論への批判はそのままエックハルトとグノーシス主義にも適用される。

本書第Ⅰ部第五章・「フロムによる『マタイ福音書』のエックハルト的解釈への批判」節で少し言及したように、エックハルトは「神性」と「神」の二種の概念を使い分けて使用し、前者をもって汎神論的宇宙神の非人格的な有機的無限性を、後者をもって旧約・新約両聖書で語られる創造主的人格神を指示し、彼の神秘主義思想をキリスト教の文脈のなかから立ち上げようと腐心する。他方ブーバーは、この二種の概念区別をいわば逆手にとってハシディズムの根幹思想の構造を明らかにしようとする。そして、この試みはそのままグノーシス主義的神秘主義批判とも重なるのだ。

というのも、グノーシス派キリスト教は「至上神」の概念によって汎神論的宇宙神の非人格的無限性＝有機的全一的統合性を指示したうえで、その下位に、ヤハウェをもじった悪しき欠如的な妬みの心性に溢れた造物主（デミウルゴス）としての「ヤルダバオート」を配置するという神学的論理を取るからである（参照、第Ⅱ部第五章「初期フロムのキリスト教論」、「フロムの『グノーシス派キリスト教』解釈」節。および拙著『聖書論Ⅰ　妬みの神と憐みの神』におけるグノーシス派への様々な言及）。ブーバーはかかるグノーシス的な、またエックハルトにおける「神性」と「神」の区別にも見いだされる神的なるものをめぐる二層構造を、次のような仕方で逆の上下関係に置き換えるのである。

そこには本書の基底にあるそもそもの問題意識、すなわち「二つの救済思想の架橋」というテーマからいっても（「はじめに」）、以下の問題の所在が示されていると言い得る。すなわち、非人格的無限性＝有機的全一的統合性を体現する汎神論的宇宙神と創造主的人格神との二種類の神観念の関係性が当該の宗教においては如何に設定されているか、その点にこそ当該宗教の最深の思想的志向性が表現されるのではないか？　という問いが。

　では、その関係性はハシディズムではどのような構造を取るのか？　ブーバーはその点をどのように捉えるのか？

　きわめて興味深いことは、グノーシス主義・エックハルト・スピノザらの神秘主義と、ブーバーの理解するハシディズムの神秘主義ではその二者・二層の関係性はちょうど逆になることである。つまり、前者では創造主的人格神に対して非人格的無限性＝有機的全一的統合性の優位が宣言されるのに対して、後者ではその逆が提示されるのだ。

　すなわちブーバーによれば、「ハシディズムにおいては」至上の「無限定な根源的神性そのもの」[53]は、「根源的にこれらふたつの名称（「神性」と「神」――清）よりもはるかに人格的名称であるＪＨＷＨの四文字で示される」。つまり紛れもなき創造主的人格神であるヤハウェ神が担い[54]、他方「自然のなかに働き、自らを自然に限定する神」、さらにいえば自然の汎神論的本質を体現する宇宙神的神が「エロヒム」と呼ばれ、ヤハウェの下位に就くとされるのだ[55]。この事情を彼はこう注記している。――「エロヒムは神の非人格的な姿であり、もし欲するならば、スピノザの能産的自然と比較しうるであろう。しかし、このさい、それに先立ち、またそれを越えて、根源的な神性、つまり『存在』があるのである。そしてそれは完全な統一性であると同時に、無限定な人格である」[56]（傍点、清）、この意味で「シャンカラやエックハルトの神秘主義」における「自己自身にとどまる『神性』と働く人格神の間の区別」は「根源的神性（かのヤハウェの――清）とエロヒムの間に起こるのである」と[57]。＊

6

　このブーバーの観点は、明らかに自然事象に関しては汎神論的な有機的全体性・統合性・調和の観点をもって接するべきだが、社会事象を固有に社会事象へと形成する「人倫」、つまり倫理的道徳的諸問題に関しては汎神論的観点を採ってはならず、神とその《他者》たる人間との二元性の観点（「我‐汝」関係性）を堅持すべきだとの主張を前提にするものである。(58) そしてブーバーにとっては、先に論じたように、まさにくだんの「サッバタイ・フランク主義」はこの観点を見失い、本質的に倫理的契機を孕む人間の社会事象に対して誤って汎神論的観点を採り、かくすることで倫理的諸問題にいわば「善悪の彼岸」主義を押しつけるという誤りを犯すに至るのだ。

なお、ここでフロムに言及するなら、彼の『ユダヤ教の人間観』も、またそれ以外の著作における「無神論的神秘主義」こそが自分自身の「宗教性」をなすと主張する箇所も、かかるブーバーのユダヤ教神秘主義理解に関してはなんの論評も加えていない。彼もまたユダヤ教におけるヤハウェ神の「無名性」の問題を取り上げているが、彼にあってはこの「無名性」はユダヤ教が何よりも「偶像崇拝」を禁じる思想であることを象徴するものであり、その意味で、まさにブーバーとは反対に、むしろユダヤ教神秘主義では至上神はエックハルトやスピノザと同様に非人格神としての「神性」（「神」と明確に区別された、「生きた過程、生成」を指示するところの）として把握されたという主張となっている。(59) またこの点で彼はユダヤ教の歴史のなかで「新プラトン主義」と類似性を見せるマイモニデスの「否定神学」（まさにそれはグノーシス派とよく似て「欠如の否定の理論」とグトマンによって呼ばれたという——清）の果たした肯定的役割を強調している。(60) そしてブーバーへの批判的言及はない。

補注＊6　ヤハウェ神の非呼称性・呼称不可性について

旧約聖書では神の名をみだりに呼んではならないとの思想が披瀝されてもおり、神を指示するときは、けっして名をよぶことなく、ただ「JHWHの四文字」を記して指示せよとの命令が記されている箇所がある。この命令が、無限なるものを概念でもって指示することはそれだけで無限なるものを有限化することであり、神の本質を汚すことだから、神的本質はただ「……でないもの」と否定的な言明をとおして間接的に指示できるだけだとする「否定神学」の「逆説論理」に立った主張なのか、それとも単純にヤハウェ神の超絶的な偉大性を誇示するためだけの主張なのか、その判断は解釈者の立場によって当然異なる。フロムは明らかにそこに否定神学的な「逆説論理」的な意味を見ているが、ブーバーの場合はスピノザ的エックハルト的なさらにいえば禅仏教的な神秘主義の立場を批判しているわけだから、そうではない。

第五章　初期フロムのキリスト教論——「キリスト論教義の変遷」

若きフロムが一九三〇年に執筆した「キリスト論教義の変遷――その社会心理学的分析」はいわば彼の精神分析的宗教論の原点である。この原点と、これまで本書が縷々論じてきた宗教に関する中・後期フロムの諸論考とのあいだにどのような彼の思索の成長発展があり、問題関心の推移があり、また、にもかかわらずその原的モチーフの一貫性が認められるか、これらの問題を考えることはフロムを深く理解するうえで欠かせない作業となろう。ここではその詳細を尽くすべくもないが、これまでの議論と関連づけながら一つの素描を試みてみたい。

なお同論考は一九六二年に刊行された論文集（邦訳書名『革命的人間』）に再録されたのであるが、フロムはこの論文集の「まえがき」で、当初この再録を相当にためらった理由についてこう述べている。第一に、この論考は自分が「まだ厳格なフロイト主義者であった時期」のものであり、その後の自分の思索の発展――まさにフロイト批判を通じて彼独自の人間主義的精神分析的方法に到達した――を反映していないからだ、と。その限界性は、同論考では関心がもっぱら「社会的統制手段としての宗教の社会機能」、つまり民衆・被支配階級の怒りと不満に「現実の満足」の代用としての「集合的幻想による満足」を与えることによってそれを鎮撫するという問題側面にばかり集中し、くだんの「宗教＝民衆のアヘン」論的視点に終始した点に端的に表れている、と。言い換えれば、中期以降の思索を特徴づけるもう一方の視点、「宗教の歴史は人間の霊的進化の歴史を反映している」という問題側面への注目がまだきわめて不十分であった、と。つまり、本書第Ⅰ部第一章で取り上げた、フロムの精神分析的宗教論の要となるかの「宗教性」という実存的次元への注目と、そこから生みだされる《「権威主義的宗教と倫理」 vs 「人間主義的宗教と倫理」》という考察視点、言い換えれば、宗教文化を当該の社会的歴史的環境が生みだすイデオロギーとしてだけ捉えるのではなく、規範的な意義を有する「人間の本性」の自覚の成長史としても評価する視点、これがまだ確立されていなかったというのである（参照、

第Ⅰ部第六章・『性格』論のアウトライン」節)。

もう一つの問題は、当然ながら執筆時点から三〇年以上経つ一九六二年の時点からみれば、そこでなされた原始キリスト教論はその後の様々な新資料に基づく新しい諸考察をまだ取り入れていないという歴史的限界を負っている点である。

しかし、そうした二つの限界を負っているにせよ、宗教事象を「精神分析的社会心理学」的に考察する先駆的かつ範例的意義は大であるとの周囲からの強い勧めもあり、一切手を加えずそのままの形で再録することにした、とフロムは語っている。

メシア主義的革命運動としての原始キリスト教

さて、われわれは既に第Ⅰ部第四章でユダヤ教のメシア主義的潮流をめぐっておこなった後期フロムの考察を検討したが、「キリスト論教義の変遷」を読むと、そこでの論点は既に同論考で決定的な視点として打ちだされていたことに気づく。すなわち、彼はユダヤ教のなかの「バプテスマのヨハネの運動」を原始キリスト教の前駆とみなしつつ、原始キリスト教は既にこの運動が示している「黙示文学」的方向をいっそう徹底する方向でメシア主義を継承したとみなすのだ。すなわち、現実の政治的社会的革命の実践的追求を主張するという「水平軸」的方向性においてではなく、むしろその断念・絶望の上に立って、「新しい時代の奇跡的な開始という大きな出来事」、くだんの「天上から下って歴史を終結させる超自然的な」出来事・実質的に「来世」(たとえ「現世内」と言おうと)への待望という「垂直軸」的方向においてそうするのだ、と。

フロムは、その点を『マタイ福音書』の一〇の七や『ルカ福音書』の六章二〇節を引用し論証すべく努めている。たとえばその二〇節とは「あなたがた貧しい人たちは幸いだ。神の国はあなたがたのものである」の章句に始まり、原始キリスト教団信徒を励まし「人々があなたがたを憎むとき、また人の子（イェスを指す――清）のためにあなたがたを排斥し、ののしり、汚名を着せるとき、あなたがたは幸いだ」と続く周知の一節であり、これがかの『マタイ福音書』の「幸いの詞」節と相呼応し、同一のメッセージを表している節であることは明白であると思われる。

この点で、私は読者に第Ⅰ部第五章の「フロムによる『マタイ福音書』のエックハルト的解釈への批判」節をあらためて参照するようお願いしたい。その節で私は次の批判をおこなった。すなわち、『マタイ福音書』の「幸いの詞」冒頭の「乞食の心を持つ者は幸いである」という章句、そこにおける「乞食の心」の形容の意味を仏教の言い方でいえば「己を空にする」という意味で解釈するエックハルトの解釈をフロムが『生きるということ』のなかで正しいと主張しているのは、明らかに誤読である、と。また、これらの章句は「正統ユダヤ人共同体」の周縁的外部の被差別民の側に立ってこの共同体に纏わりついたマニ教主義的・粛清主義的・純血主義的心性を真っ向から批判する《ユダヤ教内異端派の指導者》としてのイエスの姿勢に結びつけて理解すべきであろう、と。

この問題に関連づけるなら、論考「キリスト論教義の変遷」におけるフロムの議論にはまだユダヤ教神秘主義に関する議論も、またそれを宇宙と自己との汎神論的な統一・融合のヴィジョンを介して禅仏教に重ね合わせ、そこに「人間主義的宗教と倫理」の掲げる「宗教的救済財」を見る視点、すなわち宇宙と自己との豊穣なる交信・応答関係を開くことを通じて真に生命的な豊穣なる「自己発現」＝「十全に在ること well being」に到達することを救済成就とみなす見解、これもまだ姿を見せていないのである。だからくりかえしいえば、そこには、後期フロムのくだんの『マタイ福音書』のエックハルト的解釈に繋がる要素はまだ顔を出してはいないのだ。

同論考がひたすら強調するのは、それらの章句には「権威――富者、学者、権力者に対する貧しき者のまったくの憎しみ」が表現されており、その憎悪が「初代キリスト教の社会的また精神的構造の基本的な様相」である「民主的・兄弟関係的特長」と表裏一体の関係にあるという社会的政治的文脈である。（この点では原始キリスト教団の反・知識人主義を強調したヴェーバーとも共通している。本書二二七―二二八頁）。フロムはこの「貧者の自由な兄弟愛の集団」性を指してハルナックが「愛の共産主義」と呼んだことを肯定的に紹介している。そして、この点ではユダヤ教のなかのメシア主義集団と原始キリスト教団とは共通して「父性的権威に対する闘争と憎しみ」という「精神的情況の特質」を示したと捉える。（この点で、あとで縷々論じるように同論考は既にバッハオーフェンからの大いなる影響の下に立つ）。

信仰観念への精神分析的アプローチが掲げる問い

では、初期フロムの精神分析的アプローチは最初期の原始キリスト教団の掲げた信仰観念の如何なる点にこの集団の――ユダヤ教的出自に還元し得ぬ――固有の特徴を見いだし、かつその点をどのような遠近法《パースペクティヴ》の下で問おうとするのか？

まず彼が注目するのは、初代の原始キリスト教団においては、「イエスははじめから神の子であったのではなく」、はじめは「人の子」であり、のちに「神に選ばれ、《メシア》にあげられ、後に《神の子》とせられたひとりの人間であった」という観念が共有されていたという点である。彼はこの点は従来から「養子論」と特徴づけられてきたと指摘している。なお彼によれば、この見地に対してパウロは、イエスはもともと初めから

「神の子」であり、神が人間のマリアをとおして人間の身体を受肉し「神人」となった存在であるとし、この「イエス＝神人」論が後の正統キリスト教、すなわちローマ・カトリシズムの基礎観念となったと主張する。そしてフロムは、この《人神論＝養子論》か《神人論＝神の子先行論》かの教義上の対立が、精神分析的観点からすれば如何なる双方の「精神的情況の特質」の相違を示唆するかを問うのだ。畢竟、この問題が論考「キリスト論教義の変遷」の中核をなすテーマにほかならない。いわく、

「人間が神にまであげられたのではなく、神が人間になったのである。これが新しいキリスト観（カトリシズム——清）の根底であり、ニケア会議で採用されたアタナシウスの——神の子イエスはあらゆる被造物にさきだってある父のひとり子であり、父と同質である——という教理において最高潮に達した(1)」。

ところで、この中心テーマをめぐるフロムの議論の考察に入る前に、もう一つ彼の視点の特徴をなす点を挙げておかねばならない。それは、「メシア主義」の継承において、しかし、ユダヤ教と原始キリスト教団とを顕著に分かつ次の点へのフロムの注目である。すなわち、ユダヤ教においては最初にメシアとして称えられたのがダビデ王であったことが示すように「権力をもった勝利の英雄」がつねにメシアの資格を得たのに対して、実にそれとは真逆に、原始キリスト教のメシア主義における人間の子イエスのメシアへの昇格は、人間に対する慈悲（赦し）と愛を神に乞うべく自らに「苦しみと十字架上の死」を与えたそのイエスの行為によってだとされ、罪人が、しかも最も屈辱的な仕方で処刑される姿であるところの、あの悲惨にして惨い磔刑像が信仰対象となり聖なるシンボルとされる、その違いにフロムが注目し、その相異の精神分析的意味を問うことが彼のテーマとなったという事情である。（ちなみに、第Ⅰ部第五章につけた補注13で取り上げた竹下節子は次のことを強調して

いる。すなわち、原始キリスト教信徒にとっては「神の子」になるはずのイエスがあの惨めでむごたらしい磔刑像において提示され、なおかつそれが信仰対象となるということ自体が、ユダヤ教徒にとっては神を貶める理解し難い「スキャンダル」以外の何物でもなかった、と[2]。

まず、彼はその相違をこう把握する。——ユダヤ教におけるメシア主義を生みだした「階級」の状況はまだなお「勝利の希望をいだいていた」それであったが、初代キリスト教団を生みだし支えた階級はもっと絶望的な状況の内にあった。だから、彼らが「自己同一化」できたメシアとは「苦しみを受け、十字架にかけられた者以外にはなかった」と。つまりその姿はいつ何時彼ら自身がとるかも知れぬ姿だったのだ、と。そのようにして原始キリスト教においては、《神はこの十字架上の受難者をメシアに昇格させ「神の子」に昇格する養子縁組をおこなったとする》「養子論」的観念が形成された、そうフロムは捉えるのだ。(フロムが指摘しているわけではないが、ドストエフスキーの『死の家の記憶』での観察——シベリヤの民衆は犯罪者に対してきわめて同情的で、彼らを「不幸な人たち」と呼び、いつ何時自分自身がなりかねない同胞的相手とみなしたという——を介在させて推測するならば[3]、フロムの言う原始キリスト教団のイエスの磔刑像——事実イエスは国家反逆の徒として処刑されたのであるが、その犯罪者処刑像の発揮する象徴力に注目するならば——への自己同一感にはこれと類似した共感があったと類推することも可能であろう。そしてまた、あの無残な屈辱的な姿は同時に犯罪者にいわば地続きの《犯罪者予備軍地帯》に暮らすかの周縁的存在者である被差別民大衆の存在を最も劇的な仕方で象徴するものと言えないだろうか？　まさに「貧しき者・乞食たち」の存在を。もっとも、かの磔刑像は後にカトリックの教会絵師が『イザヤ書』における「神の僕」たる預言者の様相についての記述を図像化したものであることは間違いないと思われるし[4]、そこには「政治的および社会革命」(ヴェーバー)の追求者として《反体制的位置において身を構える者は体制側からはつねに「犯罪者」視され、犯罪者に対すると同様の処遇を受けるという歴史の常則》が反映しているとも言えよう)。

ところで、このフロムの問題把握に関してさらにわれわれが注目すべきは、彼が右の「養子論」的信仰観念には実は暗黙の共示的意味《コノテーション》作用として次の感情と意志とが隠されていたと精神分析的に解釈する点である。すなわち、イエスが十字架上で殺されることで神の子へと昇格したという観念は、なんと実は暗黙裡に、いわばイエスの昇格と刺し違えに神の方は「その独自のそして手の届かない特権的な父としての地位を剥奪され」、降格され、元は「人の子」であったイエスと同格となったという意味が潜んでいたと解釈するのである。[5] つまり、この神性の剥奪という意味で「父なる神は子において殺された」というメッセージを意味するというのだ。言い換えれば、かのイエス像には「父なる神にたいする死願望」、さらにいえば父権制的権力を打倒し殺害したいという下層・賤民階級の——母権制志向的でもある——階級的憎悪心が実は「投射」されている、とフロムは解釈するのだ。その意味で、「父なる神にたいする死願望」が「子に移し替えられた」もの、それがイエスの死なのである。しかもそれだけではない。フロムの精神分析的解釈によれば、そこには「父なる神にたいする死願望」を抱く自分に罪悪感を覚え、それへの罪滅ぼしを得たいとする反抗者たちの「無意識」的願望もまた反映しており、かつその罪への赦しはいまや保障されたとのメッセージが既にそこに描きだされてもいるとする。いわく、「イエスはその死によってあらゆる人の罪をあがなったのであり、そして最初のキリスト者たちは、大いにこの贖罪を必要としたのである。彼らの全体的情況のゆえに、父にたいする攻撃と死願望とは、とくに彼らにおいて積極的であったからである」[6]（傍点、清）。

さてそこで、私は次のことをぜひここで指摘しておきたい。フロムが同論考を書いた自分をまだ「フロイト主義者」であったと捉えていたことは既に紹介したが、まさにこのフロムの展開する原始キリスト教団における「父殺し」論はフロイトの『モーセと一神教』や論文「或る幻想の将来」に見いだせる「原父殺し」論のいわばフロム的な脱構築＝母権論的脱構築だということを。（もっとも以上の彼の解釈に対して、私はいささか深読みを

重ねすぎているという疑義をもつが）。＊7

デリダの発案した概念を借用して私がここで《母権論的脱構築》と敢えて言うのは、フロムの解釈をとおしてフロイトにおける「原父殺し」のテーマが、それすなわち「原母＝母神復権」というコンテクストへと移し換えられるという点を指してのことである。

というのも、フロイト自身の議論では「原父殺し」のテーマは、殺した原父の権力の継承をめぐる兄弟間の死の争闘を媒介として、兄弟たち（つまり、複数の本質的に父権的＝男性原理的な「権力欲望」同士の――清）を「和解と一種の社会契約」へと導き、そこに近親相姦の禁止と族外婚の掟の順守を誓約しあう「兄弟同盟」が形成され、ここに人類史上最初の「社会秩序と道徳律と宗教」が生まれたとされるからである。つまり、フロイトの遠近法《パースペクティヴ》では、そもそも人類史の原初に「原父」独裁制が設定されると同時に、その「原父」の息子兄弟たちによる殺害の最終的帰結は――途中で「母権制」期の一時的出現を許すにせよ――「兄弟同盟」による父権的秩序の最終的な安定的確立を結果するものなのだ。だから、それは徹頭徹尾父権制の正当性を主張する遠近法に立つものであって、如何なる意味でも《「原父殺し」＝「原母＝母神復権」》の歴史的遠近法（そもそも「原父」を「原母殺し」の遂行者として捉え返すところに成り立つ）を許容するものではあり得なかった。(7) ところがまさにフロムの方は、このフロイト的父権主義を母権主義的遠近法によって置き換えるという「脱構築」的解釈を試みるのである。

実にこの論考が最初に掲げる課題は「初代キリスト者集団のいだいていたキリスト論的信仰についての精神分析的研究」であった。そして、かかる研究は次の問題設定をおこなうことによって可能となるとされた。すなわち、「最初のキリスト者」にとってくだんの「十字架上の受難死」を根拠とする《人神論＝養子論》的メシア主義の教理＝「幻想」は「どんな意義をもっていたか？」、「この幻想はなぜ短期間のうちに何千という人々の心を捕らえたのか？　何がその無意識の源泉であるのか、またそれによってどんな情緒的欲求が満足されたのか？」という問いの設定によって。

実にそれへの最終的回答こそが、右に見てきた「原父殺し」＝「原母＝母神復権」への無意識的願望、これこそが原始キリスト教のメシア主義の精神的内実だとする解釈なのである。

しかもきわめて興味深いことには、フロムはこの点をもって原始キリスト教団と後の正統キリスト教つまりカトリシズムとを明確に「対照的」に区別するのである。すなわち、前者の「幻想の焦点」はこれまで縷々述べたように「受難のイエスとの同化によって父を排除すること」にあった。だが、後者の無意識的願望の焦点は「自己否定をとおしてのマゾヒスト的罪滅ぼし」にある、つまり「イエスのおかげによる罪滅ぼし」という観念は原始キリスト教団と共有する契機であるといえども、既にその重心は父的神へのマゾヒスティックな服従的自己同一化へと移動してしまっていると捉え返すのである。

補注＊7　フロムの問題解読論理に対する私の批判的コメント

私は、このフロムの解釈の根本枠組み、すなわち《「原父殺し」＝「原母＝母神復権」》には納得する点が大であるが、原始キリスト教団が立脚していた「養子論」においても神性剥奪という意味で「父なる神は子において殺された」という暗黙のメッセージが成り立つとする説明には無理がある、と思う。というのも、論理的には、それが成り立つのはむしろ後の正統キリスト教を基礎づける《神人論＝神の子先行論》においてだからである。くだんの「養子論」では人間イエスと自分たちとの自己同一感情が高揚するのは当然として、直接には「父なる神は子において殺された」とはならないはずである。そうではなく、ここでグノーシス派の視点も考慮に入れ、『マタイ福音書』に登場する「父なる神」がヤハウエとは異なり、善悪の相違を超えて万人に慈雨をもたらす神とされ、「アッバ」とアラム語で表記された場合、その「父」はいわば「お父ちゃん」と訳すのが適切なほどに親愛の響きをもつという指摘(8)(『イエスと死海文書』)等を考慮に入れるなら、次のように解釈すべきではないか？

――《それほどまでに自分たちに肩入れしてユダヤ教の大祭司らによって犯罪者として処刑されたイエスにとっての神は、あのヤハウエではなく、実は別な神なのだ、そしてその神こそが我らの神だ》と。そしてこの別な神は、まさにフロムの強調するように、聖母子像とピエタ像に象徴されるように、きわめて親母権的な神なのである。(たとえ、男性神であるといえども、ヤハウエの如き単独神ではなく、夫婦神ないし父母神という元来的に双神的＝両性具有的存在の一方としての男性神であるところの。たとえば、バァール・アシェラ信仰におけるバァール神の如き)。そういう暗黙のメッセージが成り立つということではないのか？

そしてここから次の問題が生まれることになるのではないのか？　すなわち、そもそもキリスト教とは、ユダヤ教の内部から「ヤハウエ神」を否定して別な神を掲げる異端派として出発した宗派だったのであり、それゆえユダヤ教的言説装置をいわば換骨奪胎的に使用することでその反「ヤハウエ神」的立場を偽装し隠蔽しつつ活動していたのであるが、ローマ帝国の国家宗教となるというパウロ的局面、そしてさらにローマ・カトリシズムの形成という局面に至り、キリスト教は一方で次の必要に直面する。すなわち、この本来の反「ヤハウェ神」的立場を減弱化し父神信仰を前面に押しだすことで皇帝権＝王権との癒着を図り、よってもって国家宗教の地位の確保を果たすべく、神学的には旧約聖書と新約聖書の矛盾なき連続性を立証する課題に直面するということ。だが他方では、まさに《母権的な神の暗黙の復活》はそもそもの原始キリスト教団以来のキリスト教の核心であり、その核心を父権的装いの下に如何に継承し続けるかという課題にも直面せざるを得ないということ。そこからして教義上の混淆折衷主義《サンクレティズム》ならびにそれが生む論理矛盾がますます強まるとともに、同時にだからこそそれに対して何とか論理整合性を与えるという神学的要請もまた熾烈となるという事情、こうした複層的な錯綜した事情の誕生である。

しかもその果てに、そうした経緯の総体に反撃するものとして、もともと母親憎悪に支えられた父権的男性主義の心性に心理的基盤を置き、ヤハウェ主義と己の「合理主義的現世内倫理」主義を直結させるカルヴィニズムの局面が今度は近代に入るやキリスト教を襲うのである。

とはいえ、かかる問題状況を過不足なく説得力をもって説明し切ることは相当に複雑な作業となるであろう。この点で、初期フロムの試みは当然まだいくつもの説明不足、論理の飛躍と空隙、等をもつことになるのは必至であろう。しかし、解釈の大枠の見取り図つまりくだんの《母権論的脱構築》の試みにおいてやはり画期的であった、と私は思う。

「人神論＝養子論」か「神人論＝神の子先行論」か

原始キリスト教的心性からカトリシズム的心性への転換、それを象徴するものは、フロムにとっては、くだんの《人神論＝養子論》から《神人論＝神の子先行論》教理への転換である。そして、彼にとってこの転換はキリスト教を支える信仰集団の変貌と転換を同時に意味した。すなわち、信仰集団の構成はくだんの父権制的権力を憎む貧民階級によるものから、「第二世紀の終わりまでに」、つまり「コンスタンティヌス大帝の治下に、それが国家宗教となったとき」、「ローマ帝国の支配階級の宗教」に転換してしまうのである。（この点で彼によれば、第一世紀におけるパウロによるキリスト教の脱民族的普遍化、つまりローマ帝国への普及は決定的かつ過程的な意義をもつ。パウロが獲得した信徒の大部分は依然として貧民層であったとはいえ、彼自身は「下層階級の出ではない最初のキリスト教指導者のひとり」であったし、「財産をもったローマ市民の子」であり「パリサイ人」であり、原始キリスト教団から憎まれた「知識人」階級の人間であった、とフロムは注記している）。

フロムによれば、この転換・変貌の過程において「最も重要な点」は、終末論的期待であり「本来の熱烈な黙示的な要素」である「直接に聖霊を与えられるという確信と、現在を征服する未来への希望」が徐々に消滅し、イエスの出現によって決定的な救済が未来にまもなく起こるのではなく、イエスの出現自体が既に奇跡を意味し、その意味で決定的な救済は既になされているとされ、かくて救済観念自体が変貌した点である、と。すなわち「救いは、イエスへの信仰によって保証される、内的な、非歴史的な、個人的なことがらになった」と。つまり社会革命的要素・側面の消滅であり、社会革命と精神革命との弁証法的相互作用の解体であり、後者をひたすらに前者との対立において、まったき内面的問題としてだけ措定する方向転換である。

この点においてフロムによれば、当初は《人神＝養子論》であった教理は《神人論＝神の子先行論》教理へと転換せざるを得なかったのである。既に決定的な奇跡＝救済はキリストの生誕自体において成就されており、したがって、このことへの信仰＝精神的参与によって――社会変革を伴うことなく――救済獲得は保証されており、その保証者こそは「教会」であるとする観念、これは神学的には《神人論＝神の子先行論》によって担保され、同時にそこでは無意識の裡に神＝皇帝＝法王の父権制的神観念の復活と承認が担保されている、とフロムは解釈する。

つまり一言でいえば、原始キリスト教団を駆動していたくだんの社会革命的要素――ユダヤ教メシア主義とも共有されていた――はまったく骨抜きにされ、同時に救済願望の焦点が「自己否定をとおしてのマゾヒスト的罪滅ぼし」――「教会」の権威によって監督されまた認可される、かの「告解」制度をとおしての――に移動し、原始キリスト教団においては暗黙裡に殺害されていたはずの父権制的神の復権が成立し、信徒たちはこの神との関係において絶えまなく己を「マゾヒスト的罪滅ぼし」・「自己否定」の関係性のなかへと追い遣るほかなくなるのである。まさに後のフロムが批判し続けた「権威主義的な宗教と倫理」への原始キリスト教の決定的転換が起こるのである。フロムいわく、「位階制度も官僚制度ももたない、平等の兄弟としての交わりの宗教であったキリスト教が、ローマ帝国の絶対君主制の姿を反映した《教会》になったのである(9)」。

そして、フロムはこの転換のなかに社会的抑圧に対する反抗と革命の「攻撃性」の方向転換、マゾヒスティックな自己否定的転換を見る。原始キリスト教団においては信徒の無意識の攻撃対象であった父権制的権力（神であれ王であれ）は、服従するならば愛と赦しと恵みを与えてくれる柔和なる慈父としての権力へと顔つきを変貌させるとともに、かつての父権的権力への攻撃性は信徒たちの自己自身に向けられるに至る。「悲惨や苦しみの責めを負うべきは、もはや支配者たちではなかった。むしろ、苦しんでいるもの自身に罪があったのである。もし不幸ならば、彼らは自分自身を責めなければならない。……〔略〕……自分自身を苦しめ去勢することによってのみ、人は、圧迫的な罪悪感から逃れ、ゆるしと愛とを受ける機会を、見いだすのである」[10]。

きわめて興味深いことは、この攻撃性のマゾヒスティックな転換を問題化することにおいてフロムが再びフロイトの『モーセと一神教』における結論をなす洞察、すなわちくだんの原父殺しのトラウマがユダヤ教の内面を特徴づける「自己処罰欲望」と「神への絶対服従欲望」の表裏一体をなす相乗関係性をもたらすという結論[11]、これに接続し、それを彼のキリスト教論に役立てることになる成り行きである。フロイトの「原父殺し」論の構成である《原父殺し→父権制の安定的再建》という構成を《原父殺し→母権制の精神的復権》という構成へ読み替えたはずのフロムが、フロイト説をキリスト教における《自己を意識するさいの原罪意識の中心化》とでも呼ぶべき内面的事態の誕生を精神分析的に説明する理論へと再摂取するわけなのだ。ヤハウエ主義的ユダヤ教に横溢するサド＝マゾヒズム的自己処罰欲望はカトリシズムの「告解」制度へと内面化され移し換えられる。ただし、その時厳父は慈父に変貌するにせよ。

ところで、このキリスト教の「根本的変化」に関するフロムの精神分析的解釈の複眼性とその面白さは、たんに右の点の強調にあるだけでなく、実は次の点にある。

彼は、くだんの《神人論＝神の子先行論》教理には実はさらに見抜かれるべき「独自のそして究極的な無意識的意味」が隠されていたとする。くりかえすなら、くだんの《人神論＝養子論》の大前提は神と人間との厳然たる区別、その異質性であった。他方《神人論＝神の子先行論》のそれは神とその子であるイエスとの同質性である。だが、父と息子との同質性にもまして、親子の「同質性」というシンボルを担保する現実性の最たるものとは「母親の胎内にある子の状態」ではないか、とフロムは指摘する。まさに「母と子とは、二つの存在でありながら、同時にひとつである」と[12]。

実は、カトリシズムを特徴づける《神人論＝神の子先行論》教理の隠された「中心問題」とは、神と子の同質論を媒介に、暗黙の裡に信仰シンボルを「強い権力的な父」から「守り保護する母」へと変換した点にある、とフロムは読み解くのだ。いわく、

「かつて反抗的であり、それゆえ苦しみを受けた子が、幼児になってしまったのである。近東の母なる神々との闘争において勝利を得たユダヤ人の父なる神のよそおいのもとで、偉大な母の聖像がふたたびあらわれ、そして中世キリスト教の支配的な像になったのである。第四世紀以降、カトリシズムにとって母なる神のもった意義は、第一には教会が演じるようになった役割において、そして第二にはマリア礼拝において明らかである。……〔略〕……教会は救いを仲介し、信者は教会の子であり、教会は偉大な母であり……〔略〕……マリアにおいて、父なる神の一部にたえず無意識的にあった母性的性質が、はじめて意識的にそして明瞭に体験されたのであり、象徴的に表出されたのである」[13]。（傍点、清）

しかも、フロムは次のことを強調する。「カトリック中世の象徴」たる「幼児を育てる聖母マリアという集合的幻想」にはあの「告解」の場面では中心的役割を演じていたと思われる「マゾヒスト的要素は欠けており」、そこに醸し出されている「幸福感」こそは「母の胎内に保護されている子という幻想」の「無意識の意味」なのだ、と[14]。

そして、この論考はこう結ばれる。

「カトリシズムは、ヤハウエによって破壊された偉大な母の宗教への変装した復帰を、意味した。ただプ

ロテスタントのみが、父なる神に帰ったのである。それは、中世の従順な幼児的態度とは対照的な、積極的な態度を大衆にゆるした社会的時代のはじまりに成立したのである」[15]。（傍点、清）

つまり、体制権力にではなく自己自身に差し向けられた攻撃性たるかの「自己否定のマゾヒズム」、言い換えれば「原罪意識」は一見カトリシズムの救済観念の焦点をなすように見えて、実はそれはむしろプロテスタンティズムの掲げる救済観念における焦点となるのだ。他方、後期フロムの視点からするなら（この論考ではまだその点はテーマ化されていないが）、カトリシズムはその《神人論＝神の子先行論》によって神の如き善性を本来的には人間は――一時的には罪を犯すとはいえ――保持し続け、それを将来再び自己実現し得るという「幸福感」と「反・原罪主義」を自己に対して抱き得る「人間主義的宗教と倫理」の要素を保持するのである。

ただしこの問題連関は、キリスト教徒をして「すなおな幼児の態度に退行」せしめることによって「積極的な犯行を一掃」（つまり革命的・反体制的政治的犯行を）するというアンビヴァレントな文脈を深く背負わせられてのことだと、同論考では指摘される。その側面は、右に引用した問題把握においてプロテスタンティズムにおける「父なる神」への復帰が、社会形成者としての「積極的な態度」を民衆が獲得する「新時代」の到来と呼応するものとされていることによく示されている。

こうして、われわれは気づく。既に同論考には、後により明確に主題化されるくだんのフロムの《母権制‐父権制‐弁証法的前進的な母権制への復帰》（「退行」の危険をつねに伴いもする――清）という歴史的遠近法が既に示唆されていることに。そしてまた、このことも含め、後期フロムにおいてカトリシズムとプロテスタンティズムとの精神分析的・心性的相違性に関して中心に据えられる視点は、実にこの一九三〇年の論考において素描されてもいたのである。なお、この後者の問題については、本章の最後の節「フロムのカルヴィニズム論」

において取り上げることにする。

フロムの「グノーシス派キリスト教」解釈

私は本書において、フロムの「神秘主義」観、ハシディズム論、反・原罪主義的立場、「人神」論的観点等に関連して、彼の議論にグノーシス主義への言及が登場しないことの不可解さをたびたび指摘してきた。この点でも、彼の論考「キリスト論教義の変遷」はきわめて興味深い。なぜなら、彼のカトリシズム論はグノーシス派キリスト教とカトリシズムとのいわば隠れたる類縁性を「ロゴス・キリスト論」を梃に抉りだすことをもって論を結ぶという構えをとるものだからである。

したがって同論考によって、フロムが実はグノーシス派キリスト教について相当の問題意識をもっていたことが実証されるわけである。また同時に、同論考には、それにもかかわらず後期フロムの宗教論で同派が一切登場しなくなる遠因もまた示されているとも言い得るのだ。

既に何度も取り上げたように、フロムはキリスト教の展開史をまず大きく二段階に区分けした。すなわち、実践的政治綱領を掲げるが如き政治的性格のものではなく、きわめて幻想的な神秘的なメシア主義であるにせよ、貧民の立場から一切の父権的権威の打倒を主張する「革命的宗教」を体現する原始キリスト教の第一段階、次いでパウロを創始者として、西ローマ帝国におけるキリスト教の国教化という状況の下で「国家宗教」への変身を徐々にはかり、遂にローマ・カトリシズムが成立するにいたる第二段階、この二つの段階に。

ところで、この第二段階の「国家宗教」への変身をはかろうとするいわゆる正統キリスト教にとって最大の異端派となったものは、フロムによれば、二派であった。すなわち第二世紀後半に預言者モンタヌースが始めたモンタニズムと、グノーシス派であった。ただし、この二派の異端性は正反対の性格のものであったとフロムは捉える。

というのも彼の理解によれば、モンタニズムは疑いもなく「国家宗教」への変身を図る正統キリスト教に対して原始キリスト教の「革命的宗教」性を復権しようと試みた宗派であったが、グノーシス派は「ギリシア的教養を身につけた中産階級の知的代表者」たる宗派としてこの「国家宗教」への変身の道を当時の正統キリスト教よりも一五〇年先取りする宗派なのである。当時の正統教会から、「大衆の意識がそれを受け入れることができるようになるのを待たずに、将来のキリスト教的発展の秘儀を語る」という行き過ぎのゆえに拒絶され異端とされた宗派、それがフロムにとってのグノーシス派だったのだ。[16]

彼が指摘するとおり、グノーシス派は「初代キリスト教の終末論や、とくにキリストの再臨や肉体の復活」の教義を強く否定し、「物的な覆いから解放された霊的なものとしてのみ未来を期待する」という新プラトン主義的観点に立った。このグノーシス派の立場を、彼は《終末論的メシア主義の革命性の排除＝「歴史的関心は宇宙論的関心にとってかわられる」[17]＝「国家宗教」の正統性を裏付ける「ロゴス・キリスト教」の完成》という文脈の下でのみ捉える。[18]言い換えれば、かかる解釈視点をとる論考「キリスト論教義の変遷」においては、中期以降のフロムにおいてあれほど重大なテーマとなる神秘主義の問題、すなわち宇宙の全体性と自己との汎神論的統一・融合の達成による well-being の達成という救済（＝疎外からの解放）ヴィジョンの問題はまだまったく姿を現さないのだ。

フロムは的確に次のことを認識している。すなわち、グノーシス派がヤハウェ神を至上神と明確に区別して、妬みの心性に囚われて現世世界を創造した悪しき「デミウルゴス」（＝造物主）とみなしたことを。だが興味深いのは、そのグノーシス派の反ヤハウェ主義を「父にたいする特殊な敵意の表現であると考えることは、誤解である」としていることである。

なお、テオドール・ライクはまさに反対にこの反ヤハウェ主義のなかにグノーシス派が「キリスト教における…〔略〕…反抗的衝動が父なる神を引き下ろしてしまうまでに、きわめて支配的になっている運動」と評価するのだが、フロムはわざわざ「テオドール・ライクの解釈」という一節を設けて、これを次の論理によって批判している。

では何故グノーシス派は旧約聖書で創造主として登場するヤハウェを「最高の神でなく、より低い段階の神」としたのか？ フロムはその理由をこう解釈する。いわく、

「グノーシス主義者たちは、この現実の世界や人間社会は変化しないという命題を証明するために、創造者としての神がより低い段階の神であることを、主張しなければならなかったのである」[19]。

（つまり、「永遠」を鳥瞰する至上神の視点から見れば、ヤハウェが生みだした変化もまた「永遠」に吸収され変化の名に値するものではなくなるということを主張すべく――清）。

またこの文脈で、彼はこう指摘する。ローマ・カトリシズムの神学的完成を告げる「ニケア会議」でのイエスとその父なる神との関係（まさに養子なのか、先行的に決定された「神の子」なのかという）について決定をみた教義、護教論者たちの準備したそれは「密接にグノーシスの立場と連関しており、この側面からいえばグノーシス派は「ニケア教義の萌芽」を含んでいるとも評し得る、と。また、「カトリック的キリスト教の決定的な先駆者となったロゴス・キリスト論」に関しても同様な類縁性と関連が指摘し得ると（詳細は省く――清）[20]。

つまり、この一九三〇年の論考時点のフロムにとっては、グノーシス派キリスト教は後年のフロムにとって

決定的なテーマに競り上がる「神秘主義」の問題系を構成する重要な要素という問題意義を何一つもつ存在ではなく、おそらく（というのは、若きフロムは明確に以下の如き論理を提出しているわけではないから）、本書第Ⅱ部第四章・「サッバタイ・フランク主義における……」節で言及した如き論理、すなわち汎神論的な有機的全体性の論理をもって「善悪の彼岸」的視点から「現実の全面肯定・受容」を説く思想（大拙、西田、ニーチェ。参照、第Ⅰ部第三章・「大拙の『妙好人』論」節）、結果として抑圧体制追認の保守主義的な社会機能（民衆の阿片としての宗教）の発揮に帰結する宗教思想として告発の対象になっていると思われる。また付言すれば、この観点がフロムにおいても維持され続けたとするなら、彼は当然仏教をも同じ問題性を抱える宗教として批判しなければならなかったはずであるが、この点をめぐっては彼の立場は中・後期においても曖昧なままであり、ハシディズムと禅宗とのこの点での根本的相違を強調したブーバーとは対照的である（参照、第Ⅱ部第四章・「禅仏教とハシディズム」節）。

なお、右の私の問題視角とまさに呼応する観点をヴェーバーが抱いていたことをここで紹介しておきたい。彼は『宗教社会学』（『経済と社会』第二部第五章）のなかで現世内において救済を求めるにしても、それをユダヤ教の如く現世内秩序の革命による新しい社会秩序の創出に求めるのではなく、それこそブーバーが取り上げたカバラ主義やその元にあるグノーシス主義のように（第Ⅱ部第四章・「フロムとブーバー」節、『グノーシス主義』問題」節）、あるいは大乗仏教のように、瞑想的観照のなかで宇宙と自己との神秘主義的合一経験を得ることによって果たそうとする宗教、「現世内的救済が観照的な特徴によって限定される」宗教は、「相対的には現世に無関心な、しかし総じて謙虚な、所与の社会秩序の甘受という態度」を採るに至る、と。[21]

このヴェーバーの指摘と先のフロムの議論をかかわらせるならば、フロムの場合は次の二つの問題がヴェーバーのようには内在的に連結する問題として立てられていないことが浮き彫りになろう。すなわち、国家宗教へと発展するカトリシズムがまさに「所与の社会秩序の甘受」に向かうという点でグノーシス派はまさにこの発展方向を先取りしており「ニケア教義の萌芽」を孕むと評価し得るという問題と、そもそもグノーシス派が新プラトン主義に淵源する神秘主義を代表する潮流であったという問題とが。

私は何度か指摘してきた。あれほど神秘主義のもつ宗教文化史上の意義を強調するフロムにあって、しかし、中期以降のフロムの「神秘主義」論においてすら「宇宙の全体性と自己との一体化体験」が醸し出すカタルシス的救済機能——ヴェーバーに言わせれば、まさに「現世無関心」の態度をその一体化体験によって獲得するがゆえに「カタルシス的救済」に到達可能となる——についての認識は曖昧性を残し続けていることを。かつまた、神秘主義のいわば祖型的に位置につくはずのグノーシス主義がそういう問題対象としては全然取り扱われないことを。いわばこのフロムにおける「見失われた問題の環」を先のヴェーバーの指摘は期せずして浮び上がらせているのである。

付記　先のライクに対するフロムの批判にかんして付言しておきたい。その批判は明らかに次の事実も無視している、と。すなわち、グノーシス派キリスト教の主張の中核には、人間は「妬みの心性」から如何に己を解放し、万人の調和と和合の生を実現するかというテーマが据えられており、そこから彼らの反ヤハウェ主義が繰りだされるという事情を（参照、第Ⅱ部第四章・補注4「グノーシス主義の宇宙観の大略」）。

フロムのカルヴィニズム論——ヴェーバーにかかわらせて

さて、最後に考察の射程をカトリシズムとプロテスタンティズムとの精神分析的・心性的相違性に関する中期以降のフロムの議論にまで延長し、これまで縷々述べてきた初期フロムのキリスト教論がその後どのような展開方向を採ることになるか、それを素描しておきたい。またそのなかで、あらためてフロムとヴェーバーとのかかわりにも照明を与えたい。

私見によれば、『人間における自由』が打ちだすくだんの《「権威主義的な宗教と倫理」vs「人間主義的な宗教と倫理」》の問題構図のなかで展開するフロムのカルヴィニズム論は、ヴェーバーが示唆はしたが十分には展開しなかった側面をも包み込んで、包括的にカルヴィニズム論を展開する可能性を構造的に孕んでいると評価し得る。この点は、これから取り上げる問題、すなわち、プロテスタンティズムを強烈に特徴づけるその「父系中心的体系」性を、ルター―ならびにとりわけカルヴァンに見いだせる中核的な精神分析的問題、すなわち母性愛享受経験の決定的な欠如性とそれが生む実存的不安、その補償的解決を父権的神からの愛の獲得に求めようとその崇拝に赴くという精神分析的問題を媒介に、中世カトリシズムを特徴づける「母系中心的体系」性との対置に持ち込む、そのフロムの問題設定に深く結びついている。言い換えれば、その視点は、くだんの彼の《母権制‐父権制‐弁証法的前進的な母権制への回帰》という宗教文化史的遠近法の下にカトリシズムとプロテスタンティズムの対立を問題化しようとするものでもあるのだ。

論考「キリスト論教義の変遷」と同時期に書いた「母権制理論の社会心理学的意義」(一九三四年)のなかで、フロムは早くも次の基本観点を提示している。いわく、「プロテスタンティズムは、キリスト教の母系中心的な諸特徴を根底から消し去った。母親の等価物、たとえば聖処女マリア像や教会、あるいは神の母性的な特徴すべてが消失した。ルター神学の中心には自分は愛されてあることの確信をもてないのではないかという疑い、あるいは絶望すらも存在しており、この疑いには、ただ救い、信仰があるのみとされる」[22]。

彼は『自由からの逃走』において、ルターの内面を次のような「サド＝マゾヒズム」的な自己矛盾的アンビヴァレンツに苦悩するそれとして描く。（それはきわめてカルヴァンと類似していたとされる）。

「度をこえて厳格な父親に育てられた、ほとんど愛情や安心感を経験しなかったので、かれのパーソナリティは、権威にたいするたえまない闘争にさいなまれていた。かれは権威を憎み、それに反抗したが、いっぽう同時に、権威にあこがれ、それに服従しようとした。かれの全生涯を通じて、かれが反抗した権威と、かれが賞賛した権威がつねに存在している。……〔略〕……かれは極度の孤独感・無力感・罪悪感にみちているとともに、いっぽうはげしい支配欲をもっていた。かれは強迫的性格にのみ見られるような、はげしい懐疑に苦しめられ、内面的な安定感をあたえるもの、この不安の苦しみを救ってくれるものを、たえず求めていた。かれは他人を嫌い、とくに群衆を嫌い、自分自身をも、人生をも嫌っていた。そしてこの憎悪から、愛されたいというはげしい絶望的な衝動が生まれた(23)」。（傍点、清）

また、カルヴァンについてフロムはこう述べている。

――「愛への懐疑を信仰によって救おうとするルターの試みは、カルヴァン主義や他の多くのプロテスタント宗派ではまったく不十分なものとされ」、それを「決定的に補完するもの」として「義務遂行」の「内なる現世的禁欲」と救済可能性の唯一の「徴」との意義をもつ「成功」（義務としての労働遂行がもたらす）（ヴェーバーのいう「非人格性と客観性」に支えられた証明――清）がカルヴァンによって強調されたのだ、と(24)。とはいえ、カルヴァンがそうなったのは彼がルター以上にくだんの実存的不安に苛まれていたからなのである。『正気の社会』は、カルヴァンの徹底的な原罪主義の根底にはカルヴァン自身の自己否定感に苛まれるパーソナリティがあったと指摘し、それが多かれ少なかれ同様の不安を抱える広範な人間の心にアッピールしたとの観察を披歴している。すなわち、「自己の無力感と、無価値感にうちひしがれ、自分は救われるか、永劫の罰を宣告されているのかたえず疑っていて、心から喜びにひたることができない人間」の姿が[25]。

ただしフロムは、そのようにルターとカルヴァンを深い共通性においてとらえるにしろ、いましがた言及しかけたように、『自由からの逃走』において次の二点を両者の相違を特徴づける点として挙げる。

第一点は、「予定説」をめぐる次の相違である。

フロムは、カルヴァンの予定説は「かれの全体系の隅石の一つ、恐らくは中心的な教義となっている」という点で、またたんに有資格者に恩寵が予定されるだけでなく、それ以外の者には「永劫の罰が決定されている」と説く点で、ルターの教義体系とは異なっているとする[26]。しかも、彼はこのカルヴァンの予定説においては予定決定者たる神は「愛も正義もまったくもちあわせない専制君主の姿を露呈している」と指摘し、かつまたこの予定説は次の含意、すなわち「人間の根本的な不平等という原理」を孕んでおり、この暗黙の含意を「もっとも活き活きとした形」で復活したのは「ナチのイデオロギー」であったというきわめて斬新な指摘をおこなった[27]。

第二点は、ヴェーバーがつとに指摘した点でもあるが、そしてフロムはそのことを自ら注記しているが、かかる予定説のいわば「専制君主」的構造が信徒たちに与える心理的不安——自分が恩寵に与るか否かはひとえに神の手に握られているという——がかえって信徒を「道徳的努力と道徳的生活」の「熱狂的な」、「強迫的性質を帯びた」追求へと駆動するという特異な心理機制を成立せしめたとする点である。すなわち、そこでは「個人は疑いと無力さの感情を克服するために、活動しなければならない」(傍点、清)のである。[28] またヴェーバーはこの点で、かかる強迫的な勤労道徳はカルヴィニズムに特有なものであって、けっしてルター派には見いだされないものだと注記している。[29] (職業を神の「召命」と見る思想はルターに発するものであるにもかかわらず——清)。[30]

ヴェーバーとフロムとの重合と離反

ここでヴェーバーを振り返ってみよう。

ヴェーバーは、「プロテスタンティズムの倫理」という場合、その中核をなすのは何よりもカルヴィニズムの掲げた「予定説」、すなわち「恩恵による選びの教説」であるとし、[31] その思想構造を「悲愴な非人間性をおびる教説[32]」と特徴づけつつ、それを一六四七年の「ウェストミンスター信仰告白」のなかに見定めようとする。[33] そのさい彼がまず取り出すのはまさにその徹底的な原罪観念である。彼は右の「信仰告白」の第九章第三項から次の一節を引用する。いわく、——「人間は罪の状態への堕落によって、救いをもたらすべき霊的善へのすべての意志能力を全く喪失してしまった。従って生まれながらの人間は、全く善に背反し罪のうちに死したもので、みずからの力で悔い改めあるいは悔い改めたにいたるようみずから備えることはできない[34]」。

したがってこの見地では、イエスがその十字架での贖罪死によって悔い改めた人間への赦免の約束を神から得たといっても、「キリストが死に給うたのもただ選ばれた者だけのためであり、彼らのために神は永遠の昔からキリストの贖罪の死を定め給うた」という捉え方になる。[35] ヴェーバーは、かかるカルヴァンの問題の捉え方をミルトンが激しく批判したことを紹介し、ミルトンが「たとい地獄に堕されようと、私はこのような神をどうしても尊敬することはできないといったのは有名だ」と付言している。[36]

つまり、カルヴァンの掲げる神のくだんの「専制君主」的性格についてのフロムの認識は実はまずヴェーバーが抉りだしてきたそれなのである。（ヴェーバーの同書に付された原注の一つに、ルターとカルヴァン両者が掲げる神は、実は「恩恵と慈愛の父」の背後に「専制君主としての『隠れたる神』」が潜むという「二重の神」の構造をもつが、カルヴァンの場合は後者の神は後に布教上の必要から「旧約のヤハウェ」にとって換えられた、という指摘がある）[37]。

かつまた、既に述べたように、カルヴィニズムを特徴づける勤労道徳の「強迫的性質」についての認識もヴェーバーの抉りだした点であった。

すなわち彼によれば、右に見た徹底的な原罪先決論・予定論の下にある信徒は果たして自分が「救済される者」として選ばれ予定されている者なのか、それとも永遠に救済されないという運命を下されている者なのか、それを知ることができないという「個々人のかつてみない内面的孤独化の感情」（傍点、ヴェーバー）に導かれ[38]、だからこそまた次の局面で、この恐ろしい内面不安から自分を救済する唯一の心理手段、すなわち「救いを購いとるためのではなく、救いについての不安を除くための技術的手段」として[39]、自分の生活態度――何よりもその労働生活――を神の意にかなうとおりのものに道徳的に「合理化」する不断の努力が発見されることになるのである（それをしなければ、救済されないことは確実であるとの確信に責め立てられながら――清）[40]。すなわち、フロムの言う「強迫的心理機制」である。

そして、この点はあまりフロム（反ヤハウェ的な神秘主義的な「メシア主義」の視点に立つ）では究明課題として押しだされないが、前述のようにヴェーバーはカルヴィニズムをたんにその「専制君主」的神観においてヤハウエと自分を繋げるだけでなく、それと深く関連して古代ユダヤ教の律法道徳主義をまっすぐに継承する宗派として捉えた。

たとえば『プロテスタンティズムの倫理……』のなかにこうある。

――「世界を呪術から解放するという宗教史上のあの偉大な過程、すなわち、古代ユダヤの預言者とともにはじまり、ギリシアの科学的思考と結合しつつ、救いのためのあらゆる呪術的方法を迷信とし邪悪として排斥したあの呪術からの解放の過程」（傍点、ヴェーバー）は、カルヴィニズムの登場によって「完結」した、と。[41]

またくだんの『序論』（『世界宗教の経済倫理』）にはユダヤ教を特徴づける言葉として「ユダヤ人の合理的な法律的儀礼主義とシナゴーグでの呪術的要素のまったくない説教[42]」という言葉が記され、古代ユダヤ教はそもそも個々人の救済というテーマをもたず、ひとえにユダヤ民族共同体の民族的苦難からの救出にだけ関心を向けるという点で世界に類例のない宗教だとされる。いわく、「イスラエル民族のばあいには、そして、これほど徹底的にはこの民族のばあいにのみ…〔略〕…個々人ではなく、民族共同態の苦難が宗教的な救いの待望の対象となった[43]」。

また、この救済観念の徹底した社会的＝政治的な性格に照応して、古代ユダヤ教にあっては「罪」の観念もまた、明文化され体系化された律法からの背馳・違反によって生ずるものとする、極度に合理主義的かつ道徳主義的な性格のそれとなった、と。『序論』にこうある。「宗教の展開に、預言者が決定的な影響をもつようなばあいには、当然にいつでも、『罪』がもはやたんなる呪術的な性質の違反としてだけでなく、何にもまして、預言者とその命令に対する不信仰としてあらわれ、これがあらゆる種類の不幸の根拠をなすものと考えられるようになった[44]」（傍点、清）。いうまでもなく、これは明らかに古代ユダヤ教を念頭においての言葉である。

さらに『プロテスタンティズムの倫理……』は、古代ユダヤ教の「宗教的救済財」の現世内的性格とカルヴィニズムの「合理的現世内倫理」の追求志向との同質性についてこう述べている。「ピュウリタンにとっては——その根拠は全然ちがうにしても——ユダヤ人のばあいと同様、神義論の問題だとか、他の宗教がその解決に身をすりへらしたような人生と現世の『意味』についてのあらゆる疑問は、全く排除してしまうのが当然きわまることだった」。(45) ＊8

ところで、ヴェーバーとフロムの関係を考える場合、注目すべきはこのカルヴィニズムを特徴づける極度の原罪主義の問題が、フロムの場合は既に述べたように二つの問題系の交差点に据えられるという点である。すなわち、《母権的文化 vs 父権的文化》との対立軸と《「人間主義的宗教と倫理」vs「権威主義的宗教と倫理」》の対立軸との交差点に、である。

前述したように、フロムによればキリスト教内の原罪主義の潮流はまさにプロテスタンティズムがこれを一身に担う潮流として登場するに対して、反・原罪主義の潮流は中世カトリシズムによって担われる。先の論文「母権制理論の社会心理学的意義」のなかにこうある。——カトリシズムにおける「慈悲にあふれた聖処女マリアと教会そのものは、心理学的にいえば、すべての子供を胎内に宿す大母を意味する」。また「教会の子たる関係」は信者たちに「道徳的圏域と関わりなく、愛されてあることの確信」を授与し、「罪責感情」から信者を解放する機能を担うのだ、と。(46) そして、『自由からの逃走』にはこうある。——「カトリック教会の精神は、宗教改革の精神とは本質的にちがっていた。特に人間の尊厳と自由の問題において、また自分の運命にたいする人間の行為の効果について、本質的にちがっていた」、すなわち「人間の性質はアダムの罪によって堕落したが、もともとは善を求めており、また人間の意志は善を求める自由をもっている。人間の努力は、彼の救済のために役立ち……〔略〕……教会の秘跡によって、罪びとは救われる」とみなされていた、と。(47)

かくてフロムにとっては、こうした問題の一切を包括した意味で「プロテスタンティズムは、粗く言えば、メシア信仰を欠いたユダヤ教とも、すなわち、まさしく徹底した父系中心的体系とも言い表すことができよう」とされる。[48]

だが、かかる問題の精神分析的かつ《母権制 vs 父権制》の歴史的遠近法からする精神史的諸問題は、ヴェーバーのプロテスタンティズム論ないしカルヴィニズム論ではまったく主題化されない諸問題なのである。

他方、くりかえしになるが、ヴェーバーがインド型宗教との対比において何よりもカルヴィニズムの独自性にして文化史的功績とした「市民」的な「合理的現世内倫理」の形成者たる役割の問題、これはフロムにおいて問うべき問題としては登場することはない。むしろカルヴィニズムはその広義の「人種」思想（「予定説」的に決定された罪人と善人との区別によって根源的に人間は不平等であるとする）と権威主義的心性（指導者へのマゾヒズム的依存）の醸成者の役割においてナチス・イデオロギーの先行者とみなされるのだ。[49]

かかる重合と離反、これがヴェーバーとフロムとの関係なのだ。

補注＊8　ヴェーバーのキリスト教論の二層性について

ヴェーバーの妻、マリアンネ・ヴェーバーの著したかの伝記『マックス・ヴェーバー』を読むと、彼のなかにはカルヴィニズム的心性に直結する「道徳的厳格主義」と「合理性」に徹する祖父‐父譲りの男性主義的リアリズム精神と、それに真っ向から対立する他方の精神、祖母‐母譲りのイエスの「山上の垂訓」を無条件に実践しようとする「脱・世界連関的愛 akosmishe Liebe」の「宗教性」を敬愛する精神、この二つの「対蹠的な素質」が葛藤していたことを知らされ、[50]ヴェーバーの抱える世界の奥行きの深さに目を見張る想いに捉われる。しかもマリアンネによれば、彼は後者の問題、くだんのイエスの「愛」思想ならびに原始キリスト教の問題についての究明を何度か試み、重要な草稿を残したにもかかわらず、遂にそれは生前には公刊には至らなかったのである。そして、その一部は、彼の死後マリアンネが編纂し公刊した『経済と社会』第二部第五章「宗教社会学」のなかに取り入れられた。そこではヴェーバーは、現世の秩序と様々な利害連関に対して超然たる態度をとることを要求するイエスの「愛」の思想の無条件的な性格を、仏陀の思想と双璧をなす『現世拒否』的な第二の宗教」と位置づけている。[51] つまり彼のキリスト教論においては、古代ユダヤ教のヤハウェ主義の律法道徳主義に直結するカルヴィニズムの「現世内合理的倫理主義」と、イエスに由来する「脱・世界連関的愛」思想とが両極性をなして葛藤し、この葛藤こそが実はキリスト教文化の最深の駆動モーターになるとの観点が採られていたのである。

しかしこうしたヴェーバーの思想の二層的な葛藤構造は、彼の『世界宗教の経済倫理』や『プロテスタンティズムの倫理と資本主義の精神』だけを読んでいるのでは到底視野には登ってこない問題性なのだ。たとえば、ヴェーバーはくだんの「ウェストミンスター信仰告白」第三章第三項から「神はその栄光を顕わさんとして、みずからの決断によりある人々…〔略〕…を永遠の生命に予定し、他の人々を永遠の死滅に予定し給うた」という一節を引用し、またこの「予定」は「神の永遠の決断」と呼ばれもしたと述べたうえで、[52] こう指摘する。カルヴァンの関心は「神のみを思い人間を思わない」(傍点、清)と特徴づけることができ、彼にとっては「人間のために神があるのではなく、神のために人間が存在するのであって」・「あらゆる出来事は…〔略〕…ひたすらいと高き神の自己栄化の手段として意味をもつにすぎない」(傍点、清)と。[53]

私から言えば、ここにいう「神の栄光」とは神の抱く「みずからの被造物に対する主権」の誇示にほかならないし、信徒側におけるそれへの拝跪の心性に支えられ、そのサド＝マゾヒズム的双方性においてフロムの言うきわめて「権威主義的」な性格・心性を示す。ヴェーバーは、先の「神の永遠の決断」を次のように形容する。なされた決断は、誰によっても覆されない「永遠にして不変なる志向」であり、それは神の「みずからの意志の見ゆべからざる企図と専断」（傍点、清）に貫かれたものである、と。つまり、「栄光」とは、その絶対的な独裁的な己の恣意性を誇示してやまない権力性が放つ、いかなる異議申し立ても反抗も許さぬ、恐るべき暴力・威力の「栄光」なのであり、それへのひたすらなる無条件の拝跪を要求する「栄光」なのだ。あるいは、そこで語られる「神の恩恵」とは、絶対的に無力なものが、絶対的に有力である者に恩恵を与えられ、それにただただ感謝し、それを称賛する以外の何事もなし得ないという奴隷的関係性、これのサディスティックな誇示であり、それへのマゾヒスティックな服従的承認である。そもそも、或る人々は無条件に救済（永遠の生命への参与）が保証され、他の人々には、如何なる努力も空しく、あらかじめ救済剥奪が宣告されているというのは、実に残酷である。専制権力の威力性を証し立てるものは何よりもその残酷性であり、そのサディズムであろう。言い換えれば、そこで語られる「栄光」とは、何ら比類ない大きさと深さをもった慈悲の愛の放つ「栄光」ではない。まさにフロムの言う「愛も正義もまったくもちあわせない専制君主」の栄光である。

実にこのようなカルヴァンの神観は、とうていイエスがかの「アッバ（父）」なる親愛にして慈悲愛に満ち溢れた神に対して抱いた神観、すなわちまさに「人間のために神がある」とする神観とは重ならないものであることは明白である。イエスの神が、またそもそもイエスが、何よりも「病人」たる「罪人」への共苦の精神・心性によって際立つとすれば、ヴェーバーによればプロテスタンティズムの心性を特徴づけるのは、次の点なのだ。彼は『プロテスタンティズムの倫理……』のなかで興味深くも次のことを指摘している。

——カルヴィニズムこそがくだんの「呪術からの解放の過程」の「完結」者であるという事情は、「真のピューリタンは埋葬にさいしても一切の宗教的儀礼を排し、歌も音楽もなしに近親者を葬った」点によく示されており、またこの事実は「一切の被造物は神から完全に隔絶し無価値であるとの峻厳な教説」に結びついて、「文化と信仰における感覚的・感情的な要素へのピューリタニズムの絶対否定的な立場」(傍点、清)を象徴している、と。[54] また、この点は「とくにイギリスのピューリタニズムの諸著書がしばしば、人間の援助や人間の友情に一切信頼をおかないように訓戒している顕著な事実」によっても示されている、と。[55]

なお彼は同書に付した或る原注のなかで意味深長にも指摘している。すなわち、カルヴィニズムによって形づくられた「社会的組織の心理的基礎」となっているものは、「内面的『個人主義』で、かつ『価値合理的』な動機」であり、この文脈においては「個人はけっして感情によって社会組織に入り込むのではない。『神の栄光』と自己の救いとはつねに『意識の閾』をこえたところにある」と。[56](傍点、ヴェーバー。言い換えれば、感情という「意識」の在りようではなく、合理的職業倫理の遂行如何を実践的に証明する客観的成果が問題となったということ——清)。また『ヒンドゥー教と仏教』のなかで彼は、原始仏教を担うくだんのインドの「上流知識人層」の主知主義的心性——善に向かうものであれ悪にむかうものであれ、およそ一切の「激情」を避けるという——を特徴づけるさいに、次のように述べる。その心性は「あらゆる憎悪の興奮を絶滅することが自分の救済に役立つという、自己中心的な知恵」（傍点、清）によって担われ、その点で、ピューリタン的なある種の人間嫌い的な「非人格性と客観性」を帯びるものでもあった、と。[57]

一言でいって、深き慈悲愛・共苦感情こそがイエス思想を特徴づけるものだとする観点から見れば、これほどイエスの精神から背馳した立場もないほどの心性、それがカルヴィニズムの心性だということになる。当初、私はこのカルヴィニズムとイエス思想との対立点をヴェーバーは問題にしていないのではないかとの印象をもったが、それは間違いであった。その時はまだ私はマリアンネのヴェーバー伝も『宗教社会学』も読んでいなかったのである。

なお付言すれば、これまで縷々述べてきたヴェーバーにおけるプロテスタンティズム的合理性とイエス的宗教性との葛藤は、ヴェーバーの最期を飾るかの講演論文『職業としての政治』における「責任倫理」と「心情倫理」との葛藤の問題にそのまま連結してゆく問題でもあった。そしてそこには、ドストエフスキーのキリスト教理解に関するヴェーバーの深い関心がその片鱗を垣間見せてもいるのである（なお、こうした事情に関しては拙著、Amazon kindle セルフ出版による電子書籍個人叢書「架橋的思索　二つの救済思想のあいだ」第I巻『ヴェーバーにおける合理と非合理』ならびに第III巻『二人の葛藤者——ヴェーバーとトラー』に詳しい。また、近畿大学・日本文化研究所紀要・第一号（二〇一八年三月）掲載の同名の論文は近畿大学からweb上に公開されている）。

第六章　マルクーゼとフロム

――「弁証法的前進」か「退行」の自覚的批判的保持か？――

はじめに

本書が依って立つ根幹の問題意識、つまり、くだんの二つの救済思想のあいだに生じる対立と確執、だからまた両者のあいだに生じる様々な統合の第三の試み、しかもそうした関係性が実は両者の双方それぞれにおいてそもそも潜在していたと言い得るものであり、だからまたくりかえしその潜在性をその第三の試みの側から痛く刺激されることにもなるという事情、これらのことについては本書の「はじめに」で縷々述べた。

またそのさいヘルベルト・マルクーゼとフロムの関係について言及し、こう示唆した。すなわち、両者はかつてフランクフルト学派内で盟友的絆を結び互いに学びあい相手の功績を讃えあってきた仲であるが、フロムがいわばこの統合の第三の道を積極的に切り開こうとする人物であるとしたら、マルクーゼの方は、同じく統合を志向しつつも、結局統合の限界についての意識を強め、あらためて《直接に自我と根源的自然との「今とここ」での融合へと向かい、社会と歴史という人間の文化の地平それ自体を超越しようとする》救済志向、ヴェーバーの言う「神人合一の無感動的エクスタシス」への志向に回帰するに至る、と。また第Ⅰ部第一章では、この点で彼は、フロムの観点からすれば人間の抱える「実存的二分性」から生まれてくる問いに対して実質的に「退行」的な解決を志向する人物として問題となろう、と。

まさに本書はこれまでフロムにおけるこの「統合の第三の道」の試みを縷々論じてきた。とりわけそのなかで鈴木大拙の提示する「空」概念を初期マルクス解釈の視点に導入するフロムの試みの独創性に注目してきた。とはいえ、「空」概念に対するフロムの解釈に対して次の批判を提示してもきた。すなわち、その解釈はヴェーバーのいう「空」の法悦的瞑想的性格（私流に言えば「浄化的カタルシス」という性格）を結局問題化できずにいるのではないか、という批判を。実にマルクーゼの問題はその点にかかわるのである。というのも、マルクーゼにとっての「宗教的救済財」（ヴェーバー）たる「ニルヴァーナ的幸福原則」は、あらゆる社会変革の試みのしかし遂にのりこえがたい限界の彼方に遠望されてきた「神人合一の無感動的エクスタシス」（ヴェーバー）の彼なりの独自表現だからである。

彼は、それをフロムのように率直に「宗教性」と呼ぶことを潔しとはせず、あくまで「エロス的な美的次元」とだけ呼ぶのだが、また彼はこの幸福原則に基づく「全体的で根底的な質的革命」としての未来の「真の社会主義革命」を夢見ることすらしながら、しかし他方では、この「革命」なるものが、「弁証法的唯物論の真理、すなわち、主体と客体、人間と自然、個人と個人との対立の止揚しがたさ」[1]（傍点、清）を承認するところに初めて切り開かれる精神の次元、言い換えれば「いまだ征服されざる自然の残基のうちにその力を発揮しつづける」と特徴づけられるエロス的で美的な力がそこにこそ居を構え、その働きが主題化される次元[2]、そこでのみ成立し得る「革命」だとするのである。つまりそれは、彼自身の定義から言っても、通常の意味の「社会革命」としては実は結実しようがないものなのである。

そして、そういう意味では、マルクーゼはかの「空」の法悦的瞑想の契機、「浄化的カタルシス」の契機——確かにフロムの思索が半ば触れてはいるが、結局は主題に仕切れないままで終わっているところの——を実質的に代表する形で、かつての盟友たるフロムに向き合うことになるのだ。（ただし、社会変革を追求する実践に深く思考を内在化させようとするフロムの思索的努力を、人々の関心を「革命」の必要性から遠ざける「改良主義」的なそれであるとひたすら罵倒するという代償、言い換えれば、ほとんど「革命」観念のオナニズムと呼ぶに等しいその「革命」主義の抽象性には気づかぬという代償を払いながら——清）。

以下、かかる問題を詳論することにしよう。

「ニルヴァーナ的幸福原則」――『エロス的文明』におけるフロム批判の根底

マルクーゼは、後期の思索を代表する著作『エロス的文明』（一九五六年）の最終章「エピローグ――新フロイト修正主義の批判」において、明らかに誰よりもまずフロムを念頭に置き、フロムのフロイト批判と、その批判から生まれてくる彼の精神分析的人間主義《ヒューマニズム》のおこなう問題設定を「新フロイト修正主義」の「中道派」あるいは「文化学派」と位置づけ、大略こう批判した。

――フロムの為したことは、彼の言うフロイトの「生物学主義」に孕まれるきわめてラディカルな批判力をことごとく骨抜きにし、一見、現代資本主義システムが人間に加える抑圧と疎外を鋭く批判するが如き身振りをしながら、実は代わりに、その究極の思想機能において結局この体制への順応・同調へと人々を導くことに帰着する「倫理」的お説教をこととする言説を、フロイト思想の《批判的かつ発展的継承》の名の下に編みだすことでしかなかった。そこで語られる宇宙的応答性に満ち溢れた諸個人の創造的「自己発現」、「生産的パーソナリティー」、「《精神-身体》統合的パーソナリティー」、「生産的愛」等々をキーワードとする倫理的な性格を色濃く帯びた彼の諸言説は、実のところ「快楽原則」に対する抑圧・禁止を体現する従来の「現実原則」を基盤に据えた伝統的な「支配的なイデオロギーからの借り物」かそれらの焼き直しに過ぎないものである[3]。かかるフロムの試みは、フロイトの精神分析学思想を「治療に吸収すること」にほかならず、それは「治療」というものが本質的に諸個人を社会の抑圧的システムに順応・同調させる目的を持つという側面――フロイトも自覚し、その点を煩悶していた――を自己欺瞞的に糊塗するものであり、返す刀で晩年のフロイトの「思弁」に当たる「超心理学」の孕む「爆発的なふくみ」（革命理論的ポテンシャル）を覆い隠す試みである。[5] それは「精神分析から内面の在りようをことととする宗教と倫理へ逃避すること」にほかならない。[6] というのもフロイトのその「超心理学」こそは、従来のリビドー理論をエロス的本能の視点から解釈し直すことによって、「快楽原則と現実原則の和解」として人類史上初めて登場する「抑圧的でない現実原則」に支えられた「エロス的文明」の「歴史的可能性」を立証しようとする部分であり、[7] 展望される未来の「全体的で根底的な質的革命」（先験的な次元で決定されている、「存在の経験の仕方」・「人間と自然との関係」・「実存的関係」の従来的在り方をまったく別なそれへと変革してしまう）を理論的に準備する部分だからである、と。[8]

（またアドルノも、その『ゾチオロギカ』（一九六二年）の第三章「修正された精神分析」においてほとんど同趣旨の批判をフロムに加えているが、[9] ここでは議論をマルクーゼに絞る）。

では、かかるフロム批判の含意をさらにより深く理解するために、ここでわれわれがまずもって注意を集中すべきは『エロス的文明』の提示する諸議論のどの点だろうか？

まず何といっても、晩年のフロイトが「快楽原則」の実質的内容規定としたとマルクーゼが強調する「ニルヴァーナ（涅槃）的幸福原則」という概念であろう。彼によれば、フロイトは従来のリビドー（性欲）概念を「プラトンの初期の哲学を復活すること」をとおして「エロス」の概念を視点にして解釈し直すことでこの概念を生みだし、またそうすることによって「文化を抑圧的な昇華と考えず、エロスの自由な発展と考える」視点を生みだしたのである。[10] そして、この視点は従来のフロイト自身の「文化・文明」観をひっくり返し、「抑圧的でない」別種の「新しい現実原則」に支えられた「エロス的文明」の「歴史的可能性」に対してフロイトの眼を開かせたというのだ。（というのも、それまでフロイトにあっては、「文化・文明」は、己の充足・満足をひたすらに追求しようとする「快楽原則」に立脚するリビドー、これを抑圧しその充足を断念させるという「現実原則」に立脚することなしにはそもそも成立不可能とみなされ、この意味で「文化・文明」とはすべからく「抑圧の昇華」――剥き出しの抑圧という姿をもはやとらず、より高位の価値のために自らその抑圧を欲するという昇華形態を与えることをとおして、実は抑圧を持続させる――であるとみなされてきたからである）。

なおついでに付言するなら、それまでのフロイトの視点を形成してきたこの《リビドー的「快楽原則」vs「現実原則」の二分法》と、フロムの言うくだんの《「自然内在性」vs「自然超越性」の「実存的二分法」》とは大いに重なるところがある。既に幾度も見たように、フロムの言う「自然超越性」を構成する主要な契機は強固な自己意識（孤独を代償としての個の独立の獲得）・理性（合理主義的態度に基づく自然の合法則的統御によって生産や建設を為す能力）・想像力（自然そのものにはない人造物を発案し、行為に先立って為すべき活動を設計する能力）の三契機であり、かつこれはまず父権制社会において督励され発展した能力であるとされたが、そもそもこの三契機はフロイトが「現実原則」の主要契機として押しだしたものでもあった。もとより母権制社会も既にして人間の社会である以上「自然超越性」の契機を保持しているのは当然であるが、父権制社会に先立つ発展段階にあった社会として後者が発展させた文明性と比較するならば、前者を浸している宇宙感情の「自然内在性」ははるかに濃密であったことはいうまでもない。

さて、マルクーゼはこの「ニルヴァーナ的幸福原則」について、それがフロイトの「死の本能」概念を継承したものであることを示唆しながら、次のように語る。

「エディプス的願望は、その本質からいって『性欲の渇き』である。その自然の対象は、単なる母親としての母親でなく、女性としての母親、つまり、満足の女性的な原理そのものである。ここで受容性、休息、および苦痛のない全体的な満足のエロスは、死の本能（子宮への回帰）にもっとも近く、快楽原則は、ニルヴァーナ原則にもっとも近い。ここでエロスは、現実原則が代表するすべてのものに対して、最初のたたかいを挑む。それは、父、支配、昇華、あきらめに対するたたかいである。やがて、しだいに、自由と充足は、このような父の原則に結びついてくる。欠乏からの自由（「満足」への志向──清）は、道徳的、精神的独立のために犠牲となる。文明の心的な基礎をおびやかすのは、最初の女性としての母親にたいする『性欲の渇き』であり、それは、エディプス的な葛藤を個人と社会のあいだの本能的な葛藤の原型とする」[11]。（傍点、清）

一体何を言いたいのか？

それを正確に知るためにも、まずわれわれは次の諸点に留意しておかねばならない（以下の議論に関しては、第Ⅰ部第二章・「応答関係能力への問いかけ」節・補注5「マルクーゼの提起する『リビドー的・エロス的合理性』とフロム」、補注6「マルクーゼ『マックス・ヴェーバーにおける産業化と資本主義』について」等も参照されたし）。

第一に、マルクーゼは「エディプス的願望」は本質からいって「性欲の渇き」だと言うが、ここで言う「性欲」は人間が思春期以降に覚える「性器」に凝集化する「性欲」、つまり「性交」へと駆動されるそれとは全く異なる性欲、「性器以前・性交以前」の「小児性欲」であり、端的にいえば嬰児期に母子の肉体同士が交わす《愛撫し愛撫される相互的な快楽》への願望、それがこの「エディプス的願望」の中身だという点である。

この点で、われわれはマルクーゼが一九四八年に発表した「実存主義──ジャン・ポール・サルトルの『存在と無』への注釈」でサルトルを論じながら展開した彼の「愛撫」論がそのまま「エロス的関係」論に重ねられる経緯を想起する必要がある。彼はこの論文において、『存在と無』で展開される「対自」の脱自的な存在構造（「無化的後退」）に基礎づけられた、サルトルの存在論的な「自由」概念に対してはきわめて否定的である。彼にとって、それは意識の直接的な自己明証性を意識の自由なる自己決定の可能根拠に据える、それ自体無内容な、いわば純形式的な、デカルト主義（くだんの「我思うゆえに我在り」）の焼き直しに基づく自由概念に過ぎず、現実に成立している自由と抑圧の対立をその問題内容に即して問題提起する唯物論的能力を欠いたものでしかない。[12] だが、「性的欲望」に関するサルトルの現象学的記述——それは愛撫のもたらす快楽についての考察にほかならない——に関してだけは、マルクーゼはきわめて高い評価を与え、こう述べる。「サルトルは、彼の『欲望的態度』の解釈のうちで、唯物論的原理の革命的な機能にぶつかる。そこで、そしてただそこでのみ、彼の自由概念は抑圧の廃棄と同一のものとなる」（傍点、清）と。[13]

そして、彼はサルトルの議論を彼自身の言葉で次のように敷衍するのだ。——すなわち、愛撫という関係性にあっては愛撫する者とされる者の身体は未だ「主体と客体」・《利用者と道具化された存在》という対立を本質とする主従関係に組み込まれてはおらず、両者は対等な関係で互いに相手との「総合的な有機化 synthetische Organisation」を遂げることで一体化を達成しようと結合する。愛撫がもたらす愉悦の源泉とは、相手を「対象」化し超越し支配し搾取することにあるのではない。相手の「肉体 Fleisch」（たんなる「身体 Korp」ではなく性愛的含意を帯電した——清）を慈しみ受容することが同時に相手に我が身を受容させるような、そういう意味で互いに互いを「我がものとする Aneignung」関係性、互いに内属化し同化し楽しみあう「総合的な有機化」のなかにある。[14] この関係の下では両者は、物質・肉体・自然の地平で、互いに「己の固有な純粋な実存へと解放される」[15]。言い換えれば、両者の肉体・自然そのものに孕まれる「その固有な主体性」を抑圧しあうのではなく、逆に発揮させあい、受容し、相手を我が身に縒り合せることで同時に我が身を相手に縒り合せる。いわく、

「両者の実体間のデカルト主義的裂け目には橋が架けられるが、それというのも両者は既にそれぞれの実体性を交換しあっているからである。自我はあらゆる他の自我に対立するというくだんの『対自』の性格を失っており、それの諸客体はそれぞれの固有の主体性を獲得し終えているのである。『欲望的態度』はかくて（可能性として）、そこでは個人が全体とのまったき調和においてある、一つの世界を開示する」[16]。

そしてこのような「総合的な有機化」の関係性こそが、後の『エロス的文明』や『美的次元』でプラトンに依拠してマルクーゼが「エロス的関係性」と命名する当の関係性なのである。＊9

以上の点は、『エロス的文明』のなかで彼が「エロス的関係性」を象徴するものとして言及するオルフェウスとナルキソスの神話が体現する世界ヴィジョンに鮮やかである。本書第I部第二章でも一度紹介したが再度引こう、いわく、

「オルフェウスとナルキソスのエロスは、生ある物にも生なき物にも、有機物にも無機物にも実在しながら、エロス的でない現実のなかでは抑圧されている、さまざまな可能性を目覚めさせ、解放する。……〔略〕……オルフェウス的、ナルキソス的世界の体験は、実行原則（＝「現実原則」の当該社会における発現形態――清）の世界を維持するものを否定する。それは、人間と自然、主体と客体の対立を克服してしまう。存在は満足として体験され、満足は、人間と自然とを統一するから、人間の充足は暴力を用いなくとも、同時に自然の充足となる。……〔略〕……自然の事柄は、あるがままの姿で存在できるようになる。（前述のサルトル論での概念を用いれば「その固有な純粋な実存」を「解放せしめる」ところの「その固有な主体性」を発揮して――清）。しかし、

それらの事物があるがままの姿でいるためには、エロス的な態度に従わなければならないし、またその態度のなかでのみ、テロス（目的）を受け取ることができる。オルフェウスの歌は、動物の世界を平和にし、ライオンを子羊や人間と仲良くさせる。自然の世界は、人間の世界のように、圧迫と残虐と苦痛の世界であり、人間の世界と同様、解放されるのを待っている。この解放の仕事がエロスの仕事なのである[17]」。

（傍点、清）

（なお、この「統一」と「平和」のヴィジョンとユダヤ教神秘主義のメシア主義からフロムが引きだす「調和と一致」のヴィジョン、またドフトエフスキーが彼の諸作品に「黄金時代の夢」として『イザヤ書』（第二）から引き継ぐ世界ヴィジョンとはほとんど同一である。参照、本書第Ⅰ部第四章・『イザヤ書』の解釈をめぐって」節）。

しかもきわめて興味深いことは、マルクーゼが『美的次元』の付論「自然と革命」のなかで、かかる「エロス的関係性」こそを――フロムよりもさらに明示的に――、まさにマルクスの『経済学・哲学手稿』が立脚する宇宙観、疎外からの解放が回復せしめる本源の人間‐自然の宇宙的関係性だとみなしていることである。いわく、

「マルクスの考え方では、自然自身のもつ満足させる力や性質が回復され解放される度合いに応じて人間の満足をも与える同質的な媒体となる宇宙として自然は理解されている。自然の資本主義的搾取とはまるで異なり、その『人間的な〈わがものとすること〉Aneignung』は非暴力的、非破壊的なもので、自然に内在する生命を高揚する感覚的、美的な諸性質を目指したものであるであろう[18]」。

（傍点、マルクーゼ）

またこの点で、彼はこうしたマルクスの観点を、自然自身を自らに「内属する尺度」をもつ「主体」とみなす点で「擬人観的・観念的な考え方」とも呼び得るとしながら、カントの「自然美」の概念を引き合いにだし、そうした「擬人観的」な言い方も許容し得る範囲のものだと主張している。と同時に、この『人間的な〈我がものとすること〉』による自然の解放という観念には一定の内的限界があるとし、それを説明して、第一に「人類の物理的再生産のために動物の生命を日々犠牲にする」という人間の側の暴力、第二に動物同士のあいだの生存競争を貫く《食うための殺害》の暴力、これを排除し得ない以上、完璧なる調和と相互承認という宇宙ヴィジョンは永遠にユートピア、つまり「オルフィズムの神話」に留まらざるを得ないと自ら指摘している。

とはいえ彼は、その限界内で、このユートピアはまず人間間の関係についての規範的ユートピアとしては無条件に意義があるし、人間 - 動物の関係についても、「動物界に加えている苦難を一貫して低減せしめる努力」と「鎮静・平和・平穏の余地を残す」努力を人間に課すという思想的作用力を発揮するうえでは保持する意義があるとも述べている。(19)

またマルクーゼは、その自己愛の果てに死に至るナルキソスの神話が象徴的に意味するものについてフロイトがおこなった解釈をこう解説する。すなわち、フロイトはナルキソスの自己愛の中身を「宇宙とともに限りなく拡大し、一体化した統一体」として、言い換えれば「太洋感情」として理解したのであり、つまりは、「現実からのエゴイスティックな撤退」としての「未成熟な自己性愛」ではない別の形の自己意識、すなわち、宇宙の全体性と自分とを一体的＝有機的＝エロス的に結合する新しい解放された自己意識（「現実との、いわば別な実存的な関係の原型」）があり得るとのヴィジョンを提示したのだ、と。(20)

なお付言すれば、このフロイトの「エロス」概念が《全体性への欠如の復帰、言い換えれば、部分の「総合的な有機化」》の弁証法的運動性を体現するプラトン出自のものであることの指摘と強調は、もちろんフロイト自身が自らそう指摘しているわけでもあるが、フロムとマルクーゼにおいて共通している。フロムもまたフロイトにあって「有機物を組み合わせて常により大きな統一体を造ろうとする」のがプラトン的な「エロスの努力」、言い換えれば有機化の運動性であり、他方、「死の本能」は逆に「生きている構造を分離させ、解体させようとする」無機化の運動性を表すとしている[21]。

ただし、次の三点がフロムとマルクーゼでは決定的に異なる。

まず第一に、フロムは「死の本能」という概念が精密に観察すればフロイトにあっては二つの異なる意味で使用されており、その二義性をフロイトは半ば気づいていたにしろ、理論的にきちんと整序するだけの力をもはやもたなかったとする。その二義性とは、この概念が一方で人間の無意識のなかに蓄電されたきわめて能動的なサド＝マゾヒズム意識に燃え立つ破壊衝動を指す概念として使用されるにもかかわらず、他方で、くだんの「ニルヴァーナ的幸福原則」が示すように、己の昂奮の完璧なる鎮静化、絶対的な静寂の追求という心的運動を指す概念としても使用されるという事情を指す。すなわちフロイトによれば、己の完全なる満足を追求するエロス的欲望の運動は完全なる満足を得るや昂奮の消滅に到達し、逆説的にもその頂点においてひたすらなる鎮静化、静寂の追求へと一転する。つまり、そこに「有機体のさらに基底にある無機的世界へと退行しようとする運動」が出現するわけだが、この心的運動はよく考えれば、己の満足を求めるエロス的欲望衝動に最初から孕まれていた「内在的傾向」の顕在化であることがわかるというのだ。そしてこの「内在的傾向」を指す概念としても「死の本能」概念をフロイトは使用する。

だがフロムからすれば、誰が見ても、前者と後者とはけっして同一視することのできないまったく相異なる二つの志向である。にもかかわらず、フロイトにあって両者は混同されたままであった[22]。だからまたこの混同

は「正統フロイト主義者」たらんとするマルクーゼにそのまま引き継がれたことになるわけである。＊10

第二に、フロムはといえば、彼は生の「総合的有機化」を追求するエロス的な性格の生の本能と能動的な破壊本能との二分法を、彼の人間主義《ヒューマニズム》的精神分析が人間を考察するさいの中心的な主題として採用し、これをエロスのバイオフィリア（生命愛）と、それが何らかの事情によって挫折せしめられた場合に、いわばその補償的・怨恨的反動作用として猛然と人間の無意識のなかに湧き起こるネクロフィリア（死への愛）との確執・対位法として展開するのだ。またそこから発して、現代資本主義の下で蔓延化する「市場的構え」とネクロフィリアの融合が「サイバネティックス型人間」（人間のロボット化）を生みだすという新たな問題の考察に突き進むのである（参照、本書第Ⅰ部第六章）。

他方既に何度も見たように、マルクーゼにあっては、両者の対立関係ももちろん強く意識されるとはいえ、彼の関心の焦点はフロイトの関心の持ち方を踏襲し、対立が同時に或る種の相互媒介的な「均衡」という同一性を形づくる弁証法的過程、あるいはその逆に当初の均衡が破れ、両者が相手を抑圧することで己のひたすらなる増強を図ろうとする対立激化に陥る過程に向けられる。たとえば一九五六年の論文「現代の産業社会における攻撃性」にこうある。――「破壊的エネルギーが多かれ少なかれ昇華されて、社会的に有益な攻撃的でそれゆえに秩序構成的なエネルギーに変貌する」といった、「エロスと死の本能、この二つの敵対的な衝動が或る統一に入ることを強制され、この協同‐相互的な作用のなかで文化の精神的かつ身体的な衝動力へと変貌する」過程、これがフロイトが説いた「両者のダイナミックスの一側面である」と。[23]

なお、右の論考についてももう少し紹介しておくなら、そのタイトルが示すとおり、その主題は、当時「過剰社会」と呼ばれることが多かったアメリカ現代資本主義社会において、そこに暮らす人間たちの深層意識のなかにどのように攻撃衝動が蓄積されるに至ったかを分析することにある。いわく――「今や問いは、現代のアメリカ社会における衝動管理の在りようが生の衝動を阻止するがゆえに、攻撃的諸本能を強化するどのような否定的諸条件を帰結するか？　にある」[24]。

そして、私の眼から見れば、その議論の実質は人間の生活のあらゆる領域に「オートメイションという幽霊」が取り憑くことで――「大量生産大量消費」によるとてつもないレベルに達した自然の搾取と自然とのエロス的関係性の破壊、独占資本主義の覇権が必然化するあらゆる社会組織の軍事化、国際紛争が生む憎悪メンタリティの不断の醸成、等々と手に手をとって――如何に個人の自立的な主体的責任意識・罪意識が瓦解し、いわば万人の「機能化」・「官僚的システム」への同調化がとてつもなく進行することへの批判であり、中心的論点はフロムのおこなった「サイバネティクス型人間」類型の批判的分析とほとんど重なっている。

とはいえ、マルクーゼの議論の最終的重点は、そこでも実はくだんの事情、すなわち「ニルヴァーナ的幸福原則」にあっては一時的に前述の均衡が成立するというのではなく、両者が完全なる融合に到達しいわば相互促進的な相乗関係に入る、という事情への注目にあったと思われる。

ここで同論文から二つの節を引用しておこう。

一つは「ニルヴァーナ的幸福原則」が依拠するフロイトの「死の本能の仮説」にマルクーゼが与えた次の端的な定義である。いわく、「彼は死の本能のなかに完璧な静寂、内的諸緊張の止揚、母胎と無への回帰、それらの追求（das Streben nach völlig Ruhe und Aufhebung der inneren Spannungen, nach der Rückkehr inden Mutterleib und in das Nichts）を見た」[25]。

もう一つは、マルクーゼの観念においてエロス‐静寂‐脱社会‐自然‐孤独‐生物‐美‐自足‐幸福とが相互に切り離し難く結びついて一続きの想念を回転させる輪となっていることを窺わせる次の言葉である。いわく、

「かつて風景はエロスの自然的空間であり得た。つまり、静寂、幸福、美しきものの一つの感覚的世界、資本と交換価値の支配力からの逃避と保護、没機能的な諸価値の世界、完璧な満足であり得た。社会的諸機能から自由である空間、望まれた孤独の空間として自然はエロスに解放された領域であった。感覚的なもの、美しきもの、管理された普遍的なるものに対立する無益なるもの（だが、個人にとってはかけがえのない——清）の領域であった。かくの如く美的な次元はエロス的なものとして生物的な諸欲求、生の本能の次元なのである[26]」。

私見によれば、右の一節には、マルクーゼのいわば親仏教的で脱社会的（「出世間」的）な、深き自然の奥に引き籠る隠遁者的孤独への愛、その環境的でもあり内面的でもある「静寂」を愛する心性が、そしてこの「静寂」こそが彼のいう「エロス」と「美」のもたらす「満足」の核心に位置する価値であることが鮮やかである。そしてこの「静寂」へと人間を導く原理こそがかの「ニルヴァーナ的幸福原則」におけるエロス的本能と死の本能との融合であった。

第三の問題は、フロムの視点に立てばマルクーゼはこう批判されることになるという点である。すなわち、フロイトならびに「フロイト正統派」を自認するマルクーゼにあっては、機械論的・原子論的な視点に立つ「リビドー」概念と有機体論的視点に立つ「エロス」概念の構造的差異が曖昧にされることで、両概念の同一視が生じ、そのことによって性欲の充足形態の在りようが「エロス的関係欲求」の充足における全・不全によって如何に大きく左右されるかという決定的な問題の環が見失われてしまうことである。またこの視点喪失によって、マルクーゼにおいてはフロムが「生産的愛」の視点を立てることで明確にしようとした問題、すなわち、個人の独立性の深い相互承認と応答責任性の意識のうえに初めて可能となる「生産的愛」――それゆえに思春期以降の人間にとって中心問題の位置に就く――と、「共棲的一体化・近親相姦的結合」への志向性を生きる「未成熟な愛」もしくは明らかにサド＝マゾヒズムの病理を孕んだ「退行的な愛」との画然たる区別の必要、これが失われ、結局前者よりも後者の方が「愛」の本質を体現するとみなすいわば自覚的な「退行」主義的見地が押しだされることになるという問題である。

というのも、かの「ニルヴァーナ的幸福」とは、マルクーゼが自らそこでは「パーソナリティ相互間の関係はもっとも希薄である」と指摘するように、(27) 自我成立以前に人間に与えられるそれであり、その準生物的幸福がいまだ自我意識が芽生えもしない「前社会」期にある嬰児において可能となる幸福であり、愛であった。だがそうであるならば、その愛の概念を規準に据えて思春期以降の人間間の愛の問題を論じようとすることは、もうそれ自体で甚だしく「退行」的ではないだろうか？　実はこうした彼の議論の構えは、エロス的関係性を一応《主体‐主体の深い相互承認と理解に基づく関係》と規定しながらも、実は各個人の個的自覚を前提にする「パーソナリティ相互間の関係」においてはもはや「満足」に達し得るエロス的関係性はあり得ぬとする絶望こそを隠し持つ、そうした議論の構えではないだろうか？　いずれにせよ、マルクーゼにおいて顕著なのは、「パーソナリティ相互間の関係」それ自体を超越していわばそれ以前の準生物期の身体だけを担い手とするエロス的交流へ回帰したいとの強烈な欲望であり、その分、もはや彼はフロムのように「パーソナリティ相互間の関係」において如何により深い応答関係性を築くかという「生産的愛」の苦闘を思索として担う構えはもつことがないのだ（参照、第Ｉ部第二章・「応答関係能力への問いかけ」節、第四章・「『権威主義的宗教と倫理』にとっての性欲」節、「フロムの精神分析学における性欲と愛の相互関係」節、等）。

実にこの二人の差異は重大である。エロス概念の理解ではほとんど同一と思われた二人が本章の冒頭に見たような激しい論争関係に入るのは、右の差異と大いにかかわっている。しかもまた私の視点から見れば、前述のように、事は実は第I部第二章と第三章で縷々論じたフロムのくだんの「空」概念の理解とその使用が孕む問題性にも大いにかかわるのだ。

次にその問題を取り上げよう。

補注＊9　プラトン『饗宴』に示されるエロス（愛求）の関係性

周知のようにプラトンの『饗宴』において、たがいに相手を思慕し求めあう「エロス」の欲求に関する次の神話的起源が物語られる。すなわち、人間族には男族と女族のほかに元は両性を兼ね備えているがゆえに最強な両性具有の男女族《おめ》がおり、その強さに嫉妬した神々の請願を受けて主神ゼウスがこの種族を男部分と女部分に切り裂く。かくてこの男女族《おめ》からも、新たに男族と女族が誕生するのだが、この両族は互いに相手を自分が失い欠如するに至った己の半身と感得する関係性において向きあう。かくてこの新たな両族は、この自分の不完全さがもたらす存在の苦境を脱して、互いに相手によって再度自分を補完することで元の己の統合的・全一的な充実・満足した存在性を取り戻そうとする。かかる相互補完・相互依存の存在感情に溢れた愛求の情こそ「エロス」と名づけられる関係性である、と。

なお付言すれば、フロムはこのエロスの関係性と原子論的機械論的関係性との構造的差異を強調してやまない。つまり、後者にあっては、男女はまずそれぞれがその単独性においていわば自己完結的に己の存在実体を成立させている原子の如き存在として自分を捉えており、両者の関係性とはその原子同士が次に互いを己の欲望充足の手段として使役しようと抗争し取引しあう関係と発想されている。これに対して前者のエロス的関係性にあっては、男女はそもそも自分を相手との適切な有機的統合関係を樹立することなしには自分の存在性・実体性を完成させることのできない欠如存在、言い換えれば《元来的に相手に関係づけられている存在》として把握しており、自他の関係性を《欠如→全体性回復の有機的運動》を不断に担い生きているものとして発想する視点に立つ。またフロムによれば、この関係構造の差異に注目するならば、フロイトの「リビドー」概念は明らかに後者の機械論的・単独実体主義的視点に立つものであり、プラトン的な有機体論的視点とは対立するものであるのに、フロイトは己の前期と後期との理論的首尾一貫性を主張しようとするあまり、この構造的差異の承認を怠ったとされる。また、この批判は当然マルクーゼに対しても向けられることになる。

補注＊10　フロイトの「死の本能」概念に対するエーリッヒ・ノイマンによる批判

ユングの最も信頼厚き高弟エーリッヒ・ノイマンは『意識の起源史』のなかで幼児が母体との始原の一体感へと戻ろうとする欲動——つまりマルクーゼのいう「ニルヴァーナ幸福原則」追求の衝動——を「ウロボロス近親相姦」と命名する。ウロボロスとは自分の尻尾を口に呑み込み一個の輪を描いている蛇の名であり、宇宙の始原的な統一性の象徴である。いわく、「われわれがウロボロス近親相姦と呼ぶ近親相姦は自己放棄と回帰である。……〔略〕……しかし幼児的・胎児的自我は、ウロボロス近親相姦において深淵のウロボロスを、その溶解と死の性質にもかかわらず、たとえその中で我が身が消滅してしまおうが、敵対的なものとは感じない。大いなる円への回帰は完全に受動的で幼児的な信頼を呼び起こすが、それは幼児的な自我意識がいつも繰り返し死の沈下の後の新しい目覚めを新たな誕生として体験するからである」[28]（傍点、清）。

注目すべきは、ノイマンにあって、右の定義はフロイトの『文化における不満』で展開された「死の本能」概念に対する批判と結びついていることである。いわく、「ウロボロス近親相姦は『死の本能』の仮定にとって唯一の心理的な根拠であるが、これを攻撃的・破壊的傾向と混同するのは誤りである。このウロボロス近親相姦は病理現象などではけっしてなく、これをより深く理解しさえすれば、『個を解体し、原初の無機的な状態へと戻ろうとする』――心のどこにも存在していないような――本能とこれとを混同しないですむのである。ウロボロス近親相姦にみられる『死の本能』は『エロスの対立者』ではなく、エロスの原始的な形態の一つである」[29]（傍点、清。『　』内の引用はフロイトの『文化における不満』からのもの）。

フロムもマルクーゼもノイマンのこの議論に言及していないし、後者も同様に前者に言及していないが、期せずして議論は大きく重なっている。ノイマンの観点からいえば、幼児の母胎回帰欲求である「ウロボロス近親相姦」欲求は、その核心が「死の沈下の後の新しい目覚めを新たな誕生として体験する」ことにある点で、そもそもが「エロスの原始的な形態の一つ」であって、「個を解体し、原初の無機的な状態へと戻ろうとする」という定義はこの核心を取り逃しており、他方、「死の本能」に関するこの定義はフロイトが当初もっぱら人間の抱える「攻撃的・破壊的傾向」を主題化しようと編みだしたそれだと思われるが、フロイトはこの破壊本能の「心理的根拠」を論証しようとして、それを「ウロボロス近親相姦」欲求と混同する誤りを犯したというべきなのである。というのも、「ウロボロス近親相姦」を担う心性においてはそもそも他者に対する強烈に能動的な引き裂き粉砕し打倒するといった破壊の志向はまったく見いだされず、それこそ、それは「安息」への自己鎮静化、自己の母胎への融解化――しかし後の再生を本能的に確信している――の過程だからである。

この点で、ノイマンの論点はフロムのそれ――フロイトにおける「死の本能」概念の二義性を問題にする――とかなり重なり、また右のフロイト批判はそのままマルクーゼ批判に敷衍できるものである。(なお私は拙著『大地と十字架』第三部「母のいない大地」において、このノイマンの議論をニーチェならびにニーチェのネクロフィリア的傾向に対するザロメの批判、およびザロメのフロイト批判にも関連づけた)。

「ニルヴァーナ的幸福原則」と「空」的法悦性との関連

ここでマルクーゼの「ニルヴァーナ的幸福原則」概念に使用されている「ニルヴァーナ」つまり「涅槃」という仏教用語にまつわる問題を取り上げておこう。既に述べたように、鍵となるのは次の視点、すなわち「完全な満足」に到達する時は満足を求める「興奮」がまさに満足を得ておさまり欲望自体が消失する時にほかならぬとする視点、言い換えれば、満足へのエロス的志向とは同時に「生命以前へ退行する」志向であり「無機的な世界の静寂さへの回帰」であるという視点であった(30)。

この点できわめて興味深いのは、フロムが『破壊』につけた長大な付論「フロイトの攻撃性と破壊性の理論」(それはまさにフロイトにおける「死の本能」概念のくだんの二義性や、「エロスの本能」との関係性を批判的に解剖しようとする、邦訳でいえば六五頁にわたる延々たる論考である）のなかに、「ニルヴァーナ（涅槃）」という規定を前述の問題文脈で「寂滅」の意味で使うことを批判して、それは仏教思想の誤解に基づく使用法であり、この形容句の仏教での本来の意味は「寂滅」にあらずして、「人間があらゆる貪欲と利己心の克服に成功し、感覚したあらゆるものへの共感に満たされたならば、救済と生命の完成を見いだす」ところの状態、これを指すものだとのコメントを添えていることである。(31)

このフロムの「涅槃」解釈はまさに彼の『経済学・哲学手稿』の解釈を導くくだんの「空」概念の理解と重なり、明らかに、「寂滅」と「涅槃」を同一視する小乗仏教的立場への鈴木大拙の批判と彼の「法身の意志」論（参照、第Ⅰ部第三章）に依拠したものである。右の彼のコメントは次の二重の意味で示唆に富むといえよう。すなわち第一に、マルクーゼの言う「ニルヴァーナ的幸福原則」概念はまさに小乗仏教的な「寂滅」思想——そこでは「空」＝「寂滅」であることが同時に宇宙の「全一」への融解的一体化（フロイト自身がそれを「太洋感情」という概念で言い換えている）であるところの——と重なり、かくてまたヴェーバーの言う「法悦」的瞑想がもたらす「浄化的カタルシス」＝「無感動的エクスタシス」と実質的に重なるということ、を。

第二に、そうであるなら、つまり「涅槃」の解釈に小乗仏教的なそれと大拙的なそれとの違いが明白にある以上、フロムは『経済学・哲学手稿』や『マタイ福音書』の解釈に「空」の視点を導入するさい、そこでの「空」概念がどちらの「涅槃」理解に接続するそれであるかを明示したうえで、そこでの「空」概念を使用すべきであったはずだ、という問題である。つまり、それが小乗仏教批判を介した大拙的な意味の「空」であることを、したがってまたヴェーバーの解釈する「法悦的瞑想」でもないという点を明示すべきであり、かつそうすることによって、この「法悦的瞑想」という救済欲求に対するフロム自身の見解をも同時に表明すべきであったという問題である。（実はこの問題は、大拙は一方では小乗仏教を厳しく批判するが、仏教の根本にヴェーバーが「無感動的エクスタシス」と名づけた「現世内涅槃」の実質を支える「現世無関心」という法悦的瞑想の契機が座ることをやはり否定しきれないでいるという問題の奥行きを抱えている。参照、第I部第三章での補注9「大拙における煩悶」他、大拙および「現世無関心」概念（ヴェーバー）に関する様々な言及箇所。この点についてより詳しくは、Amazon Kindle電子書籍セルフ出版の個人叢書「架橋的思索　二つの救済思想のあいだ」第II巻『大拙における二律背反と煩悶』を参照されたし）。

さて、ここで読者には先に紹介したフロムの立てたくだんの二者択一、《退行か弁証法的前進か》を想起していただきたい。というのも、いまここであらためて浮かび上がるのは次の問題だからである。すなわち、マルクーゼの掲げる「エロス的文明」のヴィジョン、つまり「ニルヴァーナ的幸福原則」とその未来的投影としての「オルフェウス・ナルキソス的」ヴィジョンによって語られるところの文明ヴィジョンは、フロムの視点からは典型的な「退行」志向として批判されるものとなるのではないか？　という問題だからである。

マルクーゼの問題設定――「リビドー的現実原則の歴史的可能性」

この点できわめて興味深いことは、マルクーゼが明らかにフロムからの「退行」批判を意識して、この「退行」ヴィジョンがあくまでも自覚に立った（いわば方法論的意識に支えられた）それであることを示そうとしている点である。

彼はこう述べる。

自分がくだんの「ニルヴァーナ的幸福原則」を論じたのは、この原則を「成熟した文明のレベル」において、[32]「客観的世界を自己実現の場として支配し、自分のものとしてきた、意識的で合理的な主体」が、[33]一個の「社会組織と社会関係」を司る「ひとつの新しい現実原則」として再創出すること、「退行ではあるが、成熟した意識のもとに、ひとつの現実に導かれる退行」として実現すること、このことを目指すからである、と。[34]

実にこの点で、『エロス的文明』はフロイトの「超自我」概念に関する驚くべき新解釈を提示することになる。いうまでもなくフロイトにあって、またマルクーゼにおいても「超自我」の概念は、この新解釈が提示されるまでは、もっぱら次の事態、すなわち個人がくだんの「ニルヴァーナ的幸福」衝動をひたすらに抑圧し禁止するきわめて父権主義的な道徳的命法、つまり「現実原則」を内面化することで、それを己の無意識的な自己統制装置としてしまう事態、これを指示する概念として使われていた。

ところが、くだんの『エロス的文明』第八章「オルフェウスとナルキッソスのイメージ」に入るや一大転換を引き起こし、特に第十一章「エロスとタナトス」においてはあろうことか、この「父権主義的超自我」に対抗するもう一つの別の「母権主義的な超自我」、これを指す概念としてマルクーゼにおいて使用されることになるのだ。しかも彼はこの転換がフロイト理論自体から生まれてくると説く。すなわち、くだんのフロイトの「存在をエロスとする…〔略〕…プラトンの初期の哲学を復活させる」試みの帰結として、「ニルヴァーナ的幸福」の側に立って「父権主義的超自我」と闘う「リビドー的な道徳」を代表する「母権的な超自我」の誕生がもたらされるとするのだ。[35]

マルクーゼによればこの第二の「超自我」は、「道徳の心的な代理者として、現実原則のはっきりした代表者ではなく、とりわけ禁止的で罰を与える父の代理者ではない」のであり、では何の代理者であるかといえば、それは「イド（「エス」とも呼ばれる——清）と秘密同盟を結び、自我と外部の世界に対するイドの要求を弁護する」ところの、「性器以前的、歴史以前的、エディプス・コンプレックス以前」の、つまりくだんの父（＝現実原則）による外傷を被る前の「リビドー的な道徳」のそれなのである。[36] そしてこの最も原初的な、くだんのニルヴァーナ原則に立つエロスの道徳に関して彼はさらにこう説明を加えている。いわく、

「個人の内部にあって、このような性器以前の道徳を暗示する心的現象は、去勢脅威ではなく、去勢欲望としてあらわれる母親との同一化である。これは退行的な傾向の名残りかもしれない。それは、原初的な母権の記憶であり、同時に『当時支配的であった女性の特権が失われることに、反対する象徴的な手段』である[37]」。(傍点、マルクーゼ)

またフロイトの「実行原則」の概念にかかわらせながらこう述べてもいる。

――およそ「実行原則のイデオロギーがもつ本質的要素」の一つは、かかる原則が現実と取っ組み、そこから新たな現実を生みだすうえで唯一の準拠し得る行動原則だと言い張ることによって、「現実のなかにひそむ様々な可能性をユートピアの無人島へ追いやる」ことにあるが、「抑圧のない本能の発達」が可能だということが「現在の成熟した歴史的文明の上に構成されるなら」、当然それはもはやユートピアではなくて、十分に実現可能な新しい現実の可能性として提示されるわけであり[38]、この局面に立つ実践の主役は、「もはや歴史的な動物としての人間ではなく、客観的世界を自己実現の場として支配し、自分のものとしてきた、意識的で合理的な主体である」と[39]。

そしてこの新たな人間主体こそが前述の「リビドー的な道徳」を担う主体であり、この主体が担う新しい「現実原則」をマルクーゼは、「抑圧的でない現実原則[40]」、「快楽原則と現実原則の和解[41]」、「リビドー的合理性[42]」、「幸福と理性とが一致するような一つの新しい満足の合理性[43]」、等々とも呼ぶ。つまりフロムとのかかわりでいえば、このマルクーゼのいう新たな主体が担う「リビドー的な道徳」、「リビドー的合理性」、「抑圧的でない現実原則」は確かに「退行的な傾向の名残り」を孕むものではあるが、しかし、それを担う主体は「客観的世界を自己実現の場として支配し、自分のものとしてきた、意識的で合理的な主体」である点で、けっして「退行」なのではなく、その自覚性において、むしろ、——ここで敢えてフロムの概念を援用するならば——くだんの「新しいかたちの統一」(父権制文化との葛藤を弁証法的に止揚することによって登場する「弁証法的前進」的な)を担う主体なのである。

といいえ問題中の問題とは、実は次の点にある。すなわち、マルクーゼにあってこの新しい主体とそれが担う「抑圧的でない現実原則」とはただ「芸術」活動だけが——しかも、「ブレヒトの教育劇よりボードレールやランボーの詩のうちに、より多くの転覆的潜勢力がある」との観点から評価された(44)——体現するそれであって、けっしてもはや労働を基軸とした大多数の民衆の実践的日常生活そのもののなかに支柱を下ろすものではないことである。さらにいえば、彼のこの展望はもはやマルクスの『経済学・哲学手稿』のヴィジョン、私的所有欲望の貪欲化が生む疎外から労働を諸個人の真の自己実現・自己発現行為へと取り戻すというヴィジョンや、フロムの掲げる「共同的社会主義」の労働ヴィジョンを実のところ全然あてにしていない点にある。

最後にこの問題の環について素描しておこう。

労働疎外論は無効化したのか?

まず私は次のことを指摘しておかねばならない。

それは、そもそも初期マルクスの『経済学・哲学手稿』を一九三〇年代のフランクフルト学派を基軸とする当時のドイツの批判的・左派知識人サークルに紹介し、しかもそこでの労働疎外論をたんに経済学的テーマとしてではなく、諸個人の自己実現の中枢を担う人間存在の実存構造にかかわる「存在論」的テーマとして読み解くべきだと最初に論じたのは、マルクーゼの一九三二年の二論文「史的唯物論の基礎付けのための新資料」と「経済学的労働概念の哲学的基礎」だったことである。[45]（実にこの点で、フロムは『マルクスの人間観』（一九六一年）においてマルクスの思想の真髄を解き明かすうえで『経済学・哲学手稿』の決定的意義を解明した「最も重要な著作」としてマルクーゼの『理性と革命』（一九四一年）を推奨しているほどである。[46] 付言するなら、同書は米国においてその後長く絶版状態が続き一九五四年に新章「エピローグ」を付して第二版が出版され、邦訳に関していえばこの第二版のそれが一九六一年に岩波書店から出版される。この点で、マルクスのくだんの疎外論を扱った同書の第二部第一章「弁証法的社会理論の基礎」、四、五、六、七節は、内容的には前述の一九三二年の二論文をもっぱらヘーゲル哲学と関連づけてリライトしたものである。それゆえ、そこにはまだ『エロス的文明』以降のマルクーゼの思索は全然反映されていない。つまり、初期マルクス解釈にエロス的視点を導入するとともに、疎外からの労働の解放という展望にはきわめて懐疑的となる姿勢、これはまったく反映されていない。しかし付加された「エピローグ」は、非常に圧縮した形であるが、そうした後期マルクーゼのテーマをいわば予告するために書かれている）。

その論考のなかで、彼はまずそもそも労働をたんに経済的活動として捉えるのではなく、「世界における人間の発生様式」と呼び、それを人間の諸活動の一切を生みだす根源にして目標であるいわば総体的な実存的範疇としての「行為 Tun」として定義する。そのさい、彼は秘かにハイデガーの実存概念に依拠しながら、人間とは次の意味でそもそも本質的な欠如的構造を己の実存構造とすると捉える。つまり、人間とはつねに自己をその存在可能性において問題化する存在、言い換えれば、いまだ実現されていない自己の可能性へと自己を投企しなければならない存在、「自己の存在に向けて行為しなければならない存在」、その意味で自らをつねに「課題」に変える存在だと把握し、この角度において労働とはこの「行為」の別名だとするのである。[47]

ここで急いで、右の「存在可能性」概念の意味について注釈を加えておこう。さまざまなレベルにおいて自分をいかなる質を獲得した存在にまで高め得るのかという問いが成り立つにしろ、ここで問題となっているのは、先に「全体的で根底的な質的革命」という概念を説明するさいに述べた問題次元、すなわち、当該の人間の在り方の根幹を規定する彼・彼女の「存在の経験仕方」・「人間と自然との関係」・「実存的関係」の在りように関して従来のそれとはまったく異なる別の在りようの可能性の如何、これである。

では、「労働」は右にいう「行為」として、実は自分が孕んでいるこれまでとはまったく異なる別の「存在可能性」、言い換えれば「ときあかされた自分の存在の真理と充実性」において己の存在を生きる可能性[48]、まさしくこれを自己実現する「行為」へと変貌し得るか？　マルクーゼによれば、マルクスの立てた問いとはこれであった。

しかしながら、このマルクーゼの観点は晩期マルクーゼにおいては最終的に棄却されたと思われる。まだ『エロス的文明』ではフーリエやシラーに関連づけて労働がかかる「行為」的意義を再獲得する可能性が問題にされてはいるにせよ、そこで問題となる当の「存在可能性」の内容的重点が前述の「ニルヴァーナ的幸福原則」の再享受の可能性、言い換えれば己を「エロス的存在」として全面的に自己実現する可能性に据えられるにしたがって、到底もはや現実に営まれている大半の労働はそうした「存在可能性」を実現する場にはなり得ないことは明白だからである。

この点では彼はフロムの議論、すなわちフロムの言う「生産的パーソナリティ」概念をマルクスの掲げる「自己実現」論の内容的核心として押しだす主張を、「抑圧的な生産性を人間の自我実現として賛美する」主張として批判し、たとえばその格好の一例としてアイヴァス・ヘンドリックの「熟達の本能」論を取り上げている。

マルクーゼによれば、ヘンドリックは「熟達の本能」の存在を仮定し、労働者がその労働のなかで自らがこの本能の発揮・確証・享受の過程を経験できるならば己の労働を苦役ではなく快楽として、つまりくだんの「自己実現」的意義に満ちた、喜ばしき楽しい労働として体験することができると主張した。だがマルクーゼに言わせれば、この「熟達の本能」は「知覚、知能、および筋肉運動のテクニックを巧みに用いて…〔略〕…、環境の一部をコントロールし、変革する」本能と規定されるものであり、こうした規定それ自体からも、実は「現実原則」の資本主義的遂行形態を「本能」に祭り上げたものに過ぎない。マルクーゼの視点に立てば、それは何ら真の意味での自己実現を担う「快楽原則」に立つ本能ではなく、「自己実現」と謀《たばか》られた資本主義的「実行原則」への屈服にほかならない(49)。

つまり、端的にいうならこうである。マルクーゼにとっては人間が抱く右の意味での最高位の「存在可能性」が諸個人によって己の「行為」をとおして自己実現されるのは、芸術的創作活動においてか、それも含めてなんらかの高度の「遊戯」的活動のなかであり、この芸術と遊戯の「行為」が同時に「労働」と重なりあう機会もないではないが、少なくとも人類の物理的生存を保証するための生産活動を担う大半の「労働」の場はかかる「自己実現」領域からは除外されざるを得ないし、そこでの労働が右の意味の自己実現的意義を持ち得ない「疎外された労働」に留まらざるを得ないことは必然的なことなのである。＊11

事実彼は『ユートピアの終焉』に収録された一九六七年にベルリン自由大学でおこなわれたシンポジウムの劈頭を飾る講演のなかで、マルクスを振り返りながら、次のように明言している。いわく、

「自由の王国が必然の王国の彼方にのみ考えられ、そこでのみ存立しうる限り、必然の王国は、事実上疎外された労働という必然の王国のままにとどまるしかない(50)」。

またそのなかで彼は、「社会主義社会のもつ新しい質的差異の全体」を端的に表すスローガンを一つ掲げるとするなら、「美的‐エロス的質」という概念がそれだと述べる。とはいえ、くりかえしになるが、この「質」が実現される場は右にいう「自由の王国」においてだけ可能となる美的＝遊戯的行為においてだけであって、現実の労働活動のほとんど全部が属す「必要労働」の世界、つまり「必然の王国」は画然とそこから除外されるのだ。

マルクーゼがこう述べた時、彼が言わんとするのはおそらく次のことであると思われる。（ただし明確にそう主張されているわけではない）。すなわち、労働者階級の全員が当然「必然の王国」では「疎外された労働」に従事することは変わりがないが、同時にシステムの社会主義化によって、労働時間の可能な限りの短縮――まさに現代における産業労働の完全なオートメイション化の可能性に支えられた――が実現され、そのことによって従来の資本主義社会では考えられぬ長時間にわたって労働者ならびに他の市民全員が右に述べた「エロス的質」を享受し得る何らかの芸術＝遊戯活動にいそしむことが可能となる、このことが「全体的で根底的な質的革命」としての「社会主義革命」が成就したか否かの規準にほかならない、と。

またこの点で、くだんの「リビドー的合理性」は、ヴェーバーが西欧「市民層」において発展したとする合理主義的労働態度の対極に置かれる別種の合理性としてマルクーゼによって捉えられるが、それは当然の成り行きである。いわく、

「西欧文化の科学的合理主義は、その十分な成果を生みだしてくると、しだいに、その心的な諸前提と諸背景を意識するようになってきた。人間的ならびに自然的な環境を、合理的に変形してゆく役割を引き受けた自我は、本質的に攻撃的で、無遠慮な主体としてあらわれ、そのさまざまな思想と行為は、客体を支

配することに適合したものであった。それは客体に対立する主体であった。…〔略〕…自然（人間自身の肉体と外部の自然とを含めて――清）は、戦いを挑まれ、征服され、強姦すらされねばならないものとして、『与えられた』」、それは「先験的に敵対的な経験」として生じた。[51]

（傍点、マルクーゼ）

また彼はこう述べてもいる。すなわち「社会的労働は、階層化された体系にまで発達すると、支配を合理化するばかりか、支配にたいする反逆をもそのうちに『ふくんで』しまう」のであり[52]、およそ「文明の物質的な基礎を創りだし、拡大した仕事は、主として疎外された労働であり」、苦役以外の何物でもあり得ず[53]、この疎外されきった「労働」を一歩でもくだんの真正な「自己実現」の場に近づけようとするが如き社会改良の試みは、あらゆる改良主義がそうであるように、「革命」の必要から大衆の眼を遠ざけ、実際には抑圧体制への「順応」に彼らを導く欺瞞の役割しか果たせないのだ、と。

実にマルクーゼは、クララ・トンプソンがフロムの試みに対して与えた特徴づけ、すなわちその試みは「できるかぎり、人間を不合理な要求から解放し、潜在的な能力を発展させ、より建設的な社会の形成にあたってリーダーシップを取らせようとする」ことにあるとする特徴づけ、これを取り上げたうえで、しかしそれをこう批判している。すなわち、それは「批判の対象になっている社会の基本的な前提を受け入れながら、表面的な現象に批判の矛を向けること」に過ぎない[54]。逆に、「フロイト理論の内面的方向」たる「意識から無意識へ、パーソナリティーから幼児期へ、個人から人類へ」の「批判的退行」を「もっとも深い生物学的な相」にまで推し進めることこそ、「人間がパーソナリティーの相互関係で機能を発揮するために『こわされる』必要がある本能的な欲求の、永久的な真理の価値」を主張することだ、と[55]。

つまり逆にいえば、「人間がパーソナリティーの相互関係で機能を発揮する」場は、どんな場であろうと「ニルヴァーナ的幸福原則」を「こわす」場であるほかない以上、そこが解放・自由・幸福の場になり得ないことはいわば定義上定められてことなのだ。そしてくりかえしいえば、この「永久的な真理の価値」の「行為」をとおしての現前化を遂行するのは、唯一「芸術」と「遊戯」であり、しかも「芸術」についていえば、まさにくだんのボードレール的・ランボー的・マラルメ的・シュールレアリスト的な「転覆的潜勢力」を孕む耽美主義的なそれなのである。

ここではマラルメの詩について彼が『美的次元』（一九七九年、ドイツ語版は『芸術の永遠性』(*Die Permanenze der Kunst*) の書名で公刊された）で下した評価の言葉を引こう。

「彼の詩は、さまざまな知覚、想像、身振りの様態を出現させる。そのいわば感覚性の祝祭は、日常的な経験を粉砕し、別の現実原則を先取りしている。…〔略〕…通常の伝達と行為の世界を爆破し去る原初的なエロス的・破壊的諸力の侵入を。これらの諸力はその本質において反社会的であり、社会秩序に対する地下からの抗議である[56]」。（傍点、清）

また同書においてソフォクレスの『オイディプス王』に関して次の如き評価が記される。すなわちそこにおいては――既に紹介したように――、右に言う「地下からの」「エロス的・破壊的諸力」が「いまだ征服されざる自然の残基のうちにその力を発揮しつづける」「メタ社会的な諸力」と名づけられたうえで[57]、「芸術の最終機能」とは、いかなる人間の社会的＝歴史的実践によっても克服不可能な「存在」に属する実存的葛藤に直面した人間に対して、その「美的形式」の力によって或る種の「和解」をもたらすことであるとされ、こうつけくわえられる。いわく、

「芸術は（その和解をもたらす働きによって——清）「自由と完成の内在的限界の、また人間が自然に埋め込まれていることの証言を与える」ものであり、「弁証法的唯物論の真理、すなわち、主体と客体、人間と自然、個人と個人との対立の止揚しがたさを証言する」[58]。（傍点、清）

私見によれば、かかる耽美主義的でいわば「死」志向的な虚無主義的芸術の棲まう「美的形式」とそれ自体が生む「和解」とは、その実質的機能においてヴェーバーの言う仏教的な全宇宙と自我との融合が生む「無感動的カタルシス」・「空」的法悦がもたらす「浄化的カタルシス」に限りなく近い。第Ⅰ部・補注1「高橋和巳の『邪宗門』について」で取り上げた「救済とは死なり、死とは安楽なり」を唱えるジャイナ教的、小乗仏教的な「東洋の厭世の教理」に限りなく近い。（またマルクーゼは、ニーチェを西欧哲学の伝統を唯一突破できた思想的先行者として絶賛しつつ、彼の思想の精髄は「権力への意志」の思想にではなく、「永遠回帰」のヴィジョンにあり、それは実質的に「ニルヴァーナ的幸福原則」に重なると主張している[59]。本書第Ⅱ部第二章と関連づけて彼のニーチェ論について論じたいところだが、他日を期したい。なお、ニーチェの「永遠回帰」ヴィジョンについての私の理解に関してはくだんの私の個人叢書第Ⅳ巻『ニーチェにおけるキリスト教否定と仏教肯定』を参照されたし）。

補注＊11　遊戯について

マルクーゼによれば、「遊びは、まったく快楽原則に従属しており」、「快楽は、それが性感帯を活発にするかぎり、遊びという運動それ自体のなかにある」わけであり、この点で「遊びは対象のない自己性愛を表現し」、かつこのような自己性愛的性愛衝動は「性器以前の衝動」である。彼はこの遊びが促す肉体の多様な快楽感覚の活性化を「多様なエロティシズムの復活」とも呼ぶ。(60) くりかえしになるが、くだんの初期マルクスにおける《疎外から解放されて真の自己実現的意義を回復した労働》のヴィジョンを、マルクーゼは右の意味の「リビドーのエロス化」による「仕事」の遊戯化という問題に変換する。いわく、それは「性欲のエロスへの変形と、その永続するリビドー的な仕事関係への延長」というテーマにほかならず、このテーマを「完全に成熟した文明の条件という未来」問題として立てることが自分の本意である、と。(61)

そしてまた、この問題視角は前述の「社会化」過程にも適用される。彼はフーリエに言及しながらこう言う。いわく、――「労働を快楽に変形することは、フーリエの偉大な社会主義ユートピアの中心的な観念である」が、この変形はなによりもまず「リビドー的な力の解放から起こる」のであり、その解放は「三つの主な目的」に向けられる。第一に「享楽、あるいは五感の快楽の創造」(これは前述の「遊ぶ」快楽に対応――清)であり、第二に「リビドー的な集団の形成(友情と恋愛)」であり、第三は「それら集団の編成(諸個人の快楽衝動の個性を重んじた――清)がもたらす調和のある秩序確立」である、と。(62) こうして、くりかえしいえば、マルクーゼを特徴づけるのはいわば彼の《リビドー一元論》なのであり、まさにこの一元論において彼は「正統フロイト派」たることを自認するのだ。

とはいえ、この労働の遊戯への変換も、労働集団のリビドー集団への変換も、あくまでも「必然の王国」の外の「自由な王国」でのそれであって、どんな未来になろうと、「必然の王国は、事実上疎外された労働という必然の王国のままにとどまるしかない」とされていることは先に見たとおりである。

なお付言するなら、くだんの初期論文「経済学的労働概念の哲学的基礎」の二節「労働の三つの性格」において、彼は古来「遊びが労働の反対概念として主張されてきた」ことを踏まえ、両概念の対比をとおしてあらためて実存的範疇としての「労働」概念の意義を照らしだそうとしているが、その議論には後期マルクーゼにおいてあれほど問題となるテーマ、すなわち、労働を如何に遊戯へと変換することでエロス的快楽享受の場として実現するかというテーマはまだまったく顔を出すことはない。そこでは、真正なる「存在」性の実現を賭けた真剣な活動であるがゆえの「労働」の特徴的諸契機、「対象」の現実性・客観性への尊重、活動の持続性、基盤をなす恒常性、重荷に耐える負担性、等々が――まさにそれを欠如することが「遊び」の特徴となることの強調と併せて――ひたすらに称賛されるのである。(63)

宗教と倫理――ユートピアと社会改良

最後に、冒頭に紹介したマルクーゼのフロム批判にあった次の一節に帰りたい。すなわち、フロムの為したことは「精神分析から内面の在りようをことととする宗教と倫理へ逃避すること」にほかならなかったという一節に。

この点でわれわれがすぐに気づくことは、フロイトの「生物学主義」をそのまま引き継ぐマルクーゼの「正統フロイト主義」の立場にあっては《「快楽原則」vs「現実原則」の二分法》が立てられ、それはフロムのくだんの「実存的二分法」とそのまま重なるように見えて、しかし、その二分法からマルクーゼはフロムがしたようにはけっして次の問題系、すなわち《人間だけに生まれる欲求の「情熱・激情・渇望」化‐「人生の意味」（＝「新しい形の統一」）への渇望‐宗教性の成立》という問題系（参照、本書第I部第一章）を引きだすことはないという点である。そこには「意味」への欲求が介在することによる「快楽原則」の激情化という問題は登場しない。また、おそらく「文化・文明」の成立を説明する「現実原則」の担う「快楽原則」への抑圧とその昇華形態の形成という問題のなかに「宗教性」の発生学が含まれるにちがいないが、彼にあって実際にその議論が為されることはなかった。

しかしながら、オルフェウスとナルキッソス神話に掉さすマルクーゼの「新しい非抑圧的現実原則」に立脚した「エロス的文明」のヴィジョンは、マルクーゼの志向する全社会的規模での「全体的で根底的な質的革命」にとっては依然として一個のユートピアであることは確かであろう。先に見たとおり、そもそも「エロス的諸力」は定義上「反社会的」だとされ、「ニルヴァーナ的幸福原則」の実現は「パーソナリティーの相互関係」を離脱ないし超越した場においてのみ可能とされているのだから。つまり彼は諸概念の使用において一種の「形容矛盾」に陥っているわけだが、不思議なことにそれに気づいていないようなのである。（たとえ、耽美主義的芸術作品と或る特異な遊戯が楽しまれる希少なアウト・サイダー的空間では既に現実化を見ているがゆえに、けっしてユートピアではないと彼が強弁しようと――清）。しかも厳密にいえば、そのヴィジョン――人間と動植物間の、また動植物間の完全なる和解と調和を掲げる――が永久にユートピアに留まることは明らかである。

だからまた当然次のようにも言い得る。マルクーゼはフロムを「宗教と倫理へ逃避する」咎で非難したが、しかしフロムの視点からすれば、「エロス的文明」のヴィジョンこそがマルクーゼ自身の人生そのものであるところの、彼の激情に満ちた思索活動総体のかけがえのない「意味」をなし、しかもそれがユートピアの次元を構成していることも明らかである以上、それがまさに彼の背負う「宗教性」であること、このことは火を見るよりも明らかなことなのである。しかもまた彼は「リビドー的な道徳」を人間に内面化させるべく働く「母権主義的超自我」の誕生の必要を論じた以上、くだんの革命を主体的に準備するうえでも革命後の社会の運営にあたっても、人間がその倫理を生きるべきことを彼自身が説いてもいるわけである。だからマルクーゼは、先のフロム批判がいつ何時ブーメランのように自分に振り戻ってくるやも知れぬことを予想し、前もって予想される反批判を反駁する議論を開陳しておくことは、先のフロム批判に付随する彼自身の側の理論的義務と言うべきであろう。

私は、まずもってこうした点からいって、フロムの思索を「精神分析から宗教と倫理への逃避」と批判するマルクーゼは、そもそも自分自身についての自覚が足りないと思う。第三者から見れば、マルクーゼ自身が「精神分析から宗教と倫理（「超心理学」と彼によって名づけられた――清）への逃避」を生きていることは明白であろう。しかも、彼はこのヴィジョンの「退行」的性格を認めるとともに、しかし、それはいわば方法論的に自覚された「退行」であるから「退行」との批判は当たらない、と主張した。だが、目標地点をかの「ニルヴァーナ的幸福」に定めることは、それ自体が、自覚的であろうとなかろうと「退行」であろう。

まさに彼自身が認めるように、かかる「幸福」にあっては「パーソナリティ相互間の関係はもっとも希薄である」（前出）。だが、嬰児期を既に脱している思春期以降の人間たちにとって、次の問い、すなわち《愛という関係性》を、はたまたこの関係性と性欲充足との間の関係性を「パーソナリティ相互間の関係」において如何に生きるべきかという問いこそは最も切実で重要である。まさにそのテーマこそフロムの掲げる「生産的愛」（「共棲的・近親相姦的結合」と厳密に区別されるべき愛としての）の概念が担うテーマにほかならなかった。

他方マルクーゼにとっては、これまた先にみたように、あらゆる「社会改良」ないしは「精神治療」的取り組みは「革命」の必要から人々の眼をそらし、人々を抑圧体制への順応・同調に導くだけの、その実反革命行為であるに過ぎない。「生産的愛」の議論も然り。「疎外された労働」をその一部分でも「自己実現」的意義に満ちたものへと変える試みをおこなうことで、「疎外された労働」に埋没していた意識に、「疎外された労働」と真の「自己実現」活動（「生産的性格」に担われた）との対立性を萌芽的であれ経験させ、そうすることで「疎外からの解放」というテーマへの自覚を高めようとする試み（フロム的にいえば「共同主義的社会主義」の萌芽的経験蓄積を図るものとしての社会改良実践の積み重ねの試み。参照、第Ⅱ部第三章）も、然り。すべて、彼にあっては「改良主義＝順応同調主義」の名の下にその意義を一蹴されてしまうのだ。そして他方、彼が唯一の頼みとするのは耽美主義的芸術と快楽遊戯のごく少数のアウト・サイダー的空間の自慰的な「爆発的ふくらみ」でしかないのである。

私は、これらの点において、フロムの思索的営為に対する前述のクララ・トンプソンの評価に賛意を表する者である。そして他方、マルクーゼのなかに「革命」観念の一種のオナニズムを見いだす。

とはいいえしかし、次のようにも思う。

マルクーゼはそのような仕方で、フロムのくだんの「弁証法的前進」志向に貼りついている一個の盲点・死角を明るみにだす役割を果たすのだ、と。すなわち、先のマルクーゼの言葉を援用すれば、まさに「主体と客体、人間と自然、個人と個人との対立の止揚しがたさ」に人間が己の実存の苦闘の果てにあらためて直面し、この人間存在の如何ともしがたい「内在的限界」との「和解」が切望されるに至った時、そこに忽然と現れる救済欲求、ヴェーバーが「神人合一の無感動的エクスタシス」と名づけたそれ、この問題契機の認識において、フロムの「弁証法的前進」志向はいまだ盲点を抱えたままだという問題に。

最後に私はエルンスト・トラーの獄中書簡の幾つかの節をここで引用しておきたい(64)。なお、ここで一言彼について述べれば、ドイツ・バイエルン評議会革命の渦中におこなわれたヴェーバーの最後の講演「職業人としての政治」は実は何よりも彼に向けて語りかけるものであり、彼は若干二十五歳で評議会首班となり、後に「ナチスと最初に闘った劇作家」と呼ばれ、一九三九年、ニューヨークで反ファシズム国際作家会議で講演し、ルーズベルト大統領とも会見するも、数日後ホテルで四十五歳で自殺した。

私見によれば、マルクーゼの立ち位置は、あるいは彼とフロムとのあいだに生じている半ば解り合いながらの葛藤は、次に紹介する幾つかのトラーの言葉に通じているのである。(65)

「その限界の彼方では、自然は人間の個人的意志や社会の意志よりも強力なのです。それゆえに悲劇は終わることはないでしょう。……〔略〕……いかなる社会制度も絶対的な善〈地上の楽園〉を創り出すことはないでしょう。なすべきことはただひとつ、人間が見出し実現できる相対的に最も良いもののために闘うことです」。(傍点、清)

「地上には人間よりもはるかに美しいものがある。一か月前、ぼくの許を飛び去った燕たちは遥かに美しかった。……〔略〕……童話はわれわれを人間以外のものであってはならないという呪縛から解放してくれる。あらゆる動物や花、風や水と親しくさせる。さらに童話は恐るべき無意味、無目的、虚無によって挫折することなく、人間の諸世代の興亡を見つめるほほえましい知恵を授けてくれる」。(傍点、清)

「以前のように新生や浄化を信じることができたら……〔略〕……わたしもかつて社会主義の救済力を信じた。おそらくそれはわたしの〈生の虚構〉だったのだろう」。

「生の〈神秘〉や〈不条理〉は独断的な社会主義者たちが信じているようには、完全に合理化されることはないでしょう」。

「わたしはもはや〈新しい〉人類への変容を信じない。……〔略〕……わたしは〈人間はあるがままのものになる〉という悲劇的かつ慈悲深い言葉の意味を今までよりずっと深く感じている」。（以上、傍点、清）

注

はじめに

（1）拙著『聖書論Ⅰ　妬みの神と憐れみの神』藤原書店、二〇一五年、三九頁。『イザヤ書』関根清三訳、旧約聖書Ⅶ、岩波書店、一九九七年、四〇頁。
（2）ヴェーバー『古代ユダヤ教』上、内田芳明訳、岩波文庫、一九九六年、二一、二九頁。
（3）ヴェーバー『プロテスタンティズムの倫理と資本主義の精神』大塚久雄訳、岩波文庫、一九八九年、一五七頁。
（4）ヴェーバー『ヒンドゥー教と仏教』（世界諸宗教の経済倫理Ⅱ）深沢宏訳、東洋経済新報社、二〇〇二年、四六一、四六三頁。
（5）ヴェーバー『古代ユダヤ教』下、内田芳明訳、岩波文庫、一九九六年、六九五頁。『ヒンドゥー教と仏教』四六四頁。――インド宗教における「神秘的霊智」の「カリスマ的」・達人宗教的性格は必然的に「非社会的、かつ非政治的性格」となり、それは「合理的には伝達できない」ところの「法悦」である「空」として体験されるものであったこと、この点がヴェーバーの強調点であった。
（6）高橋和巳『邪宗門』下、河出文庫、二〇一四年、六一一頁。
（7）同前、六〇九頁。
（8）同前、六〇九頁。
（9）高橋和巳『邪宗門』上、河出文庫、二〇一四年、四〇三頁。
（10）同前、四〇四頁。
（11）『邪宗門』下、二九頁。
（12）同前、五二四頁。
（13）『邪宗門』上、三〇四―三〇五頁。
（14）『邪宗門』下、五六六頁。
（15）高橋和巳『捨子物語』河出文庫、一九九六年、巻末エッセイ「処女作という源へ」高橋たか子、四三三、四四〇頁。
（16）同前、一六八、二九一頁。
（17）『正気の社会』加藤正明・佐瀬隆夫訳、社会思想社、一九五八年、二七九頁。
（18）『マルクスの人間観』樺俊雄訳、レグルス文庫86、第三文明社、一九七七年。
（19）『悪について』鈴木重吉訳、紀伊國屋書店、一九六五年、一、四〇頁。
（20）参照、『禅と精神分析』小堀宗柏、佐藤幸治、豊村佐知、阿部正雄訳、現代社会科学叢書、東京創元社、一九六〇年、一四三頁の訳注。そこには、この概念を同書では「最良の状態」と訳した事情が記されている。この概念は、『生きるということ』（原題『持つか、それとも在るか *To have, or To be*』）が提起する問い、すなわち、《何を所有するか》ではなく《如何に存在するか》、言い換えれば「人間の本性」に最もかなった最良の存在の仕方を如何に実現できるか、それこそが問われねばならないとするテーマに直接つながるものである。善悪の区別という道徳的な次元を超えて、その根底に、まず存在として病んでいるのか、それとも健康であるのか、それが問われねばならないという含意を孕む。そう私は理解する。

（21）『禅と精神分析』二四七頁。

（22）『フロイトを超えて』佐野哲郎訳、紀伊國屋書店、一九八〇年、一一—一三頁。

（23）『人生と愛』佐野哲郎・佐野五郎訳、紀伊國屋書店、一九八六年、一七三頁。

（24）『希望の革命』（改訂版）、作田啓一、佐野哲郎訳、紀伊國屋書店、一九七〇年、二〇六頁の注（19）。

（25）『人生と愛』一七〇頁。独語版。*Über die Liebe zum Leben*, Deutsch Verlags-Anstalt, 1983, s. 127-128. 英語版。*For the Love of Life*, translated by Rpbert & Rita Kimber New York: Free Press, 1986, p. 103. "we have to make ourselves empty so that we can be made full." "That belief ... is at the heart of Marx's work." なおフロムはこの一節に続けて次のエピソードを披露している。すなわち、或る時、大拙にマルクスの『経済学・哲学手稿』からのものであることを伏せて、或る一節を読み上げ、「これは禅でしょうか」と尋ねたところ、「もちろん禅です、と彼は言いました」と。一七一頁、ebenda. s. 128s, ibid, p. 104.

（26）『マルクスの人間観』一二一頁。

（27）『生きるということ』佐野哲郎訳、紀伊國屋書店、一九七七年、九〇頁。

（28）参照、拙論「二つの対話をもたらす試み——ヴェーバー、大拙、ドストエフスキー」、所収『対話　潜在する可能性』風媒社、二〇一七年、近畿大学日本文化研究所編、叢書一二巻、一二二—一二七頁。なお同論文に手を入れた電子書籍版は、Amazon Kindle電子書籍セルフ出版、個人叢書「架橋的思索　二つの救済思想のあいだ」第I巻『ヴェーバーにおける合理と非合理』、第II巻『大拙における二律背反と煩悶』。

第I部　神秘主義的ヒューマニズムと精神分析

第一章　「人生の意味」への欲求と「宗教性」——フロムの精神分析的宗教論

（1）『生きるということ』二一九頁。

（2）『人生と愛』一七〇頁。『生きるということ』二一九頁。『マルクスの人間観』一二〇頁にはこうある。「マルクスの社会主義は…〔略〕…過去の偉大なヒューマニスティックな宗教と共通する、もっとも深い宗教的衝動の実現である」と。

（3）『生きるということ』一八五頁。

（4）『人間における自由』谷口隆之助・早坂泰次郎訳、東京創元社、一九六二年、七一頁。『生きるということ』一八六頁。

(5)『希望の革命』一〇二頁。
(6)『人間における自由』七一頁、『生きるということ』一八三、一八六―一八七頁。
(7)『人間における自由』六九―七〇頁。
(8)『破壊』上、作田啓一・佐野哲郎訳、紀伊國屋書店、一九七五年、一四頁。
(9)『希望の革命』一〇二頁。『人間における自由』六四頁。
(10)『正気の社会』五五頁。
(11)『反抗と自由』佐野哲郎訳、紀伊國屋書店、一九八三年、四〇頁。
(12)『正気の社会』四九頁。
(13)『希望の革命』一〇二頁。
(14)『正気の社会』三九頁。
(15)同前、五六頁。
(16)同前、五六頁。
(17)同前、四六頁。
(18)『破壊』下、作田啓一・佐野哲郎訳、紀伊國屋書店、一九七五年、四六三―四六四頁。
(19)『人間における自由』二四、七〇、一九二頁。
(20)『希望の革命』一〇八頁。
(21)『人間における自由』七二―七三頁。
(22)同前、七三頁。
(23)『悪について』一六一頁。
(24)同前、一七〇頁。
(25)同前、二一頁。
(26)『破壊』下、六〇六頁。
(27)「近親相姦的固着」については『ユダヤ教の人間観――旧約聖書を読む』(改訂版)、飯坂良明訳、河出書房新社、一九八〇年、九四―九八頁。「共棲的融合」については『愛するということ』(新訳版)、鈴木晶訳、紀伊國屋書店、一九九一年、三八―四〇頁。
(28)『希望の革命』一〇九頁。
(29)同前、一一一頁。
(30)『生きるということ』一八三頁。
(31)『希望の革命』一一〇―一一一頁。同じ指摘は『正気の社会』七一頁にもある。
(32)『人生と愛』一七二頁。
(33)『正気の社会』六〇―六三頁。『フロイトを超えて』四八―四九頁。
(34)『人生と愛』一七二―一七三頁。
(35)フロム「母権理論の社会心理学的意義」(一九三四年)、所収『愛と性と母権制』滝沢海南子・渡辺憲正訳、新評論、一九九七年、一七〇―一七一頁。
(36)同前、一六三頁。
(37)同前、一六九頁。また『愛と性と母権制』二四九頁(フロム「母権制の今日的意義」一九七〇年)。『正気の社会』七七頁。
(38)フロム「バッハオーフェンによる母権の発見」(一九五五年)、所収『愛と性と母権制』一四二―一四四頁。
(39)『愛するということ』七二―七五頁。

(40)『ユダヤ教の人間観』一一七頁。
(41) 同前、一一八―一一九頁。なお「疎外」概念に関連しては、五八頁。
(42) 同前、二〇頁。『正気の社会』二六六―二六七頁。
(43)『マルクスの人間観』一二四頁。
(44)『ユダヤ教の人間観』八一頁。
(45)『禅と精神分析』一五九頁。
(46)『人生と愛』一六八頁。
(47)『生きるということ』二一二―二一四頁。
(48)『反抗と自由』一〇二―一〇四頁。かかる批判は『マルクスの人間観』でも徹底的に繰り広げられている。同書、八二―八四、九四頁。
(49) マルクス『経済学・哲学手稿』藤野渉訳、国民文庫、大月書店、一九六三年、一四三頁。『正気の社会』二八九頁。
(50)『人間における自由』四六―四八頁。なお、『人間における自由』のこの箇所に私をあらためて気づかせてくれたのは出口剛司の「越境する知と生の作法――フロムにおける『無意識』と知の生成をめぐって」(所収『人文知』3、東京大学出版、二〇一四年)であった。
(51)『悪について』五三、一六八―一七〇、一九六―一九八頁。
(52)『生きるということ』二一八頁。なおこの観点と指摘は既に『悪について』でも示されている。五三頁。
(53)『生きるということ』二一八頁。
(54) 同前、二二八―二三〇頁。
(55)『愛するということ』一一一頁。
(56) 同前、一一一―一一九頁。
(57) 同前、一一〇―一一一頁。
(58)『正気の社会』二三二頁。
(59) マルクーゼ『エロス的文明』南博訳、紀伊國屋書店、一九五八年、七九頁。
(60)『正気の社会』四六頁。
(61)『破壊』下、四六三―四六四頁。
(62)『精神分析と宗教』谷口隆之助、早坂泰次郎訳、現代社会科学叢書、東京創元社、一九七一年、六二頁。

第二章　マルクスの『経済学・哲学手稿』とフロム

(1)『生きるということ』二一〇頁、マルクス『経済学・哲学手稿』一五一―一五二頁。訳に少し私の手を入れたところもある。
(2)『希望の革命』一一四頁、マルクス『経済学・哲学手稿』一五一頁。
(3) 同前、一一五頁。
(4) 同前、一一七頁。
(5)『マルクスの人間観』七九頁。
(6) 同前、八一―八二頁。
(7) 同前、八二頁。
(8) マルクス『経済学・哲学手稿』一四九―一五〇頁。
(9) 同前、一五三頁。
(10)『マルクスの人間観』一五頁。
(11)『愛するということ』五〇頁。

(12)『人間における自由』一二六頁。
(13)同前、一二六―一二七頁。
(14)フロム「老いに関する心理学的問題」、所収、ドイツ語版『フロム全集』Ⅰ巻「分析的社会心理学」。なお『希望の革命』にも「関心」の自己超越性をめぐるほとんど同趣旨の一節が出てくる。一三〇頁。
(15)『人間における自由』一二八頁。
(16)同前、一三〇頁。
(17)『精神分析と宗教』一〇九頁。
(18)マルクーゼ『エロス的文明』一五一頁。
(19)*Herbert Marcuse Schriften*, Band 8, s. 31, Suhrkamp-Verlag Frankfurt am Main 1984. 参照、拙論「労働とエロスとのあいだ――マルクーゼの実存的思考の軌跡をたどりながら」・「エロス的実存の概念とサルトル批判」章、所収『物象化と近代主体』創風社、一九九一年。
(20)『生きるということ』一九七頁。
(21)『マルクスの人間観』一〇八頁。
(22)マルクーゼ『エロス的文明』一九七―二〇〇頁。
(23)同前、九〇頁。
(24)同前、九二頁。
(25)同前、一六八、一七二―一七三頁。なお一七七頁にはこうある。「遊びと開示は…〔略〕…労働の変形を意味するのではなく…〔略〕…いまや生産性と実行の価値からひじょうにかけ離れ…〔略〕…非生産的であり、無用である」。
(26)『生きるということ』一〇六頁。
(27)マルクーゼ『エロス的文明』九六頁（訳文は少し変え原文により忠実なものとした）。
(28)同前、九七―九九頁。
(29)マルクーゼ『美的次元』生松敬三訳、河出書房新社、一九八一年、九〇頁。
(30)研究誌『環境思想・教育研究』第10号、環境思想教育研究会、二〇一七年、七頁。
(31)同前、一六二―一六四頁。
(32)Marcuse "Industrialisierung und Kapitalismus im Werk Max Webers" 所収 *Herbert Marcuse Shriften*, Band 8, S. 79. Suhrkamp Verlag Frankfurt am Main 1984.
(33)マリアンネ・ヴェーバー『マックス・ヴェーバー』Ⅱ、大久保和郎訳、みすず書房、一九六五年、四七一頁。参照、拙論「二人の葛藤者　ヴェーバーとトラー――『脱世界連関的愛 akosmische Liebe』概念を軸に」所収、近畿大学日本文化研究所紀要、第一号、二〇一八年、三月、一〇―一二頁。雀部幸隆はヴェーバーを「『社会民主主義』への視点を持ち合わせた数すくないリベラルの一人」と述べている。『知と意味の位相――ウェーバー思想世界への序論』恒星社厚生閣、一九九三年、三三〇頁）。
(34)Marcuse "Industrialisierung und Kapitalismus im Werk Max Webers" S. 99.
(35)ebenda, s. 81-82.
(36)『人生と愛』一七〇頁。
(37)『マルクスの人間観』一二二頁。

(38)『禅と精神分析』五―一〇頁。

(39)『禅と精神分析』二〇五―二〇六頁。傍点を振った箇所のドイツ語版フロム全集6巻での表記は'weil er aufgehört hat, an sich als an einem Ding festzuhalten, und weil er dardurch leer und aufnahme bereit geworden ist', s, 335-336であり、英語版 *Psychoanalysis & Zen Buddissm*, UNWIN PAPERBACKSでの表記は'because he has given up holding on to himself as a thing, and thus has become empty and ready to receive', p. 72である。

(40)『精神分析と宗教』四六頁。

(41)『ユダヤ教の人間観』二五頁。なお原題には旧約聖書から採った「汝ら神ごとくなるべし you shall be as gods」という句が添えられている。

(42)『破壊』下、七三四頁。

(43)『フロイトを超えて』一五七頁。

(44)『人間における自由』八〇頁。

(45)同前、八一頁。

(46)同前、八一―八二頁。

(47)参照、鈴木大拙『禅とは何か』角川ソフィア文庫、角川書店、二〇〇八年、一三〇頁。

(48)鈴木大拙『仏教の大意』法蔵館、一九四七年、七七頁。

(49)同前、七七頁。

(50)『ミリンダ王の問い』中村元、早島鏡正訳、東洋文庫7、平凡社、一九六三年、七四頁。

第三章　フロムと神秘主義――「カタルシス的救済」、ヴェーバー、大拙

(1)ヴェーバー『ヒンドゥー教と仏教』四六一、四六三頁。

(2)同前、四六四頁。

(3)同前、四六二頁。

(4)同前、四六三頁。

(5)同前、四六三頁。

(6)同前、四六四頁。

(7)ヴェーバー『古代ユダヤ教』下、六九五、七四九、七五五頁、等。

(8)鈴木大拙『禅とは何か』一三八―一三九、一九〇―一九二、一九六頁。

(9)同前、一三七―一三八頁。

(10)ヴェーバー『プロテスタンティズムの倫理と資本主義の精神』一八三頁。『宗教社会学』（経済と社会・第二部第五章）武藤一雄、薗田宗人、薗田担訳、創文社、一九七六年、二〇四、二二三頁。

(11)同前、一八三頁。同前、二〇四頁。

(12)ヴェーバー『宗教社会学論選』大塚久雄、生松敬三訳、みすず書房、一九七二年、六五―六六頁。

(13)ヴェーバー『ヒンドゥー教と仏教』四七七頁。

(14)同前、四七七頁。

(15)ヴェーバー『ロシア革命論』林道義編・訳、福村出版、一九六九年、一七〇頁。他に、一八、二九―三〇、四九―五三、五七―五八頁等。

(16)ヴェーバー『ヒンドゥー教と仏教』四七一頁。

(17)ヴェーバー『宗教社会学論選』七六頁。
(18)フロム「母権理論の社会心理学的意義」、所収『愛と性と母権制』一九一頁。
(19)『愛するということ』一一三―一二〇頁。
(20)同前、一一八―一一九頁。
(21)同前、一二〇頁。
(22)同前、一二〇―一二一頁。
(23)同前、一二一頁。
(24)ニーチェ『偶像の黄昏』、所収『偶像の黄昏　反キリスト者』原佑訳、ニーチェ全集14、ちくま学芸文庫、一九九四年、六八頁。拙著『聖書論Ⅱ　聖書批判史考』藤原書店、二〇一五年、第一章・「創造主的人格神宗教の棄却」節。
(25)ニーチェ『権力への意志』下、原佑訳、ニーチェ全集13、ちくま学芸文庫、一九九三年、四八九頁。
(26)参照、拙著『《想像的人間》としてのニーチェ――実存分析的読解』晃洋書房、二〇〇五年第Ⅱ部第五章「審美者の光学」。『大地と十字架――探偵Lのニーチェ調書』思潮社、二〇一三年。『聖書論Ⅰ』第Ⅱ部第一章・「汎神論的宇宙神と慈悲の神とは如何に媒介可能か？」節。
(27)西田幾多郎『善の研究』岩波文庫、一九五〇年、二三九―二四一頁。参照、拙著『聖書論Ⅱ』第五章「西田幾多郎と終末論」一八三頁。
(28)ニーチェ『悲劇の誕生』塩屋竹男訳、ニーチェ全集2、ちくま学芸文庫、一九九三年、一三九―一四一頁。参照、拙著『聖書論Ⅰ』の前述の「汎神論的宇宙神と慈悲の神とは如何に媒介可能か？」節。
(29)鈴木大拙『禅とは何か』一三九頁。
(30)『精神分析と宗教』一二四頁。
(31)『愛するということ』五六頁。
(32)ヴェーバー「世界宗教の経済倫理・序論」、所収『宗教社会学論選』六〇―六一頁。
(33)ヴェーバー『ヒンドゥー教と仏教』二八六―二八七頁。
(34)同前、三五二頁。
(35)同前、二四〇頁。
(36)鈴木大拙『大乗仏教概論』佐々木閑訳、岩波文庫、二〇一六年、三七七頁。その他、彼の小乗仏教批判のくだりは、三四〇―三六六頁。
(37)ヴェーバー『ヒンドゥー教と仏教』二五二頁。
(38)同前、二三一頁。
(39)『精神分析と宗教』一一七頁。
(40)同前、一一八頁。
(41)『精神分析と宗教』一一九頁。
(42)同前、一二二頁。
(43)この点は、出口剛司のフロム論「越境する知と生の作法」がフロムにおける「無意識」概念の意味するところのものとする点でもある。参照、同論考「可能性としての無意識と最良状態への開悟」節、所収『人文知』3、八一―八二頁。
(44)『精神分析と宗教』一二一頁。
(45)『精神分析と宗教』一二一―一二二頁。
(46)『ユダヤ教の人間観』二四三頁。

(47)『愛するということ』一三七頁。なおフロムは、フロイトはそうした神秘主義経験の意義を理解せず、「病的な現象」・「幼児期の『無限のナルシシズム』への退行」と解釈したに過ぎなかったと批判している。
(48)同前、九〇頁。
(49)鈴木大拙『禅とは何か』一二九頁。
(50)『精神分析と宗教』一二一頁。
(51)『禅と精神分析』一九〇、二二五、二三四、二四三、二四七頁。
(52)『フロイトを超えて』四二—四六頁。
(53)『人間における自由』六一頁。
(54)鈴木大拙『霊性的日本の建設』、所収、鈴木大拙全集第九巻、岩波書店、一九六八年、一八一—一八二頁。
(55)鈴木大拙『禅とは何か』二〇頁。
(56)同前、一九〇—一九一頁。
(57)ウィリアム・ジェイムズ『宗教的経験の諸相』上、舛田啓三訳、日本教文社、一九八八年、一四八、二二五、二四一—二四七、三七〇頁。下、二四四—二四五頁等。なお参照、拙著『聖書論Ⅱ』第五章・「転回点、ジェイムズの『宗教的経験の諸相』」節。
(58)同前、上、二〇一頁。
(59)同前、上、二二五頁。
(60)同前、上、二二五頁。
(61)同前、上、二四一頁。
(62)同前、上、二四一頁。
(63)同前、上、三七〇頁。
(64)同前、上、一四八頁。
(65)同前、下、二四四—二四五頁。
(66)同前、下、二四四頁。
(67)西田幾多郎全集、第十三巻、岩波書店、一九六六年、二〇七頁。
(68)鈴木大拙『神秘主義——キリスト教と仏教』坂東性純、清水守拙訳、岩波書店、二〇〇四年、一九九—二〇〇頁。
(69)同前、二〇八頁。
(70)鈴木大拙『禅とは何か』一三九頁。
(71)鈴木大拙『大乗仏教概論』三五一頁。
(72)同前、三七七頁。
(73)鈴木大拙『仏教の大意』七八頁。
(74)『ブッダのことば——スッタニパータ』中村元訳、岩波文庫、一九八四年、四三三頁。なお中村訳の初版の刊行は一九五八年である。英訳は既に完訳が一八八一年に、最初の邦訳（立花俊道）は大正六年によって刊行されている。だから、大拙や西田は同書の示す思想と他の諸経典との異同についてはよく知っていたと思われるが、定かではない。
(75)同前、一七四—一七五頁。
(76)同前、二〇三頁。
(77)同前、一八六頁、詩編八三七。
(78)ヴェーバー『ヒンドゥー教と仏教』三一五頁、原注五。
(79)同前、二八八頁。
(80)『ブッダのことば』一七六頁、詩編七七八。

(81)同前、三八二頁の註七九五。
(82)鈴木大拙『大乗仏教概論』三四八―三四九頁。なお以下三五〇―三五二頁までは、このいわば「中道」の方向性を受けて、大拙が自分の説を積極展開した箇所である。
(83)『ブッダのことば』一九三頁。
(84)同前、三九五頁の註八七六。
(85)同前、三七―三八頁。
(86)同前、一七―一八頁。
(87)『人生と愛』一四三頁。
(88)同前、二三二―二三三頁。
(89)岩波文庫の鈴木大拙『大乗仏教概論』は、大拙の思想家としてのデビュー作というべき英文著作 *Outlines of Mahāyāna Buddhism*(一九一七年)を佐々木閑が日本語に翻訳したものであるが、佐々木はかかる批判を「訳者後書」で披歴している。五一二頁。
(90)ヴェーバー『ヒンドゥー教と仏教』三五二頁。
(91)『ブッダのことば』一八九頁、詩編八五一。
(92)同前、一九二頁、詩編八七二。
(93)ヴェーバー『古代ユダヤ教』下、七四九―七五〇頁。

第四章　フロムとユダヤ教――「人間主義的な宗教と倫理」の視点からの「脱構築」的解釈

(1)『ユダヤ教の人間観』一九頁。
(2)同前、一六五頁。
(3)『人間における自由』一八一―一八二頁。
(4)『ユダヤ教の人間観』八五―八六、一六五頁。
(5)参照、拙著『聖書論Ⅰ』第Ⅰ部第四章・「母権的価値の価値転倒としての聖なる蛇の貶下」節。第Ⅱ部第一章・「対立を主張するグノーシス派」節。
(6)『ユダヤ教の人間観』一六四頁。
(7)同前、一六九―一七八頁。
(8)『正気の社会』二六五―二六七頁。
(9)同前、二六五頁。
(10)『ユダヤ教の人間観』一五八―一六〇、一七七―一七八、二三八―二四〇頁。
(11)同前、一七九頁。
(12)同前、一七九頁。
(13)同前、一五九頁。
(14)参照、拙論「一つの対話をもたらす試み――ヴェーバー、ドストエフスキー、大拙」、所収『近畿大学日本文化研究所叢書一二　対話』風媒社、二〇一七年、一三四―一三八頁。および電子書籍版、個人叢書「架橋的思索の試み　二つの救済思想のあいだ」第Ⅱ巻『大拙における二律背反と煩悶』Amazon Kindle 電子書籍セルフ出版。
(15)ダニエル・バーストン『フロムの遺産』佐野哲郎、佐野五郎訳、紀伊國屋書店、一九九六年、七八頁。ちなみにバーストンによれば、母親との共棲的融合からの解放による個性化の開始というテーマが明確に打ち出されたのは『自由からの逃走』(一九四一年)においてである。
(16)『ユダヤ教の人間観』九七―九八頁。

(17) 同前、九四頁。
(18) 同前、九八頁。
(19) 同前、一八頁。
(20) 同前、一一頁。
(21) 同前、一九、二〇頁。
(22) ここで、『ユダヤ教の人間観』がユダヤ教における「権威主義的」傾向の現われを指摘している箇所を幾つか挙げておこう。一一〇—一一一、一五三、一六五、二四〇、二五〇頁。
(23) 『愛するということ』一一九頁。
(24) ライナー・フィンク『エーリッヒ・フロム——人と思想』佐野哲郎・佐野五郎訳、紀伊國屋書店、一九八四年、第二章「ヒューマニズム的ユダヤ教を求めて——少年時代とユダヤ教師たち」。
(25) 『愛と性と母権制』二〇三頁。同様の評価は『ユダヤ教の人間観』に比べれば『正気の世界』には継承されている。「旧約聖書ぜんたいが、神政国家の階級制度をつくり、厳格な家長的家族制度を確立することによって、家長原理をさまざまな方法で仕上げたものである」。七二頁。
(26) 同前、二〇九頁。
(27) 同前、二〇四—二三五頁。
(28) 同前、二〇二—二〇六頁。
(29) 同前、二〇七頁。この指摘は拙著『聖書論Ⅰ』第Ⅰ部第二章「嫉妬の心性と旧約聖書」、第三章「ヤハウェ主義を特徴づける女性嫌悪、あるいはその『肉』メタファー」とほとんど同じ点を問題にしている。
(30) 同前、二〇八頁。
(31) フロム「母権理論の社会心理学的意義」、所収『愛と性と母権制』一九三頁。『正気の世界』も同様な指摘をおこなっているが、この母権的要素は「西暦紀元前の第二の一千年間に、合理的で家長的な宗教のためにうち破られた」とある。七一—七二頁。
(32) 同前、一九三頁。
(33) 『ユダヤ教の人間観』一一五頁。
(34) 同前、一五四頁。
(35) 同前、二五〇頁。
(36) 『イザヤ書』九頁。
(37) 参照、拙著『聖書論Ⅰ』二二二—二三三頁。
(38) 『イザヤ書』一一頁、訳者の関根清三も、そこには、平和が「聖戦」によってではなく、「神への信従によってこそもたらされという待望が表明されている」と注を書き添えている。
(39) 同前、二二頁。
(40) 同前、二六頁。
(41) 同前、一二八頁。参照、拙著『聖書論Ⅰ』第Ⅰ部第六章「『残酷なる試しの神』としてのヤハウェと預言者のマゾヒズム」。
(42) 拙著『聖書論Ⅰ』一一七—一三〇頁。
(43) 『ユダヤ教の人間観』一六九頁。
(44) 『イザヤ書』五〇—五一頁。
(45) 『イザヤ書』五〇頁、注三。参照、『ホセア書』鈴木佳秀訳、

所収『十二小預言書』旧約聖書X、岩波書店、一九九九年、一一頁。

(46)『ユダヤ教の人間観』一七一頁。

(47)参照、拙著『ドストエフスキーとキリスト教――イエス主義・大地信仰・社会主義』藤原書店、二〇一六年、第三章・『黄金時代の夢』表象のヘレニズム的起原とドストエフスキー的キリスト教」節、第四章・「ニーチェの『遺された断想』に出てくる言葉『黄金時代』をめぐって」節。

(48)同前、二二二頁。

(49)ニーチェ「遺された断想」、所収、ニーチェ全集第一〇巻(第II期)、白水社、一九八五年、五一二頁。

(50)Julius Wellhausen, *Prolegomena zur Geschichte Israels*, DRUCK UND VERLAG VON G. REINER. BERLIN 1883 S, 441, サイトeBook and Texts 参照。拙著『ドストエフスキーとキリスト教』第四章・「ニーチェの『遺された断想』に出てくる言葉『黄金時代』をめぐって」節。

(51)ebenda, s. 442.

(52)『人間における自由』二三頁。

(53)同前、二三頁。

(54)『正気の社会』二六、二八頁。

(55)『人間における自由』二四頁。

(56)『正気の社会』二八頁。

(57)『人間における自由』二六―二七頁。

(58)同前、二七頁。

(59)同前、二七―二八頁。

(60)同前、三〇頁。

(61)同前、一八二頁。

(62)同前、第四章「人間主義的倫理の諸問題」・2「良心、自己自身を呼び戻すもの」節、一七四―二〇七頁。

(63)同前、五三頁。

(64)同前、一七七頁。

(65)同前、一七七頁。

(66)同前、一七九頁。

(67)同前、一九二頁。

(68)同前、一九三頁。

(69)『ユダヤ教の人間観』二四五頁。

(70)参照、拙著『聖書論I』第I部「妬みの神」第一章「嫉妬と熱愛」、第二章「嫉妬の心性と旧約聖書」、第三章「ヤハウェ主義を特徴づける女性嫌悪、あるいはその『肉』メタファー」、第四章「母権的宗教に向けられた父権的な妬み」等々。

(71)『生きるということ』一一四頁。

(72)同前、一一五頁。

(73)同前、一一五頁。

(74)同前、一一六頁。

(75)『愛するということ』六〇―六一、六四、八八―八九頁。

(76)同前、七七―七八頁。

(77)同前、六二頁。参照、『人間における自由』第三章「人間の本性と性格」。

(78)同前、六二頁。

(79) 同前、六二頁。
(80) 同前、六三頁。
(81) 同前、八八頁。
(82) 同前、八八頁。
(83) 同前、九八―一〇〇頁。
(84) 同前、六一頁。
(85) 『フロイトを超えて』一四七頁。
(86) 同前、一四九頁。
(87) 『悪について』五四―五七頁。そこでは、エロスが「有機体相互間や、有機体内の細胞を結合、統合、合一する機能」だということは指摘されても、それが単独実体主義に立ったフロイト的な「リビドー的な性欲」概念と同一視されていることへの批判は記されていない。そこでの議論の焦点は、もっぱら「エロスの本能」と「死の本能」との関係性をどう規定するかという問題に据えられている。
(88) 参照、拙著『ドストエフスキーとキリスト教』第五章・「『未成年』における愛と嫉妬、そしてニーチェ」節。補論Ⅳ「『一八六四年のメモ』とドストエフスキー的キリスト教」・「娶らず、嫁がず（犯さず）」節。終章「ドストエフスキーと私の聖書論」・「グノーシス派における性欲のエロス的肯定とドストエフスキーの性欲観」節。
(89) 参照、拙著『聖書論Ⅰ』第Ⅱ部第六章・補注「D・H・ロレンスにおける『小さいセックス』と『大きなセックス』との区別」。

第五章　フロムとキリスト教

(1) 拙著『聖書論Ⅰ』一六一頁。『ドストエフスキーとキリスト教』三八九頁。
(2) 『マルコによる福音書　マタイによる福音書』佐藤研訳、新約聖書Ⅰ、岩波書店、一九九五年、一二七頁。
(3) 中村弓子『心身の合一』東信堂、二〇〇九年、一五二―一五三頁。
(4) 竹下節子『キリスト教の謎――奇跡を数字から読み解く』中央公論新社、二〇一六年、一六八頁。
(5) 同前、第10章・「パウロにとっての十字架の意味」節、「パウロの弱さという逆説」節。
(6) 同前、第10章・「理解されないパウロの二元論」節。
(7) 同前、一六七頁。
(8) 同前、一五五、一五七、一六三頁。
(9) 『イザヤ書』につけた関根清三の「解説」、三四五―三四六頁。
(10) 『ユダヤ教の人間観』二二六―二二七頁。
(11) 同前、二二八頁。
(12) 同前、二三三頁、フロムによれば、この点の強調は特に「ハシド派」において顕著である。二三三―二三六頁。
(13) 同前、二二八頁。
(14) 『自由からの逃走』（新版）日高六郎訳、東京創元新社、一九六六年、八一頁。
(15) 『人生と愛』二三七頁。
(16) ドストエフスキー『カラマーゾフの兄弟』上、原卓也訳、新潮文庫、一九七八年、一一九頁。なお、『作家の日記』1、一八七三年、小沼文彦訳、ちくま学芸文庫、一九九七年、第三節「環境」も参照せよ。
(17) 同前、上、一二〇頁。
(18) 参照、拙著『ドストエフスキーとキリスト教』第一章・「ゾシマとイワンの共鳴関係」節、四五―五三頁。
(19) ニーチェ『ツァラトゥストラ』上、吉沢伝三郎訳、ニーチェ全集9、ちくま学芸文庫、一九九三年、五九頁。拙著『聖書論Ⅱ』三一頁。
(20) 同前、六九頁。
(21) 『偶像の黄昏　反キリスト者』一八八頁。拙著『聖書論Ⅱ』三一―三二頁。
(22) 『精神分析と宗教』一〇九頁。
(23) 『ルカ文書』佐藤研訳、新約聖書Ⅱ、岩波書店、一九九五年、三六頁。
(24) 『禅と精神分析』二一九頁。
(25) ドストエフスキー『作家の日記』5、小沼文彦訳、ちくま学芸文庫、一九九八年、一〇〇頁。参照、拙著『ドストエフスキーとキリスト教』第一章・「ドストエフスキーの『犯罪』論」節。
(26) 『悪について』一五―一六頁。
(27) 同前、二〇四頁。
(28) なお、『マルクスの人間観』七〇頁の注＊のなかにエックハルトの説教「祝福されているのは貧者」に言及する箇所があり、同説教では「他人を必要とする貧しい人間という意味での豊かな人間」という逆説的な「弁証法的概念」が用いられているとフロムは指摘し、豊かな応答関係性に入ることを欲求する、その欲求の情熱構造――それを得ようとする情熱 Leidenshaft は、それを欠如している受苦 leiden であるからこそ生まれるという――をこの概念は表すとしている。この解釈は、慈悲を欲すること多大なる者（赦しと愛を与えられぬ受苦に苦しむこと大なる）こそ慈悲愛の価値を身をもって知りそれを求めてやまぬ者だという認識を示す点で、『マタイ福音書』の核心に触れる視点であるが、それと「全宇宙と自我との法悦的融合」という意味の仏教的「空」概念とは、まさにその点で大きな隔たりがある。この隔たりがフロムには理解されていないと思われる。
(29) 『生きるということ』九一―九八頁。
(30) 同前、九五頁。
(31) ヴェーバー『プロテスタンティズムの倫理と資本主義の精神』一八三頁。『宗教社会学』二〇四、二二三頁。
(32) ヴェーバー『宗教社会学』一六八頁。
(33) ユング『ヨブへの答え』林道義訳、みすず書房、一九八八年、一〇七―一〇八頁。
(34) ヴェーバー『宗教社会学』一四五頁。
(35) 同前、一四六頁。
(36) 同前、一四五頁。
(37) 同前、一四四頁。
(38) 同前、一五一頁。
(39) ニーチェ『善悪の彼岸　道徳の系譜』信太正三訳、ニーチェ全集11、ちくま学芸文庫、一九九三年、三九七頁。
(40) サルトル『弁証法的理性批判』Ⅰ、竹内芳郎・矢内原伊作訳、人文書院、一九六二年、一七三頁。拙著『実存と暴力——後期サルトル思想の復権』、御茶の水書房、二〇〇四年第三章「暴力論としての『弁証法的理性批判』」。『サルトルの誕生——ニーチェの継承者にして対決者』第Ⅱ部・第六章「サルトルの暴力論の源泉としてのニーチェ」、藤原書店、二〇一二年。
(41) 同前、一五二頁。
(42)『悪について』第四章「個人のナルシシズムと社会のナルシシズム」、この章の書き出しにおいて、フロムは、「ナルシシズムの概念」は「フロイトの発見のうち、最も実り豊かで大きな影響を与えたものの一つ」と述べ、かつ、それは「ユングやアドラーの著作では殆ど注目されなかったし、またホルナーの著作ではさらに少ない」と指摘している(七五頁)。『フロイトを超えて』七八—八一頁。
(43)『悪について』一〇五頁。『フロイトを超えて』一五二頁。
(44) 同前、一一四—一一五頁。
(45) サルトル「作家の声」、所収『シチュアシオンⅨ』海老坂武訳、人文書院、一九六五年、二二頁。参照、拙著『聖書論Ⅰ』一四八—一五二頁。
(46) ハンナ・アーレント『全体主義の起源』Ⅲ、大久保和男、大島かおり訳、みすず書房、一九八一年、四三頁。

第六章　フロムの精神分析的アクチュアリティ——「市場的構え」・「サド・マゾヒズム的性格」・「ネクロフィリア(死への愛)」

(1)『破壊』上、ⅶ頁。
(2)『破壊』下、同書に付けられた付論「フロイトの攻撃性と破壊性の理論」(七一一—七七五頁)は、次の精神分析学の発展史上注目すべきフロイト自身が告白している事実、すなわち彼には人間の「非性愛的」な「攻撃性と破壊性」に関して一九二〇年まではほとんど注意を向けなかったという「特異な盲点」があったという事実、それがなぜ生まれ、また従来の精神分析学の在りようをどう規定したかという問題の考察から始まっている。
(3) 同前、七〇七頁。
(4) 同前、五七五—五七六頁。
(5)『人間における自由』七七—七八頁、『フロイトを超えて』八二頁。
(6) 同前、八〇—八二頁。
(7) 同前、八二頁。
(8) 同前、八四頁。
(9)『フロイトを超えて』八九頁。
(10) 同前、九〇頁。
(11) 同前、九一頁。
(12)『正気の社会』一〇二頁。
(13)『人間における自由』八五頁。
(14) 同前、八五—九一頁。
(15) 同前、一〇二頁。

(16) 同前、九一―一〇七頁。
(17)『正気の社会』一一五頁。
(18) 同前、この点で、どれほど二十世紀資本主義が十九世紀のそれと異なっているかの詳細な分析は一二一―一二三頁に展開されている。
(19) 同前、一〇九頁。
(20) 同前、一二四、一二五、一三三頁、等。
(21) 同前、以下には、十九世紀型「社会的性格」と二十世紀型の簡潔な対比が示されている。一二〇―一二二、一二四―一二五、一二九―一三一頁、等。
(22) 同前、一三二、一四三―一四七頁。
(23) 同前、四〇〇―四〇一頁。
(24)『人間における自由』一〇九―一一〇頁。
(25) 同前、九三―九六、一〇二―一〇三頁。
(26) 同前、一二三―一二八頁。
(27)『破壊』下、四六三―四六四頁。
(28) 同前、四六一―四六二頁。
(29)『自由からの逃走』二四六頁。
(30)『破壊』下、四六三頁。
(31) 参照、拙著『ドストエフスキーとキリスト教』第二章・補注「『作家の日記』におけるロシヤ民衆世界における女性虐待と『笞刑的サディズム』との関連性に対する強い関心」。
(32) ニーチェ『善悪の彼岸』、所収『善悪の彼岸　道徳の系譜』二四〇―二四一頁。
(33)『破壊』下、四六七頁。
(34) 同前、四六七頁。
(35) 同前、四六七頁。
(36) 同前、四六七頁。
(37) 同前、四六五―四六六頁。
(38) 同前、五三二頁。
(39) 同前、五三二―五三三頁。
(40) ニーチェ『生成の無垢』下、原佑、吉沢伝三郎訳、ニーチェ全集別巻4、ちくま学芸文庫、一九九四年、八九頁。
(41) 同前、八八頁。
(42) 同前、八八頁。
(43) 同前、八九頁。
(44) 同前、八九頁。
(45)『破壊』下、六三八頁。
(46) 同前、六四六頁。
(47) 参照、同書・第一三章原注(10)、同前、六三九頁。
(48) 同前、六四六頁。
(49) 同前、六四六―六四八頁。
(50) 同前、六五一頁。
(51) 同前、六五四頁。
(52) 同前、六五四頁。
(53) 同前、五九五―五九六頁。
(54) 同前、六一六―六一七頁。
(55) 同前、六〇六頁。
(56) 同前、六一八頁。
(57) 同前、五九八―五九九頁。

(58) 同前、六〇六頁。
(59) 同前、六〇六頁。
(60) 参照、拙著『サルトルの誕生』第Ⅰ部第二章「実存的精神分析と『存在と無』」。
(61)『フロイトを超えて』九三頁。
(62) 同前、九五—九六頁。
(63) 同前、九八頁。
(64)『破壊』下、五九〇頁。
(65) 同前、五五〇頁。
(66) 同前、五五一—五五二頁。
(67) 同前、五五二頁。
(68) 同前、五五二頁。
(69) 同前、五五六頁。
(70) 同前、五五九頁。
(71)『人間における自由』九一、一〇七頁。
(72) 同前、一〇二頁。
(73)『破壊』下、五六二頁。
(74) 同前、五六六頁。
(75) 同前、五六五頁。
(76) 同前、五六六頁。
(77) 同前、五六七—五六八頁。
(78) 同前、五六三—五六四頁。

第Ⅱ部　フロムを包む対論的磁場

第一章　サルトルの実存的精神分析学に対するフロムの批判をめぐって

(1)『人間における自由』六四頁、なお原注は一四五頁（1）。
(2)『悪について』四—五頁、注1。
(3) サルトル『存在と無』Ⅲ、松浪信三郎訳、ちくま学芸文庫、二〇〇八年、三五一頁。
(4) サルトル「『うちの馬鹿』について」、所収『シチュアシオンⅩ』平井啓之訳、人文書院、一九七七年、九九頁。
(5) サルトル『家の馬鹿息子』Ⅰ、平井啓之、鈴木道彦、海老坂武、蓮見重彦訳、人文書院、二〇〇六年、四三六頁。
(6) 同前、一四九頁。
(7) 同前、一五九、一六七頁。
(8) サルトル「『うちの馬鹿』について」、所収『シチュアシオンⅩ』九二頁。参照、拙著『サルトルの誕生』二四六頁。
(9) サルトル『聖ジュネ』Ⅰ、臼井浩二、平井啓之訳、人文書院、一九六六年、二一頁。
(10) サルトル『弁証法的理性批判』Ⅰ、一七三頁。拙著『実存と暴力』第三章「暴力論としての『弁証法的理性批判』」。『サルトルの誕生』第Ⅱ部第六章「サルトルの暴力論の源泉としてのニーチェ」。
(11) 同前、一五二—一五三頁。

第二章　ニーチェとフロム――生の自己目的価値性をめぐって

（1）『人間における自由』第四章「人間主義的倫理の諸問題」、第1節「利己主義、自愛、自己関心」、一五四―一五七頁。

（2）同前、一五七頁。

（3）ニーチェ『ツァラトゥストラ』上、一七頁。

（4）例えば、ニーチェ『ツァラトゥストラ』下、吉沢伝三郎訳、ニーチェ全集10、ちくま学芸文庫、一九九三年、一〇三頁。「無尽蔵の富のなかから黄金を海にぶちまけながら」敢然と海に沈みゆく太陽の姿から、ツァラトゥストラは太陽のごとく、人間たちに「わたしの最も豊かな贈り物を与える」ことこそ自分の生の望みだということを自覚する。

（5）『愛するということ』四五―四六頁。なお、かかる関係性の「わかりやすい例はセックスだ」として、この一節の直前にこうある。「男の性的能力は与えるという行為において頂点に達する。男は彼自身を、彼の性器を…〔略〕…精液を与える。性的能力があるかぎり、与えないではいられない。与えることができなければ、彼は性的不能である。女の場合も彼女自身を…〔略〕…女性の中心へといたる門を開き、もらうという行為を通じて与えるのだ。もしこの与える行為ができないならば、つまりもらうだけなら、彼女は冷感症である」。『生きるということ』にも次の興味深い指摘がある。「自然は性行為において、楽しみを分かち合うことのいわば原型――あるいはシンボル――を創案したが、経験的には、性行為は必ずしも分かち合った楽しみではない。行為者たちはしばしばあまりにもナルシシズム的で、自己中心的で、所有欲が強いので、ただ同時的快楽とは言えても、分かち合った快楽とは言えない」（四四頁）。

（6）『人間における自由』一五五―一五六頁。

（7）ニーチェ『ヴァーグナーの場合』原佑訳、所収『偶像の黄昏　反キリスト者』二九一頁、参照、拙著『聖書論Ⅱ』第一章・「ニーチェの所有主義的性愛観」節。

（8）同前、二九一頁。

（9）同前、二九二頁。

（10）同前、二九二頁。

（11）ニーチェ『悦ばしき知識』信太正三訳、ニーチェ全集8、ちくま学芸文庫、一九九三年、七九―八〇頁。

（12）同前、八〇頁。

（13）拙著『《想像的人間》としてのニーチェ』、『大地と十字架』、『サルトルの誕生』、『聖書論Ⅱ』第一章「ニーチェのイエス論」。

（14）拙著『《想像的人間》としてのニーチェ』一二九―一三〇頁。

（15）ニーチェ『善悪の彼岸　道徳の系譜』三〇四、四五〇頁。

（16）拙著『《想像的人間》としてのニーチェ』第Ⅲ部第3章「愛の自己経験をめぐって――ザロメの視点から」。

（17）西尾幹二『ニーチェ　第一部』ちくま学芸文庫、二〇〇一年、一八三頁からの孫引き。拙著『大地と十字架』二一一頁。

（18）雀部幸隆『知と意味の位相』三二二頁。

（19）『人間における自由』一二六頁。

(20) 拙著『《想像的人間》としてのニーチェ』第Ⅲ部第3章「愛の自己経験をめぐって――ザロメの視点から」。

第三章　フロムの《マルクス主義》批判

(1)『正気の社会』二六四―三九二頁。
(2) 同前、二六七頁。
(3) 同前、三一八頁。
(4) 同前、二八八頁。
(5) 同前、二七九、二八七、二八九頁。『マルクスの人間観』七七、八三―八四頁。マルクス『経済学・哲学手稿』一四二―一四六頁。
(6) 同前、二六四頁。
(7) 同前、二七九頁。
(8) 同前、二九五―二九六頁。
(9) 同前、二六五―二六七頁。
(10) 同前、三一八頁。
(11) 同前、三六五―三六六頁。
(12) 同前、二六九頁。
(13) 同前、二七〇頁。
(14) 同前、二九二頁。
(15) 同前、二九一頁。
(16) ヴェーバー「ロシアにおける市民的民主制の状態について」、所収『ロシア革命論』四九―五〇頁。
(17) 同前、五八頁。
(18) 同前、一七、三〇、三二、四五頁、等。
(19) 同前、一九頁。
(20)『正気の社会』二九四頁。
(21) 同前、二九五頁。
(22) 同前、二九六頁。
(23) 同前、二九六―二九八頁。
(24) 同前、二九八頁。
(25) 同前、二八七頁。参照、マルクス『経済学・哲学手稿』一二二頁。
(26) 同前、三三五頁。
(27) 同前、三三五―三三七頁。
(28) 同前、三四二―三六〇頁。
(29) 同前、三六五―三六六頁。
(30)『破壊』下、七〇七頁。

第四章　ブーバーとフロム――ハシディズム解釈をめぐって

(1) 出口剛司『エーリッヒ・フロム――希望なき時代の希望』新曜社、二〇〇二年、九六―一〇一頁。
(2)『ユダヤ教の人間観』一九九頁、原注＊＊。
(3) マルティン・ブーバー『ハシディズム』平石善司訳、ブーバー著作集3、みすず書房、一九六九年、三八、八二―八三、九二―九七頁、等。
(4) 同前、三七頁。ゲルショム・ショーレム『カバラとその象徴的表現』小岸昭、岡部仁訳、叢書ウニベルシタス169、法政大学出版局、一九八五年、三九―四一頁。
(5) ブーバー『ハシディズム』三一、三四頁。

(6) ショーレム『カバラとその象徴的表現』四六―四七頁。

(7)『ユダヤ教の人間観』一一―一八頁。

(8) 出口剛司『エーリッヒ・フロム』一〇三―一〇四、一二九―一三〇頁。

(9) ブーバー『ハシディズム』二六頁。

(10) 同前、一〇九頁。

(11) 同前、一六三頁。

(12) 同前、一一八―一一九、一六三―一六五頁。

(13) 同前、一六〇頁。

(14) 同前、一六二頁。

(15) ショーレム『カバラとその象徴的表現』一三四―一三五頁。

(16) 同前、六一―六六頁。

(17) 同前、九二頁。

(18) 同前、一四〇頁。

(19) 同前、一四九頁。

(20) 拙著『聖書論Ⅰ』第Ⅱ部第六章・「プレーローマ的安息の観念」節、「《全一性‐欠如》のプラトン弁証法」節。

(21)『真理の福音』、所収、ナグ・ハマディ文書Ⅱ『福音書』岩波書店、一九九八年、二三八頁。拙著『聖書論Ⅰ』二九二頁。

(22)『三部の教え』、所収『福音書』二三八頁。拙著『聖書論Ⅰ』二九二頁。

(23) 同前、二五二頁。同前、二九二頁。

(24) ルードルフ・オットー『西と東の神秘主義――エックハルトとシャンカラ』華園聰麿、他訳、人文書院、一九九三年、一三五頁。

(25)『福音書』二四八頁。拙著『聖書論Ⅰ』二九二頁。

(26) 同前、二四八頁。同前、二九二頁。

(27) 同前、二四九頁。同前、二九二―二九三頁。

(28) サルトル『存在と無』Ⅰ、松浪信三郎訳、ちくま学芸文庫、二〇〇七年、二六二―二六三頁。拙著『聖書論Ⅰ』第Ⅱ部第六章・「《全一性‐欠如》のプラトン的弁証法」節。

(29) 拙著『聖書論Ⅰ』三〇二頁。(ナグ・ハマディ文書Ⅱ『福音書』八六頁)。

(30) 同前、三〇三頁。(同前、一一九頁)。

(31) 西田幾多郎『善の研究』二三九―二四一頁。参照、拙著『聖書論Ⅱ』第五章「西田幾多郎と終末論」一八三頁。

(32) ブーバー『ハシディズム』三八頁。

(33) 同前、八二―八三頁。

(34) ショーレム『カバラとその象徴的表現』三八―四一頁。

(35) ブーバー『ハシディズム』二二三頁。

(36) 同前、二二三頁。

(37) 同前、二二四頁。

(38) 同前、二二五頁。

(39) 同前、二三〇頁。

(40) 同前、二二八頁。

(41) 同前、二三三頁。

(42) 同前、二三三頁。

(43)『ユダヤ教の人間観』二五頁。

(44) ブーバー『ハシディズム』二三一頁。

(45) 同前、二二三頁。
(46) 同前、一〇一頁。
(47) 同前、一七六頁。
(48) 同前、一八四頁。
(49) 同前、一八四頁。
(50) 同前、一七五頁。
(51) 同前、一八四頁。
(52) 同前、一七六―一七七頁。
(53) 同前、一八〇頁。
(54) 同前、一七七頁。
(55) 同前、一七八頁。
(56) 同前、一八一頁。
(57) 同前、一八〇頁。
(58) 同前、一八四頁。
(59)『ユダヤ教の人間観』三八―五〇頁。エックハルトについては、四一頁の注＊。
(60) 同前、四三―五〇頁。

第五章　初期フロムのキリスト教論――「キリスト論教義の変遷」

(1) フロム「キリスト論教義の変遷」、所収『革命的人間』谷口隆之助訳、東京創元新社、一九六五年、二〇〇頁。
(2) 竹下節子『キリスト教の謎』一六三―一六四頁。
(3) 参照、拙著『ドストエフスキーとキリスト教』七七―八〇頁。
(4) 参照、拙著『聖書論Ｉ』二〇四頁。
(5)『革命的人間』一八七頁。
(6) 同前、一八九頁。
(7) 参照、拙著『聖書論Ⅱ』第二章「フロイト『モーセと一神教』を読む」、とりわけ「集団的無意識としての原父殺しトラウマ」節、「復活せる原父としての神」節。
(8) 拙著『聖書論Ｉ』一四六頁。なお、Ｊ・Ｈ・チャールズワース編著『イエスと死海文書』山岡建訳、三交社、一九九六年、二二五頁。
(9)『革命的人間』一九九頁。
(10) 同前、二〇四頁。
(11) 参照、拙著『聖書論Ⅱ』第二章「フロイト『モーセと一神教』を読む」・「復活せる原父としての神」節、六七―六八頁。
(12)『革命的人間』二〇六頁。
(13) 同前、二〇六―二〇七頁。
(14) 同前、二〇九頁。
(15) 同前、二三〇頁。
(16) 同前、二一一―二一二頁。
(17) 同前、一九七頁。
(18) 同前、二一二頁。
(19) 同前、二一四頁。
(20) 同前、二一六―二一七頁。
(21) ヴェーバー『宗教社会学』二二三頁。
(22) フロム「母権制理論の社会心理学的意義」、所収『愛と性と母権制』一九二頁。『正気の社会』七六頁。

(23)『自由からの逃走』七五頁。
(24) フロム「母権制理論の社会心理学的意義」、所収『愛と性と母権制』一九二―一九三頁。
(25)『正気の社会』二九頁。
(26)『自由からの逃走』九五頁。
(27) 同前、九六、九七頁。
(28) 同前、九九頁。
(29) ヴェーバー『プロテスタンティズムの倫理と資本主義の精神』一七八―一七九、一八二―一八五頁。
(30) 同前、参照、第一章三節「ルターの天職観念――研究の課題」。
(31) 同前、一四四頁。
(32) 同前、一五六頁。
(33) 同前、一四五頁。
(34) 同前、一四六頁。
(35) 同前、一五七頁。
(36) 同前、一五一頁。
(37) 同前、一五五頁。
(38) 同前、一五六頁。
(39) 同前、一八五頁。
(40) 同前、一七八―一七九頁。
(41) 同前、一五七頁。
(42) ヴェーバー「世界宗教の経済倫理　序論」、所収『宗教社会学論選』六四頁。
(43) 同前、四五頁。
(44) 同前、四六頁。
(45) ヴェーバー『プロテスタンティズムの倫理と資本主義の精神』一六七頁。
(46) フロム「母権制理論の社会心理学的意義」、所収『愛と性と母権制』一九二頁。
(47)『自由からの逃走』七八頁。
(48) フロム「母権制理論の社会心理学的意義」、所収『愛と性と母権制』一九三頁。
(49)『自由からの逃走』九七頁。
(50) マリアンネ・ヴェーバー『マックス・ヴェーバー』I、大久保和郎訳、みすず書房、一九六三年、六九頁。第一章、第二章、第三章・II、等に詳しい。
(51) ヴェーバー『宗教社会学』三三三頁。
(52) ヴェーバー『プロテスタンティズムの倫理と資本主義の精神』一四六頁。
(53) 同前、一五二―一五三頁。
(54) 同前、一五七頁。
(55) 同前、一五八頁。
(56) 同前、一六四―一六五頁、原注（12）。
(57) ヴェーバー『ヒンドゥー教と仏教』二八八頁。

第六章　マルクーゼとフロム――「弁証法的前進」か「退行」の自覚的批判的保持か？

(1) マルクーゼ『美的次元』三六頁。なお邦訳書では「永続の非同一性」となっているが、ドイツ語版 *Die Permanenze*

der Kunst, Herbert Marcuse Schriften, Band9, Zurkamp. での表記“die Unaufhebbarkeit des Gegensazes” に基づきそのまま「対立の止揚しがたさ」と訳した。
（2）同前、三二、三四頁。なおここの「メタ社会的」という箇所は邦訳では「超社会的」と訳されているが、ドイツ語版の表記「metasozial」をそのまま生かして「メタ社会的」と訳した。《遂に社会化し得ぬところの、社会次元の基層にある自然の次元に直に根ざす》という含意をより明示するためにである。
（3）マルクーゼ『エロス的文明』二二五—二二八、二三五頁、等。
（4）同前、二二三頁。
（5）同前、二二四—二二五頁。
（6）同前、二四三頁。
（7）同前、一三六、一三七、一四〇、一八〇、二〇三頁、等々。
（8）同前、三頁。
（9）アドルノ『ゾチオロギカ　社会学の弁証法』三光長治・市村仁訳、イザラ書房、一九七〇年、九九、一〇七、一〇九、一一三頁、一一九—一二〇頁、等。
（10）マルクーゼ『エロス的文明』一一二頁。なお、二一一—二一二頁も参照のこと。
（11）マルクーゼ『エロス的文明』二四六頁。
（12）Marcuse “Existentialismus Bemerkungen zu Jean-Paul Sartres L'Être et le Néan” 所収 “Herbert Marcuse Shriften”, Suhrkamp Frankfurt am Main 1984, Band 8, S. 10.
（13）ebenda. S. 30-31.
（14）ebenda. Band 8, S. 30-31. 参照、拙論「労働とエロスのあいだ——マルクーゼの質損的思考の軌跡をたどりながら」、所収『物象化と近代主体』六五—六六頁。
（15）ebenda. S. 31. “zu seiner eigenen puren Existenz befreit”.
（16）ebenda. S. 31. “Die cartesianische Kulft zwischen den beiden Substanzen ist überblückt, indem beide Substantialität gewechselt haben, Das Ego hat seinen Charakter des »Für-sich« des zu jedem Andern -als-das-Ego entgegengesezt zu sein, verloren, und seine Objekte haben eine eigene Subjektivität erlangt. Die »begehrende Haltung«, offenbart so (als Möglihkeit) eine Welt, in der das Individuum in völliger Harmonie mit dem Ganzen ist”.
（17）マルクーゼ『エロス的文明』一五一頁。
（18）マルクーゼ『美的次元』九〇頁。
（19）同前、九一—九二頁。
（20）マルクーゼ『エロス的文明』一五三頁。
（21）『破壊』下、五八六—五八七頁。
（22）『破壊』下、七三三—七三四頁。
（23）“Agressvität in der gegenwärtigen Industriegesellschaft” 所収 “Herbert Marcuse Schriften” band 8 S. 49.
（24）ebenda. S. 47.
（25）ebenda. S. 58.
（26）ebenda. S. 58.
（27）マルクーゼ『エロス的文明』二三〇頁。
（28）エーリッヒ・ノイマン『意識の起源史』上、林道義訳、紀伊國屋書店、一九八四年、五三頁。なお以下のノイマンの紹介は拙著『大地と十字架』第三部「母のいない大地」、「《死への欲望》の向かう先たる『根源的一者』――ニーチェの場合」節でより詳しくおこなわれている。二四五―二五五頁。
(29) ノイマン『意識の起源史』下、林道義訳、紀伊國屋書店、一九八五年、四四三頁。
(30) マルクーゼ『エロス的文明』二二頁。
(31)『破壊』下、七三四頁。なお、この注解は『フロイトを超えて』でもそっくりそのまま再録される。同書、一五七頁。
(32) マルクーゼ『エロス的文明』一七九頁。
(33) 同前、一三六頁。
(34) 同前、一八〇頁。
(35) 同前、二〇九頁。
(36) 同前、二〇七頁。
(37) 同前、二〇七頁。
(38) 同前、一三六頁。
(39) 同前、一三六頁。
(40) 同前、一四〇頁。
(41) 同前、一三七頁。
(42) 同前、一八〇頁。
(43) 同前、二〇三頁。
(44) マルクーゼ『美的次元』九頁。
(45) この二論文の邦訳は、合体され、未來社より『初期マルクス研究――『経済学＝哲学手稿』における疎外論』(良知力・池田優三共訳、一九六八年) という書名で出版されている。参照、拙論「労働とエロスとのあいだ――マルクーゼの実存的思考の軌跡をたどりながら」、所収『物象化と近代主体』六九―七五頁。
(46)『マルクスの人間観』一一、一三八頁。
(47) マルクーゼ『初期マルクス研究』一〇三―一〇四、一一三―一一四、一二三―一二四、一四四頁等。
(48) 同前、一四四頁。
(49) マルクーゼ『エロス的文明』一九七―二〇〇頁。
(50) マルクーゼ『ユートピアの終焉』清水多吉訳、合同出版、一九六八年、六頁。
(51) マルクーゼ『エロス的文明』九六頁。
(52) 同前、七九頁。
(53) 同前、七四頁。
(54) 同前、二三七頁。
(55) 同前、二五〇頁。
(56) マルクーゼ『美的次元』二六―二七頁。
(57) 同前、三二、三四頁。なおここの「メタ社会的」という箇所は邦訳では「超社会的」と訳されているが、ドイツ語版の表記「metasozial」をそのまま生かして「メタ社会的」と訳した。《遂に社会化し得ぬところの、社会次元の基層・地下にある自然の次元に直に根ざす》という含意をより明示するために。
(58) 同前、三五―三六頁。なお邦訳書では「永続の非同一性」となっているが、ドイツ語版 "Die Permanenze der Kunst" Herbert Marcuse Shriften, Band9, Zurkamp. での表記「die Unaufhebbarkeit des Gegensazes」に基づきそのまま「対立の止揚しがたさ」と

訳した。
(59) マルクーゼ『エロス的文明』一〇六―一一一頁。
(60) 同前、一九四頁。
(61) 同前、一九六頁。
(62) 同前、一九六―一九七頁。
(63) マルクーゼ『初期マルクス研究』一〇五―一一四頁。
(64) なお、トラー、ならびに彼とヴェーバーの関係については、拙論「二人の葛藤者　ヴェーバーとトラー」、所収、近畿大学日本文化研究所紀要、第一号。ならびに、Amazon Kindle電子書籍セルフ出版、個人叢書「架橋的思索　二つの救済思想のあいだ」第Ⅲ巻『二人の葛藤者　ヴェーバーとトラー』を参照されたし。
(65) 島谷謙『ナチスと最初に闘った劇作家』ミネルヴァ書房、一九七七年、九九―一〇〇頁。

あとがき

想えば、私が自分の著書にフロムを、しかも大きな照明をあてて登場させたのは二五年前にさかのぼる。一九九三年に私は学生男女を読者に想定して『空想哲学スクール』（汐文社、一九九三年）という書名の本を二冊目の単著として出版したが、この本は二部構成となっており、その三分の二を占める第二部「愛について――フロムを読む」はタイトルにあるように、かの『愛するということ』に盛られたフロムの考察を、まさに「愛」についての考えを深めるための貴重で有効な問題提起として学生たちに紹介する試みであった。私は、フロムの議論を学術的に論評するのではなく、何よりも学生たち自身の愛にかかわる様々な経験に直にかかわらせ、あるいは評判をとった映画や歌にもかかわらせ、いわばそれらを挟んでフロムと彼らとのあいだに対話が始まり、それを通じてそこに孕まれている問題がいっそう彼ら自身の《問題》としてくっきり浮かび上がってくるように論述を工夫した。この第二部は一八章・二三〇頁の分量のものとなった。

それから四半世紀たって、こうして私はまたフロムについてかなり大部な本書を、今度は専門の学術図書として出版することとなったわけである。本書においても彼の「生産的愛」の思想は重要な考察対象となっているが、書名にあるとおり、本書の特徴は、宗教文化の分野のなかで「神秘主義」と呼び慣わされてきた伝統から彼が何を如何に摂取したのかという問題に焦点をあて、かかる問題の環を梃に彼の思索的営為の全体像を浮かび上がらせ、その問題構造に照明を与えようとした点にある。かくて、おのずと本書はフロムの宗教論に多大な関心を寄せるものとなった。これまで、日本におけるフロムへの注目は、多くの場合、彼における精神分析学と社会学との接合の試みが現代人の抱える心理的諸問題の解明に如何に貢献してきたかという側面に集中してきたと思われる。だが本書は、その問題側面もさることながら、彼の思索的営為の最も奥深いバックグラウンドをなすものとして彼の「神秘主義」論を取り上げ、またそれに陸続する彼の宗教論の諸局面に光を与えるべく努めたのだ。

ところで、かかる作業に取り組んでいるうちに私はあらためて深い感慨に襲われずにはおれなかった。彼の思索者としての全体像を《我がものとする》ために辿る私の調査追跡の一歩一歩の行程は、思考者としての私自身がこの三〇年近く歩いてきた「異種交配化合」の一歩一歩の行程を脳裏に復原せしめ、その自らの行程を彼の行程に突き合わせ、彼と渡りあう行程となったからである。

「異種交配化合」とは何か?

私は一貫して次の信念を持してきた。すなわち、思考の創造的展開は必ずや「異種交配化合」から生じるとの。

この信念は次の信念に掉さす。すなわち、思索はつねに思索者自身の或る痛切なる生の経験からのみ誕生することができる。そして、生の経験とはつねに多種多様な諸契機の総合からなる全体的なものであり、その全体性は、つねにその思索者のそれまでの思考の枠組みには収まり切れない暗き余剰の圧迫をもって彼・彼女を動揺させる。思考はつねに或る断面を切り取る作業として作動し、だから同時にまた自分が切り取ることなく、《我がものとすること》ができず、そこに放置したままにしているものの存在を片目でにらむ作業でもある。全体を尽くすことができない己の限界を、この経験の暗き余剰の圧迫の前に露呈することなしには、実は思考の作業は展開しないのだ。そして、この片目の担う自覚は、自分がまだ為しえないでいることに、既に自分に先駆けて——完全にやり遂げたかは別にして——着手している、己にとって「異種」なる別な思考がこの世に存在していることに気づくことでもある。だから次に「異種交配化合」の局面が来るのだ。

生の経験が痛切であればあるほど、経験者は、それを《我がものとする》ためにその「異種」なる思考とこれまでの自己とのあらためての「異種交配化合」に進まねばならない。

精神分析者であるフロムにとって、フロイトとの邂逅が彼の知識人人生の進行方向を決定したことはいうまでもない。だが、彼がフロイトのたんなる追随者ではなく、鋭いフロイト批判を媒介にして、フロイトから受け継いだ精神分析学をさらに「人間主義的精神分析」へと創造的に発展させる者となるためには、彼は自分をこの新たなる創造に向かわせる契機を必要とした。その契機となったものは、フロイト的思考の外部にあって、しかし、フロム自身にとっては、それとの対話があらためて不可避なものとなったという意味で既に半ば内在化していた或る幾つかの——まさに私の言い方を用いれば——「異種」的契機である。

私は「異種交配化合」の視点に立ってこう言ってみたい。

まずここで「フロイト主義者としてのフロム」という軸を立てる。そのフロムにとって、「フロイト主義」だけでは切り取ること、《我がものとすること》ができぬ暗き余剰を抱えた或る痛切なるフロム自身の生の経験がやって来る。その経験は彼をくだんの「異種」の存在へと振り向かせる。彼は片目でこの「異種」をにらむ。実は彼にあってそれらは、まずフロイトに先んじてあるいは平行して、否応なくフロムを深く惹きつけたものであったがゆえに既に自身に内在化していた、「フロイト主義」に対する異種の契機であった。いまやそれらが改めての「異種交配化合」のテーマへと競り上がる。

それら諸契機とは、彼の証言によれば、彼が幼少期以来実は親しんできたユダヤ教神秘主義が生きる「メシア主義」であった。バッハオーフェンであった。禅仏教であった。『経済学・哲学手稿』の初期マルクスであった。フロムは、これらの諸思想と「フロイト主義」との「異種交配化合」として彼の「人間主義的精神分析」を生みだした。

では、この彼の「人間主義的精神分析」は彼のその生の経験を完全に《我がものとすること》を彼に可能にしたのか？　おそらく否であろう。

私は、本書において彼の「神秘主義」理解と「空」理解の問題性を批判した。私の言葉で言えば、神秘主義的経験の孕む「法悦的瞑想」の契機＝「浄化的カタルシス」の問題はフロムにとってはまさに未だ《我がものとすること》ができないものに留まっている、と。またこの視点からみれば、マルクーゼは後期フロムにとってとりあえずは拒絶の対象として、しかし、実は改めて「異種交配化合」が問題となる相手として問題化するのではないか、とも私は考えた。

いったい誰が、己の生の経験の全体性を思索的に完璧に《我がものとする》ことができると言うのか？　あらゆるものは途上にあるほかない。問題は、途上にあるか、途上にすらないか、である。フロムは確実に途上に立つことができた。そう私は思う。

私は高校生になって「マルクス主義者」たらんとした。それが私の思索者としての人生の開始である。思索と生の経験とのくだんの確執は、まず覚えたての「マルクス主義」が私にもたらした「理論的思索」と「文学」との確執となって私の前に登場した。当時、そして今でも、私の「異種」とはつねにまず文学である。私の最初の「異種交配化合」の試みは、マルクス主義的思考と実存的思考との、そして実存的思考が内部に抱えている精神分析学的思考つまり実存的精神分析との「異種交配化合」の試みである。しかも、その時は「マルクス主義」といっても、既にスターリン主義的マルクス主義を如何にのりこえ「マルクス主義的思考」の創造的再生を果たすかという問題意識に立つ新マルクス主義であった。この自己の再生を期待する新マルクス主義の企ての中核にはまさに『経済学・哲学手稿』の初期マルクスが立っていた。そして当時の私にとって、最初の「異種」はサルトルであり、己を妄想のうちに閉じ込めることで辛くも生き延びようとする《想像的人間》をつねなる主題に据える彼の実存的精神分析学であり、サルトルとの格闘はそのうち私の眼をニーチェにも向けさせた。

この問題系列は私の次の著書の系列となって現れた。『〈受難した子供〉の眼差しとサルトル』(御茶の水書房、一九九六年)、『実存と暴力——後期サルトル思想の復権』(御茶の水書房、二〇〇四年)、『《想像的人間》としてのニーチェ——実存分析的読解』(晃洋書房、二〇〇五年)、『三島由紀夫におけるニーチェ——サルトル実存的精神分析の視点から』(思潮社、二〇〇九年)、『サルトルの誕生——ニーチェの継承者にして対決者』(藤原書店、二〇一二年)、『大地と十字架——探偵Lのニーチェ調書』(思潮社、二〇一三年)。

フロムの「人間主義的精神分析学」は彼自身が強調するように「実存的二分性」を人間の実存の本質規定とする観点から出発し、またこの観点は彼の宗教論を導く根幹的視点でもある。そして「人生の意味」の授与者の位置に創造主神を置く正統キリスト教の視点を拒絶し、宇宙との豊饒なる応答性が生む諸個人における生命感に満ちた自己発現・自己実現の「悦び」のうちに人生を意味づける「自己目的」的価値性を見ようとするフロムの視点は、ニーチェとの共感と反発に引き裂かれたアンビヴァレントな関係を秘めている。

この彼の思索の根幹に前述の私の著作系列は著しく反応せざるを得なかった。

私の第二の著作の系列は、『空想哲学スクール』以来、一貫して《経験と思索との往還性》をテーマに学生たちと対話することにあった。続いて、『ヴィジョンは〈世界〉をつれて――生きるアートの哲学』(はるか書房、一九九七年)、『経験の危機を生きる――応答の絆の再生へ』(青木書店、一九九九年)、『いのちを生きる　いのちと遊ぶ――the philosophy of life』(はるか書房、二〇〇七年)、『創造の生へ――小さいけれど別な空間を創る』(はるか書房、二〇〇七年)が書き綴られた。これらの書名が、またそのサブタイトルが示唆するように、これらの著作にはフロムのかの「応答責任」と「応答関係能力」の視点、また「市場的構え」を打ち破り如何に「生産的性格」を己に取り戻すかというテーマ、「持つ」のではなく「在る」が如何に真の自己発現をもたらすかというテーマ、これらが学生たちへの恰好の問題提起として紹介されている。同様にまたブーバーの「私‐君」関係性の思想や「現実は共有されてこそ現実へと競り上がる」という視点も。

そして、私はこの二つの問題系列を追究しているうちに、あらためて宗教の問題を本格的に考えたくなった。打ち明けていえば、二十世紀におけるマルクス主義革命運動の悲劇的かつ根底的な挫折、自己崩壊という問題は、私に「革命」(マルクーゼの概念を使えば、「全体的で根底的な質的革命」としての)の不可能性という問題を突きつけると同時に、それこそ、本書で注目したフロムの言う「あらゆる理想主義的文化が抱えるところの《宗教性》」という問題に私を送り返した。「ユートピアから科学へ」あるいは「宗教から科学へ」は私のなかで「科学からユートピアへ」あるいは「科学から宗教へ」にひっくり返され、「ユートピア」あるいは「宗教」(不可能性)と「科学」(可能性)のあいだに引き裂かれ宙吊りにされている現代のわれわれの姿が私の意識の真正面に競り上がった。

フロムの言う「無神論的宗教性」の視点が身に染みた。

驚愕的な科学技術の発展と、まさにそれに反比例するような人間性の不変性あるいは劣化、この二者の驚くべき不均衡が生む現代史の跛行的展開、それは確実に人類史の終焉を歴史の射程の内に収めたと思われる。

私は否応なく人間の文化の根源をなす宗教の問題に還らざるを得なかった。

完全なるアマチュア作業だが、といっても、私にとって書くことはつねにそれだが、宗教論に手を染めた。第三の系列が生まれた。

それはまず二〇一五年の『聖書論Ⅰ　妬みの神と憐れみの神』と『聖書論Ⅱ　聖書批判史考』（藤原書店）となって現れた。そこでの宗教論探究の試みのいわば参照軸となったのはヴェーバーの『古代ユダヤ教』であり、『ヒンドゥー教と仏教』であった（最近、これに『宗教社会学』が付け加わった）。と同時に、私は『聖書論Ⅰ』にこう書き入れていた。「私には一つの試みてみたい視点があった。その視点とは、バッハオーフェンに始まり、日本では『文化圏的歴史観』を提唱した石田英一郎がそのもっとも有能な継承者であると思える一つの視点、一言でいえば、人類の宗教・文化史の軌跡を《母権的価値体系と父権的価値体系との相克》――それは当然混淆化という問題を伴う――というコンテクストを基軸に考察するという観点である」と。

二〇一六年に『ドストエフスキーとキリスト教――イエス主義・大地信仰・社会主義』（藤原書店）を書いた。高校生のときドストエフスキーに出会ってから、いつしか私の夢の一つとなっていたのだ、ドストエフスキーについて書くことが。「マルクス主義者」たらんとした高校生の私の片目はつねに彼に注がれていたからだ。その夢を果たした。そこには、「マルクス主義」の破産を総括するための一つの予言的意義をもつ苦闘を彼のなかに跡付けたいという想いも差しはさまっていた。サブタイトルはそのことを示唆している。そしてこのあと、私はほとんど新書一冊の分量の紀要論文「一つの対話をもたらす試み——ヴェーバー・ドストエフスキー・大拙」（二〇一七年）と「二人の葛藤者——ヴェーバーとトラー」（二〇一八年）を、この問題系列の継承として書いた。前者において、私は鈴木大拙に踏み込んだ。後者では、ヴェーバー自身が実は相反する二つの精神の葛藤、父的なプロテスタント的合理主義と母的な「脱・世界連関的《アコスミッシェ》愛」の神秘主義との葛藤を内に宿し生きる人間であったこと、また『ナチスと最初に闘った劇作家』（島谷謙）たるトラーが、その政治へのアンガジュマンの果てに「自然の治癒力」について語り、獄中からの或る手紙にはこう書くことを紹介した（第Ⅱ部第六章、つまり本書最終章の末尾にも）。

「わたしはもはや〈新しい〉人類への変容を信じない。……〔略〕……わたしは〈人間はあるがままのものになる〉という悲劇的かつ慈悲深い言葉の意味を今までよりずっと深く感じている」。

くりかえしたい。思索者としてのフロムの全体像を《我がものとする》ために辿る私の調査追跡の一歩一歩の行程は、いましがた挙げた私における「異種交配化合」の過程のまるごとの全体をもって彼に打ちかかることを私に要求したのである。

いわば、私はこの三〇年間の私における「異種交配化合」実験の総力を挙げてフロムを論じたのだ。

最後となるが、この私の最近の実験の数々を快く出版してくださった藤原書店の藤原良雄社長と、そのさいつねに編集を担当してくださった小枝冬実氏に心よりの感謝を捧げたい。

二〇一八年初夏に記す

付記　本書の出版と同時並行して、私はAmazon Kindle電子書籍セルフ出版による個人叢書「架橋的思索　二つの救済思想のあいだ」を刊行した。第Ⅰ巻『ヴェーバーにおける合理と非合理』、第Ⅱ巻『大拙における二律背反と煩悶』、第Ⅲ巻『二人の葛藤者——ヴェーバーとトラー』、第Ⅳ巻『ニーチェにおけるキリスト教否定と仏教肯定』である。なお今後、第Ⅴ巻『田辺元における「第二次宗教改革」構想』、第Ⅵ巻『鏡としてのドストエフスキー』、第Ⅶ巻『西田幾多郎と三木清』を予定している。

著者紹介

清 眞人（きよし・まひと）

1949 年生まれ、早稲田大学政経学部卒業、同大学院文学研究科哲学専攻・博士課程満期修了。元、近畿大学文芸学部教授。本書に深く関連する著書としては、『《想像的人間》としてのニーチェ――実存分析的読解』晃洋書房、2005 年。『遺産としての三木清』(共著) 同時代社、2008 年。『三島由紀夫におけるニーチェ――サルトル実存的精神分析を視点として』思潮社、2010 年。『村上春樹の哲学ワールド――ニーチェ的長編四部作を読む』はるか書房、2011 年。『サルトルの誕生――ニーチェの継承者にして対決者』藤原書店、2012 年。『大地と十字架――探偵Lのニーチェ調書』思潮社、2013 年。『聖書論 I II』藤原書店、2015 年。『ドストエフスキーとキリスト教――イエス主義・大地信仰・社会主義』藤原書店、2016 年。『否定神学と《悪》の文学 I　預言者メンタリティーと『白鯨』』Amazon Kindle 電子書籍セルフ出版、2015 年。『否定神学と《悪》の文学 II　マンの『ファウスト博士』とニーチェ』Amazon Kindle 電子書籍セルフ出版、2015 年。『否定神学と《悪》の文学 III　ドストエフスキー的なるものと『罪と罰』』Amazon Kindle 電子書籍セルフ出版、2015 年。

フロムと神秘主義《しんぴしゅぎ》

2018年 11 月10日　初版第 1 刷発行©

著　者　清　眞人
発行者　藤原良雄
発行所　株式会社 藤原書店

〒 162–0041　東京都新宿区早稲田鶴巻町 523
電　話　03（5272）0301
FAX　03（5272）0450
振　替　00160 - 4 - 17013
info@fujiwara-shoten.co.jp

印刷・製本　中央精版印刷

落丁本・乱丁本はお取替えいたします
定価はカバーに表示してあります

Printed in Japan
ISBN978-4-86578-196-0